华章经典·金融投资

金融怪杰
华尔街的顶级交易员

MARKET WIZARDS
Interviews With Top Traders

| 典藏版 |

[美] 杰克 D. 施瓦格 著 戴维 译

机械工业出版社
CHINA MACHINE PRESS

图书在版编目（CIP）数据

金融怪杰：华尔街的顶级交易员（典藏版）/（美）杰克 D. 施瓦格（Jack D. Schwager）著；戴维译 . —北京：机械工业出版社，2018.7（2025.4 重印）

（华章经典·金融投资）

书名原文：Market Wizards: Interviews With Top Traders

ISBN 978-7-111-60332-0

I. 金… II. ① 杰… ② 戴… III. 股票交易－研究－美国 IV. F837.125

中国版本图书馆 CIP 数据核字（2018）第 133290 号

北京市版权局著作权合同登记　图字：01-2014-1075 号。

Jack D. Schwager. Market Wizards：Interviews With Top Traders.

Copyright © 2012 by Jack D. Schwager.

Simplified Chinese Translation Copyright © 2018 by China Machine Press.

This edition arranged with Jack D. Schwager through BIG APPLE AGENCY. This edition is authorized for sale in the Chinese mainland (excluding Hong Kong SAR, Macao SAR and Taiwan).

No part of this book may be reproduced or transmitted in any form or by any means, electronic or mechanical, including photocopying, recording or any information storage and retrieval system, without permission, in writing, from the publisher.

All rights reserved.

本书中文简体字版由 Jack D. Schwager 通过 BIG APPLE AGENCY 授权机械工业出版社仅在中国大陆地区（不包括香港、澳门特别行政区及台湾地区）独家出版发行。未经出版者书面许可，不得以任何方式抄袭、复制或节录本书中的任何部分。

金融怪杰：华尔街的顶级交易员（典藏版）

出版发行：机械工业出版社（北京市西城区百万庄大街 22 号　邮政编码：100037）

责任编辑：冯小妹　　　　　　　　　　　　责任校对：李秋荣

印　　刷：北京铭成印刷有限公司　　　　版　　次：2025 年 4 月第 1 版第 17 次印刷

开　　本：170mm×230mm　1/16　　　　印　　张：31

书　　号：ISBN 978-7-111-60332-0　　　　定　　价：80.00 元

客服电话：(010) 88361066　68326294

版权所有·侵权必究
封底无防伪标均为盗版

谨将此书献给

我的妻子乔·安和我的三个孩子丹尼尔、扎卡里和萨曼莎

感谢他们给予我的爱,
更为重要的是,
我要把爱献给他们。

在你学会振翅高飞前，必须先学会折翼坠落。

——保罗·西蒙（Paul Simon）

某个人的巅峰水平，或许只是另一个人的起步水准。

——保罗·西蒙（Paul Simon）

如果我想成为流浪汉，我会尽力找到最成功的流浪汉，请他为我指点江山。如果我想成为失败者，我会请那些从未成功过的人为我出谋划策。如果我想成为大赢家，我会找出我周围的成功者，让他们作为我行动的榜样和楷模。

——约瑟夫·马歇尔·韦德（Joseph Marshall Wade）

以上引自哈利 D. 舒尔茨（Harry D. Schultz）和萨姆森·科斯洛（Samson Coslow）主编的《华尔街智慧宝库》。

| 目　录 |

译者序
平装版序言
前言
致谢
序幕
我自己的故事

第一部分
期货和外汇方面的交易者

第一章　期货市场揭秘 / 2

第二章　银行间货币市场的定义 / 6

第三章　迈克尔·马库斯：绝不重蹈覆辙 / 7

第四章　布鲁斯·科夫纳：驰骋全球的交易者 / 46

第五章　理查德·丹尼斯：退隐的传奇交易员 / 76

第六章　保罗·都铎·琼斯：积极交易的艺术 / 106

第七章　盖瑞·贝弗德：皮奥里亚的长期国债期货交易者 / 129

第八章　艾迪·塞柯塔：人人都能如愿以偿 / 139

第九章　拉里·海特：重视风险 / 164

第二部分
以股票为主的交易者

第十章　迈克尔·斯坦哈特：与众不同的理念和方法 / 184

第十一章　威廉·欧奈尔：选股的艺术 / 208

第十二章　大卫·瑞安：投资股票如同探寻宝藏 / 226

第十三章　马丁·舒华兹：交易比赛的冠军 / 245

第三部分
所有品种都有涉足的交易者

第十四章　吉姆·罗杰斯：具有价值时买，市场狂热时卖 / 274

第十五章　马克·温斯坦：高胜算交易者 / 313

第四部分
来自场内交易员的观点

第十六章　布莱恩·吉尔伯：从经纪人到交易者 / 336

第十七章　汤姆·鲍德温：无所畏惧的场内交易员 / 357

第十八章　托尼·萨利巴："一手"制胜 / 375

第五部分
交易心理

第十九章　范K.撒普博士：交易心理学 / 398

第二十章　个人的一段交易经历 / 420

第二十一章　后记：梦与交易 / 426

最后的话 / 429

22年后的观点 / 430

附录A　程序化交易和投资组合保险 / 441

附录B　期权基础 / 443

术语表 / 448

节　录　爱德华·索普：革新者 / 457

| 译者序 |

《专业投机原理》的作者维克托·斯波朗迪⊖拥有1 200多本交易方面的书，但他认为其中只有2%的书才称得上是真正杰出的作品，我想杰克·施瓦格的《金融怪杰》一定是属于这2%的，对于这一点，华尔街的职业交易者恐怕不会有异议。就连睿智博学、眼高于顶的塔勒布⊜对此书也赞不绝口。该书一经问世，就成为交易老手常读的案头书，交易新手入门的必读书。此次翻译的是该书最新的修订版（John Wiley & Sons2012年的平装版），与最初的版本相比，修订版增加了本书作者22年后对交易之道的总结以及平装本的序言、术语表等内容。下面我分别从读者和译者的角度，将本书最具特色的地方略谈一下。

该书对华尔街17位顶尖的交易高手（不包括节录部分的爱德华·索普）进行了访谈，其中有些人早已为我们耳熟能详，比如理查德·丹尼斯、保罗·都铎·琼斯、威廉·欧奈尔、马丁·舒华兹、迈克尔·斯坦哈特、吉

⊖ 维克托·斯波朗迪，职业操盘手，基金管理人，华尔街的风云人物。
⊜ 纳西姆·尼古拉斯·塔勒布，前衍生品交易员，《随机致富的傻瓜》《黑天鹅》《反脆弱》等书的作者。

姆·罗杰斯以及范 K. 撒普博士等，还有一些访谈者虽然不为我们熟知，但也是非常厉害的人物，比如美国长期国债期货市场上能与主流机构匹敌的大玩家盖瑞·贝弗德，纵横全球金融市场的布鲁斯·科夫纳，为人低调但业绩非凡、极具思想的艾迪·塞柯塔以及场内交易的高手汤姆·鲍德温等。本书作者通过对这些交易高手的访谈，将交易的真谛呈现在广大读者面前。难能可贵的是，本书不仅如实记录了他们辉煌的交易业绩，而且也让他们亲口道出了交易生涯中的失败教训和惨痛经历。遭受巨亏后有人曾想远离交易，有人甚至萌生轻生的念头，但他们最终都走出了失败的阴影，并且取得了交易的成功。他们转败为胜的关键和个人的心路历程对于普通交易者也具有极高的借鉴价值，并且揭示了职业交易之路的凶险、坎坷以及背离交易准则的严重危害。另一方面，通过他们的成功案例和制胜之道，本书阐释了交易最基本的法则和理念，比如"止损持盈""进行资金管理""制订交易计划""具有交易纪律""不要摊平亏损""连续亏损后减少交易或离场观望""独立思考但又要具有灵活性""正确的操作比交易的结果重要"以及"每天都要做好交易的功课"等。虽然这些成功交易的要素在其他交易书籍中也有所谈及，属于老生常谈的东西，但本书通过访谈的形式，让老手行家现身说法，使人读后能涣然冰释，怡然理顺。虽然在具体操作上，这些交易高手存在差异（有做长线的，也有做超短线的；有纯技术派，也有完全采用基本面分析的），但正如作者最新总结中所言，要想取得交易的成功并不能简单复制他人的操作方法，而要找到适合自己的操作方法，这才是取得交易成功的不二法门。当然这是一本"授人以渔"的书，侧重于"道"而非"术"（当然具体的交易方法此书也有涉及，比如止损位的设置、假突破的应对、最佳的做空形态、长线短做等），因此只要人性亘古不变，"华尔街就不会有新鲜的事"，交易的基本理念就不会改变。不管此书问世已有 20 年还是已有 200 年，这样的经典之作一定是常读常新、永不过时的。

除此之外，本书还有许多有趣的地方：比如金融怪杰的趣事逸闻、个性癖好，这些内容让访谈对象更为栩栩如生，更为生动传神；对于"程序化交易"是 1987 年美国股市崩盘的元凶还是替罪羊，这些高手有不同的观点，对于"技术分析的作用"，这些高手也有迥异的看法，前后对照阅读能让人有所收获。但对于有些问题，比如技术分析与基本面分析的高下，"与趋势为友"还是逆向交易，其实并无标准答案，还是那句话，适合你自己的，才是最好的，当然兼听则明，了解各种方法的优劣得失肯定是正确选择的必经过程。另外书中一些交易者对于当时（20 世纪 80 年代）美国宏观经济的评判和预言，今天回过头来看，也非常有意思，我们关注的重点并不是他们观点的对错，而是他们分析的逻辑和思路。而对于交易圈同行间的倾轧、研究报告的弊病，以及财经媒体、市场大众的错觉，访谈中也有所涉及，老手读后将会心一笑，新手读后如醍醐灌顶。

诚如本书作者在序言结尾部分所说，这些金融怪杰具有的某些天赋，非一般交易者能企及，要想取得他们那样的成功和财富并非易事，但阅读本书的作用和意义就像棋力一般的棋手看超一流棋手的棋书、棋谱一样（不管你棋力如何，你都要看顶尖高手的妙招或是漏招，因为下棋和交易一样，都是少数赢家通吃的游戏，只有赢家才是值得关注的），对于提高个人的交易水平能起到"得门而入，事半功倍"的效果。当然，交易成功之路如煮海为盐，漫长崎岖，需要始终如履薄冰，如有此书相伴，好比良师诤友相随，可以随时得到指引和教诲，可以警诫自己不要偏离交易的正道。当然，交易之道知易行难，重在实践，阅读好书仅是良好的开头。通过阅读了解他人的成功经验及失败教训，从而管中窥豹、掌握真谛，鉴往知今，少走弯路，不失为聪明交易者的做法。

能承担本书的翻译任务，我感到非常荣幸。历时三个半月完成了本书的翻译。此书虽是访谈，但涉及许多期货、外汇、期权的交易案例及相关术语，加之是口头叙述，又没有配套的价格走势图，所以为了使翻译清楚、连贯，就必须添加一些注释。此外，对于访谈中涉及的人名、术语、典故和隐喻等，为了便于读者阅读和理解，我也酌情添加了注释。我力求在专业方面用词规范、标准，而在非专业部分，力求通俗易懂，尽可能口语化。同时，我对于访谈中的俗言俚语，尽力做到理解准确，不望文生义。由于是对话体，口语中的思维跳跃有时会很快，有时又有语焉不详的地方，我会尽力联系上下文，依据相关线索，准确表达原文的意思。另外，对于原书所有内容未做任何删减以完整展现原书全貌。当然由于时间及水平有限，翻译中或有瑕疵、错失之处，还望广大读者批评、海涵，敬请业内方家赐教、指正。

最后要感谢本书的编辑以及机械工业出版社所有工作人员，没有他们的支持和鼓励，此译本恐难问世，在此我向他们致以言轻意重的感谢。

戴维

| 平装版序言 |

投资最根本的一个问题就是：市场中的各类参与者能否战胜市场？有效市场假说（efficient market hypothesis, EMH）给出了清楚明白的答案：除非你具有好运，能够成为幸运者，否则你无法战胜市场。

在过去的半个世纪里，有效市场假说是"市场"和"投资"领域诸多学术研究的理论基础，该理论阐释了市场价格是如何确定的以及价格确定过程所具有的含义。该理论实际上是投资学每个重要领域的理论基础，这些领域具体包括：风险衡量（risk measurement）、投资组合优化（portfolio optimization）、指数化投资（index investing）以及期权定价（option pricing）。"有效市场假说"的具体内容可归纳如下。

➤ 资产的交易价格已完全反映所有已知的信息。
➤ 对于新的信息，相关资产价格会立刻做出反应。
➤ 所以得出以下两点：
  • 市场价格包含、反映所有信息，完美无缺。
  • 利用任何市场上已知的信息是不可能一直跑赢大盘的（即无法做到长期超越市场整体收益）。

"有效市场假说"基本可分为三种。

1. 弱式有效市场假说：这种有效市场假说认为市场参与者无法利用过去的市场价格信息（market price data）来战胜市场（获取超额收益）。

换言之，要获取超额收益，采用技术分析是在浪费时间，在这种假说下基本面分析是有用的。

2. 半强式有效市场假说（"半强式"一词大概源于某位政治人物）：这种有效市场假说声称市场参与者无法利用任何公开、有效的信息来战胜市场（获取超额收益）。

换言之，要获取超额收益，采用基本面分析也是在浪费时间。

3. 强式有效市场假说：这种有效市场假说认为市场参与者即便利用非公开信息也无法战胜市场（获取超额收益）。

换言之，内部知情人士（insider）想通过内幕信息来战胜市场也是徒劳无功的。

由上述有效市场假说可得出的推论是：本书的读者是在痴心妄想（即妄想战胜市场，获取超额收益）。

"有效市场假说"认为，因为每个市场参与者获取的信息是一样的，所以市场是无法战胜的。这个理由从理论上来讲就是错误的。即便市场参与者具有完全相同的信息，也没有理由认为他们对于合理、恰当的市场价格能达成共识，做出相同的交易决策（因此他们最终的交易绩效是各不相同的）。比如在国际象棋锦标赛上，所有的棋手都遵守相同的比赛规则和棋规，他们都读过相同的棋书和打过历届冠军棋手的棋谱，但只有极少部分棋手能脱颖而出，傲视群雄。认为所有棋手使用相同的信息（棋规、棋书、棋谱）就能取得相同的成效（即达到相同的棋力，取得一样的战绩），显然是说不通的。从某种意义上来讲，市场上的交易是比国际象棋更为繁复的博弈（行情更为变幻莫测，规则也总是在变化），所以为什么市场交易与国际象棋比赛会有差异呢？两者其实是相同的。

在国际象棋锦标赛中，棋力超群的少数棋手会抓住和利用棋力较弱选手的错招赢得大多数的比赛。交易与下棋非常相似。看起来，我们所能做出的唯一合乎情理的预判就是：面对同样信息（假定所有参与者获得的信息是完全相同的），少数交易技能出众的市场参与者所做出的解读与大多数市场交易者的解读是截然不同的，他们对于市场可能的动向能得出与众不同的、更胜一筹的结论。这就好比国际象棋高手对棋盘上最新局面的解读与大多数普通棋手的解读是有天壤之别的。大多数交易技能匮乏或交易技能平平的市场参与者在交易中所犯下的错误能促使市场价格达到错误的价格水平（即市场价格偏离不为人知的供需平衡价格，偏离资产的内在价值），这就为富有交易技能的交易者创造了良机。

"有效市场假说"理论的支持者声称的"市场是极难战胜的"这一观点是正确的，但其论据却是错误的。难以在市场上获得超额收益，战胜市场的原因并非在于市场价格已包含、反映了所有已知的信息，并且会对新的信息做出即时的反应，而是在于市场参与者的情绪对价格变动的影响巨大，并且这种影响几乎完全无法精确估量。某一时期市场参与者的情绪（乐观狂热）会使交易价格向上大幅偏离资产的合理估值，导致价格的严重高估，我们称此时期为"市场的泡沫期"。而在另一时期，市场参与者悲观、恐慌的情绪会使交易价格向下大幅偏离资产的合理估值，导致价格的严重低估，我们称此时期为"市场的恐慌期"。最后，在大部分的时间里，交易者的情绪对价格的扭曲作用可能是有限的，市场环境会近似"有效市场假说"所做的理性假设。所以，要么市场价格不会显著偏离资产的合理估值（市场情绪对价格的影响较轻），要么我们会面对"确定价格偏离合理估值会有多远"的困难任务。在这两种情况下，要想战胜市场，获得超额利润都是很有难度的。

虽然通常情况下，市场参与者或许能准确判定市场何时陷入乐观狂热状态或是悲观恐慌状态，但是市场参与者难以准确确定市场的泡沫或恐慌会持续多久，正因为如此，战胜市场才如此之难。比如某位市场参与者对某项交易资产的合理估值评估完全正确，但由于建仓过早，最后还是遭受巨亏。举一个例子，假定某个交易员在1999年的后期认为科技股累积涨幅已大，已经超买，于是当纳斯达克指数（NASDAQ index）冲上3 000点大关时，他毅然做空纳指期货。虽然这位交易员的评估绝对正确，因为此时距离这波"科技股泡沫"的产生已有十年，纳指已从1 100点涨到2 900点，科技股价格确实已高，但我们这位精明的交易员还是会破产，因为其后纳指继续上涨了68%，直到2000年的3月才见顶5 048点，直到那时泡沫才破裂。这位交易员对纳指见顶的判断基本正确，不过比纳指十余年的牛市见顶早了仅仅四个月，但"差之毫厘，谬以千里"，过早做空纳指的交易酿成了大祸。我们肯定无须借助"完美市场的假设"来解释"为什么成为市场赢家是困难的"。

承认市场参与者的情绪能对市场价格产生强大甚至支配性的影响和作用，这一点意义深远重大。从市场行为的角度来看，市场依然是难以战胜的（因为作为市场要素之一的参与者的情绪，变幻无常、不可预测），但是很重要的一点（与有效市场假说不同的一点）是：市场并非不可能战胜。实际上，市场参与者的情绪导致资产的价格大幅偏离资产自身真正价值的情况本身就创造了投资和交易的绝好机会，即价格高估，可以做空；价格低估，则可以做多。

"有效市场假说"理论的支持者面对反驳该理论的有力证据，依然不愿放弃该理论。原因在于："有效市场假说"理论为主要金融应用领域广泛提供了理论依据和基础，这些金融应用领域包括风险评估（risk assessment）、优化投资组合配置（optimal portfolio allocation）以及期权定价等。然而不幸的是，这些应用领域所用的基本假设（由有效市场假说做出的）是错误的，所以必然导致结论的错误。此外，当市场处于泡沫期或恐慌期，这种错误的结论会让我们付出沉重的代价。从某种意义上说，"有效市场假说"理论的支持者就像一位丢失车钥匙的车主，他只待在停车场的路灯下寻找钥匙，因为只有那里有光可以看得见（但遗失钥匙的地方可能并不是停车场的路灯下）。

"有效市场假说"理论的谬误不仅严重，而且众多，具体归纳如下。

➢ 如果"有效市场假说"能够成立，那么有许多事情就不可能发生，甚至多次发生。例如，1987年10月19日，标准普尔500种股票价格指数的期货合约（标普500期指）一日暴跌29%，令人瞠目结舌，难以置信！如果"有效市场假说"是正确的，那么像这种一日暴跌事件，其发生的概率约是10^{-160}，概率非常小，几乎可以忽略不计，大致等于在宇宙中随机选出一个具体的原子（atom），然后在宇宙中再次随机选出同一个原子的概率（这一计算的根据是宇宙中原子的数量大约是10^{80}，具体数据资料来源于www.wolframalpha.com）。

➢ 如果"有效市场假说"能够成立，那么从统计学角度来看，某些市场参与者（包括本书中的一些访谈对象）所取得的、有案可查的交易业绩是不可能实现的。

➢ "有效市场假说"假设市场价格会向正确价格水平（即符合公允、合理的估值）进行调整和回归，但建立该假设的前提有误。因为掌握信息、知识并且保持理性的交易者与缺乏信息、知识、不理性的交易者（或者并非仅仅为盈利而进行交易的群体，比如套期保值的交易者、政府方面的交易者，比如平准基金等）相比，在短期内，前者对市场价格的影响会暂时小于后者对市场价格的影响。

- 市场价格与交易资产看似合理、可信的估值完全背离,全然不符,这是常见的事(可能是资产估值有误,也可能是交易者的情绪、心理使交易价格出错,出现价格高估或低估)。
- 市场价格通常在基本面消息广为人知后才做出明显反应,发生显著变动,即价格并不包含、反映所有的信息。
- 即便每个市场参与者得到的信息都是一样的,这也并不意味着利用相同的信息就能取得相等的成效。
- "有效市场假说"没有考虑和涵盖交易者情绪对市场价格的影响,因此也就遗漏了金融市场历史中某一时期(即市场泡沫期及市场恐慌期)基本面要素中对市场价格具有主导作用和重大影响的要素,即交易者的心理和情绪。

对我们而言,"有效市场假说"理论是个坏消息:除了靠运气,该理论排除了所有战胜市场的可能,但它又是一个好消息:"有效市场假说"在理论和实证上都具有严重的缺陷。所以本序言开头的那个问题的答案就是:虽然路途坎坷,困难重重,但战胜市场我们还是能够做到的。

常常有人问我,要成为交易高手、金融怪杰式的人物,是靠天生禀赋还是靠刻苦努力?我用马拉松赛跑来类比交易,以此作为回答此问题的标准答案。虽然马拉松赛跑在大多数身体条件较差的人看来是一项令人生畏的运动,但只要经过充分的训练以及自身的专注投入,大多数人还是能跑马拉松的。不过只有少数身体素质过人、天生适合这项运动的人才能跑出2小时15分(男子马拉松)或2小时30分(女子马拉松)的优异成绩,先天条件一般或较差的人,不管怎样刻苦努力,这种出类拔萃的成绩都是跑不到的。拿交易进行类比的话,其与马拉松赛跑相似:刻苦努力可以达到"熟能生巧"的效果,但要想登峰造极,达到第一流的水准则需几许天分。许多金融怪杰能够成功，达到登峰造极的程度，可能仅仅因为他们具有某些天生的才能或天生的洞察力，使他们能超乎寻常地感知未来市场的动向。我并不看重某人怎样全身心地投身交易或是愿意花多少个小时注视行情报价的屏幕；现实情况就是，金融怪杰具有的某些天赋、所取得的巨大成功和庞大财富对大多数人而言是难以企及的。

| 前　言 |

本书中有一些令人称奇的经历。

- 某位交易者在其职业生涯的早期历经数次输光离场，最终将3万美元的账户做到了8 000万美元。
- 某位基金经理取得了大多数人认为不可能实现的业绩：其管理的基金连续5年的收益率都达到三位数（百分数的三位，即收益率在100%～999%）。
- 一位来自美国某小镇的交易者，以微薄的资金开始交易，现已成为世界上最大的长期国债期货交易者之一。
- 某位交易者，曾经做过证券分析师，在过去7年中主要交易股指期货，其平均月收益率达到25%，其年化收益率超过1 400%。
- 某位从麻省理工学院电机专业毕业的交易者，历经16年使其交易账户的收益率高达250 000%（即2 500倍），简直令人瞠目结舌。

上述这些只是本书所有访谈中的部分例子。本书访谈的每一位交易者都凭借各自的交易方法取得了不可思议的巨大成功。

是什么让这些交易者能脱颖而出呢？大多数人认为这些市场上的赢家一定是找到了制胜、交易的圣杯。但事实的真相却是：我访谈的这些交易者，他们所具有的共同点，与其说是与"交易方法"有关，不如说是与"交易态度"有关。一些交易者只使用基本面分析的方法，而另一些交易者只采用技术分析的方法，还有一些交易者则是结合使用这两种分析方法。一些交易者按照小时或者分钟进行交易操作（即不断建仓、平仓的短线客或日内交易者），而与此同时另外有一些交易者建仓后通常是持仓不动，打算持有数月乃至数年（即中长线的交易者、投资者）。虽然这些交易者的交易方法差异巨大，但接下来的访谈会揭示成功交易者在交易态度和交易原则方面具有的重要共性。

"交易"是当前我们在改变自身经济状况方面最大、最新和最后的一个机会。个人以相对较少的资金起步，并最终成为千万富豪的途径极少，而其中一条途径就是"交易"。当然只有少数人（例如本书中的访谈对象）才能通过"交易"来成功改变自身的经济状况，但至少"交易"为你提供了改变的机会。

我并不期望本书所有的读者都能重塑自身，从而成为杰出的交易者。世间的成败规律并非如此，交易的游戏规则并非如此，成功者永远是少数。但我认为，对于大多数严肃认真、头脑开阔、虚心好学的读者而言，书中这些发人深省的访谈一定有助于提高他们的交易绩效。对于某些资质非凡的读者，这些访谈甚至能帮助他们成为杰出的交易者。

杰克 D. 施瓦格（Jack D. Schwager）
1989 年 5 月写于纽约

致 谢

首先,我要感谢史蒂芬·乔纳威兹(Stephen Chronowitz),他详读了本书各章,并且提出了大量有用的建议,对本书进行了编辑和修改。史蒂芬为本书费时耗力,贡献良多,对此我深表感激。我确信无论本书具备何种优点,都与他的贡献密不可分。

其次,我要感谢我的妻子乔·安(Jo Ann)。在我写书的9个月里,她独守空房,因为我忙于写书而成为"寡妇",而且在写书的过程中,她是对我作用最大的反馈者和评判者。她对我的新书所提出的批评,坦诚真实又不留情面。例如,她会说:"这是你写得最糟糕的部分!"(不用说,我写得最糟的部分已从书中删除,然后重新写过。)乔·安具有丰富、健全的常识,通常情况下,我总是毫无异议地接受她的意见和建议。

当然,我要向所有答应接受我访谈的交易者致谢,如果他们不接受访问,那么压根不会有这本书。大体而言,这些接受访谈的交易者既不需要,也不寻求公众的关注,因为他们只是为了自己的账户或是为自己管理的账户进行交易。许多访谈者参加访谈的动机是无私利人的。比如,正如其中的某位交易者所言:"当我交易刚起步时,我发现成功交易者的传记和访谈对我帮助巨大，现在我愿意扮演同样的角色，通过访谈帮助那些交易新手。"

我向伊莲·克罗克（Elaine Crocker）致以最诚挚的感谢，正是她凭借自己和一些交易者的交情，对他们进行劝说，使他们同意接受采访，才使本书相关的章节得以产生。我还要感谢考特尼·史密斯（Courtney Smith）、诺姆·扎德（Norm Zadeh）、苏珊·艾伯特（Susan Abbott）、布鲁斯·巴布科克（Bruce Babcock）、马丁·普雷斯勒（Martin Presler）、查克·卡尔森（Chuck Carlson）、李·斯蒂文斯（Leigh Stevens）、布莱恩·吉尔伯（Brian Gelber）、迈克尔·马库斯（Michael Marcus）以及威廉·拉夫特（William Rafter），感谢他们提供的建议、指引和其他各类帮助。最后我要感谢三位交易者，他们分别是欧文·凯斯勒（Irv Kessler）、道格·雷德蒙（Doug Redmond）和马丁·普雷斯勒（Martin Pressler），他们非常慷慨，接受我耗时漫长的采访，但他们的访谈内容没有收入本书。因为回顾访谈内容时，我认为对前两位（即凯斯勒和雷德蒙）所提的问题过于专业，技术性极强，受众面较窄，不宜公开，而对后一位（即普雷斯勒）的访谈，因为出版时限的缘故，我没有时间做追踪访谈并对访谈内容进行编辑，所以他们的访谈都没有收入本书。

序　幕

有一本叫《大型显示屏》(*The Big Board*)的书，讲的是一个普通的地球男子和一个普通女子被外星人劫持的故事。劫持后这两人被押往一个名叫锆石-212（Zircon-212）的星球，投入该星球的一家动物园中，作为展示的"动物"。

在关押这两个地球人的动物园里有一块大型显示屏。显示屏安装在两个地球人住处的墙上，用以显示股票市场的所有报价以及各类商品期货的价格。在他们的住处，另外还有新闻自动收报机（news ticker）以及用来和地球上的经纪公司（为客户进行代理买卖的公司）联系的电话。锆石-212星球上的外星人告诉这两个地球人，要想重返地球，就必须交易、管理好锆石-212星球所投资的100万美元（这笔资金由该星球的外星人投资于地球的股票市场和期货市场，交由这两个被劫的地球人进行交易、管理）。只有通过交易使这笔钱达到极其富有的程度，才能放他俩重回地球。

当然，上述电话、用以报价的大型显示屏以及新闻自动收报机都是假货。这些东西只不过是为了激发这两个地球人为来动物园的大众游客（锆石-212星球上的外星人）表演而设置的——让这两个地球人在进行所谓的交易时，随着交易行情的变化，时而上蹿下蹿，时而欢呼雀跃，或是洋洋自得，或是闷闷不乐，或是火冒三丈，心急如焚，或是惊恐失色，魂飞魄散，又或是怡然自得，宛如母亲怀中的婴儿。

这两个地球人在名义上交易得非常出色（实际上由于报价的屏幕都是假的，交易数据都是虚构的，所以交易并不真实存在）。当然，成功交易有部分要归功于各种设备，并且宗教的作用也混杂其中。比如，新闻自动收报机提醒这两个地球人，美国总统宣布了全国祷告周（National Prayer Week），在该周每个美国公民都应该进行祷告。正好在此前的一周，两个地球人在市场上交易糟糕，在橄榄油期货上遭受小的亏损。所以他们试着进行祷告，后来果然奏效，橄榄油期货的价格如他们所愿涨了起来（因为他们是做多的）。

——摘自库尔特·冯内古特的小说《五号屠场》

如果随机漫步理论是正确的，那么地球上所有的交易者和基尔戈·特劳特（Kilgore Trout）所写的《大型显示屏》中被囚禁在动物园里的两个地球人一样，都遭受了欺骗，并且两者看到的都是幻觉。"锆石-212"星球上被囚禁的地球人认为他们的交易决策是基于真实的报价，实际上这些报价都是虚假的，而现实生活中的交易者认为凭借他们的聪明或技能可以战胜市场。如果在每一个时间段里，市场确实都是有效和随机的，那么这些交易者将自身的技能或缺陷视为他们成功或失败的原因，那显然就是错误的，实际上此时（即市场是完全有效和随机的时候）所有的一切全都和运气有关。

通过本书的采访，我已无法相信"随机漫步"的世界观（即交易观）。许多人都有一个深信不疑的看法，那就是"参与交易的人是如此众多，某些交易者要想多年都交易成功，持续保持盈利，那是绝不可能办到的事"，读完此书后你就可以摒弃这个看法了。当然，如果简单按照概率的法则，只要统计样本足够大，经过很长的一段时间，肯定会有一些交易者脱颖而出，取得杰出非凡的成绩。但对于本书中采访的那些持久、大幅盈利的交易者，我把他们脱颖而出的概率交给数学家来计算吧（即他们脱颖而出的概率是非常低的，由此可见，成为长期的交易大赢家和概率的法则无关，只和个人因素有关）。顺便提一句，本书访谈的交易者都毫无异议地认为：从长期来看，你是交易赢家还是交易输家取决于个人的技能，而并非一时的运气。对此我也深有同感。

| 我自己的故事 |

刚毕业踏出校门,我就找到了一份商品期货研究、分析的工作。我惊喜地发现自己凭借经济分析和统计分析,准确地预测了许多主要商品期货品种的价格走势。自那以后,我就萌生了自己进行交易的念头。唯一的问题在于我所在的部门一般不允许分析人员直接参与交易(此项规定是为了让分析、研究人员保持客观、公正的立场,当然也有其弊端)。我对此颇感沮丧,并向迈克尔·马库斯(即本书中的第一位访谈对象)谈及此事。我面试后得到的分析员职位正是马库斯跳槽离职后留下的空位,我们在初次见面后就成了朋友。迈克尔·马库斯听罢为我献策,"跳槽前我在这家公司也遇到和你一样的问题。你可以按我的方法去做——去其他公司开立一个交易账户"。他把我介绍给其跳槽后所在新公司的一位经纪人,该经纪人愿意为我开立交易账户。

那时候我挣的工资比所在部门的秘书还要少,所以确实没有许多可用于交易的风险资本。我鼓动我哥哥去开立了一个 2 000 美元的交易账户,我作为其交易顾问和指导。因为该交易账户必须要保密,不能让其他人知道我在做交易,所以我不能通过我办公桌上的电话来下达交易订单。每次想建仓或清仓时，我不得不乘坐电梯，到办公楼的地下室去打公用电话（迈克尔·马库斯对相同问题的解决在对其的访谈中有所论述）。最糟糕的情形并非仅是交易订单下达的延误（这通常不会有大碍），而是我不得不对离开办公桌、去打公用电话下单的次数审慎考虑，小心控制。有时我会把当日要下的交易订单推迟到下一个交易日，以免一天内离开办公桌的次数过多而令人起疑。

对于最初一些交易的细节，我已不记得了。所有我能回想起来的就是：最初的那些交易基本上是盈亏平衡，在支付交易佣金后略有小赚。在这些已记不清细节的交易后，我迎来了第一次对我印象至深、永难忘怀的交易。我对第二次世界大战后各时期的棉花市场做了非常详尽的分析和研究。研究发现：由于政府对棉花市场推出各种扶持项目、政策，棉花市场自1953年后，一年中只有两个季度能真正被称为"自由市场"，在自由市场上价格是由供需双方（无形的手）决定的，而不是由政府的调控、管制、扶持（有形的手）来决定。由此我得出准确的结论：只有在（一年中的）这两个季度，才能通过价格预测来进行交易。可惜的是，已有棉花市场的数据不足以用来做更有意义和价值的市场分析，因此我无法做出意义更加重大深远的研判和结论。通过比较（一年中称得上"自由市场"的）这两个季度和其他季度的市场数据，我对棉花价格得出如下推论：棉花当前价格为每磅⊖25美分，其价格将会上涨，大概会在32～33美分见顶（指棉花期货的价格）。

棉花价格在其后一个月的时间里缓步上行，证明了我前半部分预测（即"每磅25美分的棉花，其价格将会上涨"）正确。接着开始加速上涨，仅用了一周，棉花期货的价格就从每磅28美分飙升到每磅31美分。棉花价格最后的再度上扬要归功于几条在我看来并不重要的消息。我认为已十分接近我预测的目标价格（即32～33美分），于是决定做空棉花期货。其后棉

⊖ 1磅≈453.592克。

花价格略做上涨就快速掉头向下，跌回每磅29美分一线。在我看来，这是意料之中的事，因为市场走势符合我之前的分析（即棉花价格已见顶），然而我做空所赚的账面利润和由此产生的得意之情是短暂的，棉花期货的价格不久就开始反弹，并且创出新高，展开凌厉的上攻：32美分、33美分、34美分、35美分。到最后，我无力追加保证金，被强行平仓。还好那时我没有很多钱，这是我平生最幸运的事情之一，因为棉花价格最终飞涨到令人难以置信的每磅99美分，这一价格是20世纪棉花前一个价格高点的两倍多！

上述的那次交易让我破产出局，在一段时间内离开了市场。接下来又过了几年，我又重新着手交易，尝试做了几笔。每次交易，我初始投入的资金不会超过2 000美元，最终都因单笔交易中的大亏而把账户中所有的钱输光。唯一值得宽慰的是，我输掉的金额相对较小。

终于学会两件事后，我摆脱了过去失败交易的模式。第一件事，我遇到了史蒂芬·乔纳威兹。当时我是H&W公司商品期货的研究主管，我聘任史蒂芬·乔纳威兹为金属期货的分析师，以填补其前任离职后留下的空缺。史蒂芬和我合用一间办公室，我们很快成了好友。当时我采用纯粹的基本面分析，与我相对应的是，史蒂芬采用严格的技术分析来研判市场（基本面分析采用经济数据来预测价格走势，而技术分析采用市场本身的各类数据来预测价格走势，比如采用成交价格、成交量以及市场情绪等）。

在遇到史蒂芬·乔纳威兹前，我一直对技术分析抱有极大的怀疑，看技术图表是那么简单的事，能有什么价值呢？在我看来技术分析毫无价值可言。然而当我和史蒂芬并肩工作一段时间后，我发生了转变，开始确信自己对技术分析最初的评价是错误的。我意识到，至少对我来讲，光靠基本面分析（即纯粹采用基本面分析）是无法在交易中取得成功的（在之前棉花期货交易中，我就是纯粹采用基本面分析），我也需要吸收、采用技术分析的方法，用来确定交易的时机。

掌握第二个关键要素后（即我学会的第二件事），我终于跻身交易赢家之列，该关键要素就是：风险控制绝对是交易制胜的关键。深谙此道后，无论我对自己的观点与研判多么深信不疑、自信满满，也坚决不会在单笔交易中孤注一掷，以免万一出错而将资金亏个精光。

有一笔颇具讽刺性的交易，我曾视该笔交易为我的转折点，我的最佳交易之一，但到头来这笔交易却以亏损告终。那时德国马克经过长期下跌后开始显现极大的做多空间。基于对外汇市场所做的分析，我认为德国马克正在形成重要的价格转折点，即将转跌为升。于是我在一个稳妥的价位进场做多，并同时下达了撤销前有效的止损订单（good-till-cancelled stop order）。止损价设在德国马克近期低点下面。我的分析推断是：如果我的判断是正确的，做多德国马克是正确的，那德国马克就不可能再创新低，即不会跌破近期的低点。几天后，德国马克开始下跌，并跌破我的止损价（即跌破近期低点），于是我止损清仓，只遭受了一点小损失。在我止损出场后，就出大事了，德国马克开始垂直下跌，犹如从高处坠落的石头。倘若在过去，像这种情况的交易将使我亏得精光，但那时我仅遭受了一点小损失（因为那时我已掌握成功交易的两大要素）。

其后不久，我开始做多日元，从技术走势上看，日元强势盘整（consolidation）后有望走牛。在建仓的同时，我在具有意义（比如支撑位、阻力位、跳空缺口等都是技术分析中具有意义的价位）并且靠近建仓价位的地方设置了防御性止损（protective stop）。通常我只建仓一张外汇期货合约，这次我决定建仓三张合约，每张合约承担的最大风险为15个刻度（tick，即最小价格变动单位），现在我很难相信自己能依据如此接近建仓价的止损价位、这么小的止损幅度来斩仓止损。市场走势如我研判，一切都很顺利。虽然其中两张日元期货的合约清仓太早，但我坚定持有的另外一张合约，拿得足够久，赚得足够多——让我小资金的账户翻了3倍。那是我交易取得成功的开始。在此后几年里，我结合使用技术分析和基本面分析，加上良好的风险控制，使我微薄的本金大幅增长，账户净资产最终超过了10万美元。

接着我账户资金的快速增长因故终止。我认为原因就在于我过多的冲动交易，没有恪守已学到的交易法则。回想起来，那时的我已变得盲目自信、狂妄自大。大豆期货上的一笔亏损交易，我记得格外清楚。当大豆期货的价格向不利于我的方向运动时，我非但没有止损出局，反而确信这种下跌不过是多头市场中的价格回撤（价格回撤后会继续上涨），故而我大幅加仓做多。就在此时，政府发布了一份重要的农作物报告，此报告的出台使我逆市加仓做多的举动错得更为严重，原因在于这是一份产生利空作用的报告。我账户的净资产随着大豆期货价格的下跌而大幅缩水。几天之内，该笔交易导致的亏损就达到我历年累积利润的1/4以上。

我从账户中提现买房后，花了整整一年的时间来写书○，我的储蓄基本消耗殆尽，没钱投入交易，所以在推迟将近5年后我才重返交易。刚开始重新交易，我用自己惯用的方法，即一开始只投入少量的资金8 000美元。在一年内，8 000美元大部分都亏掉了。我又向交易账户中投入了8 000美元，在经过几次非常无关痛痒的交易挫折后，最终我取得一些交易的大胜。在大约两年的时间里，我交易账户中的资金再次超过10万美元。接着我（又一次）陷入泥潭，停滞不前，就在过去的几年里，我账户的净资产始终在峰值（即10万美元）处徘徊不前，上下波动。

虽然客观地讲，我的交易可以算是成功的，但就个人情感角度来讲，面

○ Jack D. Schwager, *A Complete Guide to the Futures Markets* (John Wiley & Sons, New York, NY, 1984).

对自己的交易业绩，我常常怀有些许挫败感。主要是因为我觉得，以我在市场方面的知识和经历，理应交易得更好。"为什么没有做得更好呢？"我扪心自问道，"我能两次通过交易使不到1万美元的账户翻上10倍（即达到10万美元），然而不考虑增长幅度的要求，我已无法再让账户的净资产有丝毫增长，超越10万美元的峰值，这是为什么呢？"

希望找到某些问题的答案是我进行访谈、写作本书的动机之一。我想向那些已经获得成功的交易者请教如下问题：你取得成功的关键要素是什么？你在市场上采用何种方法进行交易？你恪守的交易准则是什么？你的早期交易经历是怎样的？对于其他交易者，你有何建议？

同时，从某种意义上来说，我寻求上述问题的答案也有我个人所图：想通过这些答案来清除我在交易之路上存在的阻碍。就更广泛的意义而言，我视自己为每一个（普通）交易者的化身，替他们去提问，问那些他们想问却没有机会去问的问题。

| 第一部分 |

MARKET WIZARDS

期货和外汇方面的交易者

| 第一章 |

期货市场揭秘

在本书所探讨的所有金融市场中,期货市场或许是最不为大多数投资者了解的一个市场。该市场也是发展最为迅猛的一个交易市场。在过去 20 年中,期货市场的交易金额翻了超过 20 倍。到 1988 年,美国期货市场交易的所有期货合约以美元计价的价值超过了 10 万亿美元[一]。显然,在期货市场上交易的不只是猪腩期货[二]。

如今期货市场已涵盖关联全球所有主要的交易市场:利率(例如期限在 10 年以上的长期债券)、股票价格指数(例如标准普尔 500 种股票价格指数)、外汇(例如日元)、贵金属(例如黄金)、能源(例如原油)以及农产品(例如玉米)。虽然期货市场最初源于农产品,农产品期货是期货市场最初的品种,但当前农产品期货的交易额仅占期货市场交易总金额的 1/5 左右。在过去的 10 年里,金融衍生品

[一] 这一粗略且保守的估计是基于交易中共有 2.46 亿张期货合约,假定平均每张合约的价值远超 4 万美元,不包括短期利率期货,比如欧洲美元定期存款期货,单张合约价值的范围从白糖期货合约的 1.1 万美元到标普 500 指数期货合约的 15 万美元,其中白糖期货合约中 1 磅等于 10 美分,标普 500 指数期货合约中 1 个指数点价值 300 美元(这里所用的数据都是原书写作时的数据,现在已有所改变,读者如感兴趣,可自行搜索最新的数据)。

[二] 即冷冻猪腩期货(frozen pork bellies future),1961 年 9 月由芝加哥商业交易所推出。

（外汇期货、利率期货、股指期货）被引入期货市场，如雨后春笋迅猛发展，这些金融期货的交易额占期货市场交易总金额的60%左右（能源和金属期货的交易额占期货市场交易总金额余下40%中的一半，即约20%）。因此，"商品"一词经常用来指称期货市场上的各交易品种，这种张冠李戴的现象变得越来越多。期货市场上大多数最积极的交易者（例如那些交易金融期货的交易者）交易的并不是真正的"商品"，而与此同时，许多商品的现货市场并没有对应的期货市场（"商品"一词实际上应指现货市场上的各交易品种，而金融期货的交易对象无法冠以"商品"一词，许多农产品、金属等现货市场上的交易品种也没有对应的期货产品）。

"期货市场"的实质顾名思义就是：交易的对象是"商品"的标准化合约，这里的商品是指黄金、金融工具（例如期限在10年以上的长期债券），期货合约规定在将来某一特定时间和地点交割一定数量和质量的标的物，而不是在合约买卖当时就进行实物交割。例如，如果某个汽车制造商需要用于当前生产的铜，它会直接向原材料供应商购买铜。如果汽车制造商担心6个月后铜价会大幅上涨，那么它会在当前买入铜的期货合约，将铜的购入价格基本固定在当前价格，从而避免成本上升造成的损失。6个月后，如果铜价在此期间确实上涨，那么6个月后实际购入铜时，因铜价上涨导致成本提高所造成的损失，可以用现时买入的期货合约的盈利加以对冲，盈利大体可以抵消损失。当然，如果铜价在此期间不涨反跌，那么利用期货合约来对冲就会导致期货上的亏损，但该汽车制造商在6个月后，可以按比现价（即通过期货合约固定的当前价格）更低的价格购入铜。

套期保值者（hedger），比如前面例子中的汽车制造商，利用期货市场的套期保值来降低（现货）价格向不利于自身方向运动所带来的风险（损失）。与此同时，期货市场上的交易者（即投机者）力图通过研判期市价格的波动来赚取利润。投机者参加期货交易的目的与套期保值者相反，他们愿意承担价格波动的风险，其目的是以少量的资金来博取较多的利润。实际上，相较对应的现货交易，许多交易者更愿选择期货交易，其中诸多原因如下所示。

（1）**标准化合约**——期货合约是标准化的合约（每张合约都有标准的数量和质量），所以期货市场上的交易者不必寻找具体、特定的买家或卖家来建仓或清仓。

（2）**流动性**——所有主要期货市场的流动性都很充裕。

（3）**做空便利**——在期货市场上做多（long）和做空（short）同样便利。例如，在股票市场上的做空卖家（即借入股票卖空，然后再购回股票归还的卖家，而不是抛售自己股票的卖家）必须等股价上涨，然后借入股票才能卖空，期货市场上无此限制，可以直接建立空头头寸。

（4）**杠杆**（leverage）——期货市场为交易者提供了巨大的杠杆。大致说来，初始保证金（initial margin）通常是期货合约总额的 5%～10%。期货市场上的"保证金"一词常会和股票市场上的"保证金"概念相混淆。在期货市场上的保证金不作为支付价款的一部分，因为在合约到期日进行交割前并未发生实际的交易，没有实物的交割，保证金只是确保履约并承担价格变动风险的资金。虽然期货市场为交易者提供了巨大的交易杠杆，能够以小博大，但应当强调的是杠杆交易是一把双刃剑。缺乏自律和专业技能、随意进行杠杆交易是大多数交易者在期货市场上亏损甚至血本无归的唯一且最重要的原因。总体而言，期货价格的波动比相关现货价格（underlying cash price）的波动要大，也比许多股票价格的波动大。期货市场之所以具有"高风险市场"的名声，很大程度上是源于杠杆因素。

（5）**交易成本低**——期货的交易成本很低。例如，股票投资组合的管理者（基金经理）想通过减仓来降低持仓风险，那么做空股指期货的交易成本与卖出相等金额股票（计价单位都是美元）的交易成本相比，沽空期指合约的交易成本要比卖出股票的交易成本便宜得多。

（6）**易于冲销**——只要没有涨跌幅限制，期货市场上的持仓头寸能在任何交易时间冲销（有些期货品种规定了每日价格变动的最大范围。如果"在不受人为干预的自由市场中多空达到的平衡价格"高于涨停价或低于跌停价，那么此时这类期货品种的市场价格会直冲涨停板或跌停板，从而停止交易）。

（7）**交易有担保**——期货交易者不用担心交易对家的财务状况是否稳定、可靠。商品结算所为所有期货交易（期货合约的履行）提供担保。

鉴于衍生产品的结构特点，期货品种与对应现货品种联系紧密，套利行为的存在能确保两者价格的偏离幅度相对较小，偏离时间相对短暂。期货价格的变化与对应现货价格的变化是相似、匹配的。如今期货交易主要都集中在金融期货交易，许多期货交易者在做金融期货交易（股指期货、国债期货、外汇期货等），实际上他就是在做股票、债券和外汇的现货交易，这点请牢记。因此，期货交易者在本部分（即全书第一部分）接下来的访谈中所发表的观点、看法，与只做过股票、债券而从未在期货上投机冒险过的读者也有直接的联系。

| 第二章 |

银行间货币市场的定义

银行间货币市场(the interbank currency market)的交易场所遍布全球,各自的交易时间依次相连,从美国的银行中心开始,到澳大利亚,到远东(Far East),再到欧洲,最后重新回到美国,24小时全天候交易,堪称"日不落"的交易市场。例如,假如日本的某家电子制造商向美国出口销售其生产的音响设备,双方约定以美元结算,6个月内结清货款。在未收到货款前,该制造商容易遭受因美元对日元贬值而造成的汇兑损失。如果该制造商设法将美元对日元(本币)的汇率固定,就能确保利润不变,免受汇兑损失。该制造商可以进行套期保值交易,即在银行间货币市场上卖出与货款金额相等的美元(兑换成日元),将来实际交割的日期就是该制造商预计收到美元货款的日期,交割时所用的汇率就是银行现在报出的汇率(也就是该制造商为防美元贬值,想固定的汇率)。

银行间货币市场上的投机者通过预判汇率的波动来赚取利润。例如,某个投机者预计英镑对美元将贬值,那么他在银行间货币市场上就可简单地卖出英镑的远期合约(银行间货币市场的所有交易都以美元计价)。又比如,某位投机者预计英镑对日元将贬值,那么他将买入一定金额的日元,并卖出等额的英镑(即所买日元和所卖英镑都以美元计价,两者换算后的美元金额相等)。

| 第三章 |

迈克尔·马库斯
绝不重蹈覆辙

　　迈克尔·马库斯的职业生涯是从担任一家大型经纪行的商品（期货）研究、分析师开始的。因为交易对他有着近乎无法抵抗的吸引力，令其痴迷其中，所以他辞去了稳赚工资的分析师职务，转而全天候投身于交易工作。马库斯在做了一段短暂、发展空间有限、几乎有点滑稽可笑的场内交易员工作后，正逢一家商品期货公司招募专职交易员，负责该公司自营盘的交易，于是他转而为这家公司工作。马库斯成为这家商品期货公司最成功的交易员之一。多年来，马库斯所做交易赚取的盈利要超过该公司其他所有交易员赚取盈利的总和。马库斯负责操盘的公司交易账户历时十年就翻了令人难以置信的 2 500 倍！

　　我初次见到马库斯是在我进入雷诺证券公司（Reynolds Securities）担任期货研究、分析员的那天。那时马库斯正离开雷诺证券，跳槽到竞争对手的公司，担任与我相近的职务，我接手担任的职位就是他离职后留下的空缺。此后在我们俩职业生涯的早期阶段，我们定期碰面。虽然当我们有意见分歧时，我通常认为我对自己观点的分析更具说服力，但马库斯对于市场方向的观点到最后证明是正确的。最终他担任了交易员的工作，干得非常成功，并且迁居到西海岸。在我最初构想本书的访谈时，马库斯是我首先想到的访谈对象之一。马库斯起初答应了我的采访请求，但口气并不坚决肯定。数周后，他又回绝了我的采访请求，因为他不想广为人知，天性喜欢在自己感兴趣的领域（交易）保持默默无闻的努力状态（马库斯本人认识并且推崇许多本书中我所采访的交易者）。对于马库斯的拒绝，我倍感失望，因为他是我有幸认识的、最好的交易员之一。所幸的是，在我俩共同朋友的劝说斡旋下，他最终回心转意，同意接受我的访谈。

当我采访马库斯时，距离我俩最后一次相见已有七年。访谈在马库斯的家中进行，他家是一套复合式建筑，由两间大房子联体而成，位于峭壁之上，可以俯瞰加利福尼亚南部的私人海滩。当你进屋时，你会看到一扇厚重而且庞大的大门（他手下引领我进屋的助手把这扇门称为"神奇的大门"），如果用这扇门来抵御一个装甲师的进攻，防守成功的可能性很高。

初次访谈，刚寒暄时马库斯显得沉默寡言，几近冷淡。马库斯曾经尝试成为场内交易员（floor trader），当谈到这段短暂的经历时，他沉静内敛的个性使他的讲述令我印象格外深刻。当他谈到交易经历时，立刻变得充满生机和活力，滔滔不绝，侃侃而谈。我们访谈的重点放在他早年"过山车"式的经历，他认为这段经历是其交易生涯中最有意思的一段。

你最初是怎样对期货交易产生兴趣的？

我是一个略带学者气质的人。1969年，我几乎是以班级第一名的成绩从琼斯·霍布金斯大学毕业，是联谊会（Phi Beta Kappa）成员。我得到了攻读克拉克大学心理学博士的奖学金，完全有望走上学者之路，过起当教授的日子。你我有个共同的朋友，他就是约翰。他对我宣称，他可以让我的资金每两周就翻一倍，绝对精准无误（马库斯不由笑道）。我认为甚至不必去问约翰他是怎样做到这一点的。因为这个计划太吸引人了，我不想去找寻大量事实证据来判定约翰说法的真伪，以免错失良机而坏事。那时我唯恐自己太胆小怕事，过于谨慎小心。

难道你没有怀疑？他（约翰）的话听起来不是很像一位二手车推销员说的话吗？

没有怀疑，当时我没有投资过任何东西，很傻很天真。我雇用了约翰，这个我所在学校的大三学生，担任我商品期货交易的顾问，每周工资30美元。此外，我给他提供了免费的薯片和碳酸饮料。约翰的理论是：人靠吃这两样东西，就能活下去。

那就是你付给他的所有报酬？难道没有奖金激励，比如干得好再多给点薯片？

是全部报酬。没有别的了。

那时你投入多少钱进行交易？

大约1 000美元，那是我存下的钱。

那接下来怎么样？

我第一次去经纪行的时候，非常兴奋。那天我穿上唯一的套装，穿戴整齐后和约翰一同赶往雷诺证券位于巴尔的摩的营业大厅。该营业厅宽大而且华丽，使人联想到世代相传的财富。营业大厅装潢的基调以肃穆、恭敬为主。所有这些都令人印象深刻。

整个营业大厅的焦点是位于大厅前面显示商品期货行情的大屏幕，其行情跳动的方式是老式的那种，会发出咔嚓咔嚓的声音，这种咔嚓声会令人亢奋不已。交易者可以站在营业厅的走廊上看报价的大屏幕。但距离太远，我们只能用双筒望远镜来看大屏幕上显示的价格。这很像在看赛马，因此也同样令人兴奋。

当扩音器发出声音，推荐做多豆粕期货时，我不知可否，于是看着约翰，希望从他的表情里得到信心和肯定。但他反而看着我并且笑着问道："你认为我们该怎么做？"我顿时意识到事情有点可怕，约翰根本一无所知，他也是个新手。

我记得豆粕期货的价格在78.30和78.40之间反复拉锯，交易风平浪静。我们下好交易订单，就在确认成交的同时，豆粕期货的价格近乎神奇地开跌了。市场一知道我进场，就马上把这作为开跌的信号。我猜想自己还是有良好的直觉，因为此时我立刻对约翰说："我们干得不太好，清仓离场吧！"在那笔交易中，我们亏损了大约100美元。

接下来我们又交易了玉米期货，情况与第一次相同。交易前约翰问我是否该进行交易。我回答说："好吧，让我们试一下玉米期货。"这次交易的结果也和第一次交易一样，以亏损告终。

那时你对所进行的交易有所了解吗？你读过任何与商品期货或交易有关的书吗？

那时我对此一无所知，懵然不懂。

那时你知道每张商品期货合约的规模吗？

并不知道。

那时你是否知道每个价格刻度代表的盈亏？

这个是知道的。

很明显，那是你唯一清楚的事。

对哦。我们接着交易小麦期货，也是失利告终。在那以后，我们重新交易玉米期货，这次操作得稍好，历时三天才输光我们的钱。那时我们衡量成功与否的标准就是亏光钱所用的天数。

你总是在亏损100美元后止损离场吗？

是这样的，虽然有一笔交易是在亏损约200美元后才止损离场的。当我的资金亏到大约500美元时（亏损近半），约翰跑到我面前，向我出"可保不败"的主意。他建议做多（冷冻）猪腩期货8月合约，并同时做空猪腩期货2月合约（两者数量相等），因为两者价差（spread）会扩大，由此所得的利润会大于交割的相关费用（8月合约和2月合约的运杂费和商品保管费）。他说如此一来我们的交易就能永保不败了。

我含糊、粗略地理解这个主意，并且同意这样去交易。那次交易是我们第一次决定外出用餐，因为过去所有的午餐时间我们都要忙于看盘，但我们认为这笔交易是"不可能亏钱"的交易，所以我们可以安心离开报价屏，笃笃定定地外出用餐。等我们吃完饭回来，我已大体亏光。我依然记得那一时刻的震惊、失望和难以置信。

对于约翰的形象，我始终难忘。他是一个非常胖的人，带着厚厚的墨镜，记得那天他跑到报价屏前，对着报价屏，用拳头砸，用手摇，并且大叫道："难道确定能赚到的利润，竟然没人想赚！"后来我才搞懂，8月猪腩期货合约交割买入，得到的猪腩实物无法用于2月合约的交割（即卖出、提交猪腩实物）。这笔交易的逻辑一上来就是错的。

之前约翰是否有交易的经历？

没有。

约翰为什么要说通过交易使你的资金每两周翻一倍的谎话？

这个我就不得而知了，但经过那次交易（即前述猪腩期货的交易）后，我输得精光，所以我对约翰讲，鉴于所发生的这一切，我认为对于交易我和他都是一无所知，半斤八两，所以我打算解雇他。他将不会再有薯片，也不会再有碳酸饮料。我永远忘不了当时他的回复。他对我说："解雇我是你一生中所犯的最大错误！"我问他被解雇后打算做什么，他对我说："我打算到百慕大去洗盘子，积累交易的本金。然后我会通过交易成为百万富翁，接着就退休。"他没有说"我打算到百慕大去找份工作，积累交易的本金"，而是非常具体地说靠洗盘子来积累交易的本金，这不禁把我逗乐了。

约翰最后怎么样了？

至今杳无音讯。就我所知，他可能居住在百慕大，靠洗盘子成了百万富翁。

在解雇约翰后，我又设法弄来了500美元，投入白银期货的交易。我再次输光了本金。至此我最初的八次交易，其中五次是和约翰共同操作，三次是我独自操作，都以失败告终。

那时你是否萌生过"交易也许并不适合我"的念头？

没有。我在学校时一向表现出色，我认为当时交易失利是因为尚未摸清交易的门道，没有掌握交易的技巧，并非我不适合交易。我父亲在我15岁那年去世，留下3 000美元的人寿保险金，我决定全部提现用来交易，尽管我母亲那时反对我这么做。

但我明白在再次投入交易前，我真的需要学习一些东西。我读了切斯特·凯尔特纳（Chester Keltner）关于小麦期货和大豆期货的书，并且我也订阅了他所写的市场通讯，其中有他所做的交易建议。我所遵循的首次操作建议就是做多小麦期货，那次交易取得了成功。我在该笔交易中每蒲式耳[一]赚了4美分，一张小麦期货合约是5 000蒲式耳，所以我做多一张合约共赚得200美元。

接着在凯尔特纳市场通讯各期的间隔时段，合约的市场价格又跌回我之前建仓做多的价位，所以我再次入场做多，建立多头头寸，靠我自己（此时没有市场通讯的操作建议可遵循）再次盈利。我觉得自己对交易开始有了感觉，即使在最初开始交易的时候，其实我也喜欢自己独立交易的感觉。接着，1970年夏天，我基于凯尔特纳的操作建议，建立三张玉米期货12月合约的多头头寸，那年夏天恰逢玉米遭受枯萎病的灾害，所以说这次交易纯粹是好运相助。

那是你初次大赚吗？

是的，在那次交易中我在玉米、小麦和大豆上建立了大量的多头头寸，一方面是因为遵从凯尔特纳市场通讯上的操作建议，另一方面是出于我自己的交易直觉。在那个辉煌夏季结束的时候，我累积盈利3万美元，大赚了一笔，对于我这样一个出身于中产阶级家庭的人来说，这是世界上最美好的事情。

盈利的时候你会做出怎样的决定？

在上涨途中我会兑现部分利润；当市场开始掉头向下时（如果做多的话），我会兑现另一部分利润。总的来说，我在利润兑现方面做得很好。

所以恰在那个时候你能凭直觉来做正确的事？

是的。那年秋天我到马萨诸塞州的伍斯特市念研究生，但发现对所读的专业全无兴趣。我常常溜到潘恩·韦伯证券经纪公司（Paine Webber）在伍斯特市的营业大厅，在那里进行交易。

读研究生的时候是我一段美好的时光。那时我赚了点钱，虽然不是很多。念研究生期间，我惊奇地发现过去那个在琼斯·霍普金斯大学专心致志、从不缺课的好学生已变得旷课频频。我意识到这不是个好兆头，于是在1970年冬天中途

[一] 1国际谷物蒲式耳≈27.216千克。

退学，搬往纽约。我在基督教青年会待了一段时间。当人们问起我过去是做什么的，我相当自负、傲气地告诉他们，自己是个做交易的投机者。这个职业听上去还不错吧。

1971年春天，谷物（包括玉米、小麦等）市场又变得有意思起来。有一种猜测开始四处传播，那就是枯萎病的病毒都安然过冬，也就是说这些病毒可以活过冬天并将再次侵犯玉米作物。我决定为枯萎病这个做多理由真正建一次仓。

这是凯尔特纳的猜测吗？或仅是市场的谣传？

我认为凯尔特纳也相信这种猜测。我向我母亲借了2万美元，加上我自己的3万美元，全部用于交易，我把所有一切都押在枯萎病上了。我所有的5万美元（含向母亲借来的2万美元）全部充作保证金，做多玉米期货和小麦期货，两者的期货合约能进多少就进多少，全仓做多。起初，市场还保持稳定，因为对枯萎病的恐惧促使期货价格保持走高。我建仓后没有赚钱，但也没有亏钱。接着某一天，这天我永远不会忘记，《华尔街日报》刊登了一篇名为《芝加哥商业交易所场内交易里的枯萎病比中西部玉米地里的枯萎病还要严重》的文章（此时马库斯笑了起来），该文指出市场所传的枯萎病再度袭来言过其实，纯粹是多头炒作的借口。当天玉米期货市场大幅低开，并且以相当快的速度直奔跌停板而去。

市场价格崩溃下跌时，你亲眼看见了吗？

是的，当时我正在经纪人的办公室，看着显示屏上的价格往下跳。

在市场价格封死跌停前，还处在下跌途中的时候，你考虑过清仓离场吗？

当时我认为我应当清仓离场，但我只是看着价格下跌。那时我整个人已完全瘫掉了，希望市场能有转机，价格能够反身向上。我就目不转睛地看啊，看啊，当价格封死跌停后，我已无法离场。当天我苦思冥想了一整夜，但确实已无计可施，我没有更多的钱可以追加保证金，不得不清仓离场。第二天早上一开盘，我在开盘价处清空了全部头寸。

你全部清仓的那天，市场没有大幅低开吗？

没有，低开但跌幅不大，只低开了大约2美分。

当全部清仓时，你在该笔交易中损失了多少？

我自己的3万美元全部亏光，另外我母亲借我的2万美元则亏掉了1.2万美元。"交易时不要孤注一掷"，这就是我从这次交易中得到的教训。

接下来你做了些什么？

当时我确实伤心欲绝。我觉得我不得不去工作。那时正处经济衰退时期，我认为可能得不到确实很好的工作，只能退而求其次。但我发现即使我去面试自己明显能很好胜任的职位，也不能得到任何工作。我最终认识到，我不能得到那些工作是因为我确实不想得到它们。

后来我发现一个极好的工作机会，那就是雷诺证券公司商品期货研究、分析员的职位。我发现得到该职位易如反掌，因为我感到这份工作确实是我想得到的。我由此认识到：如果你确立的目标是你真正想要得到的，那么该目标非常可能达到，因为你只有真想得到某东西，你才会全力以赴，全心投入。

在雷诺证券公司，我的办公室和经纪人坐的主办公室间有一堵玻璃隔墙。那时我对交易依然痴迷，透过玻璃隔墙看着经纪人交易并且欢呼雀跃，我太痛苦了。

那时你只是做研究工作吗？

是的，因为当时公司严禁分析师从事交易，但我认为我不能被这个规定阻止。我再次向我母亲借钱，而且向我的兄弟、女朋友借钱，并在另一个公司开立了交易账户。我设计出一套复杂的代码系统，通过该系统和我的经纪人联系，下达交易指令，这样办公室里的其他人就不会知道我违反了公司的禁令。比如，如果我对我的经纪人说"太阳出来啦"，这句话其实暗含某种意思（是叫他进行某种交易操作）。而如果我对他说"今天是阴天"，那又暗含另一种意思（叫他进行另一种交易操作）。

当我撰写市场研究报告时，我一直透过玻璃隔墙，眯眼注视主办公室里大型交易显示屏上的报价。当我盈利之时，我竭力掩饰我的得意扬扬，而当我亏损之时，我不得不努力做到不露声色。我认为没人能理解，我那时其实是处于躁狂抑郁的状态。我倍感煎熬，我想自由自在、正大光明地交易，而不是靠复杂的代码，像猜字谜一般偷偷摸摸地交易。

在那个时期你是赚还是亏？

我是亏钱的。还是一样的老套路，不断借钱，不断亏钱；亏了再借，借了再亏。

那你知道错在哪儿吗？亏钱的原因是什么？

很好的问题。主要在于，我没有真正掌握交易的准则，所以做一笔（交易）就亏一笔。一做就错，屡战屡败。到了1971年10月，在我经纪人的办公室里，我遇到了助我成功的一个人。

那人是谁？

他就是艾迪·塞柯塔。他是一个天才和极为成功的杰出交易者。我初见艾迪·塞柯塔时，他刚从麻省理工学院毕业，并且通过电脑编程研发了最早的一套可用于测试和交易的技术分析系统。我仍然不明白，塞柯塔怎么能在如此年轻的时候就积累了那么广博的交易知识。

塞柯塔对我说："我认为你应该来我这儿工作。我们建立了一个研究小组，你来的话，可以用你自己的账户交易。"当时听上去确实很好，很合我心愿，但后来唯一的问题在于，塞柯塔所在公司研究部门的主管拒绝聘用我。

他为什么不聘用你呢？

因为我既有很好的理论知识，研究报告写得好，又具有实战经验，所以我找不出被拒之门外的原因。后来我找到他，逼着他告诉我理由，他对我说："我不聘用你是因为你已经懂得太多，而我想招个新手进行培养。"我听后对他说："我做任何事都会遵照你的意愿和想法。"最后我说服了他，他聘用了我。

这确实太棒了，因为从此以后我能和艾迪·塞柯塔共事，向他学习讨教，而他那时已经是非常成功的交易者了。艾迪·塞柯塔基本上是趋势跟踪者，采用经典的交易准则。他教我怎样止损，也教我懂得"让利润奔跑"的重要性。

艾迪·塞柯塔是极好的模仿榜样。比如，有一次他做空白银期货，而白银期货的价格只是保持勉强下行，今天跌个半美分，明天跌个一美分。其他每个人似乎都看多白银期货，都在谈论"因为白银期货价格太便宜，所以其价格必将上涨"，但只有塞柯塔继续看空、做空。塞柯塔说："白银期货趋势是向下的，所以我要继续做空直到趋势改变。"我从他的这个例子中学到了一点：追随趋势必须具有耐心。

塞柯塔的例子是否让你转变成为一个成功的交易者？

一开始并没有。即便和艾迪·塞柯塔共事，我还是继续在亏损。

那时你仍然在犯什么错呢，你是否还记得？

我认为，那时我缺乏足够的耐心，操之过急，没等事态明确、清晰就动手行动。

因为塞柯塔是如此成功，所以只要跟随他交易即可盈利，对此你怎么看？

我不这么认为，我自己也不想这么去做。

那时你是否想过放弃交易？

我有时会想，持续亏损实在是太痛苦了，或许我该放弃交易。电影《屋顶上的小提琴手》（*Fiddler on the Roof*）中有一个镜头，影片中的主角抬头望天，对上帝诉说。那时我也是这样抬头望天，对上帝说道，"我真是那么愚蠢？"接着我似乎听到一个清楚的回答，"不，你并不愚蠢，只要你继续下去。"所以我就这么做了，没有放弃交易，而是坚持交易下去。

那时，希尔森公司（Shearson）有一个处于半退休状态的经纪人，名叫阿莫斯·霍斯泰特（Amos Hostetter），他对我像朋友一般，十分和蔼可亲。他喜欢我写的研究报告，我们过去常见面交谈。艾迪·塞柯塔教给我的许多东西，通过阿莫斯得到了强化。我从不同的两个人身上，学到了相同的交易准则。

那时你是否为所在公司提供操作建议？

是的。

你提出的操作建议实行的效果怎样？

效果较好，因为那时我已更具耐心。尽管当时我已身无分文，也没人愿意借钱给我，但是对于通过采用正确的方法把钱再次赚回来，我仍然具有坚定的信心。当时我每年只赚 1.25 万美元，除去日常必要的开支，我设法省下 700 美元。但 700 美元不足以开立交易账户，于是我的一位朋友也投入了 700 美元，和我一起开立了联合账户。

这个联合账户的交易是完全由你来决定的吗？

是的。和我一起开立联合账户的这位朋友对市场交易一无所知。到了 1972 年 7 月，那时我们正处于物价管制之中，因此期货市场也必定处于物价管制之中。

是指尼克松的物价管制吗？

是的。据我回忆，胶合板的价格理论上被冻结在每 1 000 平方英尺㊀ 110 美元（即胶合板期货单张合约的价格）上。我替公司分析、研究的市场中就有胶合板期货。当其期货价格缓步升至 110 美元时，我发表了看空的市场通讯，在文中我认为即使供给紧张，但由于价格不能超过 110 美元，所以在 110 美元做空不会遭受任何损失。

政府怎样使价格保持在设定的界限之下？有什么能阻止供求双方创出高过规定界限的价格？

依靠法律、法规来阻止价格进一步走高。

你的意思是说，生产商不能要价更高？

对。接下来发生的事是，尽管价格一直被人为压低，但经济学原理表明人为压低的价格会造成供应的短缺。所以胶合板现货市场出现了供应短缺，这注定会传导到期货市场，胶合板的期货价格也会随现货价格的上涨而上涨。然而没人能确信这种情况，这属于说不清道不明的灰色地带。终于有一天胶合板期货的价格冲上了 110 美元，接着涨到 110.10 美元，接下来又涨到 110.20 美元，那时我正看着报价屏。换句话说，此时胶合板期货的价格比法定的最高价格高出了 20%。所以我开始四处拜访，想弄清接下来会怎样，但似乎无人知道。

胶合板期货是唯一冲破管制价格的市场吗？

㊀ 1 平方英尺 ≈ 0.093 平方米。

是的，此前其他市场并未发生过。我认为，那天胶合板期货的收盘价要是能略超 110 美元，那么下一个交易日的开盘价大概会在 110.80 美元。我依据的理由如下：如果多空双方今天能在 110 美元上方成交，那么以后就能在任何价位成交。所以我做多一张胶合板期货的合约。最终胶合板期货的价格涨到了 200 美元。在我做多第一张期货合约后，价格就一直上涨，于是我就用"金字塔式的建仓方法"和持盈的策略进行操作。

这次交易是你在玉米期货市场赔光离场后的首次金额真正较大的交易吗？

是的。

那么当时胶合板现货市场上的价格还保持在 110 美元或以下吗？

那些在现货市场上找不到供给方的买家，他们有最后一招，就是让期货市场来充当供给方。

基本上来说，它形成了双重价格体系的市场，是一种合法的黑市，是这样吗？

是的。现货市场上那些急需进货的需求方，因为供应的短缺，加之没有和生产商建立长期稳定的业务关系，所以只能"忍饥受冻"，无法满足自身的需求。现在这些人可以在期货市场上以较高的价格得到他们想买的胶合板。现货市场上的胶合板生产商对于必须在法定管制价格下出售胶合板气得火冒三丈。

为什么胶合板生产商非要在现货市场以管制价格出售胶合板，而不到期货市场上以更高的价格出售，然后等到期货合约到期进行实物交割？

一些比较精明的生产商是知道这么去做的，但当时胶合板期货交易还处在起步阶段，大多数生产商并不精于此道。某些生产商认为这样做可能是违法的。即使想这样去做，他们的私人律师也会正告他们，"或许有人能在期货市场上以任何超过管制价格的价格买到胶合板，但我们还是不要去期货市场出售、运货和交割，不要以高过法定管制价格的定价出售胶合板。"问题太多了。

当时政府有没有对期货市场出手干预？

政府根本没有出手，但我出手了。仅仅几个月，我通过交易胶合板期货，把交易账户中的 700 美元本金做到了 1.2 万美元。

这是你当时所做的唯一交易吗？

是的。接着我又产生了一个好点子，胶合板供应短缺的情况也会发生在木材上面。我又开始孤注一掷，就像之前交易玉米期货、小麦期货时那样。我预期木材期货的价格也会冲破管制价格一路向上。

这次木材期货的交易怎样？

颗粒无收，无功而返。我看着胶合板期货的价格从 110 美元一路涨到 200 美元，因为木材和胶合板同为木制品，木材也存在供应短缺。我由此推断木材期货的价格也能上涨，而且应该能一飞冲天。然而，我在大约 130 美元建立木材期货多头头寸后，政府终于如梦初醒，意识到胶合板期货已发生了什么事，于是他们决定不让同样的事发生在木材期货上。

在我做多木材期货后的某一天，一些政府官员出面宣布，对于打算推高木材期货价格的投机客，政府将严厉打击。此消息一出，木材期货价格应声下跌。我已临近又一次亏光出场的时刻。有两周的时间，政府不断发布类似声明。此间木材期货的价格一直盘整在能让我亏光出场的价格上面一点，我剩下的钱追加保证金刚好还够，使我可以继续持仓。

你建仓时木材期货的价格是 130 美元，那么到你快亏光出场时木材期货的价格又是多少？

大约是 117 美元。

所以即使木材期货价格的跌幅要远小于胶合板期货价格的涨幅，但你在前者输的钱和你在后者赚的钱差不多是一样的，因为你在木材期货上建立的头寸规模要远大于你在胶合板期货上建立的头寸规模。

说得很对。在政府不断发布声明的两周里，我不断处于亏光出场的边缘。这两个星期是我一生中最糟糕的时刻，我每天来到办公室几乎都是为放弃离场在做准备。

放弃离场就是止损，这样做是为了了断痛苦还是为了至少能留下一点

资金？

两种原因都有吧。当时我心烦意乱，双手不停颤抖但却无法自控。

当时你距离再次亏光离场有多近呢？

我账户里的 1.2 万美元已缩水到 4 000 美元以下。

当时你是否对自己说："我不相信我会再次亏光出场"？

是的。（自那以后）我永远不会再亏光出场了，因为那是我最后一次孤注一掷。

那次交易最后怎么样？

我追加保证金，设法做到持仓不动，并且市场最终反转。木材供应确实存在供应短缺，政府似乎已无力干涉期货市场，无法阻止木材期货价格的上升。

你持仓不动的意志力是来自你的洞察力，还是来自你的勇气？

虽然当时技术图上有一个支撑位，市场价格看起来并不会跌破这个支撑，但主要原因是我身处绝境，只能豁出去玩命，所以就死扛不动了。我的 700 美元本金，曾跳升到 1.2 万美元，也曾跌落到 4 000 美元之下，到那年年底达到了 2.4 万美元。在这次提心吊胆的经历后，我才真正做到：永远不孤注一掷，交易头寸的规模永远不能太大。

到了接下来的一年，即 1973 年，政府开始提高管制价格，因为价格管制造成供应方面大量的人为短缺。当管制价格提高之时，许多商品的价格都出现大幅、急剧的上涨。几乎所有的价格都在上行。许多期货商品的价格都翻了倍，并且我能利用低保证金带来的巨大的杠杆。我从艾迪·塞柯塔那里学到的"追随市场主要趋势"开始让我真正赚到了钱，得到了回报。1973 年，我的交易账户从 2.4 万美元增长到 6.4 万美元。

那时我们发现有些情况都是全新的、从未经历过的。那时市场的具体情况，我都还记得。当时市场价格哪怕只涨了"最终涨幅的 10%"，但从历史角度来看，这一涨幅已是非常巨大。当时是什么让你认为价格还能涨得更高？

那时我在政治上属于右翼人士，强烈反对通货膨胀，对通货膨胀高度警惕。我那时认为政府让货币经常贬值的做法是有害的，但 20 世纪 70 年代中期通货膨胀的经济环境给商品期货市场提供了极佳的交易机会，做多商品期货的前景一片光明。

这是在恰当的时点运用了恰当的理论。

是的。当时的市场充满了交易的机会，非常适合交易。在那样的市场，即便我犯下许多交易错误，但最终仍能取得较好的交易业绩。

在那时要完全做多？

是的。每一样商品的价格都在上涨中。虽然我交易得很好，但还是犯了一个极为严重的错误。在大豆期货的超级牛市中，当其期货价格从3.25美元涨到近12美元时，我一时冲动，清仓兑现了利润，于是失去了宝贵的多头头寸（相当于失去了一切）。我没有追随趋势坚定持仓，而是用自己的想象和主观臆测取而代之。所以当我清仓离场时，艾迪·塞柯塔仍旧持有多头头寸待在场内。接着大豆期货的价格连续12个交易日达到涨停，看得我痛不欲生。我是一个争强好胜的人，每天我来到办公室，得知塞柯塔依然持仓不动，待在场内，不由想起我的清仓离场。我害怕去那儿上班，因为我知道大豆期货的价格又会涨停，而我再无重新建仓的机会。

没有在飞奔上涨的市场中让自己的利润随之奔跑，这样的经历和实际输钱的经历是否一样令人恼火？

是的，甚至是更为恼火，甚至严重到，有一天我认为自己再也受不了，我需要用镇静剂来平复内心的烦恼和苦痛。当镇静剂无效时，有人对我说，"为什么不注射盐酸氯丙嗪呢？其药效更强。"

我记得那时在家注射完盐酸氯丙嗪，接着乘坐地铁去上班。地铁车门开始关闭之时，我正好准备上车，我立马跌倒在地。起初我没有想到这是注射盐酸氯丙嗪所致。但是我漫步回家，在家门口再次跌倒，才想到这是注射盐酸氯丙嗪所致。那天该药的强大药力把我击倒，让我耽误了工作。那时是我交易生涯中的低谷。

你是从不认输的，你想再回去做大豆期货的交易吗？

不想，我害怕亏损。

尽管你犯下种种错误，但如你之前所讲，到 1973 年年底，你交易账户的资金已达到 6.4 万美元。在那一年接下来又发生了哪些事呢？

大概就在那时，我常常必须去棉花交易所，当听到场内交易员的呼喊和尖叫时，我有一种兴奋和冲动。那里似乎是世界上最令人兴奋的地方。但我知道我需要有 10 万美元的净资产才能有进场交易的资格。由于我在商品期货账户外实际身无分文，所以我无法达到进场交易的资格。于是我继续在市场上通过交易赚钱，几个月后，我账户中的资金超过了 10 万美元。与此同时，艾迪·塞柯塔建议我去做多咖啡豆期货。所以我按他的话去做了，但我在建仓价下方，距离很近的地方设置了止损点，以防价格下跌。接着市场价格发生转向，由涨转跌，跌破止损位后，我很快止损离场。因为艾迪·塞柯塔是市场主要趋势的跟踪者，捕捉市场价格大级别的趋势运动，所以没有设置止损（没有防止小级别的价格回撤），最终遭受咖啡豆期货价格连续数日的跌停。

每个交易日，塞柯塔亏损的多头头寸因价格的连续跌停而被牢牢锁住，无法离场，而此时我止损后已待在场外。这与之前大豆期货交易的情况正好截然相反，那时他始终持有盈利的头寸，享受连续涨停的快乐，我是过早了结利润而待在场外。我对他这次的遭遇无能为力，却对自己及早止损离场感到一丝欣喜。我问自己，"世上还有哪种地方像交易市场这样，某人内心最大的快乐竟然是建立在别人遭殃、倒霉所遭受的痛苦之上？"就在那一刻，我认识到交易的竞争是异常激烈和残酷的，并且我决定去纽约棉花交易所，做一个场内交易员。

听起来场内交易的竞争好像更加激烈啊？

感觉上或许是，但实际上并不是。

对于做场内交易员，你有过担忧吗，比如你交易的领域和机会会减少，你只能在一个市场中进行交易？

我稍有担心，其后的事实表明，我应该是十分担心，然而在场内进行交易的想法令我非常兴奋。事实是，当我非常善于交易抉择的时候，对于交易指令执行部分的东西，诸如叫价等却完全一窍不通，无法得心应手。我非常害羞，非常胆怯，以致我在交易所内喊单的声音小到连我自己都听不清。最后我把手上的交易订单转给另一个场内交易员，他是我的朋友，由他来帮我叫价。这种情况持续了数月，直到我完全认识和了解了自己正在做的事。

即使你已在场内进行交易，你采用的交易方法是否还是以前做场外交易、做长线交易者时采用的方法？

是的，只是场外交易时我不会羞怯。

所以，我猜想你有许多日子是不进行交易的。

说得不错。

在场内进行交易有何优势？

没有，对我来说没有，但我从这段经历中学到许多东西，并且我向任何想成为优秀交易者的人推荐，通过场内交易一定能获益良多。我运用从场内交易学到的东西已有多年。

你学到哪种类型的东西？

通过场内交易你能形成良好的市场感觉和市场感知的潜意识。你能通过交易大厅内声音的大小高低来估计市场价格的运动方向。例如，当市场活跃，价格具有明显运动时，交易大厅内却变得安静起来，这通常是一个信号：预示价格将不能走得（上涨或下跌）更远，趋势将尽。另外，有时交易大厅响声适度，突然变得人声鼎沸、喧哗异常，这并不是你认为的"市场准备一飞冲天、大幅飙升"的信号，它实际上表明市场正遇到更多的阻力，上涨的压力增大。

但当你在场外时，你是怎样运用这类信息的？你前面说过，场内所学的东西对你后来在场外的交易有所帮助。

对于日内走势图上重要的价位（比如之前的日内高点），我通过场内交易学到许多。当价格达到日内走势图上的关键价位时，我可以以超出平常的承受能力，建立很大的头寸，如果建仓后我的交易策略并未即刻奏效，价格未如我愿做出相应的变动，我会迅速清仓离场。例如，当价格达到日内的某一关键价位时，我会建立20张合约的头寸，而不是平常我所能承受的3～5张合约，并且同时设置距离建仓价极近的止损价。此后要么市场价格如我所愿启动、喷发，我就持仓不动；要么市场价格未如我所料，我交易判断错误，那我就清仓离场。因为场内交易时，我对于市场价格达到那些日内关键价位后会做出怎样的反应，早已了然于胸、一清二楚，所以有时我能赚到300点、400点或更多，并且与此同时我所承担的风险只有10点。进行交易的时候，我有点像冲浪运动员。我力图踏准波浪的节奏，捕捉恰当的时机以冲上浪尖。但是如果我的交易判断出现错误，我就会清仓离场。我能一下子赚几百个点，与此同时却几乎不用承担风险（可能只有10点的风险）。我后来进行场外交易的时候，同样采用场内交易所用的"冲浪技巧"。虽然这种方法确实很好、很管用，但我认为，这一方法对于当前的市场已不再那么有效。

这一方法在当今市场不再有效是因为市场已变得更加突变急动、走势反复吗？

是的。在过去的那段日子里，如果市场价格到达日内图表中的关键点，价格会突破该点，接着开始继续前行，而突破后不会发生价格的回拉。而今天突破后通常会产生价格的回拉（有时会是假突破）。

解决这一问题的方法是什么呢？

我认为秘诀在于减少交易的次数。最好的交易应该是以下三方面的情况都对你有利，也就是基本面、技术面，以及市场的情况、基调。首先在基本面上，供给和需求应处于不平衡状态，这样才会导致市场价格的显著波动。其次，技术图表上所示市场价格的运动方向要与基本面所指示的价格运动方向一致。最后，当有消息、新闻传出时，市场价格所做出的反应要与该市况下的市场心理一致。例如，在牛市中会忽略利空的消息，而对利多的消息反应会非常强烈。如果你能精挑细选，只做全部符合这三方面要求的交易，那你在任何环境下、任何市场中赚钱都是肯定的。

你最终采用的交易方法是否更为严格？

并不是这样的。我想更多享受交易游戏的乐趣。我明白，全部符合这三方面的交易才是合适的交易，我应该只做这些交易，但交易对我而言是一种精神上的释放和个人的爱好。在我的生命里，交易取代了其他许多东西。我把交易操作的乐趣放在我自己交易操作标准的前面。但挽救我的一点是，当交易全部符合我的三方面要求时，我进场建立头寸，所建头寸规模是其他交易所建头寸规模的5～6倍。所以我并不是视交易为儿戏，纯粹为了乐趣和爱好，而是通过所建头寸规模的大小加以控制。

你所有的交易盈利都是来自完全符合你三方面要求的交易？

是的。

那其他类型的交易会基本打平吗？

其他那些交易会基本打平，并使我始终趣味盎然。

对于其他类型的交易，你会进行跟踪记录吗？这样你就能知道这类交易接下去的发展和结果会是怎样。

只是心理上的跟踪和记忆。对于其他类型的交易，我的目标就是打平即可。我知道我将靠那些完全符合我三方面标准的交易来赚大钱。完全符合我标准的交易总会有的，但数量稀少，所以必须极具耐心。

为什么完全符合你标准的交易会如此稀少？是市场变得复杂、成熟的缘故吗？

是的。和我交易的早期相比，现在的职业交易人要多许多。在过去那段日子里，艾迪·塞柯塔和阿莫斯·霍斯泰特教给我的观点和方法就足以让我在市场中具有优势，但现在每个人都知道这些交易准则。你交易的屋子里到处都是聪明人和电脑设备。

在过去那段日子里，你看着报价的显示屏，当价格涨过技术图表上的关键价位时，你就可以做多玉米期货。你进场一小时后，谷仓操作员的经纪人会打电话给他，叫他建仓做多。到了第二天，经纪行会建议客户做多，市场价格会被进一步推高。到了第三天，一些空头开始认错出场，建立多头头寸冲销空头头寸，还有一些新的多头进场建仓，这些新多头是一群牙医，他们是最后知道"现在是做多最佳时机"的人。因为我是玩交易游戏的少数职业交易者之一，所以我能先知先觉，最早建仓做多，在第三天，我就清空多头仓位，让晚我几天入场的牙医来接盘。

你谈的是短期交易，你也捕捉价格主要运动，做长线交易吗？

我也做一些捕捉价格主要运动的长线交易，但许多时候我是做两三天就能赚取利润的那种交易（即短线交易）。

在短线交易中，你出场后何时再重新进场？

牙医无法坚定持仓，因为他们在错误的时候做多。所以当市场价格回落时，我会重新进场交易。如今，所有交易者都能感知和察觉市场价格突破技术图表上关键价位的时刻。

后知后觉的跟风交易在现在的市场中已经不存在了吗？

对哦，谷仓操作员都已经会自己下注了。因为牙医的交易资金量在如今的市场中已微不足道，影响甚微，因此可以忽略他们的存在。

他们现在把自己的钱都投入基金，而不是自己亲自进行交易，这也是个原因吗？

是的，不过即便牙医和某些后知后觉的跟风者仍然在做交易，他们的交易量也就是 1 张合约，而与此同时基金经理一次的交易量可能就是 1 000 张合约。现在你必须学会逆向思考。你必须要问，"我的那些同行，即那些职业交易者是否真的已全部进场，还有谁留在场外等着进场建仓？"以前你是不必担心这些东西的，因为那时总有后知后觉者留在场外等着进场建仓，这些人要么得到的信息晚，要么得到信息后做出的反应慢。现在，每个人都信息畅通，行动果断而迅速。

现在的市场更容易发生假突破？

是的，假突破现在非常多。

趋势跟踪交易系统注定会走向平庸吗？

我认为会的。我认为除非出现例外的情况，即市场出现压倒其他一切的、特别严重的失衡状态，否则"趋势跟踪"时代的终结就会延续下去。㊀还有一种例外

㊀ 本次访谈后不久，1988年爆发的粮食种植带的干旱就是马库斯所述例外情况的极好例证，这次干旱导致粮食的供需严重失衡，即需求远大于供给，从而使"趋势跟踪"的时代重新开启。

的情况，那就是我们进入严重通胀或严重通缩的环境，到那时"趋势跟踪"的时代也会再度重启。

换句话说，除非有某种极其强大的力量，这种力量能压倒其他所有一切，打破现有的平衡，才能使"趋势跟踪"奏效。

就是这个意思。

过去5～10年里市场发生了很大的改变，这是因为现在期货市场的投机交易中职业资金管理人所占的比重非常大，而与此相对的是，小投机客可能会犯所有的错，是这样吗？

市场已发生了改变，理查德·丹尼斯就是最好的例子。多年来丹尼斯一直交易得很好，然而在他管理的最后一年，即1988年却亏损了近50%。趋势跟踪交易系统的方法不再有效。问题出在一旦你确定趋势并进场建仓，其他人同样也能做到这样，没人是后来的买单者，你可以先知先觉，别人也不会后知后觉。一旦市场左右摇摆，上下震荡，你就会出场。

我们不会再有许多良好的价格趋势，其中另一个原因是，各国中央银行为防止资金外流而采取"逆趋势"的方法进行干预。

各国央行总是这么干吗？

我认为不总是这样，是最近这几年才这么干的。如果你看一下外国央行持有美国国债的图表，你会发现在最近几年里外国央行持有美国国债的数量大幅地上升。外国央行似乎从他们自己国家的个人投资者手中不断购入美国的国债。

就交易而言，你认为市场的改变意味着什么？你会因此改变自己的交易方法和交易风格吗？

我曾经在外汇市场上进行频繁、大量的交易。例如，在里根首次当选总统的那年，美元走势异常强劲。我自己的交易账户和公司的交易账户加起来共持有6亿德国马克，按那时的汇率折算，相当于3亿美元。这是相当大的金额。全世界较大的外汇交易者（包括银行在内），我可能是其中之一。

因为外汇交易市场是 24 小时的市场，所以会令交易者筋疲力尽。当我睡觉的时候，我几乎每两个小时就会醒过来，爬起来查看市场的即时行情。只要澳大利亚、中国香港、苏黎世、伦敦等主要交易市场开盘，我就能接收到即时行情。做外汇交易毁了我的婚姻。如今我尽量避免做外汇交易，因为我认为它完全与各国政治局势有关，你必须确定各国央行下一步的行动。

当你积极进行外汇交易时，因为担心在美国交易市场开盘前，汇价向不利于你的方向大幅运动，使你深陷其中，遭受损失，所以你整个晚上都要不断起床查看行情，是这样吗？

是的，确实如此。

你总是那样进行外汇交易吗？或者说没有以这种方式交易外汇使你遭受多次损失，所以你才开始全天候地进行外汇交易？

没有全天候地进行外汇交易曾使我遭受多次损失，所以我要全天候地投入外汇交易，只有这样我才能时刻保持警觉和机敏。

如果价格产生巨大的缺口，你能通过海外市场的交易加以回避吗？

可以的。例如，我记得 1978 年的一次交易，那时美元连遭重击，每天都下跌并且迭创新低。这段时期我和布鲁斯·科夫纳一起合作，共同交易。我们每天都会聊上几小时。有一天，我们发现美元开始神秘走强，这种价格的剧烈波动无法用已知的信息加以解释。我们快速在海外交易市场上清空了我们做多货币的头寸。到了周末，卡特总统公布了支持美元的计划（这就是美元突然走强的原因）。如果我们等到下一美国交易时段开始，再清空某外币的多头头寸，那恐怕我们早就损失殆尽、尸骨无存了。

这个例子说明了我们所坚信的一条准则，即市场上的大玩家，包括政府在内，总会有摊牌的一天，总会有真相大白的一天。如果我们看到价格向不利于我们的方向突然运动，而且我们对此无法理解，搞不清楚，通常就清仓离场，等到以后再探寻其中的原因。

我清楚地记得那时的外汇期货市场，在那项计划（卡特总统公布了支持

美元的计划）发布后，你持有的那种外币连续几天跌停。你是在该外币接近顶部的时候清仓离场的吧？

在那笔交易中，我们的离场非常及时和出色。我的观点是：我们（指美国）将要进行重大改变，出于好意，我们会事先知会欧洲央行，所以欧洲市场上的价格会先于美国方面的政策发布做出反应。即便有些事是我们这里率先引发的（比如美国方面发布相关政策、声明），但市场价格却最早在欧洲市场上做出反应。如果有些事是欧洲方面率先引发的，那么肯定是欧洲市场上的价格最早做出反应。我认为，欧洲市场的交易时间是最好的交易时段。如果我打算住在某个地方，心无旁骛、全身心地进行交易，那么我想这个地方将会是欧洲。

现在我们回过头来，补全你的交易历史。你决定不做场内交易员后又去哪里了？

我接到阿莫斯·霍斯泰特的一个电话，他是希尔森公司的，对我就像朋友一样。那时他也为一家商品期货公司进行交易，阿莫斯告诉我，他会力荐我加入商品期货公司，担任交易员的职务。

那时，该公司的理论是他们打算雇用所有杰出的经济学家来做交易员。他们的董事会里有保罗·萨缪尔森。在一次会面中，他们提出了雇用我的想法。他们所提的第一个问题就是，"有何大作发表，在哪家日报刊发了文章？"我具有文科方面的学士学位，而这就是我所有的一切，最为搞笑的地方是，他们每个人都视我为"只会做交易的人"。

难道他们开商品期货公司，从事交易不是为了赚钱？

他们认为除非你是博士，否则你不可能真正赚钱。但阿莫斯·霍斯泰特说服了他们，同意给我一个机会。我相信我是他们雇用的第一个非博士交易员。他们把一个3万美元的账户交给我管理，我从1974年8月开始交易。大约10年后，该账户的资金达到8 000万美元。那几年都是非常好（赚钱）的年份。

从初始的3万美元做到8 000万美元的期间，你是仅靠公司的初始本金还是公司有新增资金投入？

最初几年过去后，他们又给了我 10 万美元进行交易。自那以后他们总是从我的交易账户中提走资金。在那些年，公司正处于扩张阶段，急需用钱，因此公司每年要从每个交易员账户抽取账户资金总额的 30%，用以支付公司的各项费用。

所以你每年不得不赚 30%，这样才能维持账户的资金规模。你的交易账户面对不断抽走资金的不利情况还能取得如此高的增长，你一定有收益高得惊人的年份吧。

多年以来，我每年至少取得 100% 的收益率。

其中收益率最高的是哪一年？

1979 年是我收益率最高的一年，这是令人称奇的一年，黄金冲过 800 美元的那波行情被我把握住了。

你抓住整波行情了吗？

我不停地买进卖出，但我吃到整波行情中最丰厚的一段时间，那时黄金还在每盎司[一] 100 美元。那真是个狂热的时代。在那时，我能在澳大利亚的市场买入黄金，然后在中国香港市场上金价会被推高 10 美元，接着到伦敦市场上金价又会上升 10 美元，等到纽约市场开盘，我就能卖出，每盎司能获利 30 美元。

听起来，和在美国市场买入黄金相比，在海外市场买入黄金具有更大的优势。

那时我在加利福尼亚，具有的一项优势就是：当我纽约的同事还在呼呼大睡时，我已起床，看着中国香港市场上的报价进行交易了。我记得，当我从电视新闻里得知苏联入侵阿富汗时，我打电话去中国香港，看那里是否有人知道这个消息，但中国香港那边还无人知晓，因此中国香港市场上的金价还未做出反应，于是我在无人知晓最新要闻前，在中国香港市场建立了 20 万盎司黄金的多头头寸。

那可是 2 000 张黄金期货合约啊！在中国香港市场建立如此大的头寸规模，不会遭遇流动性的问题吗？

不会，他们会提供充足的流动性，但是这么做，果然令他们如坐针毡，恼火

[一] 1 盎司 ≈ 28.350 克。

不已。在我上次去中国香港的时候，他们告知我不要去中国香港的黄金交易所。一些人仍然记得这件事，对我还是耿耿于怀。

你在中国香港市场建仓做多黄金时，他们知道交易的一方是你吗？

是的，他们知道的。

他们是否认为你事先已经知道什么消息？

不会这么认为。他们或许认为我疯了，想进场买走所有黄金。5~10分钟后，他们也知道了苏联入侵阿富汗的新闻，每个人都开始争抢做多。顷刻间，每盎司黄金我就赚到10美元，我共有20万盎司黄金。

你能通过电视新闻来做交易，这一点令人难以置信。

我明白。之前我从未这么做过。那是第一次，也是最后一次，更是唯一的一次，但我确实是这么做了。

独特的黄金期货市场在近乎垂直的上涨后，又开始近乎垂直的下跌，你及时离场了吗？

是的，在黄金期货价格的上升途中，我在大约750美元清仓离场。当我看到黄金期货价格不断上冲，几近900美元时，我极为沮丧和苦闷。但后来价格又回跌到400美元，此时我感觉非常良好。

最为重要的是，你出场做得非常好。是什么东西向你发出警示，让你感觉价格已接近顶部（或底部）？

在当时，许多市场都非常疯狂。我的一条交易法则就是：当市场波动性变得很大，走势变得极为疯狂时，那就是我清仓离场的时候。我衡量时采用的一种方法就是涨跌停板的天数。在那时候，我们会碰到许多价格连续数日涨停的情况（当时是商品期货市场的大牛市）。当连续第三个涨停时，我会开始变得非常谨慎。我几乎总是在第四个涨停板清仓离场，并且如果在第四个涨停板，我还留下少许多头头寸，没有全部清仓的话，我在第五个涨停板时一定会全部了结，这是我的强制规定，一定要做到。面对波动性如此大的市场，我会强制自己离场。

你从一个失败的交易者到一个极其成功的交易者，其间伴有20世纪70

年代中期商品期货的大牛市。你早年的成功有多少是归功于交易者应具有的交易技能，又有多少是源于市场大势的相助？

老实说，我认为当时市场大势非常好，你只要做多并持有，那就不会亏。那时有许多交易成功的故事。我的财富就此获得。

但是有许多人并没有守住赚来的财富？

确实如此。但我非常幸运，在市况再度变得艰难时，我已成为好的交易者，在那以前，我已掌握适合自己的交易技巧和方法，并且那时我在某个市场上具有知识和市场研判上的优势，这个市场就是可可期货市场。在几乎两年的时间里，除了可可期货，我几乎不交易别的品种，因为在可可期货上我能得到来自赫尔穆特·威马（Helmut Weymar）的信息和帮助。在可可期货上，赫尔穆特是可以信赖的专家。他写过一本书，极为深奥，对我而言犹如天书。此外，他在业内有各种朋友。拥有来自赫尔穆特及其朋友的知识和信息，我对可可期货市场的了解和掌握非以前那些市场可比。

你几乎只做可可期货的时期显然已结束，发生什么事了吗？

赫尔穆特退出可可期货交易了。

我猜想，赫尔穆特并不是一位像你这样的成功交易者。

这么说吧，我如果具有赫尔穆特所掌握的信息和知识，我会交易得比他好。

除了早期交易亏损的经历，还有哪笔交易让你格外受伤？

我绝不让自己有陷入可怕灾难的可能。最让我受伤的交易发生在我重仓交易外汇的时候。那时我交易得不错，因此敢于重仓持有。那次我在德国马克上持有的多头头寸确实很大，而就在这时德国央行开始介入市场，决定打击投机德国马克的交易者。当这一消息传出，我在大约五分钟内就亏掉了250万美元。我得知所有消息后决定止损离场，因为我担心250万美元的亏损会逐步扩大，直到最终变成1 000万美元的亏损。但是其后价格却收复了全部跌幅，而此刻我已清仓离场，只能眼睁睁地看着价格上涨，这是令人倍受煎熬的时刻。

在你离场后多久价格开始由跌转涨？

大约半个小时。

你又重新进场了吗？

没有，这番折腾下来，我已精疲力竭，无心再战。

回过头看这段交易，你认为当时清仓离场是正确的吗？

离场还是正确的，虽然事后看会有点心痛、郁闷，因为如果我置之不理，持仓不动照样可以安然无恙（因为后来价格收复了全部跌幅），而不是止损亏掉250万美元。

你交易赚来的钱会取出进行投资吗，还是留在你的交易账户中，重新投入交易？

我做过一些糟糕的投资。我交易赚来的钱，其中相当大的一部分在这些投资中亏掉。当我交易规模很大的时候，我想继续交易下去总要有个理由吧，因此我花钱如流水，投资如撒钱。曾几何时，我拥有十处房产，但所有的房产最终都亏本售出。我卖出的房子中，有些我只住过一个晚上。我曾投资飞机包机的服务，在这上面亏掉了许多钱。在当时某个时刻，我计算得出我交易所赚的钱中，其中30%通过纳税等交给了政府，30%用来支撑飞机包机服务上的投资，还有20%用于从事不动产交易，所以我最终决定把所有的东西都卖掉，做个了结。

看来你作为交易者时精明智慧，而作为投资者时却幼稚天真。

说得不错，我投资时，稚嫩的程度令人无法相信。在为数众多的不动产交易中，我除了有一次交易是赚钱的，其他都以输钱告终。在不动产交易领域，在所有健在的人中，这样糟糕的业绩，可能唯我独有。

为什么你在投资方面做得如此糟糕？

我凡事都感情用事，没有研究、分析。

从某种意义上来说，你在重犯早年交易经历中的错误：介入你自己一无所知的领域，接着就是输钱。难道你内心的"警钟"没有敲响吗？听起来好像你具有自毁的本能，能把交易赚来的钱在其他地方亏掉。

是的，千真万确。我交易赚来的钱可能亏掉过半。

当你做所有这些蠢事时，难道没人抓住你的肩膀对你说："你是否意识到你正在做什么？"

有的，但在任何时候，我的员工胆敢这么做的话，我都会解雇他们。有一个时期，我雇用了六七十个人，外加我一堆亏钱的生意，仅是支付工资就是一笔巨大的开支。坦白地讲，我交易赚来的许多钱都因此付之东流。

你的投资亏损是否对你产生感情上的负面影响，从而导致你交易的亏损？我这么问的原因是，你在谈论投资亏损时看上去非常失望沮丧。

是的，会有影响，它使我痛心地认识到自己曾是一个傻瓜，但我也从中意识到人不应成为物质的附庸。我将其作为人生的一堂课。通过这堂课我懂得，我无须在全世界每一个美丽的地方都拥有房子；我能住在宾馆，然后沿海滩漫步或踏小径登山。如果我真想对自己好一点，我可以包下一架飞机，而不必买回一架飞机。

你的话确实很有道理，但我的感觉和猜测是，如果你在交易中亏掉的钱和投资中亏掉的钱一样多，那么交易亏损的经历会更令你刻骨铭心、肝肠寸断，因为其他商业冒险本来就不适合你，你压根不是做投资的料。我这么说对吗？

你说得很对。我相信事实确实如此。我总是觉得，我至少在一件事上做到了精明、智慧。交易才是我真正擅长做的事。如果没有交易的存在，我做不了交易，可能我终其一生都要靠擦鞋谋生呢。

成为杰出的交易者是靠与生俱来的才能吗？不知这个问题你怎么看。

我认为，要想成为第一流的、顶尖成功的交易者，需要具有与生俱来的才能，也就是所谓的天赋。这就像第一流的小提琴家是需要艺术天赋的。如果只想成为合格称职的、能够赚钱的交易者，你可以通过后天学习掌握所需的技能。

你从最初的失败到现在的非常成功，你的交易经历丰富而且完整，对于那些交易新手或是失败的交易者，你有什么基本的建议？

首先我想说的是，在你任何一个交易想法（计划）上投入的钱不要超过你总资金的 5%。这样你就能错上 20 多次，能拉长你输光钱的时间。我必须再强调一遍，一个交易想法（计划）只能投入总资金的 5%。如果你在两个不同但却正相关的谷物期货品种上都建立多头头寸，那仍旧算一个交易想法。

其次我想建议的是，要一直使用止损点。我的意思是，事先要设置实际的止损价位，而不是采用"心理止损"，因为只有这样才能确保你在一定的价位止损离场。

你总是在进场交易前就选定将来离场的价格？

是的，我总是这么做的，而且不得不这么做。

我想以你的情况，实际上你无法一下子止损，因为你交易订单的规模实在太大了。

是的，然而我的场内经纪人可以帮我完成止损的操作。

当你下达进场建仓的交易订单时，一定伴有清仓离场的交易订单？

是这样的。另外，如果你刚建仓的头寸看上去并不妙，此时不要认为改变看法、观点是一件令人尴尬的事，要马上改变看法，清仓离场。

所以，如果你建好仓，五分钟后你认为建仓有误，看上去不妙，此时不要心中暗想，"如果我这么快清仓离场，我的经纪人会认为我是一个白痴"。

是的，正如你所言。如果你对持有的头寸开始不再确信，有所怀疑，不知该如何操作，那就清仓离场。你总会有再次进场建仓的机会。当你疑虑重重时，那就清仓离场，睡个好觉。你在这笔头寸上已耗时太多，待到明日，所有一切都会一目了然，即疑虑时先离场观望，待局势明了再进行操作。

有时你会在清仓离场后又重新进场建仓吗？

会的，但重新进场通常不是在离场当天，至少是在离场以后的下一个交易日。

对于交易新手，你还有其他的建议吗？

最重要的交易法则也许就是持盈和止损。这两者同样重要。如果你不能坚定持有盈利的头寸，那么你总的盈利将无法弥补止损形成的总亏损。

你也必须按照自己的方式行事。我有许多朋友，他们都是才华出众的交易员，所以我要经常提醒自己：如果我试图采用他们的方法或观点进行交易，那么我终将遭受亏损。每个交易者都有所长，也皆有所短。有些交易者善于持盈，但同时会死扛亏损；另一些交易者会很快兑现利润，但也会很快止损。坚持自己的风格和方法，成败都源于自己的方法，利弊得失都会有。只要所用方法是符合交易基本原理的，而且适合自身特点，那么利会大于弊，得会大于失。但是如果你试图兼收他人的风格和方法，通常的结局是，你可能会集各种方法的缺点、劣势于一身。扬长避短只是美好的愿望，实际上各种方法、风格可能无法兼容。

采用他人的方法进行交易，或是跟从他人进行交易，所面临的问题是，你对这些交易会信心不足，而采用自己的方法，自行决策交易，你才会信心十足，是这样吗？

确实如此。在进行最终分析的时候，你需要有持仓的勇气，需要有承担风险的勇气。如果到时候你的持仓底气和依据是"我持有某某头寸是因为布鲁斯·科夫纳也持有它"，那么你将不会有坚定持仓的勇气，你最好一开始就不要持有该头寸。

我想我们谈到的"他人"都是极具才华的交易者，但这依然毫无影响，你还是要坚持自己的方法和风格。如果交易所采用的并不是你自己的主意，那该笔交易会搞砸吗？

会的。你应该清楚，这个世界是极其复杂的，你要始终问自己："还有多少交易者尚未采用、正在等着采用这个特别的主意？"你必须考虑市场上的交易者是否已提前知晓了这个主意，从而使你这个（来自他人的）主意的实际效果大打折扣。

对于"市场上的交易者是否已提前知晓"，你怎么可能评估呢？

通过采用经典的动量指标（momentum-type indicator）以及观察市场的市况和基调来评估。市场连续上涨有几天，连续下跌又有几天？对于市场的人气指标（sentiment index）该做怎样的诠释和解读？通过这些就能做出评估。

你能否想到一个很好的例子，用它来说明你通过观察市场的市况和基调来获知交易的信号？

我能想到的最经典的例子就是20世纪70年代大豆期货牛市中的一次交易。那时，大豆供应极度短缺。每周政府报告中增加的出口承诺和旺盛的销售情况也是推动大豆价格进一步上涨的力量之一。我那时重仓持有大豆期货的多头头寸。某天一位来自商品期货公司的人打电话给我，他在电话里说："我有一个好消息，也有一个坏消息。"我听后说："好吧，好消息是什么呢？"他回答我说："好消息是，出口承诺的数字非常好，坏消息是你没有达到最大持仓量⊖。"他们都期待市场价格在接下来的三天会达到涨停。

对于没有达到最大的持仓量，我确实有点沮丧。接到电话后的第二天，我下单在开盘价处建立更多的多头头寸（以达到最大持仓量），万一市场价格没有开出来就涨停，那我就能建到仓。我舒服地坐着，靠在椅背上，看着好戏上演。市场价格不出众人所料，以涨停开出。开盘后不久，我注意到在涨停价位上有大量成交，换手踊跃。接着涨停板被打开，我的经纪人打来电话，告知我下的交易订单已经成交。接着市场价格开始下跌，我自言自语道，"大豆期货的价格本该连着三天涨停，但现在连第一天上午都封不住涨停。"我立刻打电话给我的经纪人，发疯般告诉他："立刻做空，做空，做空！"

你全部清仓了吗？

我不仅全部清了仓，而且还因错得福：做空冲销多头头寸时，我意外犯错，做空大豆期货的合约数量超过了我原来多头头寸的合约数量，这样等于我反向建立了空头头寸，当价格下跌40～50美分后，我又建立大豆期货的多头头寸以冲销手中的空头头寸，从而获利。交易操作失误，我却反而赚到了大钱，这是唯一的一次。

我记得有一个与这次大豆期货交易相类似的例子。那是在棉花期货的牛市中，市场价格达到了每磅1美元。时至今日，我还是能想起当时的情况。

⊖ 最大持仓量是指交易所允许投机交易者持有的、最大的头寸规模。

我是做多棉花期货的，并且一周的出口数据显示，有50万包的大豆将出口到中国。这是我所见到过的最为利多棉花期货的出口数据。但消息出来的第二天，市场并没有以涨停板开盘，只是跳高了大约150点开盘，接着价格就开始掉头向下。事后表明当天的开盘价就是当天的最高价。

我还记得另一个有趣的例子。那时我们正处在极为严重的通胀时期，当时商品期货所有品种的价格都是以同样的方式和幅度展开波动。在某个特别强势的交易日，几乎所有商品期货市场都冲向涨停，但在那天，棉花期货的价格是以涨停开盘，接着就打开涨停，开始回落，最终收盘时价格较前一交易日仅略有上涨。那天就是棉花期货市场的见顶之日。其他所有品种都牢牢封死涨停，唯有棉花期货自当天以后就永远难见上涨的曙光。

如果你已发现各市场或品种共有的价格行为，那么"一旦某上涨滞后的市场或品种率先开始下跌，你就做空该市场或品种"，这是否是必然的交易法则？

只要某个市场或品种的价格运动和其他所有相关市场或品种的价格运动出现背离，你完全能在该市场或品种上下注交易。当利多消息出台，某市场或品种的价格却无法上涨，那你一定要做空。

人们对市场的哪一种错误想法会使他们在交易中遇到麻烦？

我认为，导致人们交易亏损、财富缩水的首要原因在于，他们错误地认为市场上的专家可以依赖，能为他们提供帮助。如果你知道并认识真正的市场专家，这样做也未尝不可。比如，你正好是保罗·都铎·琼斯（他也是本书的访谈对象，请参见本书的相关访谈）的理发师，那么亲耳聆听他对市场的高论，或许并不是个坏主意。然而，通常所谓的"专家"并不是交易者。你那中游水平的经纪人不是久经沙场、百里挑一的交易者。与其他方法相比，听经纪人的话进行交易会输掉更多的钱。交易是绝对私人的事，你必须做好自己的功课，必须独立分析和判断，这也是我对市场参与者的建议。

大众对于交易市场还有哪些错误的想法？

有一种愚蠢的想法，那就是"阴谋论"，即认为市场可以人为操控，某些价格波动的背后隐藏着阴谋。我认识许多来自世界各地的杰出交易者，因此我能断言：在99%的时间里，市场自身的力量要大过任何个人或机构的外力，市场迟早会向它该去的地方进发，市场自身形成的运动方向没人能够改变。有时或有例外，但这种例外不会持续太久。

你把自己大部分的成功都归功于艾迪·塞柯塔和阿莫斯·霍斯泰特，是他俩把交易的准则传授于你。现在轮到你传授了，你教其他交易者吗？

是的，此人就是布鲁斯·科夫纳，他与我并肩工作，同时也是我的密友。他已成为最好的交易者，就这点而言，我最好的教学成果就是他了。

布鲁斯·科夫纳的成功有多少是源于你的培训，又有多少是源于他自身的天分？

我初见布鲁斯·科夫纳时，他是一位作家和教授，在业余时间做点交易。对他能在如此短的时间里积累那么广博的交易知识，我深感震惊。我记得初次见到布鲁斯·科夫纳的那天，我试图用复杂的交易方法和概念让他对我肃然起敬。虽然我是一个职业交易者，那时每天花15个小时在交易和分析市场上，但我所提出的任何与交易有关的东西，他无所不知、无所不通。对于他所具有的天分，初次见面我就很快确认了。

这些都和他智力有关，但他身上还具有哪些东西，让你知道他将成为杰出的交易者？

当然有的，那就是他的客观理性。一个优秀的交易者不能僵化刻板。如果你发现某人确实能以开放包容的心态看待任何事情，那此人是做交易的好料，有成为杰出交易者的潜质。初次见到他时，我就知道他将成为杰出的交易者。我力图把艾迪·塞柯塔和阿莫斯·霍斯泰特教给我的交易准则以及我要求掌握的一些交易技能都传授给科夫纳。我和他并肩交易的时候，是我交易最好的时期，我们在一些交易上取得了非凡的成功。那些年我的年收益率达到100%，而他达到了1 000%。他具有极高的交易天分。

作为一名交易者，你是否感到过失意和挫败？

绝对感到过。大概在 1983 年，我开始逐渐减少交易。那时我觉得自己需要再度充电，学习新的东西，以适应新的市场环境。

直觉在交易中有多重要？

直觉非常重要。据我所知，任何出色的职业交易者都具有交易直觉。作为一名成功的交易者，你也需要勇气，去尝试的勇气、接受失败的勇气、获取成功的勇气，即便路途艰险，也要继续前行的勇气。

此刻除了交易外，你还有哪些目标？

我练习空手道已有多年，目前已达到很高的水平，但我想更上一层楼，取得空手道的黑带。另外，我对静坐冥想、超自然的神秘力量等也有学习，我想在这方面投入更多的时间和精力，进一步地学习和研究。

听起来非常深奥玄虚。你想往玄虚方面发展吗？

这个确实很难用言语来阐述，让我想想到底该怎样表达。爱因斯坦曾说过，"人类是否友善互助，这是一个极其重要的问题。"我认为每一个人都应由衷感到"人类是友善互助的"，达到这一点对每一个人而言都很重要。

现在你达到这一点了吗？

我已非常接近。

但那并不是你最初的感受？

不是我最初的感受。我最初感到人世间是一个充满敌意，没有友善互助可言的地方。

今后 10 年或 20 年，你还会继续从事交易吗？

是的，交易充满乐趣，让我难以割舍。我并不想赚更多的钱，赚来的钱可能被我在不动产投资上再次亏掉。

每天交易 13 个小时，这就是交易的乐趣所在吗？

肯定不是啊。如果交易是你生活的全部，那么其所来的刺激兴奋是折磨人的，是会令人痛苦的。但如果你能让个人生活和交易保持平衡，那交易就是一种乐趣。据我所知，所有在交易这行长久发展的、成功的交易者迟早都会做到这一点。成功交易者的生活和交易会保持平衡，他们在交易以外也有别的生活乐趣。你如果没有别的乐趣，没有别的关注和兴趣，那交易是撑不下去的，日子是没法过的。最终你不是因为无事可干而陷入过度交易，就是为短暂的失败苦恼不已、寝食难安。

当你遭受连续亏损时，你会如何应对？

在过去，有时我会试图回击，在我初遭亏损后甚至会加大交易规模，但通常都是徒劳无效的。后来我学会很快地砍仓止损，如果交易的情况越来越糟，屡战屡败，我会全部清仓离场，停止交易。这样，情况就不会更糟了。

你有时会继续战斗下去，设法改变屡败屡败的局面，是这样吗？

有时候是的，但大多数时候我只要停止交易，情况会更好些。因为我是天生的斗士，具有不服输、抵抗到底的性格，所以有时会自惹麻烦，最典型的方式就是遭受亏损，拼命回击，再遭亏损，接着就减仓，或者有时就止损，停止交易，如此反复折腾，直到我踏上交易制胜的正道，才不会这么做。

遭受连续亏损后，你停止交易的时间会有多久？

通常是三四周。

当你遭受连续亏损，是因为你交易的步调和市场的步调不一致吗？你能用更好、更易理解的方式加以陈述吗？

我认为，"连续亏损"就是亏损生亏损的过程，就是前面的亏损导致后面的亏损。当你开始遭遇亏损时，就会触发你的负面情绪和消极心理，并终将导致整个人的悲观和消极，从而影响接下来的交易。

极少有交易者像你这样成功，你认为是什么让你与众不同、出类拔萃？

我思想极为开明，能虚心接纳各种新事物、新观点。有些信息从个人感情上来说，很难接受，但如果我确认其是真实的、可信的，我就会欣然接受。例如，我看见某些人赚钱速度比我快得多，但却一下子输光所有的一切，因为这些人在刚开始亏损的时候不愿止损离场。当我持有一笔糟糕、正处亏损中的头寸时，我能够对自己说,"你不能再交易了,要离场。"当市场价格的运动方向与我的预期相反时,我总能对自己说,"我希望能在这笔头寸上赚很多钱,但事与愿违,我预期有误,我要立刻离场。"

你是否逐日记录净资产的情况?你确实对你的资产进行规划安排吗?

这方面的事,我过去做得很多。

这样做有帮助吗?交易者对他们自己的净资产进行规划安排,你认为是个好点子吗?

我认为有帮助,是个好点子。如果你净资产的变动趋势是往下的,这是让你降低交易规模和重新评估交易决策的信号。如果你输钱比赢钱多,输钱的速度快于赢钱的速度,那是对你的一个警告。

你关注的市场顾问有哪些?

从可读性、创造性和知识性角度而言,"加利福尼亚股票技术分析的市场通讯"是我喜爱的市场通讯。我也喜欢马丁·茨威格(Martin Zweig)发布的"茨威格市场通讯""茨威格预测"以及理查德·罗素(Richard Russell)发布的"道氏理论的市场通讯"。

在我采访的交易者中,马丁·茨威格可能是被提及最多的人。

从茨威格那儿,你总能得到一些有价值的东西。他非常厉害。

从你前面提到的市场通讯来看,我猜你也是交易股票的。你做股票有多久了?

交易股票大概就是在过去的两年里吧。

你交易股票和交易期货有何不同?

交易股票时,我更为耐心。

做股票时,你进行交易选择的过程会有所不同吗?

没有不同,我通过技术图表、基本面和市场行为来确认我的交易选择。我认为,你在全球各地交易任何品种都能用这个方法。

哪种类型的股票是你关注的重点？

我从不交易道指的成分股，我偏爱小盘股，因为那些资金庞大的职业投资者（比如共同基金等）不会进入小盘股，这些大机构会像大鲨鱼一样互相残杀，中小投资者往往会无辜遭殃。我有一个基本原则，交易澳元胜过交易德国马克，交易小盘的场外交易（OTC）股票优于交易大盘的道指成分股。

你寻找的股票要具有哪些基本面特征？

我喜欢采用《投资者日报》上的一些指标来选股，比如每股收益排名[一]。我将每股收益和我自己对公司产品可能具有的市场占有率结合在一起分析。如果某公司没有市场占有率极高的领域，即该公司的产品市场占有率都不高，那么对我来说，每股收益的高低已不再重要，即使它每股收益很高，我也不会选择它。但是如果公司产品的市场占有率确实不高，但每股收益却在不断增长，而且其产品所处的市场尚未达到饱和，发展空间较大，还有许多市场份额等待抢占，这样的股票对我来说，是具有吸引力的。

我也喜欢将市盈率和每股收益结合在一起使用。换句话说，我喜欢的股票是，每股收益不断增长，而其市盈率又处在合理区间，即股价相较每股收益还处在合理的水平。

所以，你喜欢寻找每股收益高，同时市盈率低的股票，是这样吗？

确实如此。能兼而有之是最好的。我相信有办法通过电脑开发出一套极其良好的交易系统，利用该系统可以选出每股收益高，同时市盈率低的股票。

相对强弱指数怎么样？这可是《投资者日报》上另一关键指标。[二]

我认为该指标作用不大。"相对强弱指数"只是告诉你股价曾经的表现怎样，经常会发生的情况是，你找到并买进了一只"相对强弱指数"高的股票，但买进后发现，该股继续上涨的动力早已消耗殆尽，"股价表现强势"只是过去的事（如

[一] 对某股票每股收益的增长进行评估，评估所得的值再和其他股票的该项值进行比较，从而得出该股票的每股收益排名，更多的细节请参见威廉·欧奈尔和大卫·瑞安的访谈部分。

[二] 这里的"相对强弱指数"是指参照其他所有股票的价格表现来衡量某一股票价格表现好坏的指标（不要和技术分析里的"相对强弱指标 RSI"相混淆，具体参见对欧奈尔采访的部分）。

此一来你反而会买在高点)。

这是由于什么原因呢?

在于供给和需求。油轮费率像商品价格一样,具有周期性。当油轮费率涨高时,相关行业的每个人就能赚许多钱,因此这些人会造更多的油轮,于是油轮费率(随供给增加而)走跌。最终过剩的油轮会变成废铜烂铁,油轮费率又会重新上涨(供给减少所致)。多年来,我们的油轮费率都很低,每年都有许多油轮被废弃。所以,我们将步入油轮费率重新上涨的周期。

当交易账户的规模变得越来越大,交易的难度是否会随之提高?

会的,因为交易账户规模变大后,你可交易的市场会越来越少,会迫使你进入这些市场和其他资金庞大的职业交易者同场角逐。

在各种不同的交易市场,价格行为有没有共同之处?例如,你能否用交易债券的方法来交易玉米期货?

我确实认为,如果你能在某个市场进行交易,那么你就能在所有的市场进行交易。交易的原理、准则是相通的。交易就是控制自己的情绪,察觉别人的情绪。交易要洞察大众贪婪和恐惧的心。无论在哪个市场,这些都是完全相同的。

***

大多数伟大交易者的早年失利多源于交易规则方面的问题,而不是意外造成的失手。尽管迈克尔·马库斯长期的交易业绩记录好得令人难以置信,但在其交易生涯的起步阶段也曾遭受一连串的交易亏损,而且他不止一次输得精光、血本无归。由此可得出一句至理名言:早期交易的失败不过是交易者犯错的记录而已,据此并不足以判定交易者最终成败的可能性。

我发现一件特别有意思的事:尽管马库斯在交易中历经许多惨痛的损失,但实际上最令他感到撕心裂肺的经历却是"他在一笔盈利的交易中离场过早,没有做到持盈,从而错失大赚的机会"。懂得"让利润奔跑"的持盈之道,把握可以大赚的交易不仅对交易员保持良好的交易心态很重要,而且这也是交易制胜的关键。在访谈中，马库斯强调："让利润奔跑"和"截断亏损"同样重要。用他本人的一句话来讲，就是"如果你不能在可以大赚的交易上持盈，那么你就无法弥补止损累积起来的亏损"。

马库斯深知在一笔交易上下重注的危害。有一个例证（那是在玉米没有发生枯萎病的年度，进行的还是谷物期货交易），马库斯开立的一个交易账户从极少的本金一直做到 3 万美元，然后在某一笔交易中他全仓出击，最后全军覆没，全部亏光。在木材期货上马库斯再次犯了同样的错误，在最终虎口脱险之前，他已面临灭顶之灾。上述这些交易经历对马库斯的交易理念影响至深。当别人请他给普通交易者提点建议时，不出意外的话，他所述的头条交易法则就是：在单笔交易中投入的资金不要超过交易账户资金总额的 5%。

除了不要在单笔交易中下重注外，马库斯还强调对每笔交易要预设离场价位（止盈及止损）并且严格遵循和执行，这点非常重要。他认为设置保护型止损点（protective stops）格外重要，因为它能迫使交易者及时止损，严格控制交易风险。马库斯也建议：当交易者处在亏损状态并且对自己的交易决策感到困惑怀疑之时，最好先清空头寸、离场观望。

另外马库斯也强调：交易者必须保持独立，具有主见，不人云亦云。他认为交易者要是听从他人的意见，哪怕是交易高手的意见，通常都会产生问题，起到负面作用，因为这样非但不能如虎添翼，反而会集自己和他人的缺点、劣势于一身。

尽管马库斯是积极主动型的交易者，但他还是坚定地认为交易者必须严格选择交易品种。他建议交易者要等待交易品种的主要分析要素（基本面、技术面、交易心理等）都达到一致的结论时才进行交易。只有这样，交易者才能大幅提高每笔交易的胜算。在交易胜算看起来极低的情况下还要进行大量交易，这不是在交易赚钱，而是在烧钱自娱。

| 第四章 |

布鲁斯·科夫纳
驰骋全球的交易者

布鲁斯·科夫纳或许是当今世界银行间货币市场以及期货市场上最大的交易者。仅1987年这一年，科夫纳就为他个人以及其基金的投资人盈利超过3亿美元。在过去的十年里，科夫纳的年均复合收益率达到了87%，非同凡响。打个比方，如果1978年年初交给科夫纳2 000美元进行投资、交易，那么十年后这笔本金将增长为100万美元。

尽管科夫纳的业绩记录好得令人难以置信，其交易规模也非常巨大，但他却力图保持低调，这种深藏不露令人吃惊。他坚持拒绝所有采访请求，以此来用心维护个人的隐私。"你也许想知道为什么我会破例接受你的采访。"他对我说道。实际上我确实想知道此中原因，只是不想提出这个问题而已。我猜想他是出于对我的信任才会接受我的采访。七年前，我俩略有交集，有所往来，那时我们都在商品期货公司工作，他是公司主要的交易员之一，而我是公司的分析师。

科夫纳接着对我说，"看上去我无法回避公众宣传，而且我的经历总是被歪曲和神化。我认为你对我的这次采访至少能留下一份准确无误的记载。"

仅凭直觉，科夫纳并不符合手握价值数十亿美元头寸的交易员所具有的典型形象。他的敏锐、睿智以及闲散的做派常使陌生人误以为他是一位教授，而不是一位纵横外汇、期货市场的从事高杠杆交易且交易金额巨大的交易者。

从哈佛大学毕业后，科夫纳先后在哈佛和宾夕法尼亚大学教授政治科学的课程。虽然他喜欢教书育人，但对象牙塔里的生活提不起兴趣，无法燃起内心的热情。正如他所说的，"我不喜欢在早晨总是面对空白的稿纸，然后苦思冥想，挖空心思去写出一些东西。"

20世纪70年代早期，为最终参与政治竞选、谋得公职，科夫纳投身许多政治运动。但因缺乏资金的援助、支持，或是因为想先在委员会工作，然后再通过提升晋级来登上政治舞台，他放弃了政治之路。在此期间，科夫纳也在许多州和联邦机构里担任顾问的职务。

到了20世纪70年代中期，依然在寻找职业方向的科夫纳将目光转向了金融市场。他具有经济学和政治科学的双重教育背景，因此他认为合适的教育背景可让他在金融市场如虎添翼，而且他认为通过分析世界政治、经济形势，从而做出交易的研判，对他来说，是件引人入胜的事情。在大约一年的时间里，科夫纳全身心地分析和研究市场，沉浸在与之相关的经济理论中。他遍览能够得到的相关书籍和资料。

科夫纳潜心研究利率方面的理论。正如他所说的："我已爱上收益率曲线。"科夫纳在对利率市场进行研究的同时，参与了利率期货市场的早年交易。当时利率期货市场相对简单，还不成熟，并且会产生持续时间很长的价格扭曲现象。当时这种价格扭曲现象要是放到现在的话，会很快被套利交易消除。当时的利率期货市场正如科夫纳所阐述的，"这个市场对花旗银行或所罗门兄弟来说，还是无足轻重的，但对我已足够重要。"

科夫纳发现市场有一个与价差有关的异常现象，价差就是期货不同交割月份合约间的价格差异。某一期货品种会有不同交割月份的期货合约（比如3月、6月、9月以及12月，交易所一般根据商品供求的特点来确定交割月份）。考虑当时所处的经济周期，根据利率的相关理论，可以做出如下预测：交割月份距今较近的合约价格（比如3月合约的交易价格）应高于其后相邻合约的价格（比如6月合约的交易价格），因为前者的收益率要低于后者的收益率，所以前者的交易价格要高于后者的交易价格。虽然交割月份邻近的两个合约，两者的合约价格确实可能反映出这种关系，但科夫纳发现交割月份距今较远的两个相邻合约，开始交易时的价差接近于零。他初次交易就是做多距今较远的某一月份的利率期货合约，同时做空距今更远的利率期货合约，因为可以预期这两个合约经过一段时间后，其交割时间距离现在的时间会变近，而两者之间的价差会逐步变大。

科夫纳的首次交易完全按照教科书上的理论，并且科夫纳对当一个交易者开始着迷。科夫纳的第二次交易也是"市场内价差"交易㊀。在第二次交易中，科夫纳做多近期的铜期货合约，并同时做空较远期的铜期货合约，因为他预期供应紧张会使近期合约的价格上涨幅度相对大于远期合约的价格上涨幅度。虽然他的判断、想法最终证明是正确的，但他建仓太早，导致第二次交易以输钱告终。经过这两次交易，科夫纳账面上还是盈利的，他 3 000 美元的初始本金已增长为 4 000 美元。

科夫纳的第三次交易让他真正入行，大展身手。1977 年早期，大豆市场上的供应出现明显的短缺。这是需求力量驱动的市场。大豆每周的压榨数量都远高于预期，数量之大无人敢信。㊁我观察大豆期货 7 月合约和大豆期货 9 月合约间的价差㊂，由于看起来我们将面临大豆的短缺，大豆将会上涨，大豆期货属于多头市场，所以我认为先交割的 7 月合约较后交割的 9 月合约的溢价将进一步扩大。当时两合约的价差在一窄幅盘整区间，7 月合约较 9 月合约溢价近 60 美分。我认为我可以简单地把止损点设在这一盘整区间的下面一点，止损点大概就在 7 月合约较 9 月合约溢价 45 美分的位置。那时我还没有认识到价差是如何易于波动和变化。我开始进行价差交易，即在做多大豆期货 7 月合约的同时，做空大豆期货 9 月合约。我建仓时，两合约的价差是近 60 美分。接着两者的价差开始扩大到 70 美分，于是我又进行了一次价差交易，再次在两合约上同时建仓，一多一空

㊀ 在同一期货市场，即同一期货品种做多某月的合约，并同时做空另一个月的合约（也称为合约内价差、商品内价差或跨月套利）。
㊁ "压榨"是对一定数量大豆进行加工的过程，然后再用于豆粕和豆油的制作。
㊂ 即先交割的、距现在时间近的 7 月合约和后交割的、距现在时间远的 9 月合约，两者市场价格间的差异。

（但因为采用"金字塔式的建仓方法"，所以建仓规模要小于第一次价差交易的建仓规模）。随着价差的扩大，我继续采用"金字塔式的建仓方法"来建仓。

你当时建立的头寸规模有多大？

改换经纪公司后，我最终所建的最大头寸规模大约是15张合约。刚开始的时候，我在一家小型经纪人公司进行交易。那家公司的老板是一位老手场内交易员，他每天仔细察看当天发生的交易，并且能辨认出我正在做的交易。我当时建立的头寸规模最高达到10或15张合约。只做单边投机的，每张期货合约的保证金是2 000美元，而做套利交易的，每张期货合约的保证金只有400美元。

老板对我说，"你进行套利交易建立的头寸和单向做多建立的头寸所面临的风险是一样的。我打算将你套利交易的保证金，从每张合约400美元提高到每张合约2 000美元"（套利交易的保证金要低于单纯投机，单向做多或单向做空交易的保证金，这是基于以下假设而做出的：单纯做多的头寸或单纯做空的头寸和套利交易的头寸相比，投机交易的波动性和风险都要大很多。原因在于，套利交易中持有的多头头寸和空头头寸至少部分风险可以互相冲抵。然而在现货紧缺的情况下，不同农产品期货合约间的套利，比如做多大豆期货7月合约，并同时做空大豆期货11月合约，其交易的波动性和风险几乎等同于单纯做多或单纯做空的投机交易）。

他显然是对你持有头寸所面临的风险十分担心。

是的。他担心我进行的是套利交易，每张期货合约的保证金只有400美元，但我交易操作却像单纯做多的投机交易。

实际上，他并不是杞人忧天、信口胡说。

他的话是对的，但当时我听后却勃然大怒。因此我把交易账户转到另一家期货经纪公司，这家公司的名字就先不提了，原因你以后会明白的。

你当时发火是因为你觉得他做事不公，还是出于别的原因？

我相信我并没有认为他做事不公，但当时我认定他是我达成目标的阻碍。我把交易账户转到一家大型经纪人公司，那里为我提供了一位经纪人，此人能力极差，非常不称职。但是市场持续上涨，我持续加仓，我在2月25日进行了（转移账户后的）首次套利交易，截至4月12日我交易账户的资金已达3.5万美元。

只要市场上涨，你就会加仓，还是你事先就有某些交易计划？

我有交易计划的，我等到市场上涨到一定高度，然后价格发生回撤，当回撤幅度达到某一具体金额，我就会加仓。我的"金字塔式的建仓方法"不会出问题的。

市场开始进入连续涨停阶段。4月13日，市场价格创下历史新高。市场顿时人声鼎沸，狂热躁动。我的经纪人在家打电话给我，在电话里他说，"大豆期货的价格将会一飞冲天。大豆期货7月合约看起来还会涨停下去，那么11月合约肯定会跟上来的。你这个傻瓜，手里还持有11月合约的空头头寸，让我替你清空11月合约的空头头寸吧，当市场接下来几天继续涨停，你就能多赚点钱。"我听后表示同意，于是我们清空了11月合约的空头头寸。

11月合约的空头头寸全部清光光了？

全部清光光了（说到这儿，他放声大笑）。

这是一时冲动的交易决定吗？

不是一时冲动，是我那时愚蠢至极。清仓后过了15分钟，我的那位经纪人打电话给我，从声音听上去，他已发狂失态。他对我说，"不知道该怎么跟你说，但市场要跌停了！我不知道是否能帮你清仓出场。"我听后极度震惊。我对他吼道："帮我清仓离场！"市场价格直奔跌停而去，我在比跌停价略高一点的地方清仓离场。

你是在跌停板全部清仓离场的吗？

跌停板与其上方略高一点的价位所形成的价格区间就是我清仓离场的价格区域。我可以告诉你这次交易损失的大小。当我清光11月合约的空头头寸，手里只留下7月合约的多头头寸时，此时我账户市值是4.5万美元。到我全部清仓的那一天，我账户只剩下2.2万美元。我陷入极度的震惊。我不能想象我竟然是如此愚蠢，尽管对市场的研究、分析已有多年，但我对市场的认识和理解还是那样的糟糕。一连几天我茶饭不香、寝食难安。当时我想到了转行，不想再把交易作为我的职业。

但你的交易账户上还有 2.2 万美元啊，要是和你最初 3 000 美元的本金相比，凡事从长远的角度来看的话，你仍然是相当出色的。

一点不错，我还是出色的，但是……

是这愚蠢的错误还是你得而复失的资金使你在感情上遭受如此伤痛？

这和金钱上的损失完全无关。我想是我认识到市场真是个"大火坑"，里面充满风险。自那以后，我又把 3 000 美元的本金做回了 4.5 万美元，在此期间没有再遭受感情上的伤痛，没有重蹈覆辙。

在你账户资金回升的途中，你是否会认为"这很简单嘛"？

这是很简单的。

你当时可曾想过，市场最终可能与你的想法、判断背道而驰？

没有想过。但很清楚的是，当时我在仓皇之间决定清空套利交易中所建立的空头头寸（即 11 月合约的空单）是完全漠视风险的表现。我认为最让我揪心、困扰的是，我意识到自己丧失了自认为具有的理性。在那一刻，我认识到市场拿走你钱的速度和它给你钱的速度真的是一样快。那次交易让我印象深刻。实际上，我还是很幸运的，当我在跌停板附近清空 7 月合约的多头头寸后账户至少还有 2.2 万美元。

我认为，你那天迅速的行动可能使你免遭灭顶之灾。

确实如此。那天以后，市场更是直线下跌，下跌的速度和此前上涨的速度一样快。如果此前我没有犯下如此愚蠢的错误，那么在市场下跌途中我可能同样会犯错。

这次套利交易最后的市况怎样？

大豆期货 7 月合约的价格彻底崩溃，一路跌到我最初建立多头头寸的价格下面。

尽管这不是灾难性的交易决策，它毕竟没让你彻底破产出局，但由于你在 7 月合约见顶下跌、接近跌停的时候清仓离场，你还是回吐了部分利润。

说得对，但对我而言，这次交易称得上是"走向破产"的交易。这次交易让我几近破产，并且从心理角度而言，我觉得这次交易已让我破产，破产时的心理感受，我已充分体会。

这是你最痛不欲生的一次交易吗？

是的，这点毋庸置疑。

即使你在清仓离场时实际上还是赚到钱的，你也觉得这是最痛苦的一次交易？

这次交易结束时，我赚了近6倍（相对最初的本金3 000美元而言）。当然那时我是极为愚蠢地进行杠杆交易，根本不懂持仓头寸所面临的风险。

当你的经纪人打电话告诉你市场要跌停了，你决定清空7月合约所有的多头头寸，这是出于恐慌还是出于风险控制的直觉和本能？

究竟出于何种原因，我无法确定。对于交易纪律，我自认为懂得很多，在那一刻，"交易纪律"的许多内容在我脑海中浮现。我决定全部清仓可能就是这个原因。直到今天，当某事使我的情绪失衡，让我对周围世界的感知出现迷茫和困惑时，我会清空与此事相关的所有头寸。

你有最近发生的例子吗？

1987年10月19日的股市崩盘。我在10月19日和20日清空了所有头寸，因为我觉得世界上发生了某些我所不能理解的事。交易的首要法则可能有许多，我认为的首要法则就是，不要莫名其妙地亏大钱，当你感到搞不懂、弄不清的时候，那就离场，不懂就不做。

现在让我们回到你进行大豆期货交易以后的那段时期。你再次开始交易是在什么时候？

大约一个月以后吧。此后经过几个月的交易，我账户上的资金又重新回到4万美元左右。大概就在那时，我看到一份招聘广告，是商品期货公司招聘交易助理，于是我前去应聘。迈克尔·马库斯以其惯有的独特风格对我进行了面试。几周后，马库斯让我到公司来，他对我说："我有一个好消息，但也有一个坏消息。

坏消息就是我们不会聘你为交易助理,好消息就是我们聘你为交易员。"

这家商品期货公司给你多少钱用于交易?

3.5 万美元。

在交易中,你同时也投入自己的钱吗?

是的,这是令我高兴的一件事。这家商品期货公司的政策允许你在交易公司账户的同时,交易自己的私人账户,并且马库斯和我都是非常积极主动的交易者,交易很活跃、频繁。

你受到马库斯的影响吗?

是的,影响重大。马库斯教会我一件事,此事异常重要(此时访谈暂停)。

(访谈又继续进行)刚才你说的话是很棒的开场白,接下来重点、实质部分是什么呢?

他教导我说,"你能够赚到 100 万美元。"他对我悉心指导,告诉我:只要尽己所能,一切远大的目标皆可实现。你真正能做的事往往最容易被错过、被忽视。如果你持有头寸并且恪守交易纪律,你就真的能赚到 100 万美元。

听起来好像他是在给你信心?

是的。他也教给我另一绝对关键的要点:必须乐于经常犯错。犯错其实并不可怕,并不是一种错。做出你最佳的判断,如果错了,再做下一次最佳的判断,如果再错了,那就做出第三次最佳的判断。这样做的话,你的资金就能翻倍了。

你是当今世界最成功的交易者之一,只有极少数的交易者才能与你相提并论,是什么令你与众不同、出类拔萃?

对于某些交易者能够做到而其他交易者做不到的原因,我不相信有人能够确定。对我自己而言,之所以能有今天,我能想到两大要素。首先,我能预见世界发生的变化,洞察有别于当前的格局和形势,并且真的相信未来如我所测。我能预判到大豆期货的价格翻倍,美元会跌到 1 美元兑换 100 日元。其次,在压力下我能保持理性,并且恪守交易纪律。

交易技能是能教会的吗？

只是有限的一部分能够教会。多年来，我尝试培训了近 30 个人，但其中只有四五个人成了优秀的交易者。

那你培训的另外 25 个人怎么样了？

他们离开交易行业了，其中的原因和个人的智力水平无关。

将那些成功的受训者和大多数失败的受训者进行比较，你发现两者在个性特征上有何不同？

成功的受训者意志坚强、性格独立，懂得物极必反，在其他人不愿持仓的时候，他们能够持仓。他们都懂得自律和约束，所以持仓头寸的规模适当。一个贪婪的交易者持有头寸的规模通常会太大，我认识的某些极具灵气才干的交易者，他们从不设法留存所赚的钱，全部用来建仓。一位商品期货公司的交易员，我不想提他的名字，在我印象中此人是极具才华的交易员，他产生的交易想法精妙绝伦，其选择的交易市场通常准确无误。从智力上而言，他对市场的认识要超过我，然而我留住了钱，而他却没有留住。

他在哪里犯了错？

头寸规模上。他交易头寸的规模太大了。我交易一张期货合约，他交易十张。每年在两个不同的市场，他投入的资金都会翻倍，但最终取得的结果依然平平。

在进行交易决策时，你一直采用基本面分析吗？

我几乎总是从市场角度进行交易，我不会简单按照技术分析所提供的信息来交易。我大量使用技术分析，并且技术分析确实很棒，但除非我搞懂市场价格变动的原因，否则我不会建仓、持有。

那就是说，实际上你建立、持有的每笔头寸背后都有基本面作为支持？

我认为你的说法很公允。但我会加入技术分析，因为技术分析通常能使基本面的情况变得更明晰透彻。我给你举个例子。在过去六个月中，对于加元对美元汇率的上升，我有充足的论据，能很好地论证；对于加元对美元汇率的下跌，我也有充足的论据，也能很好地论证。我搞不清楚哪一方的论据和论证是正确的。如果你用枪顶住我的脑袋，逼我选出该汇率变动的方向，我可能会说"下跌"。

然而接下来，美国和加拿大之间的贸易协议发布了，这将改变整个基本面。实际上，在该协议协商并签订完成前的几天，市场就向上突破了。此刻，我可以气定神闲地说，"评估加元对美元汇率的一项重要因素发生了改变，市场已经做出投票。"

在美加贸易协议签署、发布前，我认为加元对美元汇率已在山顶，但我不能确定汇率是将继续上涨还是将下跌。当市场发生变动时，我已做好跟进的准备，因为我们将两大重要因素结合在一起，所以能及时跟进，这两大重要因素就是基本面的重要改变（虽然基本面的改变将使市场走向何方，是利多还是利空，以我的才智，并不足以完全知晓）和技术分析中价格的向上突破。

你的意思是说，当美加贸易协议签署、发布时，以你的才智，并不清楚该协议将使市场走向何方吗？因为美加贸易协议所增加的贸易中，加拿大的贸易要多于美国的贸易，由此推断这项协议将利多加元对美元的汇率，难道这不符合逻辑吗？

当时我不是这么推断的。我只是简单地认为，贸易协议的签订消除了贸易壁垒，允许从美国进口，这将使加拿大降息，从而造成加元贬值。有一些分析师仍旧坚持这种观点。我的看法是，有许多博学多识、消息灵通的交易者，他们知道的远比我多。我不过是把各种分析要素融合在一起，进行综合分析。他们知道市场会往哪儿走，他们会做多加元对美元的汇率，他们会在市场上投票。

归纳这一例子的启示，那就是基本面发生重要变动时，市场一开始选择的方向通常是长期趋势开启的良好征兆，是这样吗？

正如你所言。因为市场上有人比你知道得多（知道得早），会先你一步，所以市场价格通常会提前做出反应。苏联有一帮人就是很好的交易者。

苏联这些成功的交易者分布在哪些市场上？

外汇期货市场，部分谷物期货市场。

怎样知道这些苏联人正在做什么？

这些苏联人通过商业银行和交易商来进行交易，并且你在别的地方也能有所耳闻。

一个连本国经济都搞不好的国家还能盛产出色的交易者，这在我看来是相当矛盾的一件事。

是有点说不通。但你向交易圈里的人打听后就会发现，这些苏联交易者确实很出色。

这些苏联人为什么能成为出色的交易者或者说他们是怎样成为出色的交易者的？

说句玩笑话，他们可能偷读了我们的一些邮件。苏联（以及其他国家的政府）时不时会提前得到信息。为什么他们能提前得到呢？因为他们在世界各地都设有一流的情报部门。苏联（及其他有些国家）的情报部门具有窃听商业通讯、获取商业机密的能力，这点人尽皆知。这就是为什么大型商品期货交易公司在进行极为机密的电话联系时，都要使用扰频器。

我的观点是，有上千种难以理解、不为人知的市场机制和因素在主导市场，在新闻、消息正式公布之前，在坐在办公桌旁的小交易员收到消息前，这些机制、因素已对市场发挥了作用，产生了影响。能对市场产生直接冲击的只有一件事，那就是巨额的买单或巨额的卖单。

难道技术分析全无理性可言，一切都是凭资金说话吗？

我认为，技术分析有许多地方是正确的，但也有许多地方近乎妖魔。

这是很有趣的论述。请问技术分析中哪些是正道，哪些是妖术？

有一些技术分析师，他们宣称运用技术分析可以预知未来的价格走势，这些人对技术分析夸大其词、肆意渲染。技术分析可以追溯过去，但无法预知未来。在采用技术分析得出结论时，你不得不投入和运用自己的智慧，通过一些交易员过去的交易活动来假设另一些交易员未来的交易活动。

对我来说，技术分析就像体温表。那些使用基本面分析，从不打算关注技图表的人，就像一位不打算给病人量体温的医生。这种做法当然是极其愚蠢的。如果你是市场中一位负责的参与者，你总是想知道市场处在哪个阶段，市场是热火朝天、兴奋激昂，还是冷冷清清、一片萧条。你想知道你所能知道的关于市场的一切事情，只有这样你才能提升自己的交易优势。

技术分析反映了全部市场参与者的投票情况，即所有人的选择、意向与决定，而且能捕捉不同寻常的价格行为。由技术分析的自身特点可知，任何新的图表模式背后必有不同寻常的东西。对我而言，研究价格运动的细节至关重要，它可以帮我弄清自己是否能遍察市场中每一个参与者是怎样投票的。我通过研究、分析技术图表，能对市场中存在的不均衡状态以及潜在的变化有所警觉，所以研读技术图表绝对关键。

有时你看到技术图表后会情不自禁地自言自语道，"我以前也看到过这种价格形态，这是价格上涨的前兆。"此时即便在基本面上没有任何看涨的理由，你也会根据技术图表进行交易吗？

是的，我有时会这么做的。我只想补充一点：价格如果突破原来的盘整区间，许多人会困惑不解、感到意外，我作为一个在许多市场进行交易、身经百战的交易者，对此不会感到吃惊，早就习以为常了。

这是暗指你通常在价格发生突破后才做跟进？

是的，确实如此。

但市场通常容易发生假突破，对此你要多说一点。

价格在突破前，盘整时间越久，盘整区域越稳固，当价格突破时，就越没人能够理解其中缘由，此时跟进交易通常风险报酬比良好。

《华尔街日报》某天刊登的文章提供了炒作的题材，即所谓的"故事"，所以促成价格在当天突破，这样的突破怎么样？

两者关联非常少。物理学上的海森堡的原理（即著名的"测不准原理"）可以用来类比金融市场。在金融市场上，某些东西越是被密切注视，其原来的输赢概率在其发展过程中越是会改变。如果《华尔街日报》某天刊载文章说"棉花供应有潜在的短缺"，而棉花期货的价格在长久盘整后在当天发生突破，这种突破所得到的支持是非常薄弱的，突破成功的概率非常小。反之，如果某天棉花期货的价格在毫无消息的情况下发生突破，之前也经过长期盘整，每个人都认为该价格没有突破的理由，并且突破发生得很突然，那么价格突破的背后非常可能暗藏重要的原因，突破成功的概率很高。

你的意思是，市场中对价格运动的解释越少，价格运动的有效性、可信度越高？

对，我是这么认为的。某种价格运动模式、价格形态越是被投机客关注，那么其发出的价格运动的信号越可能是虚假的。一个市场越是不被投机客关注，投机活动越少，那么技术分析中价格突破信号的有效性、可信度越高。

如今计算机化的趋势跟踪交易系统，其使用率大幅提高，这是否会提高技术分析中虚假信号产生的频率？

我认为会的。我们必须看到这样一个事实：市场上有数十亿美元的资金在采用计算机化的趋势跟踪交易系统进行交易，而这些系统所采用的移动平均线或其他简单的趋势确认方法有助于大量虚假信号的产生。我自己就研发出一套类似的交易系统，因此我能确定其他交易系统在什么时候会发出交易行动的信号。如果拿"价格的运动是因为数十亿美元使用交易系统的大资金入场"与"价格的突破是因为苏联人在买入"做个比较，后者的因果联系和可信度要远高于前者，后者更值得关注。

你会在价格脱离盘整向上突破时进场做多，要是其后价格朝不利于你的方向运动（即价格回落），重回之前的盘整区间，你怎样知道你该清仓离场？这只是价格的小幅回撤，还是你错误判断造成的糟糕交易，你如何进行区分？

无论我在何时进场建仓，我都会有事先设好的止损价。这是我可以高枕无忧的唯一方法。在进场前，我就知道我该在哪里离场。交易头寸的规模由止损设置来决定，而止损的设置以技术分析为基础。例如，如果市场价格正处于盘整区间，你把止损位设在盘整区间内，那是毫无意义的，因为你很可能因为价格的上下震荡而被震出场。我总是把我的止损位设在某些技术关卡的外面，即设在盘整区间外（如果做空，把止损位设在盘整区间的上方，即高过阻力位的地方；如果做多，把止损位设在盘整区间的下方，即低于支撑位的地方）。

其他许多人可能使用同样的止损位，这样市场价格会被牵引、拉向这个止损点，你难道没碰到过这个问题？

我从没考虑过这个问题。通过技术分析来研判市场，在这方面我研究已久，据我所知，如果你的交易判断是正确的，技术分析中的一些关卡位置是不会被触及的。我不会把止损价设在场内交易员能够轻易、方便进出的地方。有时我会把止损点放在明显的、技术分析中人所尽知的关键价位上，但前提是我认为该价位离现价足够远或很难被轻易触及。

举一个实例，最近某个周五的下午，债券价格以迅雷不及掩耳的速度向下突破了延伸型的盘整区间（比一般价格盘整区间更为宽阔）。据我所知，这一突破完全出人意料，令市场人士吃惊，所以我可以从容笃定地做空债券，并把止损价设在之前盘整区间的顶部。这样做是基于以下前提假设：如果我的做空交易是正确的，债券的价格就不可能重新涨回到盘整区间的顶部。如果价格重新上涨，并穿越原来的盘整区间，达到盘整区间的顶部（即我的止损位），那就是我做空的判断出错，我就止损出场。这样设置止损，可以让我拿着所建的空头头寸安然入睡。

谈到止损，我猜想，因为你交易头寸庞大的原因，你的止损总是心理止损，或是说不必等到跌破技术止损位再止损。

我们这么说吧：如果我的止损设置得很好，我就能生活得有条不紊、井然有序、高枕无忧。我设置的止损位永远不会和场内交易员的止损位一样，但并不是"心理止损"，而是设置具体的止损价位。

是什么最终让你知道你主要头寸的交易是错误的？你的止损点会限制你开始时的损失，但如果你仍然坚信支持你做出交易决定的基本面分析是正确的，我猜想你会再做尝试，不肯止损离场。如果你是在市场价格运动的大方向上判断出错，难道你将坚持下去，接受一系列的损失？到什么价位、到什

么时候你会承认原来的交易决定是错误的，并且认输离场？

首先，亏钱本身就会让我放慢脚步，所以我会降低交易的头寸，进行减仓。其次，在你所描述的情况下，技术走势图上的变化会让我再做思考，三思而行。比如，如果我看空美元，但在技术走势上，价格已向上突破重要的中期高点，我就不得不重新审视和评估自己原来的观点。

前面你曾谈到，你已研发出自己的趋势跟踪交易系统，根据该系统发出的指示，你可以知道采用这种趋势跟踪交易系统进行交易的大资金在哪里出没，何时准备对市场产生影响。你管理的资金中有多大比例是用你自己的趋势跟踪交易系统进行交易的？

我管理的资金中大约有 5% 是用我自己的趋势跟踪交易系统进行交易。

你对你交易系统的信心只有这么一点？我猜那 5% 的资金是亏钱的吧，所以所占的比例才这么少。

总体而言，我的交易系统是赚钱的，但我的交易系统具有波动性大的特点，这个问题事关风险控制，所以我不喜欢用交易系统进行交易。但系统交易能让我的交易更为多样化，此非人力可及，所以我还是使用系统交易的，但只是少量。

你认为，研发出像优秀交易者一样的交易系统是否可能？

我认为这是不可能的。因为"像优秀交易者一样的交易系统"必须具有高度发达的学习功能和特性，只有在信息具有清晰明确的层次结构和有先例可循的情况下，电脑才是善于"学习"的。例如，医疗诊断的电脑专家系统应用良好，因为诊断和医治的法则是非常明确清晰的。在交易中要形成一套电脑专家系统所面临的问题是，交易游戏和投资游戏的"规则"是不断改变的。我曾与电脑专家系统的研发者并肩工作过一段时间，最后我们得出这样的结论：运用电脑专家系统的方法，交易是糟糕的候选对象，是不合适的应用领域，因为交易决策包含太多学科的知识，而用以阐释信息的规则又是不断变化的。

和你早年的交易规模相比，现在你的交易规模已非常大，你交易起来会越来越困难吗？

适合我的交易规模、具有充足流动性的市场实在太少了。

你当前总共管理多少资金？

超过 6.5 亿美元。

我猜想，其中的一半是来自于资产的增值？

说得很对，仅去年的盈利就已达 3 亿美元左右。

在哪些市场，由于流动性不足，你的交易确实遇到了麻烦？

比如铜的期货市场，我很喜欢，但那里的流动性通常很差。在铜的期货市场，我的交易规模非常庞大，就像百兽中的大象一样。

哪种交易规模能够在市场上进退自如，不会遇到问题？以铜的期货市场为例。

我认为，一天里你能进退自如地交易 500 ~ 800 张的期货合约，如果稍比这多的话，就会不太方便了。但铜的期货市场上，当前每天的成交量也仅有 7 000 ~ 10 000 张的期货合约，并且其中许多是进行实物交割的套期保值交易或者是价差交易。与此相反，在长期国债期货市场上，你交易进出 5 000 张期货合约不会碰到任何问题；你在银行间货币市场同样能交易进出很大的头寸规模（这两个市场的流动性非常充裕）。

你是否能在不具有充裕流动性的市场上进行交易，比如咖啡豆期货，在这种市场上有时能形成巨大的趋势？

是的，我去年就在咖啡豆期货市场上进行交易，并且赚了数百万美元。我管理着 6 亿美元，如果从利润里拿出 200 万美元，准备投入咖啡豆期货的交易，这真的是小菜一碟、不足挂齿的事。但实际上会对我产生负面的影响，因为我在咖啡豆期货上势必要投入时间、花费精力，这样会分散我对外汇市场的关注，那里才是我交易的重中之重。

好像你的交易规模已达到阻碍你交易绩效的程度。因为你自己就非常富有，你是否曾经考虑过，只用你的自有资金进行交易，这样就能避免资金管理上的头疼问题？

是的，我考虑过，但我不能只用自有资金进行交易，这有许多原因。虽然我已把大量的个人资金投入我所管理的基金，但是"管理客户的资金"就好比"买入看涨期权"㊀，因为我在客户（即基金的投资人）中名声、口碑的好坏对我而言极为重要，所以我不会信口开河地去拉客户。然而必须承认，买入看涨期权比建立输赢对等的头寸要好很多。

在实际操作中，你管理的资金是否存在最高限额？

在大多数商品期货市场进行交易时，肯定是有的。然而在外汇市场、利率期货市场以及少数商品期货市场上，虽有最高限额的存在，但这一最高限额是非常高的。对于我所管理的基金，今后其资金规模的增长，我会进行非常仔细的规划。

当你在流动性不是非常充裕的市场下单委托，换句话说，不是在长期国债期货市场或主要的外汇市场下单委托，你发现你规模庞大的委托订单会引发市场波动吗？

会的，但我绝不会刻意用大单来操控市场的。

谈到这点，我不由想到一个问题，我们常常听闻大资金试图推高市场或者打压市场的说法，这种做法可行吗？

我认为这种做法不可行。这种做法可以在短期内奏效，利用庞大的资金来主导市场价格，但最终会导致严重的错误。因为这种做法通常会令人狂妄自大，从而使交易者完全脱离市场的基本面和技术面来进行炒作。据我所知，那些对自身能力过分高估而又企图利用自己庞大的资金在市场上呼风唤雨、横行霸道的交易员，最终都会犯"交易频繁过度、重仓孤注一掷"的错误，并由此走向失败。

你能举一个例子吗？不必透露具体名字。

最近的例子就是英国某交易机构试图通过垄断来操控原油市场，最后招来大麻烦，亏损累累。起初，他们进行操控还是成功的，但其后就无法控制市场了，

㊀ 买入看涨期权，在价格上升时，潜在收益无限，当价格下跌时，承担的风险有限，期权到期时，如果标的物市场价格低于看涨期权的履约价格，那么买入看涨期权者可以放弃行使权利，其损失的就是买入期权时所支付的期权费（期权的市场价格），所以其损失是有限的。这里是用来类比"管理客户的资金"。

原油价格一下跌了 4 美元。

最终他们的结局怎样？

他们输掉了大约 4 000 万美元，整个机构因此陷入了泥潭。

如今，你所管理的资金比世界上其他任何交易者管理的资金都要多。在你遭受亏损打击的时候，你如何平复自己的情绪，保持轻松的心情？

情绪对交易的影响和造成的重压是巨大的，我在某一天就损失了数百万美元，如果你整个人都陷于这些亏损中而不能自拔，那你就无法交易了。

如此说来，交易亏损已完全不再影响你的情绪，不会对你造成任何干扰？

现在唯一能令我心烦意乱的事就是糟糕的资金管理。有时我遭受的亏损会异常巨大，但是只要运用的交易技术是正确的、出色的，即便最终交易结果是亏损的，我对输钱的过程也不会难以忍受，不会耿耿于怀。前面和你讲过的，做多大豆期货 7 月合约，同时做空大豆期货 11 月合约的套利交易中，我愚蠢地清光了空头头寸，只留下多头头寸，这才是令我胆颤心惊的事，我从那次交易中学到了风险控制的许多东西。但交易的过程本就是有赚有亏，每天有进有出，遭受亏损当属家常便饭，不会使我心烦意乱的。

你有交易亏损的年份吗？

有的，1981 年我亏损了 16%。

1981 年的亏损是由于你的犯错，还是市场本身原因所致？

两者兼而有之。我的主要问题在于，这是我所经历的第一个商品期货的大熊市，大熊市的特性和牛市的特性截然不同。

市场此前一直是牛市，处于长期上涨趋势，所以令人志得意满、放松警惕，你犯错是这个原因吗？

并不是这个原因。问题在于熊市的主要特征就是在急速猛烈的下跌后会出现快速的反弹，而我总是做空太晚（即在建立空头头寸后，价格却止跌快速反弹，继而出现盘整走势），接着我会被迫止损出场，其后证明我止损出场的位置处于价格宽幅盘整区间。身处熊市，你不得不利用快速的价格反弹，利用价格短暂的逆趋势运动来建仓。

你在1981年还犯了哪些错误？

这一年我的资金管理很糟糕。我做了太多彼此正相关的交易。

1981年你的信心完全动摇了吗？你又要重新来过了吗？

我重起炉灶并设计了多套风险管理系统。我密切关注我所有持仓头寸的相关性。从那刻起，我每天都要衡量所有持仓头寸在市场中面临的全部风险。

你做外汇交易时，是在银行间货币市场还是在外汇期货市场？

除了通过芝加哥国际货币市场[一]（International Monetary Market，IMM）进行套利交易，我只在银行间货币市场进行外汇交易。银行间货币市场流动性异常良好，而交易成本非常低，而且又是24小时全天交易，我们真的是一天24小时都要交易，所以该市场对我们很重要。

你在外汇交易上投入多少比例的资金？

平均下来，我们持仓组合中50%~60%的头寸来自外汇交易。

除了芝加哥国际货币市场当前活跃交易的五大币种，你还交易其他货币吗？

我们交易任何流动性好的货币。实际上，我们交易所有的欧洲货币（包括斯堪的纳维亚地区的国家，如挪威、瑞典、丹麦、冰岛等国），所有亚洲的主要货币以及中东国家的货币。"交叉盘"可能是最重要的交易工具，你在芝加哥国际货币市场不能进行，而我们在银行间货币市场可以进行。[二]因为在芝加哥国际货币市场交易的外汇期货合约有固定的合约规模，所以在那里不能进行交叉盘交易。

但是你在芝加哥国际货币市场上，可以通过调整两种外汇期货合约的数量比率，使这两种外汇期货头寸的美元值达到相等，这样就能做交叉盘了。

但是在银行间货币市场做交叉盘更为精确和直接。比如，在银行间货币市场，

[一] 芝加哥国际货币市场是芝加哥商业交易所的一个分支，是世界上最早的外汇期货市场。

[二] 交叉盘是指包含两种外币的交易。例如买入英镑，同时卖出德国马克，两者都以美元计价且换算后的美元金额相等，这就是交叉盘交易。

德国马克/英镑以及德国马克/日元的交叉盘都是高度活跃、热门的交易品种。

我猜想，当你做德国马克/日元的交叉盘时，两种货币都是采用美元标价的，而不是用这两种货币中的任意一种来进行标价。

说得很对。你可以简单地说成：买入值1亿美元的德国马克，并且卖出值1亿美元的日元。在银行间货币市场，世界上所有货币的汇率全部以美元来标价。

有意外消息传出或经济统计数据发布，但都与市场预期相悖，在这种情况下会导致外汇市场上的汇价做出快速反应，银行间货币市场与外汇期货市场相比，其价格反应是否更为平和、舒缓，还是由于套利交易的存在，使这两个市场的价格反应紧密联系、保持一致？

能在这两个市场间很好地进行套利，但套利的机会转瞬即逝，套利交易的速度要非常快，才能赚到些钱。这两个市场的价格反应会稍有不符，但差别不大。

是否在银行间货币市场上，价格对于这类事件很少做出激烈、极端的反应？

是的，因为在外汇期货市场上发生这类事件会导致期货市场上的自营交易商撤退离场，从而引发止损盘。银行间货币市场上撤退离场的是套利交易者，他们的对手盘是银行。

银行在银行间货币市场上从事商业活动或对冲，面对面投机交易的比例各是多少？

美国联邦储备委员会对此做过研究，但我手上并没有数据，不过银行间货币市场基本上是对冲交易的市场。银行和少数像我一样的玩家，都是以投机交易为主。

外汇期货市场无法涵盖世界上大部分货币的交易，是否有一定原因？

外汇期货市场在许多重要方面有所限制，无能为力。首先在外汇期货市场进行对冲有具体美元金额和日期的要求。例如，我4月12日需要对冲360万美元，银行间货币市场上可以马上办到，但在外汇期货市场上有具体交割日期和固定的合约规模，所以无法精确对冲。

所以实际上，外汇交易市场绝对无法与银行间货币市场竞争，因为银行间货币市场可以为任何客户提供对冲？

确实如此。另外，银行间货币市场上的对冲交易是基于各家普通商业银行间的相互关系。所以，对冲交易者常常会表明和告知他用以锁定利润的银行利息收入，并据此（向各家商业银行）进行借款。

你进行基本面分析所用的一套方法，可否谈一下？对于合理、正确的市场价格应该是多少，你是如何确定的？

我假定市场上任意某一天的价格就是正确的价格，然后我尝试找出什么将使该价格发生改变。

杰出交易员的工作之一就是构建出可供选择的、预期会发生的各种设想。我力图在内心构建多种不同的情景，这些情景展现了世界将会是怎样，并等着它们中的一个能得到确认，变为现实。保持每次只对一个情景进行测试、验证。经验证，这些情景中的大多数都是错误的，也就是说该情景中只有一些要素能证明是正确的。但是最终你会出乎意料地找到某一情景，其十个要素中有九个都是正确、有效的。该情景于是就变为你对现实世界的如实描绘。

我来给你举个例子。1987年10月19日股市崩盘后的周五，那天晚上我难以入睡，这对我来说很不正常。但我确信那晚并非我一个交易者难以入眠，许多交易者都醒着呢。股市崩盘那周发生的所有一切将对美元走势产生何种影响，对此我苦苦思索了整整一周。我预想了今后世界局势各种不同的情景，并逐一验证，其中有一种情景是令人不寒而栗、充满苦痛的，那就是金融世界即将走向末日，全球经济行将崩溃。

如果是那种情景的话，从全球政治角度而言，美元将成为全球资金最为安全的避风港，因此美元必将大幅升值。实际上，在股市崩盘那周的星期四，由于大量资金从别的地方回流，美元已大幅走高。在接下来的三天里，令人极为困惑不解——美元开始徘徊震荡，不再上涨，到该周交易结束时，美元已开始再次下跌。

这时（周五晚）我把所有一切都拼合在脑中。对我来说，此时一切变得一目了然、豁然开朗：由于全球范围的金融危机，各方都需要有刺激经济的行动，但日本央行和德国联邦银行不愿采取强有力的通胀手段来刺激经济。因为这样会扩大美国的贸易逆差，所以对美国财政部长贝克而言，只有开闸放水，放任美元贬值这一条路可走了，这是解决问题的唯一方法。刺激全球经济的角色必须有人来扮演，而那个扮演者就是美利坚合众国。

结果，美元开始下跌，进行抵抗、捍卫美元的强势有损其他央行的利益。我确信，这是财政部长贝克当时唯一能做的事。

等你意识到美元要跌的时候，已是周五晚上，这时再采取行动是否为时已晚？

是的，晚了点。那周周末，我神经高度紧绷，异常紧张，因为我意识到下周美元会大幅低开。我只能苦等周日晚上远东市场的开盘。

你在"非美国"交易时段里也进行大量交易吗？

是的。首先，无论我走到哪里，不管是在我家，还是在我乡间别墅，我都会监控市场的行情。其次，我有一名员工，他全天 24 小时在岗。

万一市场有重大事件发生，你授权该员工向你即刻通报吗？

确实是这样。首先我们交易的每一种货币都有电话通报的授权范围和等级。比如，某一货币如果突破我们事先确定的价格区间，我的员工就会根据授权进行电话通报。

你在深更半夜接到这类电话的频率是怎样的？

我有一位助理交易员，我允许他每年打两次电话到我家，把我弄醒进行通报。这是在说笑，但是真的不需要太频繁。无论市场在何时热闹鼎沸、交易火爆，我始终知道市场的走向和动态。我家里装满了显示交易行情的显示器和直拨电话。另外，我助理的工作就是接听和回复电话，他一晚可能接到三四个电话。

你是说你把夜晚交易的决策都授权委托给下属了？

我们对于交易的每一种货币都会构建预期会发生的各种设想，每周至少进行一次。我们确定每种货币预期的价格波动区间，以及价格如果突破该区间，我们该怎么做。

所以你的助手知道如果货币 X 达到 135……（问题还没讲完，科夫纳就抢着回答）

那时他应该知道买入还是卖出。这些交易决策事先早已准备好了。但是如果某国总理辞职或是有重大的、意料之外的、引发币值重新评估的因素产生，又或是一些使我们当前所做设想无效的事情发生，我会授命我的助理，让他们立刻打电话告知我。

有在深夜结束一天的交易吗？

有的，而且许多时候都是这样。

你显然不能一天 24 小时都交易吧。你怎样安排你的时间，如何平衡你的工作和你的私人生活？

我通常力图把我的交易时间限制在上午 8 点和下午 6 点或 7 点之间。远东交易市场非常重要，如果外汇市场非常活跃的话，我将在远东市场（远东指东亚和东南亚的国家和地区）进行交易。那里晚上 8 点开盘，东京市场上午时段的交易一直要持续到晚上 12 点。如果市场处于巨幅波动期，我将会上床睡上几个小时，起床后赶上下一次市场的开盘。这非常有趣和刺激。

看价格如波涛起伏，从一个国家的市场延续到另一个国家的市场，令你感到有趣和刺激吗？

绝对是哦。当你真正置身其中，报价的屏幕能将你牢牢吸引，令你目不转睛。报价的市场在不断地转换，一个市场收盘后，另一个市场就开盘了，你所看的交易市场越来越多。遍布全球各地的每一个外汇市场，我都可以进行远程交易，通过报价的屏幕来了解即时的外汇行情。这是非常有趣和刺激的游戏。所有时间段里都有交易盈利的机会。暂且把"交易"搁一边，我从事外汇交易除了交易盈利的目的，还有其他许多原因，其中的一个原因就是，对全球范围的政治、经济事件进行分析，令人格外着迷，特别引人入胜。

你的描述方式使整个交易过程听上去就像持续不断的一场游戏，而不是一种工作。你真是这么看待交易的？

我觉得交易不是工作，除了亏损的时候（此时他笑了起来）。对我而言，对市场进行分析就像面对一张巨大的、多维的棋盘进行思考，其中的乐趣全都来自于智力上的挑战。例如，尝试列出新西兰财政部长所面临的问题以及他可以怎样解决这些问题。许多人觉得听上去有点荒谬可笑、不可思议，但对于我而言，这是很普通、很正常的事。这里有个人（即新西兰财政部长）正管理着一个小国，并且确实面临一堆问题。他不得不考虑怎样应对澳大利亚、美国以及令他抓狂的工会。我的工作就是帮他答疑解惑，出谋划策，帮他决定接下来该怎么做，以及预判他的行动会产生哪些出乎他本人或市场意料的结果。对我来说，这一过程本身就其乐无穷。

对遍布全球所有不同的交易市场进行跟踪，我想你一定阅读了大量经济方面的报纸、杂志和书籍。你会关注市场顾问的各类文章吗？

我每天都会读"权威报告"（guru report）。

哪些人能跻身"权威"之列？

有大量读者、粉丝的市场通讯作者都能名列其中。大众喜欢的有普莱切特（Prechter）、茨威格（Zweig）、戴维斯（Davis）以及埃力亚德斯（Eliades）等。

你会把这些权威报告的观点当作市场的反向指标吗？

当市场趋势明显、价格做大幅方向性运动时，我不想当太聪明的人，此时我会顺势而为，我的看法不会与市场普遍看法背道而驰，一部分权威报告的观点也包含在市场普遍看法中，当然这些观点是正确的。我真正寻找的是市场尚未达成共识、还未形成一致看法的时点（即市场趋势不明的时候），此时如果有许多人将会犯错，这是我喜闻乐见的一件事。

所以，如果你看到权威名单中的大多数人都是看多的，而此时市场却不涨，而你又有看空的基本面理由，你会觉得此时进行做空交易的胜算很高吗？

是的，胜算会非常高。

你认为人们仅靠追随权威进行交易，能够盈利吗？

或许能吧，但是以我的印象，要想赚钱，你必须满怀信心地持有头寸。当你追随其他人进行交易，持仓的时候很难具有信心。然而，确实有一些很好的权威。比如，在股票市场上，我喜欢马丁·茨威格，他的风险控制非常出色。他不像其他权威，他不认为自己能预测未来；他只是观察市场发生的一切，并且理性客观地下注交易。

你同时谈到风险控制的重要性和持仓信心的必要性，那么你在交易中通常承担的风险有多大？

首先，在单笔交易中，我努力做到风险不超过我持仓组合市值的1%。其次，我会分析各笔交易的相关性，从而降低持仓的风险。我们每天都采用计算机来分析各持仓头寸间的相关性。通过亏损、苦涩的交易经历，我已明白持仓头寸间错误的相关性是交易出现严重问题的根源。如果你有八个彼此高度正相关的头寸，那么就相当于你只交易其中的一个头寸，但该头寸的规模要扩大八倍，因为这八个头寸彼此高度正相关，所以无法通过分散来抵冲风险，八个形同一个。

这就是说，如果你同时看多德国马克和瑞士法郎，你喜欢哪个，就在哪个上面建立全部的多头头寸，是这样吗？

是的，绝对正确。但更为重要的交易理念是，如果你在一个市场上建立多头头寸，则要在另一个正相关的市场上建立空头头寸。例如，虽然我净空美元（即美元的空头头寸多过美元的多头头寸），我还是立刻做多日元和做空德国马克，在我所有的交易中，如果我做多某些品种，一定同时做空另一些品种。

像德国马克/日元这样的交叉汇率与单个货币的基本汇率相比，前者的变动速度慢吗？

并不一定。新近的一个例子是，英镑/德国马克的交叉汇率整整一年在 2.96～3.00 的价格区间反复盘整，终于在一个月前产生突破。在突破当天，汇价挑战盘整区间的顶部（3.00一线）约20次。英格兰银行一直在3.00一线严防死守，不断沽压，但最终投降放弃。当交叉汇率上穿3.01，整个市场竟不再有成交。实际上，直到交叉汇率达到3.035 0，此前一直没有成交。突破后汇价上涨足有1%（即3.035 0减去3.00后再除以3.00），但却空无一笔成交。

对于银行间货币市场，这是很罕见、不寻常的事吗？

非常罕见，极为不同寻常，它表明每一个人都盯着 3.00 一线。一旦每个人都意识到英格兰银行已放弃对 3.00 一线的防守，不再介入市场，那么没有人愿意充当卖家。

这一类型的突破，既猛烈又迅速，是否比通常类型的突破更可靠、更可信？

是的，要可靠、可信得多。

虽然你内心对这种突破充满疑虑和困惑，但你也觉得其可靠性高？

当时我对这种突破极其疑虑和困惑。但你要知道，你内心越是感到疑虑和困惑，越是较好的交易机会。在上面这个例子中，汇价在 3.04 和 3.02 之间来回震荡，交易了几小时以后，便一飞冲天，直接冲上 3.11。

交叉汇率与基本汇率相比，也就是交叉盘与直盘（用美元来做多或做空其他货币）相比，其为外汇市场提供更好的交易机会，你是否这样认为？

是这样的，因为很少有人关注交叉汇率。一般的规律是，越不为人关注的地方，越有好的交易机会。

你的交易方式综合了基本面分析和技术分析。但是，如果我对你说，布鲁斯，我们打算将你放到一间小屋，要么给你全部所需的基本面信息，要么给你想要的技术图表和所需的技术分析工具，只能二选一，你会选哪一个？

这就像问一个医生，你替病人治病时，是靠主观诊断来监控病情，还是通过记录表格来监控病情，其实这两样医生都需要，缺一不可。但硬要做比较的话，基本面分析现在更为重要。20 世纪 70 年代，只用技术分析也能赚到钱，那时技术分析中的"假突破"非常少。现在，几乎每一个人都是图表分析专家，有数目庞大的技术交易系统。正是这些改变使通过技术分析赚钱变得愈发困难了。

你认为趋势跟踪交易系统会因数量的庞大以及大多数系统所用方法的相似而最终走向自我毁灭吗？

我认为会的。唯有处在高通胀时期才能够挽救这些技术交易系统，只有在那时简单的趋势跟踪方法才能依然奏效，然而是否我们要保持稳定、温和的通胀率，这点在我看来已毫无疑问，各种技术交易系统将自相残杀，走向灭亡。

现在我们把话题转到股票市场。你认为，股指期货市场上的价格表现与其他市场的价格表现会有所不同吗？如果有所不同，是怎样的不同？

股指期货的价格有更多短期逆势的运动。市场在走高后，总想回下来。商品期货市场上的价格会受到现货供需关系的影响；如果现货真出现短缺，则对应的期货价格将会保持上涨趋势。

如果股指期货市场的价格走势含有许多小级别的价格回撤，而且又会急动突变，那有什么技术分析的方法可以奏效？

或许有吧，但市场始终在变化。我发现超长期的决策系统可以捕捉期指市场较大级别的价格运动，但你需要把止损设得非常宽。

所以，你在股指期货市场上不得不把交易周期拉得很长以过滤市场噪音？

我比大多数交易者的交易周期要长得多，因为我的交易策略中包含安全度过价格大幅回撤的时期。我提供一个可供选择的方法，我所认识的一位交易者，他在股指期货市场交易得很好，他采用的方法就是看股市把大多数交易者伤害得怎样。对他来说，这招看上去很管用。

对于这个方法，他是如何量化的呢？

他看市场上悲伤者的人数有多少，但主要还是凭内心的感觉。

有些评论家把1987年10月的股市崩盘归咎于程序化交易，对此你的个人看法是什么？

我认为这里含有两大不同的因素。首先，当时过度高企的股价使股票市场易于下跌，而升息及其他基本面的原因扣动了下跌的扳机。其次，养老基金采用所谓的"投资组合保险"（参见附录A）策略，这一策略加大了市场抛售，从而使股市下跌得到了强化。

我们所谈的"投资组合保险"和套利型的程序化交易难道是截然相反的两样东西？

是的，两者并不相同。如果没有"套利型程序化交易"的存在，也就无法实行"投资组合保险"的策略，所以可以这么说，"套利型程序化交易"是"投资组合保险"相关问题的根源，而非加剧相关问题的推手。

所以套利型程序化交易对股市下跌所应承担的责任，其所犯的罪责只在于它让"投资组合保险"的实施变为可能，是这样吗？

是的。如果你看过布雷迪（Brady）的报告，你就会明白，"投资组合保险"的执行人在几小时内的抛售金额就达数十亿美元，市场实在无力承接。"投资组合保险"是一种可怕的想法，它的所谓"保险"只是徒有其表，空有其名。实际上，它金额巨大的止损订单，市场上无人可比。如果没有"投资组合保险"的抛售，股票市场仍然会急剧下跌，但这种下跌不会像我们所经历的500点暴跌（即1987年的股市崩盘，"投资组合保险"参与抛售的）那样严重。

你是否认为杰出的交易者具有某种特殊的天分？

从某种意义上说，确实如此。因为交易是少数赢家通吃的"零和游戏"，由于这一特点，注定只有极少数人才能成为优秀的交易者。

要想取得交易的成功，天生禀赋和后天的刻苦努力哪个更重要？

如果你不刻苦努力的话，那就绝对不会成功，肯定成不了杰出的交易者。

交易者凭借天生的直觉轻而易举地取得成功，这种情况有没有？

有的话，也只是一时的成功。在交易中，有许多"一年的奇迹"，短暂的辉煌，昙花一现式的成功。某个人强烈感觉到白糖期货的价格会到达40美分，或者感觉铜期货各合约间的价差会显著扩大，以及某个人的直觉、想法得到了验证，这些都是司空见惯的事。例如，最近我听说某交易员在过去一年里通过铜期货的价差交易赚到了2 700万美元，但接着就亏光了。

对于交易新手，你有何建议？

第一，我想提出的就是风险管理，这点是很好理解的。降低交易规模、降低头寸规模、降低持仓规模是我的第二条建议。无论你认为你的持仓头寸该是多少，至少要砍去一半。就我和交易新手打交道的经验来说，新手的交易规模是其合理交易规模的 3 ~ 5 倍，实在是太大了。他们在单笔交易中承担的风险应该是账户净资产的 1% ~ 2%，而他们实际承担的风险却是 5% ~ 10%。

交易新手除了交易规模太大的毛病，还会犯哪些典型的错误？

他们把市场给拟人化了。最常见的错误是把市场视为自己强硬的对手、仇人。市场当然是完全客观、不具感情的，不会在乎交易者是赚还是亏。无论何时，当某位交易者说"我希望"或"我期待"时，此时他已陷入有害的思维模式，因为他已不关注"诊断"市场的过程，而是沉浸在主观臆断和一厢情愿中。

**

在与科夫纳的交谈中，我被他广博且精深的分析能力所震撼。我依然无法想象他是怎样挤出时间来追踪和分析那么多国家错综复杂的经济面，而且以一己之力将各种不同的分析整合在一起，形成自己总的分析体系。显然，科夫纳将"世界范围的基本面分析"和"技术分析"融为一体的综合能力是独一无二的，是普通交易者可望而不可即的。然而在科夫纳的交易方法中，有些关键要素与普通交易者有直接的联系，能让普通的交易者也获益匪浅。

科夫纳把风险管理列为成功交易的关键，他在下单交易前总是先设好离场点。他也强调：必须基于整体组合来评估风险，而不是仅仅考虑单笔交易的风险。如果某位交易者持仓的各品种彼此高度正相关，那么上述这点就绝对至关重要了，因为该交易者全部持仓品种（整体组合）实际所面临的风险一定比他自己意识到的风险要大很多。这位交易者只考虑单个持仓品种的风险，没有考虑整体组合的风险，各持仓品种间高度正相关只会叠加风险，而无法分散风险。

科夫纳对设置止损点的论述令我印象异常深刻，"我设置的止损点离现价足够远或很难被轻易触及。"采用这种方式设置止损，如果交易决策证明是正确的，科夫纳有实现盈利最大化的可能，不会因为轻易止损而错失其后的盈利机会，与此同时他也恪守严格的资金管理纪律。这一方法背后的交易理念是：当设置较宽的止损，最好将事先确定的、你所能承担的单笔交易最大风险（具体的美元金额）

分摊到该笔交易中的每张期货合约上，而该笔交易的期货合约数量应当相应减少（即如果止损加宽，单张期货合约承担的风险随之增大，可以减少交易的期货合约数量，从而使该笔交易的风险保持不变）。这恰好与普通交易者所采用的止损方法截然相反。普通交易者试图限制单张期货合约遭受的损失，但单笔交易的期货合约数量却尽可能多，这种方法通常会导致的结果是，许多本来能够盈利的交易在价格按预期方向运动前就止损离场了，从而错失其后的盈利机会。正确、合理的止损方法是，把你的止损点设在某一价位，如果交易价格触及或跌破该价位，那就理所当然地表明该笔交易的决策是错误的，你就必须马上止损出场，而不是按照你在单张期货合约上最多愿意亏多少钱来设置止损点。如果设置"在技术分析中具有指示意义的、在操作上具有指导意义的"止损点使单张期货合约承担的风险变得令你难以欣然接受（因为该笔交易可能遭受的损失和承担的风险也会随之变大），那么可以交易较少的合约数量。即单张合约承担的风险增大，可以减少该笔交易的合约数量，使该笔交易承担的风险保持不变。

科夫纳最严重的交易错误，用他自己的话来说，就是"走向破产的交易"，这类错误都源于一时冲动的交易决策。凭我自己多年的交易经验，对于任何一个级别的交易者，"冲动交易"都是致命伤，都是交易亏损的最大祸首。无论采用何种交易方法，一旦选定交易策略，交易者就应当恪守他的交易计划，要避免做出冲动的交易决策（例如，因为听从朋友的操作建议而进行无计划的交易；又比如，价格朝不利于自己的方向运动，但尚未跌破止损位，就因一时的冲动而急于止损清仓）。

最后要说的是，科夫纳眼中的交易高手按照他的说法，应当是"内心强大、思想独立，当市场处于极端的时候（比如极度狂热或极度恐惧的时候）能够反其道而行之"，此外恪守交易纪律，不怕犯错并且乐于认错，这些都是交易赢家所共有的重要特征。

| 第五章 |

理查德·丹尼斯
退隐的传奇交易员

20世纪60年代后期,理查德·丹尼斯开始痴迷于商品期货交易,而那时他还是交易所中一个领着最低工资的跑腿经纪人(主要负责把买卖委托递交给场内经纪人)。1970年夏天,他怀揣从家里借来的1 600美元,买下中美洲商品交易所(Mid America Exchange,Mid Am)的一个交易席位,开始力图为自己交易,靠交易来谋生。

中美洲商品交易所是所谓的二流的、从属地位的交易所,因为其交易的商品期货合约是各主要交易所交易期货合约的迷你版。中美洲商品交易所倾向于招揽资金量较小的套期保值者和投机客,一张通常规模的(非迷你版的)期货合约金额的头寸规模对这些小资金者而言,实在是太大了。基于上述原因,选择中美洲商品交易所对于当时还是菜鸟交易人的丹尼斯来说,是非常合适的,另外丹尼斯当时也只买得起该交易所的交易席位。

这个交易席位花了丹尼斯1 200美元,剩下将近400美元可供其进行交易。虽然看起来好像无法让人相信,但丹尼斯确实通过交易将微不足道的本金转变成为巨大的财富(据某些人估计将近2亿美元)。据报道,丹尼斯的父亲曾说,"我们只能这么说,丹尼斯不过是相当出色地运用了当初的400美元",此言堪称有史以来最为轻描淡写、最为谦逊低调的话语之一。

虽然丹尼斯长期以来都异常成功，但他也曾承受为数不多的几次重大挫折。在我们进行访谈时，他正处于受挫、低谷状态。1987年年末~1988年年初，丹尼斯管理的几只公共基金亏损严重，亏损幅度触及停止交易的止损点（即亏损50%），而丹尼斯的个人账户也遭受同样的命运。正如他在致其基金投资人的一封信中所言，"基金业绩的巨大亏损和我个人交易账户的亏损不相上下，半斤八两。"

作为一名交易者，丹尼斯最为令人印象深刻的特点是，身处逆境能不受情绪所扰，坦然面对。很明显，他已学会坦然接受偶尔发生的巨大亏损，将这种亏损作为交易游戏不可或缺的一部分。在遭受巨大亏损的艰难时刻，他的信心不曾动摇，因为他坚信，只要自始至终忠实于自己的基本交易策略，终能东山再起。如果我不知道他的真实情况，仅凭访谈时他的情绪和信心来判断，我会立马猜想他是不是恰好小赚了一笔，而不是亏损了一把。

无论是哪一种亿万富翁的典型形象，丹尼斯都无法与之对上号。他的"低消费"、节俭的生活方式具有传奇色彩。实际上，他只在政治捐款和慈善捐款方面挥金如土。他的政治观点也许与一般富豪的观点格格不入。丹尼斯是罗斯福中心（Roosevelt Center）的创建者，该中心从事美国政治的研究，是自由党的智库。丹尼斯力主对美国的富人征更高的税。近些年来，他在政治领域逐渐发挥积极的作用，支持形形色色的自由党候选人。与交易不同的是，丹尼斯在政治方面的输赢比例是令人失望的：输多赢少。1988年的总统大选中，丹尼斯是巴比特（Babbitt）阵营的全国副主席。

开列本书访谈对象的名单时，丹尼斯是不可或缺的访谈对象。他是我们这个时代最重要、最出色的交易者。本书中的其他访谈者对他有这样的论述——"我无法与他（丹尼斯）相提并论。"

为了对丹尼斯进行访问，我与他的一位助手进行了接洽。我向这位助手阐述了访谈计划，他听后答应去转告丹尼斯并会给我回复，大约一周后，我接到了回复的电话，告知我要见丹尼斯需提前大约一个月预约，只能给一个小时。我在电话中阐明来到芝加哥的主要目的就是采访丹尼斯，并且一个小时的访谈时间难以充分涵盖交易所有的基本话题。听完我的话，所得到的回复基本上就是，丹尼斯所有的时间都已排好、排满。回复中隐含的意思就是，你要是同意，那就到时访谈；你要是不同意，那就不必采访了。我同意了对方的要求，希望如果访谈进展得顺利，我能因此得到更多的一些时间来进行访谈。

在访谈当日，我比约定时间提早大约五分钟抵达，被引领进入一间宽大但绝对朴实无华的办公室。丹尼斯准点来到。我和他礼貌地握手寒暄，然后在其办公桌前落座。丹尼斯为他在访谈中要偶尔扫看一下报价的屏幕预先向我道了个歉，并表明在看报价的同时可以继续接受访谈，如果碰到要下任何委托单的话，他会向我表明。因为我自己也有交易的经历（尽管交易量极小），所以我对丹尼斯这种做法表示可以理解。

访谈刚开始时，我们双方都略感不自在，稍显紧张、拘谨。造成这种情况的原因，就我这方面而言——我感到时间有限，唯恐来不及完成当前的访谈内容；就丹尼斯方面而言，我认为与他害羞腼腆的性格有关，无论如何这只是我们的初次会谈。访谈进行了5~10分钟后，这种紧张拘谨的气氛就荡然无存了，交谈的氛围变得轻松融洽，访谈进展得很顺利。

访谈进行了45分钟后，我萌生了"一切进展良好，让丹尼斯在预定时间（一个小时）到点后再继续谈下去"的想法。就在离一个小时访谈结束前的10分钟，我的幻想破灭了。就在那时丹尼斯对我说："我只能再谈10分钟，如果你还有一些重要的问题想问，那就快问吧。"我听后像洗牌一样地迅速翻看我提问用的检索卡片，试图快速确定还有哪些关键问题尚未提及。在访谈时间正好到点的那一刻，丹尼斯对我说："时间到了，我接受访谈的时间都用完了，谢谢你的采访。"

有一方面的问题我没有在访谈中提出，那就是丹尼斯在政治方面的经历。这些话题中包括国会议员召开的一次听证会，声称丹尼斯、罗斯福研究所（Roosevelt Institute）以及丹尼斯所认识的各类政治人物操纵大豆期货市场。虽然这些话题肯定非常有趣、丰富多彩，但与本书的主旨无关。访谈时可能会涉及一些与政治有关的话题，所以为确保重点，我事先就选出与交易有关的问题，记录在检索卡片上，按照选出的问题来提问。

在访谈结束之际，我提出最后一个请求，"我甚至还没来得及问任何与政治有关的问题呢。""大众对我政治方面的东西丝毫不感兴趣的。"丹尼斯回答道，并且与我礼貌道别，起身离开了办公室。

大约六个星期后，我提出与丹尼斯进行后续访谈并且得到了同意。有关财政预算赤字的问题以及那时丹尼斯管理的公共基金遭受的重大亏损都是第二次访谈的内容。

我们最后一次会谈（即第二次访谈）才结束一个月，丹尼斯宣布金盆洗手，退出交易领域，全身心投入政界。丹尼斯将不再交易了？也许是吧，但谁也不能打包票。

你是怎样初涉商品期货交易的？

高中毕业后，我得到一份暑期工，充当交易所的场内跑腿，负责将买卖委托传递给场内经纪人，由此开始初涉交易。当时我领的是最低的工资，每周工资是40美元，而进行交易时可能在一小时内就输光我一周的工资。当时我对交易一无所知，值得庆幸的是，我只用少量资金投入交易。我想说的是，相较当时我所学到的东西，我所付出的"学费"还是便宜的。

我听说你在 21 岁前，你父亲站在交易所内进行交易，而你站在场边的分界线上，通过做手势、打信号来指挥他交易，有这回事吗？

那是在 1968 年和 1969 年，我父亲是交易所的会员，但他对交易知之甚少。因为我还未成年，无法取得会员资格，而我又想进行交易，所以他同意那么做，当我年满 21 岁时，这是他生命中最快乐的时刻，因为此时他可以对我说："老爸我厌恶交易。我做交易时脑中一片空白。交易是你的天地！"

你父亲根据你发出的信号下交易订单，这样在交易中会身处劣势吧？

那肯定是的。那时我们总是亏损。

但你不会亏很多钱吧，因为你投入交易的资金很少。

那段时期，我可能总共亏了几千美元吧。

你是否认为那段时期还是弥足珍贵的，因为毕竟你在交易方面学到许多东西？

确实如此，回顾过往，我想对交易新手说，在你交易起步时，要做好失败的打算，不要一心只想着成功。

也是因为在那段时期你所付出的代价并不大？

是的。只要没有亏大钱，真搞砸了，也就不应过于惊慌。

有些交易者早期的成功最后却被他们化为乌有，对此你是否知道？

我注意到过这种变化，有许多人，他们对万物的印象、认知就和鸭子一样。鸭子只要足够年幼，你就可以教会它们把军舰当成自己的妈妈。对于许多交易者而言，他们不太在意自己的第一笔大交易是成功还是失败，而是关注让自己大赚的第一笔交易是做多还是做空。这些交易者可能因此成为长期的"死多头"或"死空头"（如果第一次巨大盈利源自做多，就会变成死多头；反之，就成死空头），这是非常糟糕的事。做多和做空两者都可盈利。在交易中，任何东西在心理上给你的满足感，绝对不存在高下之分（只有盈亏之分），如果存在高下之分的话，你的交易就会走向歧途。

我认为1973年大豆期货疯狂牛市中的许多人正是如此。即便这些人本身并未在牛市中做多赚到钱，但他们亲眼看见市场的疯狂火爆以及少数人大把赚钱，他们留下了深刻的印象，形成多头情结。

你是说，这段疯狂牛市的经历让这些人形成其后的多头情节，变成了死多头？

我就是这意思。

你以如此少的本金在中美洲商品交易所开始交易，你的信心和底气来自何方？毕竟只要犯一个交易错误就会让你亏光出场。

不会亏光出场的。中美洲商品交易所的一大优点是，他们那里交易的是迷你合约。我会犯一些错，这些错误中的大多数我都已犯过，当然没有全部都犯，因为交易迷你合约所需投入的资金少，所以我能如此犯错而不会亏光出场。我认为那时自己并没有任何信心，那时的我和大多数初涉交易的人并无不同：都想力图取得成功，都急于取得成功。我的意思是，如果你投身交易这类高风险而又不确定的行当，在你取得成功之前，在一切变为现实之前，你要做好失败的打算，不要尽打如意算盘，不要一心只想着成功。这点是确信无疑的。

大多数交易者一开始交易的时候都是不成功的，而你是怎样做到一上来就成功的？

我做了许多正确的事，这些正确的事，数量足够多，完成有难度，更何况当时我投入交易的资金少，即便犯错，也不会亏光出场。1970年玉米枯萎病暴发前，左思右想、摇摆不定后，我最终选择的建仓方向是正确的，这次交易我足够幸运。

那次交易的成功是靠一时的运气还是靠个人的远见？

我认为这次交易的成功更多是靠我的远见。当时我对市场交易的理念、法则和应有的交易态度都很模糊，知之甚少。但是我已学到的一些东西是正确、有用的，比如追随趋势，顺势而为。

在某个周五，谷物期货市场的所有品种都以全年最高价收盘。我认为，而且我始终认为，你必须追随趋势，而且价格趋势越强越好。我记得，我在那个星期五以收盘价分别在玉米期货、小麦期货和大豆期货上建立了几张迷你合约的多头头寸。等到下一个星期一开盘，因为玉米枯萎病消息的影响，这些品种全部以涨停板开盘。

当然这不是必定发生的事（指周五强势收盘，周一继续高开上涨），如果走势并未如我所料，那么我就会遭受一定的亏损。但是在上面的例子中如果你一路持有，最终大概能赚到2 000美元，与可能遭受的400美元亏损相比，2 000美元的盈利才是真正的大钱。做交易不像我扔飞镖，无须考虑该往哪里投，该做些什么，你只需身处价格的长期运动趋势中，追随趋势，持仓不动。

这一价格运动的特别模式，即周五非常强势的收盘价可以表明市场所具有的特征，那么这能否作为预测下周走势的有用指标呢？

是的，至少来说，周五如果以当日最高价报收，你就不要持有亏损的空头头寸过周末；反之，周五如果收在当日最低价，你就不要持有亏损的多头头寸过周末。这点至关重要。

你一开始交易就取得了成功，后来你怎么会去读研究生？对此我有点好奇。

我是在1970年夏季以前申请读研的，当时我正处于交易的低谷期。我打算在那年夏天结束交易生涯，但后来我在三个月里赚到了3 000美元的利润，此事深深触动了我，使我回心转意，决定继续交易下去。我来到位于新奥尔良的图莱恩大学，在那里待了大约一周。我把本该投入自助洗衣店投币洗衣机的二角五分硬币全都用于投币电话机，打电话去芝加哥进行交易委托。结果我打电话用完了所有的硬币，而我在交易中却颗粒无收，输得精光，只剩下一堆没洗的脏衣服，我无路可走，别无选择，只有重新返回芝加哥。

从那时起，你就成为全职的商品期货交易员了？

是的。

最富戏剧性或最令你刻骨铭心的交易经历，你能想到的是哪一次交易？

那是在我放弃攻读研究生转而做交易的第一年。有一天我做了一笔特别糟糕的交易，亏损将近300美元。因为当时我进行交易的资金只有3 000美元，所以300美元也是很大的一笔亏损，而且这笔损失具有扩散效应、不稳定因素，导致我急于翻本。接着我又重复犯错，我反向建仓后又一次遭受亏损。更为雪上加霜的是，我之后再次反向建仓，遭受第三次亏损。到那天交易结束时，我已亏损1 000美元，即我交易资金总额的1/3。

从那以后，我学会了一点：当交易中遭受具有扩散效应、不稳定因素的亏损时，我就清仓离场，回家睡觉，干点别的事，在这次糟糕的交易和下一次交易决策间腾出一小段时间。当你遭受亏损几近完蛋的时候，你要赶快离场，不要深陷其中。回看这笔交易，如果在交易亏损时，我能有自己的交易法则，那么我就不会有如此惨痛的经历。

要我说来，回顾过往，这笔交易称得上是你交易生涯中最好的一笔交易，

因为正是这次亏损的经历让你印象至深，使你以后不会再犯如此巨大的错误，你会这么说吗？

我绝对会这么说。通过这次交易，使我学会：要避免急于翻本的心理，不要为尽快扭亏而投入资金甚至投入加倍的资金来进行交易。我也认识到，损失达到一定金额就会影响你接下来的判断，所以你在发生损失和下一次交易间要腾出一段休息时间，这样就可以平复心情，恢复冷静。

我猜想，这样做的必然结果就是，如果事情出错，既不要推一把，也不要拉一把，要置身事外。

是的，归根结底，你必须把风险降到最小，要把资金保留到为数不多的、能短期赚大钱的时候再用。把资金投入次优的交易，你是承担不起的。如果你这么做，等到短期赚大钱的时机到来，你早已筋疲力尽，资金耗尽了。即便到时你还有钱可以投入交易，因为之前在其他交易中的损耗、亏损，此时投入的资金金额也就相对较少了，好钢一定要用在刀刃上。

1973年的大豆期货市场是你赚到大钱、做大的地方？

我在那儿赚到了足够我到芝加哥商品期货交易所进行交易的钱。我赚钱并不是仅仅靠一路做多大豆期货，我那时是场内交易员，主要通过反复建仓、平仓来博取差价。大豆期货市场非常好，因为那里的交易跑道很畅通。我做场内交易的时期是一段美好的时光。

所以你所进行的交易，更多的是成功的"剥头皮交易"，而不是捕捉价格趋势的交易。

此外有许多人为了及时兑现，拿走利润而做令人称奇的糟糕交易。即便在市场价格封死涨停，第二天价格几乎肯定会继续上涨的情况下，他们也会在涨停价了结出场。他们无法忍受利润留在账面，他们急于兑现盈利的头寸。当他们了结出场的时候，我尝试进场建仓。

这样操作听上去轻而易举？

这样做也是有一定风险的，但是如果你建仓的方向与市场趋势的方向保持一致，并且市场趋势非常强劲，那么你所说的就很对，这样操作的胜算会很高。

这样看来，在接下来的一个交易日，你就有很大可能在更高的价格卖出当日涨停板买进的货，这样你就占得了先机？

你该记得有些市场曾出现过价格连续上涨，报价栏中连续十天涨停的情况，然而大多数人认为即使四五个连续涨停都是不可能的。

在市场价格涨停、涨停、再涨停以后，也许到某一价位会转涨为跌，开始跌停。你怎样确认或者感知何时不应再在涨停板追高买入？

交易就是概率的游戏。结果具有很大的不确定性，如果你觉得此时追高买入，其后的胜算会很高，你就可以在涨停板买入做多。

在你的交易生涯中，有没有真正交易很糟糕的年份？有没有一两个特定的市场对你而言注定犯错，并由此招致交易糟糕的年份？

我们交易糟糕的年份绝不是某一个市场的交易导致的。在交易糟糕的年份，几乎所有我们进行交易的市场都是横向整理并且产生大量的假突破。如果所有我们交易的市场中有一个表现尚可的话，通常就足以避免交易糟糕年份的出现。

交易糟糕的年份中尤以哪一年最为突出显眼？

1978年不是交易的好年份。我在那年反复遭受不必要的交易损失，因为当时我从场内交易员转为场外交易员，正处在适应过渡期，对场内交易与场外交易的差异一无所知。

你是从1978年开始在办公室进行场外交易吗？

我在1977年主要是场内交易者，到了1978年我全面转向场外交易，完全从事场外交易。

这一转变使你以后更多做长线？

最终我通过1978年交易明白了一点，那就是作为场外交易者，你必须做长线交易。我是场内交易员的话，如果大豆期货的价格看上去将要突破3美分，我就会做空，如果它并没有突破，我就了结空头头寸。我要是场外交易员的话，我就无法做到了，因为在委托下单上已失去了优势（必须通知场内经纪人进行委托交易）。此外，在场外看着显示屏上的价格做交易决策没有场内交易时好。在交易所内，进行场内交易时，你通过潜意识可以察觉一些指示信号，比如"当市场转折时那三个家伙永远会出错"，如果这三个人在同一个时刻做同一件事、持同一个观点，恰逢市场可能发生转折，那么指示信号就此发出，市场可能真要转折了。我花了很长时间才发现这些有用的信号工具，但这些东西将不再有效。

那你为什么要做改变呢？你的场内交易确实做得很好，为什么要转做场外，要在自己的办公桌上进行交易呢？

1970年我开始做交易，当时还没有外汇期货、利率期货和黄金期货的市场。截至1978年这些市场在期货交易所已生根发芽，发展前景良好。其中外汇期货市场始建于1974年，但历经多年才有足够的交易量。

你想在许多市场中进行交易，而做场内交易的话，你分身无术，只能在一个市场进行实地交易，所以才促使你转向场外交易，是这样吗？

是这样的，并且要是再往前推五年的话，那时还没有转做场外交易的机会呢。

据我所知，你发起了一个培训交易员的项目，该项目是哪一年开始的？

1984年年初我们招募了一批受训者，1985年年初我们招募了另一批受训者。

做这个培训项目的动机是什么？

我有一个合伙人，我们自高中起就是朋友。我们对每一件事都会有思想上的分歧。我和他的争论之一就是：我认为成功交易者所具有的技能可以浓缩、归结为一套交易法则，而他则认为成功交易者的养成要靠一种无法言喻、近乎神秘、主观或直觉上的东西，不是光靠交易法则就行的。这场持续许久的争论使我对这种毫无依据的推测、无谓的争论感到厌烦、泄气。最后，我对他说："有一个办法肯定能解决、终结我们这个争论。我们去招募一批人，对他们进行培训，看看是否能培养出成功的交易者。"他听后表示同意。

这是一场理性的试验。我们尽自己所能对受训者进行培训，这是正确进行这场试验的方法。我力图把我对市场所知的一切都加以整理，然后倾囊相授。我们逐步教给他们概率、资金管理以及交易的具体操作。试验结果表明，我的观点是正确的。我说这话并不是自夸，但我对培训的效果确实感到吃惊。这次培训的成效好得惊人。

你们争论的主要焦点在于你认为你能把任何具有适当、一般智力水平的人培养为成功的交易者？

不是这意思，我们也会对对象进行检查，选出我们认为合适的人进行培训。我们收到1 000多份申请，经过筛选减少到40个人，然后对这40个人进行面试，接着选出10个人进行培训。

哪种人才是你们寻找的合适人选，需要具备何种个人素质？

这个问题我不想展开，因为如果我就告诉你其中的一点，我们要寻找国际象棋棋手，当我们以后再进行招募的时候，由于你访谈的透露，到时候棋手的个人简历、申请表格会如雪片一般飞来，让我们应接不暇。

智力水平是甄选受训者的要素之一吗？

智力水平是需要考量的因素，但不是最基本、最重要的。为找到合适的人选，我们挑选受训者的范围是从智力平平者到智力超常者。我们挑选某位智力超常者参加培训，仅是因为他符合我们的挑选标准，是我们的合适人选。

难道你为了这场试验情愿泄露交易的秘诀？

当然不情愿，但我认为某项交易策略不会因为广为人知，被大多数交易者相信就趋于失效。即便人们对某一交易策略大都知道，只要你执行策略得当，照样能取得成效。我总是说，你就是把交易法则都登在报纸上，这些法则也没人会遵从的。关键在于始终如一地执行交易策略以及遵守交易纪律，严格执行交易策略。几乎任何一个人都能很好地列出我们所传授交易法则的80%。人们无法做到的是，即便交易中身处逆境，遭受亏损，照样满怀信心、坚定不移地执行这些交易法则。

培训的时间有多长？

时间短得令人吃惊。第一年的培训时间是两周，两周培训后我们让受训者进行一个月的交易，并留下交易日志，表明每笔交易操作的理由。我们由此可以知道他们是否始终按照我们所教的东西来进行交易。到了第二年，我们更为驾轻就熟，培训一周即可。

接受培训的人一共有多少？

总共有 23 个人。

最终的培训结果如何？

我们淘汰了三个表现不好的受训者，而其余 20 个人每年的平均盈利大约在 100%。

当你对受训者进行培训，你告诉他们在市场进行交易的基本方法，你不怕有克隆 20 个理查德·丹尼斯出来的风险吗？这些受训者的交易业绩和他们的交易操作密切相关吗？

我不会被克隆复制的，此中有巨大差异存在。在培训课上，我们对受训者反复强调的一点就是，"我们会尽我们对市场的所知来教你们，但我们认为要想成为成功的交易者，要加上你们自己在交易方面的天资、感受或判断。"

这些交易员交易时投入的资金有多大？

投入的本金随着他们不断赚钱逐年递增。我只能说平均每个人投入大约 200 万美元吧。

他们开始时的本金是多少？

每个人 10 万美元。

我听说这批交易员被称为"海龟"。我觉得"海龟"一词十分有趣，这个名称源自哪里？

决定开展交易员培训项目时，我刚从远东旅行归来。此时我对某个人说起这个培训项目，"我们打算像他们在新加坡养育海龟那样培养交易员。"在此前的远东游中，我参观了新加坡的一个农场，在那我看见一只巨大的水缸，里面有成千只正在蠕动的小海龟。我把他们想象为成长中的交易员。

在交易中，"运气"扮演怎样的角色？

从长期来看，"运气"对交易不起作用，是绝对毫无作用哦。在交易这一行，我认为没有任何人能凭交易开始阶段的运气而始终赚到钱。

但在单笔交易中，"运气"所扮演的角色明显有所不同？

这就是使人产生困惑的地方。从单笔交易来看，交易成败几乎全部取决于运气，这其实和统计学有关。如果你做一件有53%成功率的事情，那么单做一次的成功率就是53%，但从长期来看，你反复做这件事情，成功率就趋近100%。如果要我评判两个不同交易者的交易业绩，如果所看交易业绩的时间跨度少于一年，这样做是毫无意义的。在你判断两个交易者的交易业绩谁好谁差前，你要看他们几年来的交易业绩。

有少数既是自主交易者（即主观交易者），又是系统交易者的人，你就是其中之一。你如何比较主观交易和系统交易这两种方法？

职业交易者可以做出某些非常聪明的事，但他们对所从事的事情可能不会做系统的思考。例如，当交易顺利，取得盈利之时，大多数交易者都会停止思考，不会去想我为什么能盈利。我这次在这个市场进行的交易操作放到另一个市场、另一时间能行得通吗？他们对交易的过程缺乏深思熟虑；与此相反，我一直在对交易进行分析，甚至在研究机械交易系统前就开始分析、思考了。

相反的另一极端是那些学院派人士，他们在从未进行交易前就对交易开始研究，他们缺乏形成良好交易系统所必需的交易直觉和交易经验。幸亏我是做交易在先，我们所做的研究能更多地应用于现实世界。

由于缺乏现实世界中的实践经验，从而对理论研究造成损害的例子，你能为我试举一个吗？

举个例子，假设我研发了一套机械交易系统，从理论上来讲，通常会把止损价设在我所认为的其他人最可能设置止损的位置，即设在多数交易者公认的止损位置（比如技术上的阻力位、支撑位、整数关口等）。但在现实世界里，你要把止损价设在其他每一个人都会设置止损的地方不是很聪明的做法。另外，你所设计的交易系统在实际使用中会出现高于平均程度的滑点。如果你不懂这一点，不对交易系统进行相应的调整，那么你研发出来的交易系统在理论上是完美无缺的，但在现实世界中，该交易系统的绩效总是比较糟糕的。

你前面讲过，在你研发机械交易系统前，你密切关注交易的过程，你会通过交易日志来记下所犯的交易错误和所做的正确操作吗？还是通过大脑来记忆？

我会通过交易日志，用笔写下我对每笔交易操作的观测和思考。对正在做的每一件事，我都会考虑周全、分析透彻。

为提高交易水平，其他交易者有哪些事需要去做，比如"将所做的正确操作和所犯的交易错误都记录下来"，你可否提供建议？

要想提高交易水平，当然有一些事需要去做。交易是非常紧张激烈的，所以当一天交易结束后，人们不想再去思考市场、不愿回顾所做的交易，确实是人的天性使然。当交易顺利、成功时，我就是这副样子；但当交易不成功的时候，那就会促使我反思已做过的交易以及思考"我如何才能把交易做得更好"。当交易犯错、情况变得糟糕的时候，交易者不应逃避现实，不能拒绝认错，不要像鸵鸟一样把头扎进沙堆，幻想一切会变好，而要反思过错，及时止损。

你所说的意思是，当交易犯错、遭受亏损的时候，交易者非常可能逃避现实，拒绝认错和反思，将市场和交易完全抛到脑后，不做任何思考。其实，犯错、失败的时候正是思考市场和交易，反思所犯过错的时候，而且思考的东西应该是最多的。

你说得很对。因为我对交易和市场十分着迷，交易犯错、亏损会促使我反思过去和思考将来，所以在这方面我不会有任何问题。

作为一名交易者，当交易直觉告诉你，你该去进行某项交易操作，但你的交易系统所指示的交易方向却与该项交易操作的方向相反，在这种情况下，你会怎么做？

如果两者截然相反，那就什么都别做，直到这一矛盾能够解决。

你大多数的交易系统，其类型都属于以市场趋势为导向，通过趋势跟踪来交易的吧？

确实如此。

所以顾名思义，当市场发生转向的时刻，你的交易系统所指示的交易方向将永远是错的，不会立即做出反应。然而你作为一名经验丰富的交易者，也许能在交易系统发出转向信号前就感觉到市场有发生转折的倾向。比如，当你作为一名交易老手感到可以进场做多，此时你的交易系统发出的交易信号还是做空，即便如此，你还是会进场做多吗？

我可能是保持观望吧，因为我倾向于在交易中综合考虑技术面、趋势跟踪、心理面以及交易理念等各方面的因素，并且加以权衡后再做出决策。

所以，你想在你进场交易前看到更多的市场转向信号？

我在大多数情况下一定持有与市场趋势保持一致的头寸，并且在市场转向之际，凭借我的交易直觉，在交易系统发出转向信号前就决定快于系统的指示清空持仓头寸。但此时并不建立与市场当前趋势方向相反的头寸（市场趋势根据交易系统的信号来判定），而是保持观望。

那么在市场转向之际，在交易系统发出转向信号前就建立与市场当前趋势相反的头寸（逆势建仓）又会怎样呢？

在市场转向之际，在交易系统发出转向信号前就逆势建仓。我肯定这样做过，然而这只是一条经验法则，我认为你不应该这样做。

这种类型的交易操作会比其他交易做得糟糕吗？

总体而言是这样的。虽然偶尔会有成功的经历，比如当白糖期货价格达到60美分时，我进行的做空就让我大赚了一笔（白糖期货的价格从1974年11月的66美分的高点开始直线下落，仅用了7个月就跌到12美分以下的相对低点。白糖期货合约价格中的1美分对应每份合约的金额为1 120美元。像丹尼斯这样的大户，其交易的期货合约数通常是以数千来计的）。像这样赚大钱的成功经历，我曾有过10次，但我不得不十分诚实地告诉你，像我所做的这类交易，我认为并不有利，并不是正确的交易操作，充满风险。

做空白糖期货的交易是很好的例子，因为该市场已经历了不可思议的、火山喷发似的上涨，使你能有巨大的勇气在60美分充当做空者。但是其后就

走向了事物的反面，白糖期货进入了真正的熊市，并且跌到了 5 美分；此刻世界上每一套趋势跟踪交易系统都是发出做空的信号。然而，如果此时白糖的基本面正在转变中（趋向利多），并且此时白糖期货的价格仅比装糖袋子的成本价格略高一点，在这种情况下你会破例吗，你会在交易系统发出做多信号前就转空为多？

实际上，你说的这种情况就是我亏掉许多钱的时候，因为在这种情况下，在所有的市场上，市场价格必定会下行。只要下跌超过 1 美分，你就可能亏光，就可能爆仓出场。白糖期货价格达到 60 美元时做空，我大赚了一笔，但当其跌到 6 美分时做多却令我亏损累累。

如果在这种情况下，你进场做多了（因为你以为价格已跌到地板价，已到"底线"，跌无可跌），你会死扛，期待安全度过，还是最终认输出场？

如果你身处这样的情况，你应该认输出场，因为你怎么可能预知未来的价格呢？你怎么知道不会再跌呢？也许白糖期货价格会跌到 2 美分，也许会跌到 1 美分。

我猜想最大的忧患在于，在上面的例子中，你会时常出手做多，放弃看空的观点，即放弃"交割月份越是远的合约，其交易价格的溢价越高"的观点。[一]

确实如此，我会在 3 美分被迫止损出场，等涨到 5 美分时转为看多，重新进场做多，接着价格又重新跌回到 3 美分，来回挨耳光。

否则交易就不会有那么大风险了。

是的。有一种错觉会令人心存侥幸，那就是"市场脱离其他一切东西、条件，一定还能照转不误"，如果这不是错觉而是实情的话，那市场早就不复存在了。1973 年有许多人在 4 美元做空大豆期货，这些人做空的理由和前面所讲的在 4 美分做多白糖期货的人是如出一辙的：4 美分做多白糖期货的人认为价格已跌

[一] 在熊市中，交割月份越是远的合约，其交易价格的溢价可能越高。比如白糖期货五月合约的交易价格是 6 美分，七月合约的交易价格是 6.5 美分。而十月合约的交易价格是 7 美分。即便白糖现货的价格保持稳定不变，十月合约较五月合约还是会有 1 美分的溢价。

无可跌，而 4 美元做空大豆期货的人认为价格已无法再涨。最终大豆期货的价格不仅继续上涨，而且在四五个月里涨到了 12.97 美元的价格高点。我认为另一个关键要点是，对于交易这个不确定性极高的领域，你可以预期到的就是"你无法预期"；你可以预期市场会出现极端的情况，但你无法预测市场波动的极限，即你无法预测最高价和最低价在哪里。我在交易这行已有近 20 年，在这 20 年里我得到的最宝贵的经验就是：在交易这行，你无法预期到的事和你认为不可能发生的事常常都会发生。

所以由这个例子可知，对当前交易进行研判时，不要过于依赖和参照历史上的交易情况？

说得很对。

然而你所有的交易法则都是建立在历史交易数据之上。这样和你所说的岂不相互矛盾？

两者并不矛盾。因为一套好的趋势跟踪交易系统将使你紧跟市场趋势，只要没有证据表明市场趋势发生改变，你就可以待在场内，一路持仓不动。如果你 1972 年的时候做大豆期货交易，你对该市场的历史交易数据进行分析，将会得出这样的结论：在任何时候，大豆期货上涨了 50 美分后，你最好了结多头头寸，清仓离场，因为根据历史经验，大豆期货的价格最多上涨 50 美分或是最多下跌 50 美分，从未显著超过 50 美分的幅度。显然这个结论是错误的，因为大豆期货的价格又上涨了 8 美元。然而，一套好的趋势跟踪交易系统将使你紧跟大部分的趋势运动，在此期间始终待在场内，一路持有多头头寸。

所以，你不会根据历史交易数据来为当前的市场价格行为设定界限，说最高能涨到哪儿，最低会跌到哪儿？

说得很对。正确的说法是：这个市况意味着上涨，这个市况意味着不再涨，而永远不要说这个市况意味着最多涨到这个价位，然后就不能再涨了。

当你采用交易系统进行交易时，你是用过去的交易数据进行测试，然后选用测试结果最好的交易系统，还是有其他需要考量的因素？

是用基于过去数据得出的最佳交易系统进行交易，还是用基于其他一些前提条件建立起来的交易系统开始进行交易，这是一个棘手的问题。因为你认为将来与过去在某些具体的方面有所不同，因此你可以谨慎小心地使用"最佳参数组"⊖以外的参数组，即使用其他"次优交易系统"。顾名思义，其他任何参数组的过去交易绩效要劣于"最佳参数组"的过去交易绩效。但是，如果两者过去绩效的差异只有10%，只要你相信基于过去交易数据测出的"次优参数组"能很好地用于将来的交易，那么这10%的落后差距还是值的，即你可以选择过去绩效差10%的"次优参数组"。

你从交易资金非常小的交易者发展成为交易资金极为庞大的交易者，特别是现在，你还管理着外来的资金（即代客理财的资金）。你是否发现交易订单的规模过大已成为一种阻碍？当你的交易规模越来越大时，要想保持交易的成功，实质上也就越来越难？

当交易资金达到一定规模后将会形成阻碍。我认为我们的交易资金规模还没有达到极限水平，虽然距离极限水平可能已不是非常遥远。我认为我们现在管理的资金翻3倍就差不多达到极限了，当前我们管理的客户资金大约是1.2亿美元。

换句话说，目前你们还没有达到极限？

还没有达到。

那是因为你采用多种不同的交易方法，所以你所有的交易订单不会在某一时点同时下达？

是的。你必须考虑多元化、分散化。如果你只用一种交易方法或是只有一个人来做所有决策，交易订单的金额如此巨大，你就无法应对。但是倘若你采用不同的交易策略，并且交易的决策者各有不同，你就能顺利处理几百万美元的交易订单（顺利下达、顺利成交），而不会碰到大问题。

你开展交易培训项目，潜意识里的原因和动机就是这个吗？就是试图培

⊖ 用过去交易数据进行测试，所得出的交易绩效最佳的交易系统，其所具有的一组系统参数就是"最佳参数组"。

养更多的交易员，以实现交易决策过程的多元化、分散化？

我们开展交易培训时真的没往这方面想。但无意间，我们的培训项目却形成了我们现在的优势。事实上，我们正打算派我们培训出来的交易员进入市场，用客户委托的资金进行交易。

滑点[一]会成为你交易中的问题吗？

不会成为问题。我们力图以严格、切实、客观的态度在计算机化的交易系统中设置好交易成本。另外，我们通过自己的经纪人进行交易，可以显著降低交易成本。

当你持有比较大的头寸时，到什么时点、什么价格你会知道自己的交易判断是错的？是什么让你知道要清仓离场？

如果某笔持仓头寸建仓一周或两周后账面还是亏损的，很清楚，你的这笔交易做错了。即便某笔持仓头寸账面大致保本，但是如果距离你建仓已过去许多时间，你的这笔交易也可能做错了。

你在交易中如何确定所能承担的最大风险？

你应始终做好最坏的打算。唯一的选择是，认识到犯错后，要尽快清仓离场。

在交易方面，你大部分是靠自学所得，还是靠其他交易者传授你有价值的东西？

我想说，我是自学成才的。交易书籍出版得非常少，这确实是很有意思、值得玩味的一件事。

对于对交易满怀兴趣的人，你有什么书籍可作推荐？

我认为埃德温·李费佛（Edwin Lefèvre）所著的《股票作手回忆录》[二]（Reminiscences of a Stock Operator）非常有趣，并且很好地捕捉了交易时的感觉和心理，但此书成书较早，写于65年前。

[一] 这里的"滑点"是指由计算机程序假定的理论执行价格和交易时实际执行价格间的差异。

[二] 这部经典名作是以股票及期货交易的传奇人物杰西·利弗莫尔为原型，以小说形式写成的人物传记（书中主人公并未用利弗莫尔的真名，而是用拉利·李文斯顿这个假名）。

不用透露任何交易秘密，你能否谈一些关键的交易策略？

我们最终进场交易的主要原因在于，市场价格处于趋势运动中。这是相当简单易懂的交易理念。确信你所有的时候都是这么做的，并且始终如一地坚持，这点要比你用特殊的方法、手段来确定市场趋势来得重要。无论你采用哪种交易方法入场交易，最为关键的一点就是，如果存在价格运动的主要趋势，你所用的交易方法应确保你与市场主导趋势保持一致，捕捉、追随该趋势。

用简易的交易系统就能简单确定市场的趋势。你是否寻找某些特别的东西，用其来确定趋势？

没有。如果我发现价格趋势形成，我明白最终必将进场，追随趋势。问题在于我是早进场还是晚进场。进场早晚这个问题，我是看市场对新闻消息做出的反应而定。如果市场价格在利多消息发布，在应当上涨的时候上涨，我可以早点进场做多（即早入场）。如果市场价格在利多消息发布，在应当上涨的时候却下跌，我会等到趋势更为确定时才进场做多（即晚入场）。

各市场上的价格行为是否具有共同性？大豆期货的价格形态和债券期货的价格形态是否相似，还是每个市场都有自己的个性？

我进行交易，不必知道交易市场的名字。

所以你的意思是说，各个不同市场上的价格运动形态是极为相似的，具有共性？

就是这个意思。我们的研究表明，如果某一交易系统能够同时用于债券期货的交易和大豆期货的交易，那就可以在这两个市场同时使用该套系统，没有关系。

你认为股票市场会是个例外吗？也就说，股票市场上的价格行为是否也与其他市场上的价格行为相同，或者说股票市场是否有其自有的价格行为模式？

你说的对，我认为股票市场要与其他市场分开看，是个例外。

为什么你认为我说的是对的？

我对单个股票的研究表明，与商品期货市场上的价格波动相比，个股价格的波动更近乎随机。商品期货的价格运动具有明确的趋势性，而股票价格的运动可能是随机的。

你对此现象有何解释？

我认为，每只股票的基本面信息是不够多的，不足以使股价形成充分、显著的趋势性运动，不足以使股价运动摆脱随机特性。商品期货品种的数量哪有股票数量那么多。

换句话说，商品期货市场与股市在信息流动、分配上截然不同？

商品期货市场上没有足够多的信息，没有足够多的基本面信息，好像什么动态信息都没有。

在商品期货市场上，技术面的信息基本集中在价格、成交量和未平仓合约量（open interest）。而分析股指的技术面信息更多，比如涨跌比（advance/decline ratio，ADR，又称腾落比率）、各种分类指数、不同板块间的关系等，那么普通的趋势跟踪交易系统因为在商品期货市场上没有足够多的技术面信息可用，会不会一上来就处于极大的劣势？

我不相信那是一种劣势。我认为，由于个股的价格运动大多数是随机的，所以导致股指的运动也近乎随机，从而股指无法形成足够显著、明晰的趋势运动，我认为这才是劣势。

最近对于程序化交易的指责、抨击，你怎么看？

这些指责、抨击的人是在自取其辱。

你是指那些在金融圈混的人？

正是这帮人。他们的批评、指责都是愚蠢浅薄、空洞无聊的，以他们的资历、经验和理解能力，他们应该心里有数。

你认为程序化交易是股市下跌最易找到的替罪羊吗？

程序化交易肯定是股市下跌最好的替罪羊啊。它是那些亏钱者为其无效工作、低下能力找到的最好借口，可以搪塞敷衍他们的客户，可以用来自欺欺人。他们宣称程序交易者从股市投资者的口袋里抢走了钱。这真是个弥天大谎。程序化交易可以使股市运作速度加快，市场更为活跃，但不会对市场产生系统性的影响。如果程序化交易使股价涨得过高或使股价跌得太低，那是股市中价值投资者（value investor）千载难逢的好机会啊。当然，对于那些名为价值投资者，实为交易投机者的人来说，程序化交易确实不好，会抢走他们赚钱的机会。

你怎样处理发生亏损的头寸？

降低持仓，如果真的犯错，情况糟糕的话，立刻止损出场。

你有时需要离开市场，休息几天吗？

一般说来，只需离开一两天，无须一段时间停止交易。这很像棒球比赛中投手（pitcher）投球前不得不停顿至少一秒钟，然后再投球，而不是像投球前做的假动作（balking）。我所尝试做到的与此相仿，就是在下一次进场前至少停顿片刻，离开市场休息一天。

公众对于市场行为存在的最大谬误是什么？

他们认为市场一定是正确的，一定是讲道理的。

公众对于技术分析存在何种谬误？

他们相信技术面因素不如基本面因素重要。

哪位市场分析师的工作，你最为看重？

他们中的许多人都值得我关注。例如茨威格，他就很出色。

你会考虑把这些外部分析师的工作成果引入你所进行的交易中吗？

不会。在培训交易员时，我会有一个假设性的问题：假定你所知道的、关于市场的每一件事都指示你要"做多"，然后你电话告知场内经纪人，而他却对你说，我正打算做空，你该怎么办？做多、做空还是什么都不做，观望？因为交易者必须依靠自己的决策来进行交易，所以如果接受培训的学员最终无法理解做多才是正确的，那么他就不适合我们的培训项目，不会成为成功的交易员。

你为什么要管理其他人的钱，从事代客理财？你自己不是做得很好吗？

这样做有很大的一个优势：管理别人的资金能够提高潜在的收益，并且不用承担风险。十年来，人们不断地问我，是否我对所有的风险已心生厌恶，是否我认为自己已激情不再，是否我已打算收山不干。一直以来，我无法理解他们所问的这些问题。但是在这一点上我不得不承认，我懂得降低自身风险的价值所在。如果客户将资金投入，我自己投入的资金就可以很少，我自己的钱获取的收益少，但承担的风险也少。我可以用客户的资金作为补充，来提高盈利能力，而我自有资金所承担的风险仍然维持在较低的水平。这样做是相当划算的。

***

在其后的访谈中，丹尼斯在这一话题上的想法有所改变，他管理的公共基金遭受重大亏损，并且情况进一步恶化，他可能是受此影响才改变想法。丹尼斯决定逐步脱离资金管理行业，他说："我认为管理别人的钱付出要超过所得，招致的麻烦实在不值，这种付出的成本不是经济上的，而是心理上的。"接下来的内容来自第二次访谈。

我想这不会是你喜欢的话题，但我还是想问你。你所管理的公共基金在 1988 年 4 月停止了交易，那是因为它们亏损达到了 50%，从而触发了自动熔断点吗？

实际上，我们停止交易时，基金的亏损低于 49%，还没触及自动熔断点，我们就清空了所有仓位，并再次恳求基金投资人同意降低熔断点。

因为这一特殊的经历，你今后的交易操作会与以前有所不同吗？

今后我减仓的速度会比以前更快一点，但交易操作的准则还是相同的。某人对我说："你断定市况不好，那是因为你做反了，如果你反过来做，逆市场趋势建仓就能赚许多钱了，市况是真的不好吗？"我告诉那人，在那些交易中逆势建仓有违我的交易准则，这是我最不愿意做的事。因为从长期来看，这样的操作是会亏大钱的。

1987 年 10 月你在利率期货市场上做空，导致你最严重的亏损。这次交易是哪里出了错？

这次大亏很大部分是由于市场以跳空的方式跌破我所设置的止损价，使我持有的空头头寸失去保护。例如，10 月 20 日，我们正常情况下是在价格上涨

40～50点时再平掉持有的欧洲美元（Eurodollar）定期存款期货的空头头寸，但那天市场跳高240点开盘，直接跌破止损位，所以只能马上清仓出局，但190点的损失（即240点减去50点）肯定无法避免。

如果此时市场只是一时的异常，纯属例外，你还会立刻清仓吗？

肯定立刻清仓。如果你在那种情况下对止损清仓有所怀疑，心存幻想和侥幸，那你真要惹来大麻烦了。

你所遭受的如此大幅的亏损（直至管理的基金停止交易）是由于市场发生了一些变化吗？

那就很难说了。我唯一能够客观判定的因素就是市场上价格的"假突破"可能越来越多了。

在过去的5～10年里，计算机化的趋势跟踪交易系统发展迅猛，使用者渐多，你觉得目前"假突破"的蔓延流行与这有关吗？有太多的人在做同一件事，所以互相造成阻碍？

是的，这点毫无疑问。技术分析以一种错误不当、自毁前程的方式完胜基本面分析。我说"错误不当、自毁前程"是因为，虽然趋势跟踪交易系统使技术分析完胜基本面分析，但因为它导致大量"假突破"的出现，所以与此同时它也降低了技术分析的使用价值。

你认为我们可以看到趋势跟踪交易系统失效、完蛋的那一天吗？

只要人们能够轻松构想，并且易于生成趋势跟踪交易系统，那么这种系统失效、完蛋的日子就将到来。形成一套优良的交易系统只会越来越难。

考虑到这一点，你以前使用的交易方法现在依然有效吗？

实际上我相信，如果你能正确地看待问题，你能明白市场中其他许多趋势跟踪者的操作都是对你有利的。这个问题我不能说得太具体，因为如果我们是正确的，那我所说的会是相当有价值的信息，所以不能轻易透露。要想成功，你必须始终先人一步。

1987年后期，业绩出现问题前，你已着手研究这个问题了，听上去好像

是这样的。是这样吗？

在过去十年里，使用趋势跟踪交易系统已成为一种潮流，使追求时尚的人们趋之若鹜。我们对这个问题思索已久。要解决这个问题就要找到正确的交易方法，并且使其概念化，这只是一半的工作。在交易系统方面，我们想出应该问的、恰当有效的问题就用了好几年。

你最终在什么时候找到你认为满意的解决方法的？

具有讽刺意味的是，大概就在我们基金清盘的时候，我们找到了解决方法，但为时已晚。

我知道你不能说得太具体，但你解决"假突破"的方法是否包括更为关注短线，以短期操作为导向，这样你就能对"假突破"更为迅速地做出反应？

交易的秘诀在于以你所能承受的持仓时间来决定做短线还是做长线，这取决于交易方式和交易风格。绝大多数的趋势跟踪者都选择做中线。最好的交易策略要尽量避免左右摇摆、忽长忽短的折中做法。

当你谈到管理的资金远超1亿美元以及其后亏掉近50%的时候，面对如此巨大的个人亏损，你言辞间不带任何感情色彩，没有丝毫的感情流露，你真能如此平静理智地面对和处置？是否背后也藏有动容动情的一面？

我力图做到没有任何个人情感夹杂其中。把全部注意力、精力都集中在结果上，无论成败得失，产生的全部是负面作用。进行交易决策要尽可能不动个人感情，保持客观理智。

说的是，但你是怎样做到的？

你必须坚定保持自己的观点、看法和远见，不为情所惑，不为情所动。这更多与人生有关，而不仅与交易有关。此外，对我来说，为情所困意味着我对自己所做的事缺乏信心。因为我总是认为，被自己的情感牵着鼻子走，必定会被误导——交易会过于关注短期业绩的好坏，所以我竭力避免在交易决策时夹杂个人情感。

所以说你能避免情感的陷阱？

是的，在遭受亏损时我能做到这一点，反之当一切顺利、交易盈利的时候，我也不会得意扬扬，从而陷入情感的陷阱。如果一切顺利，你会感觉特别良好，那么当一切不顺利的时候，你一定会感觉特别糟糕。我不要求自己在做3年交易后就能认识到"胜不喜、败不馁"，但在做了20年交易后，要么你还是为胜败而狂喜狂悲，要么你已学会用长远的眼光来看待一时的成败。

经过20年的交易，避免情感的陷阱应该变得更容易了吧？

这并不一定哦（此时他哈哈大笑），但更易于用长远的眼光来看待一时的成败，不过每个人随着时间的推移都能平复自己的情绪，控制自己的情感。当一名交易者就好比当一名拳击手，市场时常会给你头部一记重拳。经过20年的不时重击，你会有点"眩晕"（punch-drunk）。

对于处在交易亏损期的其他交易者，你有什么好建议，可让他们保持情绪上的稳定，不会陷入情感的陷阱？

这有点像打高尔夫球，击出糟糕的一杆后，你可以把球杆随手往地上一扔，但当你要击打下一杆时，你就要低下头，双目紧盯着地上的球。

进行交易决策时，你会参考经济增长、通货膨胀以及美元走势的长期预期吗？

我头脑里对这些东西有一定的印象，但我在进行交易时，不会尝试采用这些东西作为交易的依据。因为我知道在市场交易中该如何运用统计、概率的知识，所以交易对我来说，就像掷骰子，每次掷出的结果是相互独立、互不影响的，你要在胜率略微占优的情况下才能下注。对经济的长期预期是对还是错，今后一定能见分晓，但即使所做的长期预期是正确的，而且对各种不同因素进行了权衡，我也依然坚信，长期预期的对错不会对任何单笔交易产生影响或作用。

即使你认为美元将走向崩溃，但对你基本的交易模式还是不会有影响？

我不认为会有影响，但在过去可能会有影响。在这种情况下，你所能做的最坏的事不过是失去一次盈利的机会（假定你能完全恪守"截断亏损"的交易纪律），并且如果你仔细想一下，僵化刻板的长期观点极有可能对你产生误导。例如，如果我坚信（长期来看）美元一定会走弱，并且因为这一长期观点而忽视了其他货币发出的做空信号，我会承担"错失大利润"的风险。如果我的长期观点是正确的，我所得到的回报又是什么呢？我所得到的回报是"避免小损失"。所以这样去做交易，风险回报比是完全错误的。

如果这样的警示（美元将走向崩溃）确认属实，作为长时间的市场观察者，你认为未来一年里会形成什么重要趋势？

依我看，通货膨胀率在1990年年底之前，会打破美国历史上的最高纪录。[一]

什么将是通货膨胀背后的推动力？

试图避免经济陷入深度衰退将推高通胀。当投资者为购买债务要求越来越高的实际利率时，财政预算赤字将导致经济陷入衰退。政府通过刺激经济来避免经济衰退，这招基本无效。

换句话说，害怕经济陷入衰退将会导致极为宽松的货币政策，而由极为宽松的货币政策接着又会导致通货膨胀？

我认为你说的完全正确。不幸的是，这正是执政的共和党的馊主意。不管你喜不喜欢，金融市场掌握在保守派手中。把钱借给政府和企业的人是不会用宽松的货币政策的，不会以这样的代价（撒钱的代价）来解决经济衰退问题。

你是否暗示，财政赤字问题就是一颗定时炸弹，最终将摧垮整个经济？

确实是这样，现在我们可能认为财政赤字并不是什么问题，不足为患，但并不表示财政赤字将来不会酿成大灾。可以预期，我们的生命是不会发生中断的，但是经济，当然还有金融市场，其不连续性要多于连续性，会因崩盘、垮掉而中断。

你的意思是，人们年复一年地面对财政赤字，会产生这样的想法，即"赤字问题不可能太糟糕，经济面是这么的好"。直到有一天，问题爆发，每个人才恍然大悟，如梦初醒……

这就像你住宅地基里的白蚁，平时你不会去注意，直到有一天，白蚁咬掉一大块，导致房屋倒塌时你才会发现和重视。我认为任何人都应居安思危，见微知

[一] 这次访谈是在1988年中期进行的。

著，不因表面的风光太平而放松懈怠。

假定你是总统，并且有能力进行改变，你将首先改变财政赤字吗？

那是一定的。我认为，尤为重要的一点是，首先举起"凯恩斯主义"㊀（Keynesianism）大旗的民主党人要承认，凯恩斯的理论是完美的，但在现实世界里可能是无效的。

我认为凯恩斯并不主张在经济表现强劲的时候采用赤字支出。

说的对，凯恩斯并不这样主张。他主张"财政盈余"和"财政赤字"都一定要逆经济周期而用。在经济良好的时期，采用"财政盈余"；在经济糟糕的时候，采用"财政赤字"。问题出在我们偏废了其中的一项，即在经济良好的时期，缺乏建立"财政盈余"的政治意愿。所以我们确实应当承认，"凯恩斯经济学"不过是多印钞票、过度支出、过度消费的借口。我们应当承认政府已举债成瘾，"赤字支出"的整个理念在实际运用中已支离破碎、千疮百孔。

"凯恩斯主义"在实际运用中已不是凯恩斯本人在经济学上的观点和主张了，你是这意思吗？

理论是完美的，但在现实世界里是无效的。所以我们不应采用这样的理论。此外，"凯恩斯经济学"是用来解决"过度储蓄"和"消费不足"的，它可以尽其所能让我们摆脱"大萧条"（great depression）的阴影。但现在我们面临的问题截然相反，我们面临的是"低储蓄"和"过度消费"。即使凯恩斯主义在政治上是站得住脚的，因为我们面对的问题恰好相反，我们仍然需要与之不同的解决方法。

你认为当前哪一种经济理论是切合时宜并且正确的？

我们必须要消除"赤字支出"。我们需要让财政赤字回归到正常、有序，联邦政府应当像州政府那样平衡预算。此刻，米尔顿·弗里德曼（Milton Friedman）主张的货币供应量按照固定增长率进行调节，这可能是个好主意。

你对交易新手有什么最为重要的建议？

㊀ 凯恩斯主义的一项主张就是政府要设法提高就业。

投入交易的资金要少，因为此时你要做好最坏的打算。从你所犯的错误中汲取教训。不要被交易账户净值的逐日波动所左右、误导。要关注你正在进行的交易操作是否正确，而不是关注任意单笔交易结果所具有的随机性质。

***

在丹尼斯宣布退出交易，全力投身政治后，我通过电话进行追踪，问了一些问题。接电话的是丹尼斯的助手，他把我的问题记录下来。几天后，他给我回电，捎来了丹尼斯的答复。这些问题及答复如下所示。

假设在你担任基金经理的最后一年，客户将其个人资金投入你的基金，当年你们的交易遭受巨亏（亏损近50%），因此客户当年的收益一定是糟糕的。如果某一客户，在你担任基金经理的第一年就开始投入资金，并且中途不取出资金，那么截至你担任基金经理的最后一天，该客户的收益是怎样的？

当基金关闭账户，停止交易之时（清盘），最初每1 000美元的投入将会增值到3 833美元（计算时采用的复合年收益率约为25%，如果再早一年算收益的话，当时基金净值正处于峰值，那么增值后的金额将比现在的3 833美元翻上一倍还要多）。

据说你在最后一年的交易中损失惨重，你净资产的一大部分都亏掉了。这说法属实吗，还是有所夸大？

我把在市场赚到的钱亏掉了大约10%。当然，如果从损失占我净资产的百分比角度衡量，这是很大的一个数字，因为我多年来都要进行慈善和政治捐款。

过去一年糟糕的交易业绩是促使你改变职业的原因吗？

两者毫无关联。

你确实完全不做交易了，还是仍旧做少量交易？

我现在完全不做交易了。

***

  理查德·丹尼斯是我们这个时代最富传奇色彩的商品期货交易员之一。对于他这样的交易者，你完全可以想象"他能在接近市场底部的位置建立大量多头头寸，在接近市场顶部的位置建立大量空头头寸"。然而令人吃惊的是，丹尼斯对于试图寻找重大转折点（即寻找市场底部和头部）的操作持否定看法，并不看重。据他所称，实际上这类试图寻底或寻顶的操作，如果有的话，其数量也很少，对其交易的成功几乎没有贡献。

  丹尼斯认为，"错失巨大的盈利机会"是交易者所犯最严重的错误。根据他自己的估算，他交易盈利中的95%来自5%的交易。如果错失"数量虽少，盈利机会却巨大"的交易，会对交易业绩产生很大的负面作用。由此可以做出如下推导：在金融市场上，你不能固守某一观点，不能死抱某一看法，要戒除故步自封和刻板僵化，因为你固守死抱的观点和看法可能会让你错过重大的趋势行情，会令你错失巨大的盈利机会。

  丹尼斯还提供了一条特别有用的建议，那就是：当交易犯错、遭受亏损的时候，交易者非常可能逃避现实，拒绝认错和反思，将市场和交易完全抛到脑后，不做任何思考。其实犯错、失利的时候正是全力思考市场和交易的时候，正是彻底反思过错的时候。

| 第六章 |

保罗·都铎·琼斯
积极交易的艺术

1987年10月是一个令大多数投资者震惊心碎的月份,全球股市经历了堪比1929年的崩盘。然而同样在这个月,保罗·都铎·琼斯管理的都铎期货基金取得的收益率是62%,如此出色的业绩记录令人难以置信。琼斯一直以来始终是坚持己见、不随波逐流的交易者。他的交易系统独一无二,其交易业绩对于其他资产管理者而言,无人可以匹敌。或许更为重要的是,琼斯做到了大多数人认为绝无可能实现的事:连续五年的年投资收益率百分比数都达到三位数,并且在此期间同时保持基金净资产回撤幅度极小(在这儿,我的陈述略有失实,保罗·都铎·琼斯管理的基金在1986年的收益率只有99.2%)。

琼斯在其主要从事的每个领域都干得很成功。起初他从事经纪业务,在做经纪人的第二个年头就赚得100万美元的佣金收入。1980年秋天,琼斯进入纽约棉花交易所(New York Cotton Exchange),成为独立场内交易员。在接下来的数年里他赚取了几百万美元,再次取得了辉煌的成功。可是真正令人印象深刻的并非他的盈利巨大,而是其业绩能保持连贯一致:他作为场内交易员历时三年半,其间仅有一个月遭受亏损。

1984年,琼斯又开始转行,一部分原因是他对经纪人这行已心生厌烦,另一部分原因是他怕最终嗓子失声——这是场内经纪人易患的职业病。琼斯结束了成功的经纪人生涯，开始新的冒险历程，担任资金管理人（基金经理）。他在1984年9月成立了"都铎期货基金"，该基金管理的资金达150万美元。截至1988年10月底，该基金最初每份1 000美元的投资（委托理财的资金）已增长为17 482美元，琼斯基金管理资金的总额已增长到3.3亿美元。实际上，该基金管理的资金还可以更多，但琼斯从1987年10月开始，停止接受新的委托资金，并且从那时起开始退还投资本金和收益。

如果你像琼斯一样，相信凡事都有盛衰循环，不能永远持续下去，那么琼斯再一次改变职业，急流勇退似乎是必然的事。你很难想象琼斯在某项事业达到巅峰后会一直干下去。

琼斯是个矛盾体，集截然相反的两种性格于一身。在私人的交谈中，他放松随意，但在作为交易者喊单的时候，俨然一位教官，强悍霸气。他在公众中的形象是一位傲慢自大、以自我为中心的交易者，但在一对一的私下场合，他随和从容、谦逊低调。新闻媒体通常刻意渲染他生活方式中奢华的成分，比如他在切萨皮克湾（Chesapeake Bay）的豪宅，3 000英亩①的私人野生动物自然保护区，相伴的美女和名下的高级餐厅。但同时他也把帮助穷人作为副业。

琼斯效法纽约商人尤金·郎（Eugene Lang）建立了慈善基金，资助85位小学毕业生，他们都来自布鲁克林（Brooklyn）的贫民区贝德福德－史岱文森（Bedford-Stuyvesant），直到他们完成日后的大学教育。不仅在金钱上予以援助，琼斯还每周亲自会见他所资助的学生。最近，琼斯建立了罗宾汉（Robin Hood）慈善基金，该基金的捐款已达500万美元。该基金诚如其名，把从富人那里募来的钱交到援助穷人的私人团体以及个人手中，从而援助了大量穷人。

琼斯把我们的访谈安排到下午3:15，此时除了股指期货市场还在交易，其他期货市场都已收盘。即便只有一个市场在交易，我在访谈开始时也有点担心，因为标普指数的期货合约是琼斯的主要交易品种。实际上，当我到达琼斯的办公室时，他正在交易标普期指。

---

① 1英亩≈4 046.856 422 4平方米。

琼斯通过免提电话下达交易订单，直到他下单结束，我才开始和他交谈。我向他解释，因为我不想打断他的交易，所以一直没有说话，并且我提出建议，"或许我们可以把访谈延后，等到股指期货收盘再开始。"琼斯听后回答道，"没关系的，我们现在就开始吧。"

事实上，琼斯在访谈的那个下午，不仅仅在交易标普期指，而且参与了股市上的大型突破行情，并建立了重仓。琼斯下单时的紧张程度令人联想到网球选手回击凌空球的样子。（"即使300了也要做多！快！快！快！我们建好仓了吗？快告诉我！"）然而琼斯能够在交易和我们的访谈间轻松切换。

琼斯在谈到交易方面他的第一位老师以利·特里斯时，言语中充满赞美崇敬之情。以利·特里斯是一位具有传奇色彩的棉花期货交易者。他令琼斯印象最为深刻的一个特点就是：极强的情绪控制能力，能做到铁石心肠，不为个人心绪所左右。琼斯向我回忆起以利·特里斯是如何一边和来访者彬彬有礼，轻松随意地攀谈，一边做着交易，而当以利的持仓头寸遭受巨大亏损时，他是怎样在来访者面前不露声色，连眼皮都不眨一下的。

琼斯一边随意地会见来访者，和他的员工说话以及参加访谈，一边在重仓参与标普期指的交易，这一特点和以利·特里斯的特点完全相同。访谈那天，标普期指的价格在交易最后几分钟发生了反弹，琼斯是做空期指的，因此其持仓头寸亏损超过100万美元。然而他镇定自若、旁若无事，使我当时毫无察觉，直到那天晚些时候，我查看了期指的收盘价，才知道他那天在期指上亏损超过100万美元。

第一次访谈时，安排的时间完全不够用，所以两周后我再度拜访，进行了第二次访谈。第二次访谈有两件事值得关注。第一，在我们第一次访谈时，琼斯强烈看空股市，并且重仓做空期指，然而在两次访谈的间隔期，他对股市的短期观点却转为看多。因为股市价格未能持续下跌，而且下跌的时间长度也出乎琼斯所料，所以琼斯确信股市在短期内将走高。

第二次访谈时，琼斯强调说："市场已经超卖，抛售已到尽头。"在很短的时间内观点能发生180度的大转弯，这充分表明琼斯在交易上极具灵活性，在观点上保持充分的弹性，这点也是琼斯交易成功的基础和关键。他不仅能迅速放弃自己最初的观点和立场，而且只要有证据显示他最初的预测和观点是错误的，他甚至愿意加入最初反对方的阵营。他转变观点，改变看法的时点恰到好处，非常及时。

第二次访谈中值得关注的第二件事就是，琼斯突然采用极为谨慎小心的语调和我谈起他对股市和经济的预测。他担心股市第二波重大抛售的到来，因为那会导致金融上的麦卡锡主义（McCarthyism），即"为压制反对意见而采取的不公正的调查或指控手段"。实际上，这种担忧是有历史先例可循的：20世纪30年代举行的国会议员听证会，听证委员会的成员急于找出1929年股市崩盘的罪魁祸首，于是他们把纽约证券交易所在股市崩盘中，在价格下跌时买进做多、持有多头头寸的官员统统牵扯进来，将他们作为股市崩盘的元凶（理由是他们可以趁崩盘下跌时买进股票，其实这是"莫须有"的指控）。

琼斯作为著名的投机客和经济趋势的预测者，他害怕自己容易沦为将来政府搞政治迫害、消除异己、寻找替罪羊的目标。当政府要员打电话给他询问他的交易时，琼斯会感到特别的惊恐。他向我解释惊恐的原因，"你绝对无法相信，打电话给我的人有多么位高权重。"他向我解释时的语调和声音略带疑虑，唯恐言语间泄露任何具体的东西。

虽然第二次访谈时琼斯依然保持友好的态度，但初次访谈时的率直已荡然无存，取而代之的是预先准备好的答复。例如，某个交易策略的回答会涉及抢先交易（front-running）。"抢先交易"是一种不合法的交易行为，是指经纪人把他自己的交易订单置于客户的大额交易订单前。琼斯的回答几近无聊乏味，因为他说他自己从不经手客户的交易订单，这种回答十分荒谬。这就好像一位橄榄球迷在自己的办公室下注赌球，当有人问他时，他却"否认自己收受了贿赂，没有让球队故意输球"，这种回答和琼斯那种回答都是答非所问，刻意回避。听上去好像琼斯把我们这次访谈作为发表个人正式声明的媒介，将来如果有人对琼斯的交易行为进行指控，访谈的内容也可作为国会听证会上的呈堂证供。我认为琼斯过于谨慎小心，如果他不是多疑症患者的话。但你再深思一下或更换一下思考方式，你会觉得"真正的经济危机会让所有的坏消息、不利的信息都销声匿迹、荡然无存"虽然还只是预期，但这种预期或许并不是遥不可及的，可能已触手可得。

你是何时对交易产生兴趣的？

记得我在大学时读到一篇关于理查德·丹尼斯的文章，该文令我印象深刻、感触颇深。我认为丹尼斯拥有这世上最伟大的工作（即从事交易）。那时我对交易已有一定的理解，因为我舅舅比利·杜纳万特（Billy Dunavant）是一位极其成功的棉花交易员。1976年大学毕业以后，我跑到舅舅那儿，问他是否可以帮助我成为一名交易员。他送我去见以利·特里斯。以利是一位著名的棉花交易者，居住在新奥尔良。"据我所知，以利是最出色的棉花交易者"，舅舅告诉我。我去拜见了以利·特里斯，他提供给我一个在纽约棉花交易所工作的职位。

你为什么不替你舅舅工作，反而替以利·特里斯工作呢？

因为我舅舅主要从事现金交易，从事棉花现货的买卖。我的兴趣是立马成为一名交易员。

你在纽约棉花交易所工作有多久？你在那儿的工作内容是什么？

我是交易所里的一名小职员，每个人的起步阶段都是如此。但我也做了大量的分析工作，包括观察市场以探寻市场运作背后的力量。我在纽约棉花交易所做了大约六个月的小职员，接着就返回新奥尔良，为以利·特里斯工作。

你从以利·特里斯那儿学到交易的许多东西吗？

那是当然。和以利·特里斯并肩工作让我感觉十分愉快。当整个市场的未平仓合约数量是3万份时，以利交易的头寸规模就将达到3 000份合约。而他在场外的交易量比其他任何一个棉花交易者都要多。以利·特里斯是市场中真正值得关注和景仰的人物。

以利·特里斯进行期货交易是为了进行对冲还是仅是投机？

他是纯粹的投机者。令人感到诧异的是，他通过场内经纪人执行交易订单，因此每个人对他持有何种头寸总是了如指掌。他的操作极易被他人追随和跟从。对此，以利·特里斯的态度是——"跟就跟吧，我会遥遥领先的，我会战胜他们的。"

如此说来，每个人都知道他的持仓情况？

这是肯定的。

但是这样难道不会对他造成损害？这是显而易见的事啊。

不会造成损害。

这种情况却不会造成损害是个特例吗？对你持有头寸的情况，你是否会力图保密？

我会力图保密的。但现实情况是，在交易池中待上五年或十年的人都会知道哪笔交易是我做的。他们中的每个人对我何时交易都了然于胸。我从以利·特里斯那里学到的一条就是，市场价格最终会向原来预定的方向运动，不会因为某人的持仓情况被他人知晓而改变原来的运动方向。

所以，你认为对持有头寸的情况进行保密并不重要？

我认为，力图做到持仓保密是重要的。比如，我的交易订单过去特别容易被人识别，因为我每张订单总是300份期货合约，不管做多还是做空。现在我把订单拆分，我给一个经纪人下一张116份合约的交易订单，再给另一个经纪人下一张184份合约的交易订单，这样下单者就不会被人认出。我在每一个交易所都至少有四个经纪人。

你从以利·特里斯那儿还学到哪些东西？

他的母亲是一个母夜叉，泼辣专横，他是她所有儿子中意志最为坚强、性格最为彪悍的一个。他教导我说，交易中的竞争异常激烈残酷，你必须要会抗压、抗击打，知道挨揍时该如何处理。无论你怎样砍仓止损，都会使你心潮起伏，难以平静。

这听起来像是一般性格塑造方面的教导，具体的有关交易是什么？

特里斯教会我"分步成交、逐步离场（进场）"的交易方法。当你持仓头寸的规模非常大时，你想清仓离场的话，必须在市场条件许可的情况下才能做到，并不是你想离场就能离场的。特里斯教导我，如果你建仓或清仓的头寸规模很大，不要等到市场价格创出新高或新低时再动手交易，因为如果所创的新高或新低是市场的转折点，那么这里的成交量会非常稀少，你找不到足够的对手盘来建仓或清仓。

我当场内交易员时懂得的一件事就是，如果市场过去的高点是56.80美元，那么空头在56.85美元处会有大量的止损单。如果市场上买入价是56.70美元，卖出价是56.75美元，此时整个交易所内是易于买入做多的，因为此时市场上卖出做空者众多，对手盘充裕，买入做多畅通、便利，此时买入做多者并不多。直到价格继续上涨，突破56.85美元等止损位，导致空头大量的止损盘涌出，此时就会有许多人买入做多（包括空头止损的、突破买入的）了，这是交易所内常见的交易现象。做场外交易员后，我把场内交易学到的东西和特里斯教我的"分步成交"结合起来。比如在上面这个例子中，我是做空的，我想清空空头头寸，那么在56.75美元处我会清掉一半仓位，这样我不用担心在止损点（56.85美元）被触及后是否能全部清仓，因为我已清掉了一半仓位。我总是在价格到达新高或新低前（尚未触及止损位）就清掉一半头寸，还有一半仓位留待止损位突破后再清。

你从特里斯那儿还学到哪些东西？

通过观察以利·特里斯的交易操作，我学到的一点是，即便市场看上去很好，屡创新高，但此时通常是做空的最佳时机。他灌输给我的思想是，在某种程度上，要想成为一名优秀的交易者，你必须做个逆向交易者，与大多数人的观点保持相反。

你做了成千上万笔交易，其中哪一笔交易最引人注目，最令你难忘？

是的，我做了大量的交易。令我印象深刻的当属1979年棉花期货上的那笔交易。人们可以从错误中吸取教训，从失败中（而不是成功中）学会许多东西。那时我又重新做回了经纪人，我们有许多在期货市场进行投机交易的账户，我们有400张棉花期货7月合约的多头头寸。当时该合约的市场价格在82美分（指82.82美元）到86美分（指82.86美元）之间反复震荡。每当价格接近震荡区间下沿时，我就建立多头头寸。

有一天，该合约的价格向下突破震荡区间下沿，创出新低，跌破我所设置的止损价，接着又反弹了三四十个点。我认为市场价格走势如此疲弱的原因在于价格接近一些众所周知的止损位（即重要的支撑位，比如震荡箱体的下沿，往往是众所周知的止损位），容易受到这些止损位的暗示，形成上有压力、下有支撑的盘整走势。既然众所周知的止损位现在已跌破，我认为不破不立，市场已做好反弹的准备。

那时我站在场外，我告诉我的场内经纪人在82.90美元处建立100张棉花期货7月合约的多头头寸，这在那时算是金额非常大的交易订单，确实是一种冒险行为。我的这位经纪人喊出82.90美元买入100张棉花期货7月合约，就在这时瑞富公司（Refco）的经纪人横穿交易大厅，跑到我的经纪人面前，大喊一声"卖出！"瑞富公司那时拥有大多数可用于实物交割的棉花⊖。在那一刻我意识到，他们建立7月合约的空头头寸是想在合约到期时进行实物交割，当时棉花期货7月合约比10月合约有4美分的溢价。这时我也突然明白了，7月合约在82美分（指82.82美元）和86美分（指82.86美元）之间形成的盘整区域是为价格下台阶整理做准备，确定了下一盘整区间的范围（即价格向下突破82.82美元，进入新的盘整区间，新盘整区间的范围也是4美分，从82.78美元到82.82美元）。

所以你立刻知道你错了？

我立刻看到市场价格直线下跌到78美分，那都是我的血汗钱啊，全部都将化为泡影。我持有400张棉花期货7月合约的多头头寸，并且另有100张该合约的多头头寸用以进行日内交易（day trade），这最后建仓的100张多单，看似很有男子汉的魄力，实则是莽撞之举，是不该建仓的。

因此，你马上意识到你要了结多头头寸，离场观望。

不是，我马上意识到我要建立空头头寸。

你做出那样反应的速度有多快？

几乎是同时。当瑞富公司的经纪人大喊一声"卖出"时，交易所里的每一个人都转身看我，因为他们知道我会力图买进的。站在我旁边的一个人对我说，"如果你想去厕所，那你现在就去吧。"他说我当时的脸色看起来一阵红、一阵青、一阵白，十分难看。我清楚记得，当时我转过身跑了出去，喝了一口水，接着告诉我的经纪人，尽最大可能将刚才购入的合约卖出。该合约价格在60秒内就达

⊖ 这种类型的棉花可以用于期货合约的实物交割，即交割标准品。

到了跌停板，我只卖出220张合约。

你何时清空了余下的头寸？

第二天早晨，该合约价格低开100点，我自开市铃响就开始抛售（对冲持有的多头头寸）。在价格再度封死跌停前，我只卖出大约150张合约。等到后来全部清仓完毕时，我发现最后卖出的合约，其价格比我发现出错时的价格要低足足4美分。

即使你反应相当迅速，仍旧遭受了重创。回顾过往，你觉得当时怎么做才是对的？

首先最重要的一点是，在市场上不要意气用事，不要对市场耍男子汉气概。其次，永远不要过度交易。我那时所犯的最大错误并不在于市场价格下跌，因我建仓的价格过高而导致亏损，而是在于当时我持有的合约数量相较我交易账户的净资产而言，仓位过重。单是这笔交易的损失就达到我交易账户净资产的60%～70%。

就交易风险方面而言，就是棉花期货上的那次交易使你完全改变了交易方式和交易风格？

的确是这样。那次交易使我彻底沮丧，信心全无。我对自己说，"我要离开这个行业，我觉得我无法长久干下去。"我绝望透顶，几乎就要转行不干了。

那时你在这个行当干了多少年？

大约只有三年半。

从那以后你就一直很成功吗？

只能说相对成功吧。我大部分的客户都赚到了钱（琼斯所从事的就是代客理财），而我成了我自己公司的顶梁柱和"印钞机"。

如果某人给你1万美元，由你进行交易，期限3年，那么结果会怎样？

可能翻上3倍左右吧。

所以每个长期与你同在，交由你理财的人都始终会是交易游戏的赢家？

是的，但在我交易生涯中也有严重的低谷时期，遭受过失败。那次棉花期货的交易对我来说几乎就是致命一击，当时我对自己说："你这个大傻瓜，为什么要在一笔交易上孤注一掷，承担所有的风险呢？为什么你要过自寻痛苦的生活，而不去过追寻快乐的生活呢？"

自从那次交易后，你的交易方式和风格发生根本改变了吗？

是的。现在我做交易、过日子会尽我所能做到开心和放松。如果持仓头寸的价格向不利于我的方向运动，那么我就会止损出场；如果持仓头寸的价格向有利于我的方向运动，那么我会始终持仓不动。

我猜交易开始时你不仅交易的头寸规模较小，而且交易进出的速度也较快。

交易进出的速度较快并且极具防御性，十分小心谨慎。在交易时，我总是想到亏钱的可能，而不是想着赚钱的可能。回想那笔棉花期货的交易，我预计棉花期货 7 月合约会涨到 89 美分，那么我持有的 400 张棉花期货 7 月合约的多头头寸就能赚钱，当时我想到的全部是赚钱的可能，而从未考虑我可能遭受亏损的情况。

你是否总在进场建仓前就已确定其后离场的价位？

我会在脑中设置好止损（或止盈）价，如果市场价格触及止损（或止盈）价格，我无论怎样都会清仓离场。

在单笔交易中，你愿承担的最大风险是多少？

我不会从单笔交易的角度考虑风险。我所做的全部交易都是相互关联、密不可分的。我根据每天早晨我账户的净资产来审视和评判风险。我的目标是：每天交易结束时，账户的净资产要高于当日开始交易时的净资产。我不会在第二天的早晨跑进来说，"我在 264 点做空标普期指，而昨天标普期指收盘价是 257 点，所以我可以高枕无忧，承受期指价格的反弹。"我总是根据前一晚的收盘价来考虑和评判风险，而不是从我建仓价的角度来考虑风险。

风险控制是交易中最为重要的事情。比如，截至当前，本月我的账户净资产已下跌 6.5%，那么在本月剩下的日子里我会把"账户净资产下跌 3.5%"作为我的止损点。我想确保任何一个月的亏损不会达到两位数（百分数的两位，即介于 10%～99%，该月已亏 6.5%，再设置 3.5% 的止损，则该月亏损不会超过 10%）。

你的交易方式中有逆向交易的一面，力图在价格转折点进行逆向的做多和做空。也就是说，你会在市场价格创下新高时试图寻找市场的顶部，并且在你认为的顶部处做空，做空的同时设置距离建仓价较近的止损点。如果寻顶失败，价格不跌反涨，涨过止损价，你就止损离场。从单笔交易角度而言，你尝试寻找价格转折点要失败多少次才会最终放弃？

基本上要等我改变最初的想法才会放弃（即与交易的失利并无关系）。除此以外，当交易遭遇亏损时，我会持续减仓。当我交易糟糕时，我也会持续降低头寸规模。用这样的方法可以做到在我交易最糟糕的时候，交易的头寸规模将是最小的。

你赖以生存的交易法则是什么？

不要摊平亏损。交易糟糕、亏损的时候，减少交易量；交易顺手、盈利的时候，增加交易量。在你心中无底、缺乏方向的时候，永远不要交易。比如，我不会在重要报告发布前就在交易中投入大量资金，因为这样做的话，不是在交易，而是在赌博。

如果你持有的头寸发生了亏损，令你忧心忡忡、心神不安，解决的方法很简单，就是斩仓离场，因为只要你有资金，总有重新进场交易的机会。重新开始新的一笔交易比其他所有一切都要好。

对建仓价格不用太关注、不必太忧虑。唯一具有意义、需要关注的问题是你所建的是多头头寸还是空头头寸，你是做多还是做空。要总把前一交易日的收盘价当作你进场建仓的价格。我总能通过对方的提问来识别提问者是否是交易新手，原因在于，交易新手一般会先问我"你是空头还是多头？"我是多头还是空头与提问者是做多还是做空、看多还是看空其实毫无关系、绝无影响（此问纯属多余）。（假定我回答他，我是多头）接下来交易新手通常会问："你从什么价位开始建仓做多？"市场上没有人会关心我是在哪个价位做多的，这与我建仓做多时的市场是处于多头市场还是处于空头市场没有丝毫联系，这个问题也与我建立多头头寸时风险与回报间的关系没有关联。

最重要的交易准则是，交易制胜的关键在于第一流的出色防守，而非第一流的出色进攻。对于持有的每一个头寸，我每天都会假设其是错误的，知道控制风险的止损点将设在哪里。据此操作，我就能确定自己所能承担的最大风险，可能遭受的最大损失。还好幸运的是，我持有的头寸大都向有利于我的方向运动，我可以在一天中其他的时间里享受盈利带来的喜悦。如果我持有的有些头寸向不利于我的方向运动，我会按照交易计划止损出局。

在交易中，不要做英雄，逞一时之勇，图一时之快；不要以自我为中心，不要过于自负，要能达到"无我"之境。要能自我反省，叩问自己，审视自己所具有的能力。不要觉得老子天下第一。要明白，交易市场中，你慢人一步，输人一筹，你就死定了。

杰西·利弗莫尔，这位独步古今的伟大投机者，据报道曾说过这么一段话：从长期来看，你无法通过交易战胜市场。这句话对所有初入交易行业的人，比如当时的我，都是当头棒喝，犹如当头一盆凉水，浇灭所有交易新手的痴心妄想。你无法战胜市场的看法，其展示的前景令人生畏，这就是为什么我的交易指导理念是"交易成功是靠第一流的出色防守"。如果你取得一笔交易的成功，不要由此认为自己具有某些神奇的预见能力，不要就此把自己当先知。要始终怀有信心，但不要妄自尊大，要不断反躬自省，审视自己。

多年来你一直很成功，你现在是否比从前更具有信心？

我现在要比以前任何一个时候都要谨慎小心、诚惶诚恐，因为我已认识到交易这行的成功是多么的短暂，转瞬即逝。我深知要想在这行取得成功，你就必须战战兢兢，始终如履薄冰。在我交易大胜之后，开始自以为是的时候，随之而来的便是当头一棒，通常我会遭受个人交易历史上最大的亏损。

令我印象深刻的是，你常常能在接近市场转折点的地方采取行动。有时你的精准程度令人称奇。什么样的决策过程能使你如此精准地把握市场价格的转折点？

我对所有市场的长期趋势都了然于胸，但对市场超短期的走势判断却会让我痛苦。因此常常发生的情况是，当某个市场在数周内持续走低时，我对该市场的长期趋势是看多的，所以我会进场反复做多，不断试错。

你是否就是不断尝试直到最终捕捉到市场的转折点？

确实如此。我基本上把自己视为市场中的"机会主义者"。这就是说，我面对市场会萌发某个交易想法，在风险极低的情况下我会不断尝试、实践这个交易想法，直到这一交易想法被市场反复证明是错误的或者直到我自己改变这个交易想法。

换句话讲，说"保罗·琼斯在高于最低价两个刻度（最小交易单位）的地方做多长期国债期货"要比说"保罗·琼斯在他第五次尝试做多的时候，在高于最低价两个刻度（最小交易单位）的地方做多长期国债期货"更具故事性，更具传奇色彩和吸引力。

我认为，这只是全部事实中的一部分。另一部分是，我一直是波段交易者（swing trader），这就表示，我相信最好赚钱的时刻就是在市场价格发生转折的时候。每个人都说试图寻顶抄底的人会完蛋，你要抓住价格趋势运动的中段来赚所有的钱，即所谓"吃鱼要吃中段"。12年来，我通常会错过中段的肉，但我捕捉到许多底部和顶部，靠这个我赚到了钱，吃到了肉。

如果你是进行趋势跟踪的交易者，试图抓到价格趋势运动中间一段的利润，那么你进场建仓后所设置的止损点距离你建仓价的距离必须远点，这样才不会轻易止损出局。这种设置止损的做法，我会感到不舒服，并不是我喜欢的（所以琼斯尝试在价格转折点进场建仓，并设置距离建仓价较近的止损点，即采用窄止损）。另外，市场价格仅在15%的时间里呈现趋势运动，其余时间里，市场价格做无趋势运动，来回震荡，不具明显的方向性。

公众对交易市场所产生的最大错觉是什么？

公众产生的最大错觉就是，市场能够被操纵。他们认为华尔街有一些集团可以操控市场上的价格运动。我能够跑到任何一个交易市场，人为制造点价格波动，这种人为制造的价格波动能持续一两天，或许达到一周。比如我跑到市场吹点暖风，放点利多的消息，如果恰逢其时，此时市场正好开始上涨，那我就能创建牛市的幻影，人为推高市场价格，但是如果市场并不是真正的强势，并非牛市的开启，其次我又不能持续不断地买入以推高价格，那么市场价格就无法持续上涨，将会步入下跌。打个比方，你把萨克斯第五大道（Saks Fifth Avenue）夏季男装部开到阿拉斯加州的安克雷奇市，除非有人想在常年冰天雪地的地方买夏装，否则你必将破产。

大众对于交易市场还有哪些错觉和误解？

人们以为华尔街的人手眼通天，对市场了如指掌，对华尔街的观点迷信盲从。我母亲就是典型的例子。她收看《华尔街一周》（一档华尔街人士参与的电视节目），把华尔街人士说的每句话每个字都牢记在心，言听计从，有着宗教信仰般的虔诚和狂热。我敢打赌，你或许就比《华尔街一周》中的那些人强，可以令他们失色。

据我所知，你和来自各主要市场的交易者几乎每天都有交流。如果你们在观点和意见上出现分歧，站在别人的对立面，你会觉得忧虑不安吗？

我会忧虑不安的。有谁希望和赢家对赌，和高手对战呢？因为我总是和交易成绩最好的交易者进行交流和沟通，所以我希望能和他们达成共识、保持一致，否则我会有所不安。

别人所有的观点都可能干扰你自己的观点，你是如何避免的？也就是说，你看空某个市场，但与你交流的人中，有75%的人对该市场都是看多的，此时你会怎么做？

我会等待。我给你举一个极好的例子。直到上周三，我对原油期货一直是看空的，而与此同时原油期货的价格却在上涨中，一直涨了2美元。我所知道的最好的原油期货交易员在此期间一直看多原油期货。因为他是看多的，所以我绝不做空。接着原油期货市场停止了上涨的步伐，如果其后某天这位交易员说，"我认为原油期货价格在这里将要进行盘整"，我知道做空的机会来了，特别是来自石油输出国组织（OPEC）的利多消息恰在此时兑现，此时做空原油期货的风险很低。于是我全力做空原油期货，结果证明这是一笔出色、成功的伟大交易。

有你关注的市场顾问吗？

马丁·茨威格和爱德华·戴维斯（Ned Davis，Ned 是爱德华的昵称）都很好。鲍勃·普莱切特（Bob Prechter）是其中首屈一指的人物，因为他是市场上最好的"机会主义者"。

你所说的"机会主义者"是什么意思？

普莱切特成功的原因在于，他成功运用艾略特波浪理论（Elliott wave theory）来捕捉风险／收益比极为有利的交易机会（此即"机会主义者"称号的由来），其成功率之高令人难以置信。基于同样的原因，我的成功交易有许多也要归功于艾略特波浪理论的方法。

你觉得哪位市场顾问被低估了？

我认为是爱德华·戴维斯。我见到过的顾问中，对股市研究最出色的非他莫属，虽然他并不广为人知。我认为他应该得到更多的认可和赞许，目前他是被低估的。

你认为哪位市场顾问被高估了？

这个我不便于评判。除非你位列其中，我可以评判你。

极少有交易者能取得像你这样高的成就，是什么让你与众不同、出类拔萃的？

我认为自己的强项之一就是能从历史的角度观察今天所发生的一切。我对三秒钟以前在市场中所犯的交易错误真的不会介意，但如果下次我犯了同样的交易错误，我会耿耿于怀。我力图避免将任何感情与市场交易相联系，交易时绝对不会感情用事。我已对市场做出的有记录可查的文字或声音评论不会影响我之后在交易上的观点和决策。

"对持有的头寸不要忠心耿耿"，这是你重要的交易准则吧？

这点很重要，因为它能让你以宽阔的视野、多种视角来理解和研判什么是客观真相，市场上真正发生的事是什么。你对市场未来动向进行预测的时候，做到这点，你就能保持完全的清醒和公正，从而做出正确的预测。

当你管理的资金大幅增长，要想保持盈利能力的始终不变，是不是很困

难的事？

是的，会变得极其困难。

如果你管理、交易资金的规模再小点的话，你取得的收益率将会更高吗？

那是当然，这点毫无疑问。

一方面，管理资金的规模增长会对交易绩效有所损害，另一方面，管理资金、交易盈利后你可以提取管理费，两者对你而言，孰轻孰重？你是否问过这么一个问题？

我每天都在考虑这个问题，但还没有答案。等你这本书出版的时候，看看情况的发展，到时再来谈这个问题吧，这会很有趣。

你是否已经停止接受新的委托你进行管理、交易的资金？

是的，早就停了。

你同时做过经纪人和资金管理者（基金经理），这两种职业的相对优势和相对劣势是什么，你能否比较一下？

我不干经纪人这个行当是因为，做经纪人会面临很大的利益冲突。当你赚取客户的佣金，而客户在亏损输钱时，此时你不会守责。我进入资金管理业、从事代客理财，那是因为如果我输钱了，我能说我不会忘记转亏为盈。实际上，我肩上的负担可能相当重，维持基金日常运作的费用能超过布朗克斯区动物园（Bronx Zoo）的日常费用。我永远不用向任何人致歉，因为如果我交易不赚钱的话，我也就不能提成。

你是否把你自己的钱也投入你所管理的基金？

我把个人净资产的 50% 投入我自己管理的基金，主要是因为我认为那是世界上最为安全的资金存放处。我确信自己可以做到谨慎小心、安全稳妥，我所投入的自有资金可以安全取回并可增值。

1987 年 10 月的股市大崩盘中你表现得异常出色，而对其他许多交易者来说，那个月却是大难临头。你可否详述当时的一些细节？

1987 年 10 月那场历时一周的股市崩盘是我一生中最为振奋鼓舞的时刻。

从 1986 年中期我们就已预见主要股票市场（纽交所及纳斯达克市场）将发生崩溃，另外由于对当时的金融危机有所预见，我们又制定了临时应急的规划。当 1987 年 10 月 19 日（周一）到来之际，我们知道市场将崩盘。

是什么让你确信股市将会崩盘？

因为股市崩盘（1987 年 10 月 19 日周一）前的周五（即 1987 年 10 月 16 日），成交量发生了萎缩。同样的情形也发生在 1929 年的股市崩盘中，1929 年股市崩盘前的两天成交量也发生了同样的萎缩。我们根据 1929 年崩盘的情况建立了模拟模型（analog model），该模型能够很好地把握股市崩盘的情况（保罗·琼斯的这套模拟模型是由他的研究部主任彼得·鲍里什研发的，该模型将 20 世纪 80 年代的股市和 20 世纪 20 年代的股市相互叠加，进行比较，发现两者具有很显著的相关性，极为类似。该模型是琼斯在 1987 年进行股指期货交易时的重要工具）。财政部长贝克在崩盘前的那个周末发表了声明，表示因为与西德方面发生争论、产生分歧，所以美国将不再支持美元走强，这对股市而言是致命的一击。

你在什么时候了结空头头寸？

我们在崩盘当天（1987 年 10 月 19 日）收盘的时候了结所建的空头头寸，并且建立了稍许多头头寸。

你在 1987 年 10 月所赚的大部分利润都是来自股指期货上的做空吗？

并非如此。我们在国债期货上获利极多，大部分的利润都是来自那里。股市崩盘那天我们在国债期货上持有的头寸规模是我们有史以来最大的。10 月 19 日国债期货市场表现得并不强，并未显露多头市场的端倪。那天，我非常牵挂股市崩盘中客户资产以及我们自己资产的安全问题。我们在华尔街有数家经纪公司，我认为那些机构在股市崩盘中遭受了损失，这对我而言，是无法忍受的事。

那时我一直在想，美联储会如何应对当前的情况呢？我认为美联储不得不立刻释放大量的流动性，以此来营造良好的市场环境。然而由于国债期货市场价格一整天的表现并不好，价格并未走强，所以我不敢扣动扳机，打响做多国债期货的第一枪。当国债期货的交易进入最后半小时时，价格突然开始转身向上，价格表现与我"认为美联储将要采取行动，从而促使国债期货价格大幅飙升"的想法完全相符。当看到国债期货的价格表现与我所料相符，我欣喜若狂，立刻建仓做多。

1987年10月的股市崩盘是其后许多糟糕时期的预警信号吗？你是怎么认为的？

我认为，金融领域（特别是华尔街）在10月19日的股市崩盘中受到致命一击，而他们虽然深感震惊，但并未认识到问题的严峻。记得有一次我被一艘船撞到，我的背部被轮船的螺旋推进器弄得血肉横飞。我首先想到的是，"唉，我要去缝合伤口了，星期日下午的休息时间要报废了。"由于当时我处于震惊之中，没有意识到背部切开的伤口有多么严重，直到看到我身边几位朋友的脸色，我才意识到问题的严重性。

任何东西毁灭一百次的速度要快于建成一次的速度。十年建成的东西能在一日内灰飞烟灭。如果经济的起步和发展要靠财政赤字、扩大信贷以及种种杠杆来支持（即指当时的美国经济），那么这样的经济会迅速衰退、恶化，其瓦解速度之快远超人们的预想。我不愿相信我们的经济就是这样的，但凭我的直觉，我的想法将变为现实，这样的经济将走向崩溃。

我研究历史后发现，信贷最终将扼杀良好的社会。我们出门基本都带美国运通（信用）卡（American Express Card）并认为我们将拥有美好时光。里根总统向我们做出保证，在其任内通过借贷手段能使经济走向繁荣。我们因借贷而透支了未来，因此不久之后我们必将还债，为此付出应有的代价。

你把当前的糟糕情况都归咎于"里根经济学"（Reaganomics）吗？

我认为，从国家角度而言，里根总统让我们每一个美国公民感觉良好，深感自豪，这点非常好。但从经济角度而言，他是我们遇到的最大的灾星。我认为，他根本在欺骗我们，他答应削减赤字，但接着就创出美国历史上最大的、近乎疯狂的支出数字。我认为即便民主党上台执政也无法摆脱这种局面，因为财政赤字已高达1 500亿~1 800亿美元，每一个人对此都应非常警觉。

在我们陷入深度衰退或是萧条前，能解决当前问题的良方，你是否能

找到？

当前的经济形势确实令我惊恐万分，我找不到解决当前困境的良方。或许有一种宏观经济的力量正在发挥作用，把我们推向经济衰退，这种力量是超级、大型经济周期的一部分，我们无力加以调控。或许我们所面对的这种经济周期在历史上也曾出现过，当时大多数的先进文明国家也深陷其中，深受其害，比如罗马帝国、16世纪的西班牙人、18世纪的法国人或19世纪的英国人。我认为，我们将步入一个充满痛苦的时期。我们将重新学习金融法则、金融规律的全部内容。

你完全采用系统交易？

我们测试世上每一种交易系统，惊喜激动地找到了一套实际运行良好的交易系统。这是非常棒的一套交易系统，但关于这套系统，我不能向你透露过多，其中原因不言自明，大家都懂的（这属于商业机密，是交易中最为核心、保密的部分）。

该交易系统可归于哪种类型，逆向交易，还是趋势跟踪？

属于趋势跟踪。交易系统能发挥作用的基本前提是，市场价格大幅运动时，交易系统能及时发出指示信号。如果市场在窄幅波动后突然扩大价格波动的范围，朝某一方向大幅运动，若不采用交易系统，只凭交易者的主观判断，以人的天性，可能会忽视、错过这样的价格异动。如果你采用趋势跟踪交易系统，当市场价格开始大幅运动时，交易系统就会向你发出非常明确、清晰的指示信号，让你知道市场价格已准备向大幅运动的方向做趋势性运动。

你的基金现在是部分采用该交易系统进行交易吗？

我们大约在六个月前刚启用该交易系统，迄今为止使用良好，效果相当不错。

你认为出色的交易系统能否匹敌出色的交易者？

因为好的交易系统具有无尽、强大的计算能力，有计算机作为后盾，所以相较出色的交易者，优良的交易系统能在更多的交易市场上有效运作。毕竟每一个交易决策就是人类或非人工计算机解决问题的"产物"。然而由于确定市场中各要素相互作用和改变市场研究模型具有的复杂性，出色的交易者通常能够比出色的交易系统做得更好。

但是，出色的交易系统有助于交易的分散化、多样化。

这点是明确无疑的。一套出色的交易系统能捕捉到价格的运动，其捕捉到的数量是我所能捕捉数量的 10 倍。市场价格有 15% 的时间是处于趋势运动的主要阶段，此时价格运动的趋势性显著。

＊＊＊

初次访谈结束后，过了两周我们又进行了第二次访谈，具体内容如下。在两次访谈的间歇期，琼斯改变了对股市看空的倾向，由空翻多。

两周前你还是大空头，对股市非常看空，是什么让你发生改变，由空转多的？

《华尔街日报》上有一篇文章，该文章向世人宣告我做空 2 000 份标普期指的合约，你说我看空不是指这篇文章吧，是指初次访谈时我的看法吧？那次访谈后，市场并未如我所料展开下跌。我首先要做的就是聆听市场自身的声音，即仔细观察和分析市场的价格走势。我总是认为，价格会先于基本面做出反应。

如果你的判断是正确的，市场价格就应该下跌，而实际上市场价格并未下跌，你是这个意思吗？

我从特里斯那儿学到的一点就是，交易中时间因素很重要。在交易时，我不仅使用价格止损，也使用时间止损。如果我认为市场价格将会突破，但到了时间止损的期限价格并未突破，那么即便亏损，我通常也会平仓出场。根据模拟 1929 年股市崩盘所设计出来的分析模型，当前市场应该下跌，但实际上市场却并未下跌。这是过去三年来我们的分析模型首次出现的严重偏差。我认为经济的好转、强势将延缓市场的下跌。

我认为我们的分析模型出现判断偏差的一个原因在于，现在与 1929 年相比，获得信贷更为容易。买一辆沃尔沃汽车可以获得 120 个月的购车贷款。谁能拥有一辆汽车长达 10 年？购车贷款、分期付款的期限就能长达 10 年！想一想就明白了！12年前，车贷的平均期限是24个月，而现在车贷的平均期限是55个月。我认为，虽然易于取得的信贷延缓了股市下跌的节奏（相对以现金支付为主的20世纪20年代），但今天股市的结局和20世纪20年代股市的结局是殊途同归的。

在今天访谈前你最初的一些评论听起来好像成功让你变得有点谨慎多疑。

如果不幸、悲惨的情况在我们这个国家进一步加深，那么将会形成这样一种错误的感觉：因为我们作为交易公司具有某些特别的知识，所以我们能交易得好，而我们交易得好，其他人就要受到伤害。我们交易得成功不是因为我们拥有别人所不具有的某些知识，而是因为我们能做好自己的交易功课。人们只是不愿相信"任何人都能通过自身的努力从芸芸众生中脱颖而出，做到出类拔萃"。

和我采访的其他交易者相类似，你也招收了一批学员，力图将他们培训成交易员，你这样做的动机是什么呢？

在我21岁的时候，有个人曾对我照顾有加，悉心培育，这件事对我影响巨大。我觉得我有义务去做同样的事，去栽培、扶持他人。

你怎样寻找培训对象？

通过无数次的面试。申请培训者络绎不绝，弄得我们应接不暇。

通过培训后，有多少人成了交易员，并被你们公司录用？

大约35个人。

他们后来都很成功吗？

其中一些人干得很好，但总体来看，成败参半。

有人成功、有人失败的原因是在于成功的交易者需要天分，对于这种说法，你认同吗？

过去我对这种说法并不认同，但现在我开始相信了。我的弱点之一就是为人可能过于乐观，特别对他人获得成功的能力会过于乐观而有所高估。

你是否有"承诺资助贫困地区孩子接受教育"的梦想计划，这个梦想可能是受《60分钟》节目中尤金·郎（Eugene Lang）那期节目的启迪和激发？

确实受到他节目的启迪和激发。收看那期节目后，过了一周时间，我跑去见尤金·郎，通过交谈，我们决定在三个月内建立自己的援助项目。我对"杠杆"的效应深信不疑。这件事最令我兴奋不已的就是它具有扩散、传递的效应，如同动用杠杆能够以小博大一样。通过援助一个孩子，你对他的家庭和其他孩子都会产生影响、发生作用。

最近我们又建立了一个新项目，该项目建立了一个慈善基金，其名字叫"罗宾汉慈善基金会"（Robin Hood Foundation）。我们寻找那些工作在第一线，为贫困人群提供食品和收容场所的人，我们寻找那些过去一直从事慈善事业，但实际上根本没有专款的人，我们为上述这些人提供资金，而不是为相关行政机构提供资金，因为这些机构都是官僚作风，通常不能有效地运用慈善资金。

进行慈善援助已成为你生活的重要部分？

要我说的话，确实如此。交易市场对我如此恩宠有加，使我觉得应该投桃报李，做点事情予以回报。我不能说"我做得比别人好，因此我取得了成功"，我只能说蒙上帝的恩赐和庇护，我生逢其时，生逢其地，我觉得分享我的成功是一项巨大的责任和义务，我责无旁贷。

盈利的喜悦和亏损的痛苦是否同样强烈？

没有什么事比糟糕的交易更坏的了。糟糕的交易会令你情绪低落、垂头丧气。但是如果我知道因为我至少一息尚存，将来同样也有机会收获盈利的喜悦，我就会把交易成功和失败的两个时刻混为一体，视一时的胜败为交易的常事。交易能让你对人生和生命产生令人难以置信的强烈体会与感悟。从情绪角度来说，交易让你永远活在两个极端：不是大喜，就是大悲。

对于普通交易者，你有什么重要建议吗？

不要把注意力集中在赚他人钱上，而要专注于保护自己的钱。

你仍然会沿着交易这条路继续走下去吗，继续走上 10 年或 15 年？

我别无选择，只有沿着交易这条路一直走下去。

***

保罗·都铎·琼斯自其交易生涯起步以来就一直是赢家，但他早年的业绩不够稳定，起伏很大。一次惨痛的交易经历令他将风险控制的重要性永远铭记于心。自从历经 1979 年那场令人肝肠寸断、痛不欲生的棉花期货交易后，琼斯始终设法做到在保持出色净盈利水平的同时，力图控制和降低交易所面临的风险。

如今，风险控制是琼斯交易方法和成功交易的关键要素。他从不考虑某笔交易可能赚多少，而只是考虑该笔交易他可能亏多少。在他脑海中总是以市价计算其持有头寸的规模。无论某笔头寸的账面盈利有多么巨大，在琼斯心中，该笔头寸的进场价格就是该品种前一交易日的收盘价（即逐日评估自己持有头寸的市场表现）。由于这种逐日跟踪的方法可以确保交易时不会出现懈怠和放松，琼斯从不会对他持有的任何头寸感到沾沾自喜从而疏于关注。他不仅关注每笔持仓头寸的风险，而且密切监控整个持仓组合的实时表现。如果在某一交易时期，他交易账户的净资产总值下跌了 1~2 个百分点，他会立刻清空所有的持仓头寸，做到完全空仓从而截断风险。"清仓后重新进场建仓总要比清仓离场更容易"，琼斯如是说。

如果琼斯的交易状况开始变糟，他就会不断降低持仓头寸的规模和交易的规模，直到交易状态恢复，重返交易的正道。以这种方式来进行资金、仓位的管理，琼斯交易状况最糟糕的时候，必定是他交易规模最小的时候。在任何一个交易净亏损的月份，琼斯会自动降低持仓头寸的风险暴露（即降低持仓头寸的规模，从而降低承担的风险），这样就能确保不会在单个月份遭受两位数（指百分数的两位）的亏损。在大赚之后，琼斯异常警醒，避免过分自信、骄傲自大的产生。

简而言之，琼斯保持采用多种不同的方法对风险进行控制。正如他所言，"成功交易的关键在于第一流的出色防守，而不在于第一流的出色进攻。"

|第七章|

盖瑞·贝弗德
皮奥里亚的长期国债期货交易者

BLH被视为期货市场，特别是世界最大的期货交易市场——美国长期国债期货交易市场里最大的玩家之一，我闻其大名已久。我以为BLH作为大型的交易商，不过是搜寻、网罗了举国的交易高手，但后来我发现BLH基本上就只有一个人在进行交易，此人就是盖瑞·贝弗德。

谁是盖瑞·贝弗德？他哪来的资金，可以让他在长期国债期货市场上成为呼风唤雨的主力，能以一己之力匹敌华尔街的主要金融机构？25年前，贝弗德怀揣仅有的1 000美元，开始了交易生涯。起初，他的交易本金相当有限，所以只能交易单张的玉米期货合约。当时农产品处于不景气时期，价格较低，所以玉米期货合约是所需交易金额最少的品种之一。贝弗德最终通过交易将账户上的金额从极少变为多得惊人。

他是怎样做到的呢？贝弗德不相信分散交易的做法。他的交易哲学就是，你要选定并专攻某一领域，成为该领域的专家。在贝弗德交易生涯中，大多数时间都是集中精力，重点关注大豆以及相关谷物市场的品种。

虽然一开始贝弗德就想做全职交易者，但当时他本金甚少，使其只能在业余时间从事交易。在早年的那段日子里，贝弗德通过经营一家小型的经纪人事务所来谋生。当时他所面临的问题是，他作为一个没有任何独立资金的交易者，如何才能赚到足够多的本金，从而成为一名职业交易者？想使交易本金迅速飞跃的强烈愿望促使贝弗德敢于在交易中冒很大的风险，但绝不是那种不理智的、轻率鲁莽的冒险。

截至1965年，贝弗德历经千辛万苦，通过交易将最初1 000美元的本金做到了10 000美元。根据他对大豆市场所做的基本面评估，加之托马斯·希罗尼穆斯（Thomas Hieronymus）与他一致的看法，贝弗德强烈认为大豆期货的价格将会走高。希罗尼穆斯是贝弗德以前学校里的农业经济学教授。在这场孤注一掷的交易中，贝弗德买进12张大豆期货合约，他10 000美元的账户全部投入杠杆极高的交易。只要大豆期货合约的价格下跌10美分，他就可能爆仓。这种杠杆极高的交易，相当小的价格下跌就足以让你因为无力追缴保证金而被强制平仓。价格起初是走低的，让贝弗德非常接近"无力追缴保证金而被强制平仓"的危险境地。但贝弗德坚持住了，大豆期货的价格最终反身向上。到他清仓了结的时候，在这一单笔交易中他的账户净资产就已翻倍。这次大豆期货交易的成功，使贝弗德离梦寐以求的职业交易者目标又近了一步。

贝弗德不断发展壮大他的账户规模，在交易中他始终保持正确无误。截至20世纪80年代早期，贝弗德在大豆期货上的持仓规模已达政府规定的投机交易持仓规模的上限，另外谷物期货市场也开始有了持仓规模的限制，从而产生了交易障碍。此外，1983年贝弗德在大豆期货市场上有一笔特别糟糕的交易，在这笔失败交易的推波助澜下，贝弗德开始把交易的重心转向长期国债期货市场，在那里没有持仓规模的限制。⊖

1983年大豆期货的亏损由坏事变好事，并且成为贝弗德最好的一件事，因为这次亏损使贝弗德把交易的重心转向了长期国债期货，与此同时长期国债期货市场正在形成大底。贝弗德在长期国债期货上非常看多，并在恰当的时候建立了巨

⊖ 虽然最终长期国债期货市场也有了持仓规模的限制，对交易也产生了阻碍，但其最大持仓规模为10 000张期货合约，而大豆期货市场的最大持仓规模为600张期货合约，两者相比的话，真是小巫见大巫，长期国债期货市场的阻碍和限制要小很多。

大的多头头寸。当长期国债期货的价格在 1984 年中期到 1986 年早期向上井喷的时候，贝弗德持有的多头头寸完美攫取和积累了巨大的利润。他重仓追随价格长期趋势的能力使他能够在完美择时的交易上再运用交易杠杆，正因为这样，与初始持仓规模相同的其他大多数职业交易者相比，贝弗德赚取的利润要多得多。在长期国债期货上做多是贝弗德最出色的交易，通过该交易贝弗德的资金规模迅速再上一个台阶。简而言之，这段经历就是，一个只能交易"一手"的玉米期货交易者是怎样逐步变成能与一流机构相提并论的长期国债期货交易者的。

贝弗德是一个交易规模巨大并在交易中使用高杠杆的期货交易者，这一公众形象根深蒂固，令人始终牢记。几乎不会有人期望在皮奥里亚（Peoria，美国伊利诺伊州中部偏西北的一城市）这样的小城市能找到世界上最大的国债期货交易者。贝弗德深深依恋他的家乡，以至于他拒绝成为芝加哥期货交易所的场内交易员，因为他不愿离开家乡皮奥里亚以及放弃他所钟爱的生活方式。他是典型的美国小城镇居民：诚实，勤奋，热爱家庭和社会。贝弗德的主要目标之一就是，将其交易所得的一部分投入有助于家乡发展的项目，以此回馈家乡。

我在贝弗德宽大、布置舒适的办公室中对他进行了访谈。巨大、环绕式办公桌的两侧摆放着十台用来看报价的显示屏。尽管有着一大列的电子设备（显示屏），贝弗德对于看报价还是很有节制的。我在其办公室的那个下午，他很少看显示屏上的报价。尽管那时看报价用的显示屏环列两侧，我也难以看到他有紧盯屏幕、狂热交易的时候。

贝弗德是一个说话轻声细语而又沉默少言的人。他也非常谦逊，谈到他个人成就时，他始终犹豫不决，支支吾吾，唯恐别人听后觉得他是在自吹自擂。他极为传统保守的天性使他刻意回避掉许多似乎并无危害的话题。例如，在回答某年遭受交易净亏损的原因前，他要求我把录音机关掉，回答的内容竟然需要如此谨慎小心、预防外泄，他会说些什么，我难以预料。结果表明，这段不做录音的答复毫不令人惊讶，非常普通，他那年的交易亏损主要是由于他在交易以外的事情上付出的时间和精力太多，比如他是芝加哥交易委员会董事局的主席，担任这一职务需要他经常赶往芝加哥。他显然不想把交易失利归咎于他在其他方面所承担的职责，他认为自己应对交易的失利负全责，因为他视交易为其天职之一，所以对交易失利的外因不愿多谈。

贝弗德说话言简意赅，惜字如金，为人谦逊，生性传统保守，所有这些集合在一起，令我对他的访谈困难重重。实际上，按平均长度来算，这是唯一一次我提问长度超过被访者回答长度的访谈。我曾想把这次访谈从本书中删除，因为当时我有了新的访谈对象，得到了新的访谈内容。然而我认为贝弗德的经历令人信服，引人入胜，其性格独立、鲜明强势，以至于我不愿删除这篇访谈，用新的访谈替代。我采用折中的做法，增加了本章叙述、介绍部分的内容，压缩访谈部分的内容，以摘录的形式使访谈的答多于问。

你分析市场、进行交易的基本方法是什么？

通常，我力图倚仗基本面分析来进行交易。然而由于我发现很难正确把握基本面分析所有的要素——通常你能正确把握基本面要素的80%，已经是很出色的分析了——我认为如果我的基本面分析有误，需要有某些东西对此做出反馈，对我进行提示，这点至关重要。

我猜想你是把技术分析作为基本面分析的补充。

你说对了。我形成了自己的趋势跟踪系统（trend-following system），用来进行交易。

你在任何情况下都始终采用这一交易系统进行交易吗？

我基本采用这一交易系统来支持交易，由它来告知我何时应该清仓离场。

你能否想到一个运用的实例？

1988年年初，我主要做多债券市场，主要出于对经济走弱的研判。一切看来尽在我的掌握中，直到3月初债券市场风云突变，转涨为跌。等到价格下跌到一定的程度时，你不得不承认你已经犯错。在此例中，我的交易系统发出信号让我及时清空亏损的头寸，为止损离场提供了信号和依据。

那笔交易到底是哪里出错了？

主要错误在于，经济比我预想的要强得多。当时我认为1987年10月的股市崩盘所产生的恐慌会后患无穷，可积极情况比我认为的要好。

你对趋势跟踪系统的看法和观点是什么？

任何刚开始从事交易的人最值得去做的事就是学习、理解趋势跟踪系统的运作机制和原理。采用趋势跟踪系统进行交易，只需一会儿就能令交易新手掌握"止住亏损，滚动利润"的交易法则。如果你采用趋势跟踪系统进行交易后能掌握止损持盈的交易法则，即便是暂时的掌握，你成为成功交易者的可能性都会由此而提高。

你对公开出售的交易系统（特指趋势跟踪系统）有何看法和观点？

几年前，我看过一些公开出售的交易系统。我认为总体而言采用这些交易系统后，交易者进行的交易太多了。如果采用某套交易系统后，交易者要过于频繁地进行交易，那么交易成本将会极高，这一因素（交易成本大幅上升）会显著降低交易系统的盈利能力。我认为趋势跟踪系统必须设计用于中长线交易的系统，这才是可行的做法。许多过于灵敏的交易系统会频繁发出买入或卖出的信号，交易者依据系统信号频繁交易，从而产生大量的交易佣金。

趋势跟踪系统除了用来训练交易者养成良好的交易习惯外，你认为它能否为交易者提供有效的交易方法？

我建议任何人建立、形成趋势跟踪系统时，应当结合他们自己的判断。换句话讲，他们应该把资金一分为二，一半采用趋势跟踪系统进行交易，而另一半采用他们自己的判断来进行交易。如果交易系统出现问题、无法正常使用，这样做就能以防万一。

那是你的交易方法吗？

过去我要比现在更注重采用交易系统来进行交易。现在我主要注重我自己的判断。

那是因为你自己的判断更可靠，还是因为交易系统已不像过去那样有效、管用？

因为使用者过多，交易系统已不像过去那样有效、管用。无论什么时候，太多的人做同一件事，持有一致的观点，市场就将迎来一段调整期。

对长期国债期货市场做基本评估时，你所关注的关键评估要素是什么？

经济肯定是唯一最重要的评估要素。其他四个重要评估要素是通货膨胀预期、美元走势、贸易收支以及财政预算赤字。

你从事交易已超过25年，比其他大多数交易者的交易时间都要长得多。在此期间，哪一笔交易最令你难忘，最令人瞩目？

有相当多的交易都令我难忘、印象深刻，但其中最具代表性的就是1983年和1984年尝试抄底债券市场的交易。

你在什么时候、什么价格开始尝试购入债券，抄底债市的？

当债券交易价格在63点到66点区域时，我开始尝试抄底购入。

开始交易时，你所能承受的风险有多大？

一般来讲，价格从任何价位向不利于我的方向移动0.5～1.5点，超出此风险承受范围，我就止损出场（在长期国债期货市场中，1点相当于32个最小价格变动单位，价格变动1点，对应的每张期货合约变动1 000美元）。

所以，如果你选择在某个看起来不错的价位入场建仓，但其后价格却向不利于你的方向运动，你会马上清仓离场，然后等待另一合适价位出现再重新进场建仓？

是的，你说得不错。

由于债券价格最后跌到了50多点，我猜想，在你于正确的价位建立多头头寸以前，你一定遭受了一些打击，曾经几次止损离场，是这样吗？

是的。在那段时间里，因为止损离场，确实遭受了好几笔亏损。

最终你在什么时候建立的多头头寸没有因为其后价格的下跌而导致你被迫止损离场，你还记得吗？

那是在1984年5月，我在那时真正转为做多。那时五年期国债拍卖时的收益率是13.93%。我自1974年就涉足银行的相关业务，那时对于利率在13%的三年期贷款，任何具有贷款资格的借款人都不会参与的，你是无法找到的。然而政府发行的五年期国债的收益率是 13.93%，几乎完全超过三年贷款的收益，足见当时国债价格已非常之低。此外，当时皮奥里亚市的经济高度不景气，失业率接近 20%，农业危机愈演愈烈。我认为利率经过大幅上涨后可能已涨到了头。从那时起直到 1986 年的 4 月，我重仓做多长期国债期货。毫无疑问，这是我做得最好的交易，并且这次长期国债期货价格上涨的趋势是最为持久的。

成功交易的要素是什么？

在交易中最重要的一件事就是坚定持有盈利的交易品种，迅速清空亏损的交易品种，也就是要"持盈止损"。

你是怎样做到坚定"持盈"，从而充分把握一段长期趋势，赚足利润的？你又是怎样抵制过早兑现利润的诱惑的？

据我所知最好的方法是，在你急于获利了结前，整个交易过程中，你都必须牢记"纪律"和"耐心"的重要性。面对各种不同的意外情况和突发事件，你需要形成自己的交易策略和交易计划。只有这样，当每一个利多或利空的新闻消息出来，导致市场价格上涨或下跌时，你才能不受价格波动的影响而陷入摇摆不定的状态，能够按照交易策略和计划始终坚定持仓。此外，这也非常有助于交易长期目标的形成，并且只有你真正做好自己的功课才能确立这种长期的目标。你可以将长期目标和保护性止损点结合使用，当价格顺着你的建仓方向运动时，你可以随之移动保护性止损点。反之，当价格逆着你的建仓方向运动时，你可以根据趋势交易系统发出的离场信号来止损离场。建立自己的交易目标，并且在市场趋势万一改变时具有离场的交易策略，这样你做到"持盈"的可能性就会大幅提高。

为什么大多数交易者会亏损？

那是因为他们过度交易。"过度交易"意味着交易者必须做对许多次，只有那样才能刚好弥补高昂的交易成本。

成功交易者的特质是什么？

最重要的一点就是恪守交易纪律，我相信每个人都会对你这么说；第二点，想成为成功的交易者，你必须要耐心，如果你持有赚钱的好品种，必须耐心、坚定地持有；第三点，你需要有入场交易的勇气，这种勇气来自于充足的交易资金；第四点，你必须乐于认错止损，坦然接受亏损，这也与充足的交易资金有关；第五点，你需要有强烈的求胜欲望。

你所说的这些特质都相当明白易懂，除了乐于认错止损这条。你能否对这条特质详细解释一下？

也就是说，当交易发生亏损，需要认错止损时，你不要疑虑重重，应当毫不犹豫，迅速坦然地认错止损，然后重新开始，进行下一笔交易。你不能让交易发生的亏损影响你的交易情绪。

对你前面所讲的"入场交易的勇气"，能否再多谈一点？

如果一个体重 260 磅的进攻后卫（fullback）突破对方的防线，那么对方体重只有 175 磅的中后卫（linebacker）必须有勇气扑上去，拦截他。交易者也要有类似这样的勇气去进场交易。如果市场上每一个人都看多美元，极度看空日元，造成日元低估，你就要有勇气力排众议，大胆入场做多日元。

你是怎样判断成败的？

大多数人根据他们在其专业领域做得是否出色来判断自己的成败。老师根据学生在校时的成绩表现以及踏上社会后的表现来判断学生的成败。判断交易者的成败可能就是看他在市场中盈利还是亏损。

从个人角度来讲，你怎么判断自己的成败？

我根据自己通过交易积累的财富来判断我的成败。我和我妻子建立了一个慈善基金，通过捐助各种慈善项目，让社会来分享我们部分的成功果实。

这个慈善基金是你一个人独自运作，还是你全家都参与运营？

我和我的家庭成员都直接参与各种不同慈善项目的评估，并决定在哪些项目上予以捐助。

你是在什么时候建立该慈善基金的？

1985 年，但我早已有建立慈善基金的念头，最早可追溯到 20 世纪 70 年代，那时我就总是计划在将来成功以后建立一个慈善基金，用它来帮助和回报社会。

你认为这个长期目标是促使你成为成功交易者的重要动力吗？

是的，我认为很有帮助，具有推动作用。

你对交易新手有何建议？

当你处于交易起步阶段，切记不要一下子亏太多，因为这样你会很难扳回，难以在市场中长期生存。大多数交易者有在起步阶段冒太大风险的倾向。他们对何时应当冒险没有做充分的选择，而是盲目冒险。在交易起步阶段要注意控制风险，避免盲目冒险，可用少量资金试水。

***

就在这时，贝弗德要求我先关掉采访用的录音机，然后再和我谈玩扑克的策略与交易策略的关联以及如何在交易中运用玩牌的策略。他不让我对此录音的理由是，有人把交易错当为赌博的一种形式，他不想加深这种错觉。我认为贝弗德对交易和扑克的类比恰如其分，最终他在我的劝说下同意对这段谈话进行录音（即下面这段访谈）。

你可否详细类比交易和扑克？

我在很年轻的时候就学会了怎样玩扑克。我父亲教给我按概率玩牌的理念：你们每一把牌都玩，也不能每一把牌都一跟到底，因为如果你这么玩的话，输钱的概率会很大。你应当在手捏好牌的时候玩下去，跟注或加注，而手拿差牌时应该弃牌，输掉已下的赌注。当发牌已经过了几轮，桌上的明牌已多，此时你如果手持好牌，换句话说，你觉得此时胜率极高，可以在这手牌上加注，并且玩到最后开牌。

如果你将上述玩扑克策略的原理运用到交易中，那将显著提高你盈利的概率。我始终牢记"耐心"二字，耐心等待合适的交易机会正如耐心等到胜率极高的好牌。如果你进行的交易看上去不妙，那就必须认错、止损出场，只遭受小的损失，这正如在玩扑克时拿到差牌，你必须弃牌，输掉之前已下的赌注。另一方面，当交易的胜算极高，你应当更为积极，并可以尝试杠杆交易，这就如你在玩扑克时拿到一手好牌就应加码（甚至全押）一样。

***

贝弗德的经历可以鼓舞人心，启迪他人，一方面他在交易中具有相当的耐心，另一方面他又具有积极主动的交易风格。他是一个白手起家的人，以微不足道的本金，既不受助于他人（没有打下手的员工），也不倚仗尖端的科技产品，最终凭一己之力，靠独自奋斗成为当今世界最成功的交易员之一。而且由于他具有长远的目标，并且为此进行了长期的努力，因此他最终的成功具有正能量，对整个社会都有积极的影响。

我个人认为，对盖瑞·贝弗德的访谈中最具洞察力的论述当属他对扑克和交易进行的类比。将贝弗德这一类比中的要点和吉姆·罗杰斯的类似观点做一个比较，这也是一件很有意思的事，两者的共同点是：交易者要伺机而动，耐心等待交易良机的到来。

| 第八章 |

艾迪·塞柯塔
人人都能如愿以偿

虽然对于公众和金融圈中的大多数人而言，艾迪·塞柯塔是默默无闻、不为人知的无名之辈，但他的交易业绩绝对能让他跻身我们这个时代最出色的交易员之列。20世纪70年代早期，塞柯塔受雇于一家大型经纪公司。他在期货市场上构建、研发了第一套商品期货自动化交易系统，用该交易系统对客户的资金进行管理。经实践证明，塞柯塔的这套交易系统极具盈利能力，但由于经纪公司的管理层对使用该系交易统所能产生的绩效只具有后见之明（second-guessing），在使用该交易系统进行交易时进行干涉，没有严格按照交易系统进行交易，所以对该系统的交易绩效造成了严重阻碍。这段经历促使塞柯塔决定离开该公司，放手单干。

在接下来的几年里，塞柯塔在少数客户的交易账户以及其个人账户上运用了他的系统交易方法。在那段时间，塞柯塔管理的账户取得了绝对惊人的高收益率。例如，他管理的某一客户账户，该账户于1972年投入5 000美元本金，截至1988年中期，按市值折现计算后的金额是初始本金的2 500倍（如果剔除其间从该账户中提取资金的因素，初始本金的理论增幅高达数万倍）。据我所知，在同样长的时间里，其他交易员的业绩记录无法企及塞柯塔所取得的业绩，无法与之相提并论。

在开始写作本书时，我素未听闻塞柯塔的大名。在我对迈克尔·马库斯的访谈中，马库斯曾几次提到塞柯塔的名字，他认为自己能成为成功的交易者，塞柯塔的作用和影响是最为巨大的。在那次对马库斯的访谈后，马库斯若有所思地对我说："你真的应该去采访塞柯塔，他不仅是伟大的交易者，而且是一个极具才智和思想的人。"

马库斯通过电话将我引荐给塞柯塔，接着我在电话中向塞柯塔简要概述了本书的设想和规划。因为我已在美国西部，在返回纽约途中会经过里诺（Reno），所以趁此机会对塞柯塔进行访问可谓非常便捷。塞柯塔同意我的拜访，接受访谈的请求，但对我是否能够在两小时内（这两小时是我为联系航班而预留的）完成访谈的所有内容有所怀疑。我向他保证，虽然访谈时间有点紧，但我曾在同样的时间里对其他交易员做过访谈，可以完成访谈。"只要我们的访谈保持话题集中、紧凑，两个小时还是可行、够用的。"我进一步解释道。

由于我忘了根据行程的变更来改签机票，所以我赶到机场时，飞往里诺的飞机就快起飞了，时间非常紧张。我与票务员发生了大声争执，那位票务员坚持认为我没有足够的时间来赶上我的航班，要我改乘其后的航班，她与我争执几乎是为了满足自我的实现和内心的宣泄。我不听她的，在争吵之后，我快跑横穿整个机场，当我到达机舱门口时，离飞机正式起飞还剩下几秒钟的时间。当我抵达里诺的时候，几乎错过航班的紧张感才逐渐消散。驱车前往塞柯塔的家对于出租车司机而言实在太远，所以我租了一辆汽车。当时正是凌晨，公路绕山而上，我往下面望去，好一片壮美的远景。收音机里，音乐电台正在播放莫扎特的单簧管协奏曲。此景此乐于此刻融为一体，令人心旷神怡。

塞柯塔在家中的办公室交易、工作，他的家毗邻塔霍湖（Lake Tahoe）。开始访谈前，我们在其屋后的湖滩上小作漫步。那是一个寒冷且空气清新的早晨，那里有着田园诗般的景致。对比他的工作场所和我位于华尔街的办公室，华尔街那里是高耸入云的办公楼，这些建筑物很难看，几乎无法令人印象深刻、心旷神怡。不好意思，我承认那时我是有点嫉妒了。

与我实地采访过的其他所有交易者相反，塞柯塔办公桌的侧面没有摆满显示报价的屏幕，确切地说，并非空空如也，其实只有一个显示报价的屏幕。塞柯塔的交易大部分是这样完成的：打开电脑，花上几分钟时间，查看交易品种的技术走势，获取下一交易日技术面的交易信号。

塞柯塔兼具睿智与敏锐，这点令我印象深刻、深深折服（在我看来一个人兼具这两种特质是很罕见的）。他能以很独特并且占据制高点的视角来看问题。在谈及交易分析技巧时，他在电脑屏幕上向我展示用三维图表来进行分析。他编制了许多电脑程序，并用其中的某一程序开发出这种三维图表的分析，在那一刻塞柯塔俨然是一位科学家（他是从麻省理工学院电机专业毕业的），然而当话题转到交易心理方面时，在那一时刻他会展现出对"人类行为"的高度敏锐和深刻洞察。

实际上，塞柯塔近些年在心理学方面逐步深入，不断学习研究。在我看来，心理学及其应用有助于人们解决自身的问题，在塞柯塔的生活中，心理学已变得比市场分析及交易更为重要了。我揣测，对我所做的这种比较，塞柯塔也许认为有太多人为的因素，大可不必。对他而言，交易和心理学已合二为一，其实是同一件事，彼此不分伯仲。

我们的访谈没有如我期望、计划的那样话题集中、保持紧凑。实际上，我们的访谈涉及许多领域，以至于访谈预定的两个小时用尽之际，我们在许多方面只能是蜻蜓点水、走马观花。时间到点后，我继续延长访谈，以为我可以赶上晚一点的航班。结果访谈结束后，我已无法赶上从里诺到纽约的最后一班直航。

塞柯塔后来告诉我，在我们首次电话交谈的时候，他就知道我会在那待上一天。他对人的观察极为敏锐，能见微知著。例如，在我们交谈的某一刻，塞柯塔问我："你把你的手表拨快了几分钟？"在我们短暂的相聚时光里，我对这个问题印象格外深刻。他能察觉、捕捉到我的一项基本性格特征。鉴于访谈那天早上我差点错过到里诺的航班，所以这个问题问得也格外及时。

塞柯塔并不仅仅是在交易上取得成功，在我看来，他成功地找到了生活的意义、生命的价值，并且过着自己想要过的生活。

你是怎样初涉交易的？

20世纪60年代后期，我认为如果美国财政部决定停止出售白银，那么白银价格必定上涨。为了充分利用我的分析洞察能力来盈利，我开立了商品期货交易的保证金账户（如果研判准确，与交易白银现货相比，利用期货的杠杆特性可以使盈利倍增，当然判断失误的话，损失也将放大）。在我等待做多白银期货之际，我的经纪人说服我去做空铜的期货。不久我在期铜上就止损出场，亏掉了点钱，可谓初尝败绩。于是我重回白银期货市场，等待预期中的白银期货大牛市的开启。这一天（指财政部决定停售白银）最终来到了，我进场做多白银期货，但白银期货价格竟然开始下跌，令我大惊失色，损失惨重。

起初我认为在应该看多（因为财政部决定停售白银，供给减少势必推高白银价格）的情况下，白银期货的价格根本不可能下跌。然而价格却下跌了，这才是事实。不久价格触及我的止损价，导致我止损离场。这次交易是"市场透支新闻消息，提前做出反应，令消息效应大打折扣"的绝好例证、极佳教材。此后，我对市场的运行规律越来越着迷了。

大概就在那时，我读到理查德·唐奇安（Richard Donchian）公开发表的一封信，他在信中认为采用纯粹的、机械的趋势跟踪交易系统进行交易，可以战胜市场。对我而言，这一说法太不可思议了，是不可能实现的。为了检测唐奇安的这种理论，我编写了计算机程序，那个时候还是使用穿孔卡的。令我诧异的是，经过检测，这一理论是真实可信的。时至今日，我还无法确定我是否已搞懂其中的原因或是我是否真的需要去弄懂其中的原因。无论怎样，与那时我拥有的其他职业机会相比，"研究、分析市场，把钱投入实际交易，以此来支持自己的观点、见解"才是最令我着迷神往的事，于是工作一段时间后，我开始了全职交易，从此以交易为生。

你第一份与交易有关的工作是什么？

20世纪70年代早期，我在华尔街得到了第一份与交易有关的工作，在一家大型经纪人事务所做分析师。分配给我的工作是分析鸡蛋期货市场和小鸡肉期货市场（这里的小鸡是指开膛剖净后重量在2.5磅以下的幼鸡，后来这两个期货市场因为现货市场的原因而交易萎缩，最终被取消）。有意思的是，像我这样一个尚处入门阶段的人竟然立刻就能承担提供交易建议的职责。在市场通讯中我曾写过一篇文章，建议交易者暂时停止交易，离开市场一会儿。我的这段建议被公司管理层从市场通讯中删除了，未能公开发表，可能因为这段劝人离场休息的建议不利于激活更多的交易，会影响公司的佣金收入。

我想利用计算机对市场进行分析。我清楚记得，那时候计算机还是使用穿孔卡。公司计算机部门的负责人将我视为可能抢走他饭碗、威胁他职位的人，所以对我百般阻挠，不断把我赶出他的地盘。那项工作用计算机进行分析约一个月后，我宣布我要辞职不干了。我所在部门的领导打电话问我原因，这是该领导第一次有兴趣和我说话。

我跳槽到另一家经纪人事务所工作。因为该事务所正忙于企业重组，许多地方无暇顾及，没有许多监管、限制，所以我利用监管的缺失，在周末利用企业的计算机来测试交易系统。他们有一台IBM360型的计算机，放在很大的空调房间里。我历时大约半年，用十个商品期货品种约十年的交易数据，对四种简易交易系统（都是趋势跟踪系统）的近百种变化进行了测试。放到今天的话，同样这点工作，用个人电脑大约一天就能完成（IBM360型的运算速度无法和后来的个人电脑相比，但体积却很庞大）。不管怎么说，虽然速度慢，我还是得到了测试结果。管理层也确信采用趋势跟踪系统进行交易有赚到钱的可能。

我想，用计算机对交易系统进行测试并不是你工作内容的一部分，因为你是在周末进行测试的。你受雇实际从事的工作有哪些呢？

在每周平时的上班时间，我干着克拉克·肯特[一]似的工作，具体工作就是，传输路透社（Reuters）新闻的机器，当其上面的纸已露出粉红色的边缘，表明纸已用完时，我负责装上新的纸。我也负责把从机器上撕下的一条条载有新闻的纸贴到机器后的墙壁上。撕纸的技巧是，你要沿着换行的地方撕，这样撕下的纸，其边缘会显得光滑、不毛糙。一件有趣的事是，几乎没有人会读贴在墙上的新

㈠ 影视作品中的超人。——译者注

闻，因为这面墙就在新闻传输机后面，而他们按规定不能靠近机器，这样距离就会太远，使他们根本看不清墙上贴着的新闻。所以我就先读完这些新闻，然后亲自把相关新闻消息转达给交易经纪人。这种传达工作的一大好处是，我可以借机观察到许多交易经纪人的交易方法。

你在办公室的职位听起来就像变相的办公室小弟。你为什么要接受如此卑微的工作？

因为我清楚我自己想在那行立足，所以我不介意做什么工作或是能拿多少工资。

为什么你不待在最初的那家经纪人事务所？在那里你至少是个分析师。

因为那里的工作环境会使人日趋无能。当我认为没有交易机会，建议交易者离场休息时，该公司的管理层对我施加压力，删除、封杀我的交易建议，对此我深恶痛绝，坚决反对，而且得到计算机部门授权，然后用公司的计算机来测试交易系统，对我而言也是不可能实现的事。

到新的工作地方后，你能够使用新公司的计算机，对于这点你事先知道吗？

这个我不知道，但因为我的新东家正好经历重大的重组，管理层大多数成员都遭到解雇，我估计公司的监管会很松，使用公司的计算机不会碰到太多的行政干预和管制。

你在机械（电子计算机化）交易系统方面的工作后来进展如何？

最终新公司管理层开始有意将我的研究成果用于资金管理。我研发了第一套大规模、商用、电子计算机化的交易系统。

"大规模"是什么意思？

公司数百个交易代理人在市场交易中使用这套交易程序。用该交易程序进行交易的账户，其账户净资产总和高达数百万美元。"数百万美元"在20世纪70年代初期可是很大的金额。

该公司管理层如此支持你研发的交易系统，这是怎么做到的？

该公司的管理层和理查德·唐奇安熟识，唐奇安是趋势跟踪交易系统研发领域的先驱元老，虽然那时他自己已不用计算机了，凡事都靠手工。受他的影响，公司管理层对于将交易系统用于资金管理的想法早已赞同，而那时计算机也是新兴事物，"计算机交易系统"是非常时髦的词（对公司管理层和客户都很有吸引力）。

你研发的交易系统实战中的表现怎样？

该交易系统表现优异，但问题在于，公司管理层无法戒除凭借主观猜测进行交易的行为，不遵循交易系统发出的信号进行交易并对系统交易进行人为干预。举个例子，我记得有一次该交易系统在白糖期货上发出做多的信号，此时白糖期货的合约价格大约在 5 美分。公司管理层认为白糖期货的价格已经超买（overbought），即将见顶，于是决定不遵循系统发出的做多信号。此后白糖期货价格持续走高，于是管理层自行提出建仓法则：白糖期货的价格一旦回调 20 个点就进场做多，建立多头头寸。但这样的价格回调并未形成，于是他们对建仓法则进行修改，改为"白糖期货的价格一旦回调 30 个点就进场做多，建立多头头寸"。

当白糖期货的价格继续走高，并且没有发生可供建仓做多的价格回调时，他们又修改建仓法则，改成价格一旦回调 50 个点就建仓做多，最终又变为价格一旦回调 100 个点就建仓做多。最终，白糖期货的价格达到大约 9 美分，他们终于意识到这是白糖期货的牛市，在价格涨得越来越高之前，他们就应该建仓做多。后面的事你能够猜得出，白糖期货的价格不久后见顶，管理层又无视交易系统发出的做空信号，在该信号发出后进场做空也是能赚取暴利的，管理层凭主观猜测进行交易，犯下双重错误，错失两次机会。

这两次错误的后果就是，因为管理层不遵从交易系统发出的信号，对交易进行人为干预，该年度最有利可图的交易（白糖期货）最终以亏钱告终，在该交易中不仅两次错失机会，而且其后还发生了亏损。本来该年度的理论收益率能达到 60%，后来的结果却是相当多的由该公司负责管理的交易账户出现了亏损。管理层对系统交易如此瞎管乱弄是我最终辞职（并没有离开公司，只是离开了研究部门）的主因之一。

你辞职离开还有别的原因吗？

公司管理层要我修改交易系统，让系统能发出更多的交易信号（建仓、加仓、清仓），这样客户交易越多，公司赚到的佣金收入也就越多。我向管理层解释道，做这样的修改是轻而易举的事，但这么做会对交易系统的绩效产生严重阻碍，但他们对我的解释不以为然，听而不闻。

你辞职离开公司后，做了些什么？

我只是离开公司的研究部门，人还待在公司，担任交易经纪人，管理交易账户，代理交易。大概两年后，我彻底离开了经纪人事务所，并成为资金的管理者。这一转变使我不再靠赚取客户的佣金来过日子，我认为对于交易而言，赚取客户佣金的交易动机是有负面效果的。自此以后，我的交易动机转变为纯粹的交易盈利以及向委托理财的客户收取相应的管理费。

你彻底离开公司后，继续采用前面讲到的你所研发的交易系统进行交易吗？

是的，虽然多年来我不断对交易系统进行修改，但还是我最初研发的那套系统。

你的交易业绩记录可否透露？

除了我的"示范账户"可以透露业绩，其他账户的业绩不对外公布。"示范账户"是真实账户，里面是客户的真金白银，1972 年投入的初始本金是 5 000 美元，如今账户中的资金已超 1 500 万美元。从理论上来讲，如果在此期间客户没有从账户中撤出资金的话，那么如今账户资金远不止 1 500 万美元。

你拥有如此出色的交易业绩，但请你管理资金的口头委托请求为什么没有纷至沓来，络绎不绝呢？

我收到许多口头委托理财的请求，但我基本不接新的客户。如果我要接受新客户的请求，必须经过充分全面的面谈和筛选，确定委托人的动机、目标和态度后才会做出接受与否的决定。我认为客户就是我的合伙人，他们对我的交易绩效有隐约微妙且极其重要的影响。举个例子来说，如果他们能够长期支持我，支持我所用的交易方法，那么他们就有可能帮助我、理解我，对于我的交易有利有助。然而，如果客户过于关注自己账户短期的涨跌起伏，那么他们会成为我交易的阻碍。

你最初的时候有多少客户呢？

退回到 20 世纪 70 年代早期，那时大概有六个客户吧。

这些最初客户中还有多少人依旧与你同在呢？

有四个。最初的六个客户中，有一个客户在赚到大约 1 500 万美元后，决定撤回资金，自行管理；另有一个客户在所赚超过 1 000 万美元时，决定取出账户资金买一栋海滩边的房子，并就此收手，不再委托交易。

在设计最初的交易系统前，你学习过哪些东西？

《股票作手回忆录》以及唐奇安的交易系统（5 天移动平均线与 10 天移动平均线交叉以及周交易规则），这些对我都影响巨大，令我深受启发。我视理查德·唐奇安为系统交易、技术分析方面的指路明灯。

你初始的交易系统是怎样的？

我最初的交易系统是脱胎于唐奇安的移动平均线交易系统，在其基础上进行改变。我采用指数（平滑移动）平均（exponential average）的方法，这种方法易于计算，而且随着时间的推移，计算中的偏差会被消除。这在当时属于一种全新的方法，当时人们口口相传称它为"暂时适用的交易系统"。

你称其为"最初的交易系统"，是否表明最后你改换了交易系统？对于什么时候交易系统需要改换，你是怎么知道的？

交易系统无须改换。对交易者而言，使用交易系统的诀窍在于，对原来适合自身的交易系统进行修改、发展（以保持交易系统的适用性）。

你最初的交易系统不适合你了吗？

我最初的交易系统相当简单，具有严格清晰的交易规则，不允许丝毫违反，不得越雷池半步。当我漠视自己的情感和这套交易系统待在一起的时候，按其发出的交易信号进行交易确实是种煎熬。通常在系统出错的时候，我会暴跳如雷，上蹿下蹿。在那个时刻我认为自己比交易系统懂的还多，确实不相信用趋势跟踪交易系统可以盈利。有大量的文字记载可以"证明"用交易系统来交易赚不了钱。另外让我坐在那里，不去判断分析市场，只是按照交易系统的信号进行交易，对其俯首听命，好像是对我聪明才智以及在麻省理工所受教育的浪费。最终，我对采用趋势跟踪系统进行交易越来越相信，而且对新闻消息更能做到无视，不受其干扰，不做主观臆测。我与系统交易间的关系更为融洽，相互适应。此外，我不断吸收更多的"杰出交易者的交易法则"，融入自己的交易系统，我的交易系统与我交易方式、交易风格间的关系变得更为融洽相符。

你的交易方式、交易风格是什么？

我最基本的交易方式就是追随市场趋势，顺势而为，并且具有确定趋势的具体模式，掌握资金管理中的算法规则。

你的交易系统能够显著跑赢一般的趋势跟踪交易系统，这是怎样做到的？不必透露交易秘密，请你谈一下。

在市场中长期生存、获取财富的关键是，将资金管理的技巧融入交易系统中，这与"在市场中长期生存、持久盈利"关系密切。有交易老手，有大胆无畏（近乎莽撞、无知）的交易者，但罕有大胆无畏的交易老手。

这番话真是智者之言，充满真知灼见。但我的问题还没得到解答，那我就换一种问法：有那么多具有资金管理规则的趋势跟踪交易系统，为什么你的交易系统比它们表现得更好？

我好像具有一点天赋吧。我认为这与我整体的交易哲学有关，我的交易哲学就是"热爱交易，并且保持积极乐观的态度"。此外，在我不断交易和学习的同时，我的交易系统（就是我用计算机研发出来的机械交易系统）也在不断更新发展。我把自己的思考所得也添加到交易系统中，顾名思义就是在我始终遵循的交易系统中加入我个人怎样交易操作的内容，这样交易系统就会更合拍、更切合、更具个性化。有时我的交易会完全脱离交易系统中机械交易的部分（经过添加更新后的交易系统，其中大部分还是机械交易的元素，但也加入了个人主观的元素），有时我会因个人强烈的感觉而无视、违背交易系统发出的信号，而有时我的交易会背弃全部的交易系统（既有机械交易的部分，也有添加的个人主观的元素）。而在上述这些时刻，我的交易业绩就会原地打转，可能在保本和略亏间上下波动。然而，如果我不给自己发挥创造力的自由，这样做又会有另一些纰漏瑕疵出现，可见任何事都有利有弊。因此，游走于"完全遵循"和"稍有违背"间，尽力维持良好的"生态"平衡，保持交易的弹性，这样就能延长交易的寿命，这是交易成功的关键之一。

与自主交易（discretionary trading，即主观交易）相比，系统交易相对的优点和缺点各是什么？

系统交易就其根本而言，就是一种主观交易（因为交易系统是由人开发出来的）。由交易系统的使用者（开发、管理者）决定能承受多少风险，在哪个市场交易以及怎样根据账户净资产的变动迅速加大或减少交易头寸。这些决定都相当重要，通常情况下，比交易中的"择时"还要重要。

你所进行的交易中，基于交易系统来操作的比例有多大？这一比例会随着时间的推移有所改变吗？

随着时间的推移，我的交易越来越依靠交易系统，交易越来越机械化，原因在于：①对于趋势交易系统，我已越来越相信；②我的机械交易系统已融入越来越多的"交易窍门"。自认为'能超越交易系统，靠自己主观交易能胜过系统交易'的时期，我也曾有过，但其后亏钱的经历会让我进行自我纠正，结束对交易系统的短暂偏离，重归系统交易。

趋势跟踪交易系统的现状和未来的前景如何？这种交易系统的使用日益广泛，你认为日益广泛的使用将最终导致系统的失效吗？

不会的。无论有意还是无意，交易者都是用某一种交易系统来完成所有的交易。大多数优良的交易系统都是以"趋势跟踪"为基础。生命本身就是要审时度势、顺势而为。到了冬天，候鸟就会一路南飞。企业紧跟社会时尚、消费者的趋势，对其产品做相应的调整，优胜劣汰。微小的原生动物根据化学物质及光照强度的改变而顺势移动。

趋势交易系统盈利能力的起伏似乎具有周期性。当趋势交易系统交易胜率很高的时候，必然导致使用者增多，随着使用人数的增加，市场价格会从趋势性运动转为无方向性的运动（即非趋势性运动）。这样一来，趋势交易系统的盈利能力会下降，操作性变差，因此使用趋势跟踪系统但缺乏经验的交易者会被清洗出局。此时使用人数随之下降，市场价格又逐步恢复趋势性运动，交易系统的盈利能力也随之重新上升，此后周而复始，不断循环。在交易市场中，活得够长是成功的关键，不是比一时的好坏，而是比谁活得更久。

对于在交易中加入基本面分析，你的看法是什么？

你所读到的基本面信息是典型的无用之物，因为市场对此信息已提前反应，使信息的效用大打折扣，我戏称这类基本面信息为"搞笑之物"。然而如果你能在别人知晓信息前或确认信息的效用前就先行介入，那你得到的信息就是有价值的"惊喜之物"。

你的回答很幽默。是否表明你只使用技术分析？

我基本上是一个趋势交易者，并且近20年的交易经验赋予我敏锐的交易直觉。对我而言，交易中最为重要的东西按重要性由大到小排列，依次为：①长期趋势；②当前技术图表上的价格形态；③挑选好的价位做多或沽空。这是我交易体系的三大基本组成要素。接下去第四条才是基本面因素，第四条的重要性要远低于前三条，放上该条因素非常像是一种平衡，以免全部是技术面的因素。到目前为止，使用基本面分析让我交易亏损。

选择合适的价位进场做多，是否意味你会事先确定"价格回撤到哪个价位才进场做多"？如果你是这样做的，有时可能会错失价格的大幅上涨行情（即价格在上涨途中发生回撤，但并没有回落到事先设定的进场点就再度大幅上扬），你是如何避免这种情况发生的？

我不是这样做的。如果决定做多，我会采用追涨的策略，即不会等到价格发生回撤再做介入，会以比现价高的价格追涨建仓。我力图在市场上涨动能或下跌动能最为充沛的时候建仓做多或建仓做空，此时建仓能降低我可能面临的风险。我不会试图抄底或寻顶。

这是否表明，如果你是看涨的多头，你总将等到价格短期发力上扬前再建仓做多，或者有时要等到价格回撤时再建仓做多？

如果我是多头，我不会等到价格回撤再建仓做多，也不会等到短期发力前再建仓做多；我在此之前就会建立多头头寸，并一路持有。当我做多时，设置的止损点如被击穿，我立马就会了结多头头寸，进行止损，否则就将一路持有，直到价格突破我的止盈点，才了结出场。看涨而不做多，是多头却没有多头头寸，这是不符合逻辑的。

你在交易中是否采用"相反理论"来辅助交易决策？

有时候会采用。例如，最近支持金本位制的人士（goldbug，指支持金本位制的人，特别是经济学家或政客）召开了一次会议，在会上几乎每一个发言者都是看跌的空头，我听闻后自言自语道，"金价可能接近底部了。"在那次会议后，金价确实止跌回升了。

你是否会根据相反理论，当众人看空时，你就进场做多呢（像上例中那样）？

哦，这当然不会。市场价格的趋势依然是下跌的，仍处空头市场。但"众人皆看空"的信号会让我仔细审视持有的空头头寸，做好了结离场的准备，等到市场趋势真正反转时，我才会着手做多。

可否谈谈你最富戏剧性或最为动情的交易经历？

富有戏剧性和令人动情的交易经历可能都是有负面作用的，都是糟糕的交易，骄傲和期盼、恐惧以及贪婪一样，都是会让人跌倒栽跟头的绊脚石（如同路上的"香蕉皮"）。当我在交易头寸上付诸个人的情感时，交易上最大的错误、疏忽就随之产生。

交易中真实的"战争经历"是怎样的？

我不喜欢活在过去。我尽可能将糟糕的交易从记忆中删除，将它们忘记，并去捕捉新的机会。在我将过去的交易埋葬后，不想把过去的交易细节重新挖出来，至少不要刊印成文，公之于众。或许在塔霍湖寒冬的某个夜晚，晚饭之后，你我围坐在炉火边私聊，那时我会向你娓娓道来……

能让你汲取教训的交易错误，你能否描述一下？

多年来我对白银期货交易中所犯的错误一直耿耿于怀，心头好像压了一块大石头。白银期货的交易亏损是我最早的亏损之一，而且其中多笔亏损也是我最严重的亏损。这些交易亏损和错误好像已融入我的血液，深入我的骨髓，使我交易白银期货时犹如梦游，好像被人催眠一样。在白银期货交易中做多的时候，当价格下破保护性止损点时，我为防止遭受更大的下跌损失就止损出场，但在我离场后价格就开始上涨，使我受骗上当。当然价格的这种上涨也只是暂时的，其后又会下跌更多。我深受白银期货之害，多次被它的走势玩死，以致我开始认为自己是狼人（werewolf）的一种，通过自我麻醉使自己保持正面形象（即人的形象）。我也避免在满月之夜外出行走，以免现出狼形。时至今日，这种情况仍旧没有改变。

你怎样挑选交易品种和交易时机？

大多数时候是依靠我的交易系统来进行选择。虽然偶尔我会因为一时的冲动，无视并绕过交易系统自行选择。幸好，我一时冲动、自作主张所建立的仓位通常都不重，不会对我的持仓组合造成持久的损害。

成功交易的要素是什么？

成功交易的要素是：①止损；②还是止损；③依然是止损。如果你能遵循这三条法则，你就有交易成功的机会。

当遭受一系列亏损时，你会如何处置？

面对一系列交易亏损，我会减少交易操作。我只在场外休息等待。试图在屡遭亏损的时期进行交易，此时的交易情绪是极具毁灭性的，"急于翻本"会产生致命的后果。

你基本上是系统交易者，那么在交易亏损时期，你还遵循交易系统吗？如果继续遵循交易系统的话，不是表明你不改变已导致亏损的交易操作吗？

我在自己的电脑程序中融入了一些交易原则和方法，比如交易系统会根据市场情况、价格走势来调节交易操作。重大的交易决策仍然不能依靠机械交易系统来做出，必须由交易者自己来做出决策。比如随着账户的不断增长，持仓量越来越大，某些品种的持仓规模已达交易所规定的持仓上限，这时就要进行分散交易，把资金分散到其他品种，或者判断市场何时会太轻淡，诸如此类的重大交易决策不能交由交易系统来决定。

从交易心理角度而言，我会依据交易业绩来调整交易操作。在交易盈利后，我会加大仓位、积极操作；在交易亏损后，我会降低仓位、保守操作。这样的操作手法应该是正确、有效的。反之，如果你在遭受亏损后加大仓位，急于翻本，这样的情绪化操作会让你输得更多，会让你付出高昂的代价。

你是自学成才、无师自通的交易者，还是由其他交易者教给你有价值的东西？

我属于自学成才、无师自通的交易者，并且持续不断地自学，持续不断地向其他交易者学习。

你确定离场点是否要先于进场点的确定？

在进场交易的同时，我会设置保护性止损点（protective stop）。通常，我会在价格趋势延续的同时移动所设置的保护性止损点。有时当市场变得疯狂时，我会在尚未跌破止损点的时候就先行了结利润或止损，这种先行离场的做法并不比跌破止损点再离场的做法好，但先行离场可以让我不用心惊肉跳，保持镇静淡定。头寸上的"少赚"或"多亏"固然令人恼火，但是如果你不先行离场，而其后又陷入惊恐之中，这样会导致你的毁灭。

在单笔交易中，你所愿承担的最大风险是多少？也就是说，亏损达到交易账户净资产的多少你就必须止损离场了？

考虑到止损执行时可能出现的糟糕情况（比如当时没有足够的承接盘），我愿承担的最大风险是，单笔交易中的亏损不超过交易账户净资产的5%。在成交低迷清淡的市场（thin market）偶尔会出现重大消息，从而导致市场价格以跳空的方式一下子突破我的止损位,这样我遭受的损失会超过交易账户净资产的5%。

在"成交低迷清淡的市场"中,你遭受的最大单笔亏损是多少?

我急于清掉亏损、糟糕的头寸时,所有的市场对我而言都是成交低迷清淡的,这种个人感受源于急于离场的心理。有时因为突发重大的新闻,大多数市场的价格都会出现快速运动和成交清淡、承接盘稀少的情况,不仅是成交低迷清淡的市场。一旦此类新闻被市场消化,那么成交又会恢复活跃,承接盘又会踊跃,价格运动又会恢复正常。在白糖期货的大牛市中,当市场价格从10美分涨到40美分时,我手持数千张白糖期货合约(空头头寸),当我止损离场时,离场价格必须比当时的市价低几美分,这种损失是迫不得已的,否则那么大的持仓量根本无法清空。㈠

极少有交易者像你这样,在投机交易上能享受成功的巨大喜悦。是什么令你与众不同、出类拔萃的?

我觉得我的成功来源于对交易市场的挚爱。我不是临时、非正式的交易者。交易就是我的生命。我对交易充满热情。交易对我来说,并不仅仅是个人爱好或职业选择。毫无疑问,交易是我生活的全部。

你赖以生存的交易法则有哪些?

(1)截断亏损(止损)。

(2)让利润奔跑(持盈)。

(3)不下重注。

(4)坚定不移地遵循交易法则。

(5)知道何时该打破交易法则。

你最后两条法则很玄妙,透着机灵,因为它们是相互矛盾的。严肃认真地讲,你相信哪条,"遵循交易法则"还是"知道何时该打破交易法则"?

我对这两条都相信。我大部分时间是遵循交易法则。因为我对市场不断研

㈠ 白糖期货的市场价格每上涨或下跌1美分,对应的每张白糖期货合约的价值就上涨或下跌1 120美元。

究，并且不断学习新的东西，有时我会发现新的交易法则，该新法则可以打破和取代过去旧的交易法则。有时我会产生"个人的断点"，即脑子发生短路，无法遵循和执行交易法则，发生这种情况时，我会完全退出市场，出去度个假，直到我认为已经做好重新遵循、执行交易法则的准备，才会重返市场。也许今后的某一天，我对"打破交易法则"这条会有更详尽清楚的阐释。

我不认为交易者可以非常长期地遵循某一交易法则，除非该交易法则已能完全反映交易者的交易方式和交易风格。打破原有交易法则的时刻最终会到来。届时交易者不得不放弃或改变原来的交易法则，或是又找到了一套新的、自己能够遵循的交易法则。这似乎是交易者发展和成长过程中的组成部分和必由之路。

改变下注规模的大小对交易的成功有多重要？

改变下注规模是一个好的交易思想，但这个交易思想的好坏最终取决于你改变下注规模的理由，即你进行改变的理由是否正确和恰当。你已经有或者如果有成功调整下注规模的方针，比如说你的下注规模已从"小"（S）调整为"中"（M），那么你在交易时最好就下"中等规模"的注。

交易中的直觉有多重要？

交易中直觉是重要的。如果忽视直觉，你的逻辑思维、思考方法会以某种不可思议、难以捉摸的方式出现偏差，受到歪曲。你可以通过静心冥想和凝神细想来确定直觉背后的含义。如果持之以恒，那么对于某些玄妙难测的信息，你会潜意识做出极具价值的分析。但与"直觉"不同的是，内心通过交易获得刺激和兴奋的欲望得到提升，并且不去思考市场的实际情况而陷入痴心妄想，这些都是危险、有害的。对于"直觉"和"空想"间的微妙差别，你必须细心体察，保持敏感，不要混淆。

哪一年是你交易最糟糕的时候？是什么出了错？

1980 年是我交易最糟糕的年份之一。牛市已经结束，但我继续持有多头头寸，并在价格下跌后再度加仓多头头寸。市场不断崩溃似地下跌，此前我没有经历过这样的大熊市。所以，我把这一年的交易视为使我深受教育的一段经验。

那么在 1980 年，你交易系统中的资金管理法则出什么状况了吗？你无视、违背了资金管理的法则吗？

即便我的交易系统因为市场的剧烈波动已大部分失效，但我还在继续交易。试图在我认为已经严重超买（overbought）的市场中逃顶，在我认为已经严重超卖（oversold）的市场中抄底，而市场只是按着自身规律继续运行，因此我亏损累累。最终我明白自己的交易方法是无效的，不断试图逃顶抄底是徒劳无功的，并且短暂离开了市场。

你给普通交易者最重要的建议是什么？

普通交易者首先应当认识到，杰出的交易者进行交易只是为了自己，因为他们真正热爱交易。其次，普通交易者要找出自己真正爱做的事，如果自己真正热爱交易，那就继续做下去；如果不是，那就不可能成为杰出的交易者。

你认为分析技术图表对成功交易有用吗？

我认为趋势跟踪就是包含在图表交易中的。解读技术走势图有点像冲浪。你要踏准浪，完全不需要对潮水、共振、流体力学等物理知识知道很多。你只要能感知何时浪起、何时浪落，并且在恰当的时候具有做出正确动作的本能和冲劲。

1987 年 10 月（美国股市发生崩盘），你的个人经历是怎样的？

我在 1987 年 10 月的股市崩盘中赚到了钱，不仅整个 10 月盈利，而且全年都是盈利的。股市崩盘后，因为在利率期货市场上做空，我反而遭受到亏损。大多数趋势交易者在股市崩盘时，要么离场观望，要么做空个股或做空期指。

目前有许多资金量相当庞大的机构在职业人士的管理下相继入市，因此现在的市场与 5～10 年前的市场相比，是否有所不同？

没有什么不同。现在的市场与 5～10 年前的市场完全一样，两者都处于不断的变化中。

随着你交易规模的增长，交易是否变得更加困难？

因为大规模的头寸变动很难不引起市场价格的波动，所以交易确实会变得困难。但另一方面，现在相较过去也变得简单了，因为你能通过更多的途径找来各种具有能力的人，让他们给予你支持。

你所说的"支持"是指哪种类型的支持？

我是指富有经验、具有专业精神的经纪人团队，这是一种支持；具有经验的交易员，与你同享喜悦、共担悲伤，就是很大的一种支持；交易老手，那些老员工能够嗅到价格大幅运动（主要趋势性运动）的开始和终结，也是一种支持；我也得到朋友、客户以及家人的支持，这种支持很重要。

你是否接受外部投资顾问、咨询人士所提供的服务？

我会持续跟踪许多外部投资顾问的观点和看法，主要通过阅读商业报刊或是通过我的经纪人来了解。来自外部的咨询服务通常优劣各半，所以总体效果一般，而当这些外部投资顾问志得意满、自我陶醉之时，他们注定将碰到麻烦，会把客户带进沟里。

你怎么看市场通讯及类似市场点评文章？

市场通讯会滞后于市场，因为这类文章是对近期市场已经发生的情况、相关消息进行点评，不具前瞻性。虽然肯定也有例外，但撰写市场通讯类的文章是该行业中最初级的工作，这类文章一般由交易新手或不做交易的外行来撰写。优秀的交易者只做交易，出色的写手去写市场通讯。

你在进行交易决策时，是否借鉴其他交易者的观点，还是完全单枪匹马地交易？

我通常忽略其他交易者的意见，对于那些自以为完全正确，把"这是肯定的事"挂嘴上的交易者，我格外无视他们的意见。而交易老手会说"某某事也许有可能发生"，这些交易老手的话通常是正确和及时的。

不同市场中价格运动的形态有多相似？

价格运动形态的相似性不会因市场而异。例如，债券价格的走势和蟑螂在墙壁上爬上爬下所留下的印迹有许多相同处，两者非常相似。可惜的是，追踪、捕杀蟑螂者的身旁通常没有债券交易者，否则借用价格走势图就能逮杀蟑螂了。

股票市场的价格表现和其他市场的价格表现是否有所不同？

在价格表现方面，股票市场和其他所有市场都截然不同，而且就股票市场本身而言，价格表现也都不同，会发生改变（这句话的具体解释见下一个问题）。如果想理解、搞懂其中的原因，这是困难的，因为试图理解、搞懂市场本来就有点徒劳。我认为，力争听懂、理解乐曲所具有的意义要比弄清搞懂股市的意义大。大多数失败的交易者花大把时间去弄懂、理解市场（即沉迷于空洞、教条的分析理论，近乎理论家，但在交易上却徒劳无功），而不是到市场上通过交易来赚钱。

你所说的"就股票市场本身而言，价格表现也都不同"是什么意思？

这句话的意思是，股票市场上没有能简单确认的将来一定会重复发生的价格表现模式，没有规律可循，处在不断变化之中。

你对通货膨胀、美元以及黄金的长期看法、未来展望是什么？

通胀是社会破除旧秩序的一部分。不管你愿不愿意，所有货币终将贬值。不妨计算一下，在耶稣基督的年代，投资1美分，每年的复利是3%，不断利滚利，到今天，无论哪个地方的人都无法企及复利计算后的终值。

黄金会被挖出、加工，接着再被埋下。随着时间的推移，全球黄金的储备总量是逐步递减的。有许多黄金被储存在金库。我预测世界黄金的存储会呈现由分散到集中的趋势。

优秀的交易者在交易方面是否具有特殊的才能？

优秀的交易者和杰出的音乐家、出色的运动员一样，在各自领域都具有特殊才能。优秀的交易者并不是获得、拥有特殊的交易才能，这种交易才能是与生俱来、如影随形的。

对于取得交易的成功，天生禀赋和后天努力哪个更重要？如何达到两者的平衡？

我认为这两者并不是有你没我、此消彼长的对立关系。

"运气"在成功交易中扮演怎样的角色？

"运气"对于取得交易成功非常重要，属于举足轻重的角色。一些人运气够好，天生敏捷聪慧，而另一些人可能生来更为敏捷聪慧，并且天生好运，吉人天相，一生能逢凶化吉。

你说笑了，请问严肃点的回答是什么呢？

"运气""聪慧"或者"天赋"，这些词都是用来描述某一领域中大师、高手的特质和天性。某个人能在其专业领域、从事的行当中干得很好。我认为大多数优秀交易者在交易方面都有胜人一筹的潜质和潜能。有些人是天生的音乐家或是天生的画家，或是天生的售货员，又或天生的分析师。我认为交易的天分难以靠后天的努力来获得。然而如果你具有先天的交易潜质，你可以对其进行挖掘和发展。

交易对你的私人生活有何影响？

我的私人生活和我的交易生活已合二为一，不分彼此。

交易胜利的喜悦和失败的痛苦，是否同样强烈？

凡事皆执正反两端，有胜利的喜悦和失败的痛苦，必定伴有胜利的痛楚（比如埋下骄傲自大的祸种）和失败的欣喜（比如从失败中吸取教训）。所谓"祸兮福之所倚，福兮祸之所伏"。也可以这样认为，交易根本不应有悲喜，胜不足喜，败不必悲。如果你致力于成为杰出的交易者，这些个人情感越是强烈、丰富，你离自己设定的目标也就越来越远。

当你赚到最初的几百万美元时，你有没有取出一部分钱来锁定利润，以免重蹈杰西·利弗莫尔的覆辙？

我觉得利弗莫尔最终破产的原因与交易心理有关，而与资金管理无关，实际上，我记得曾读到过杰西·利弗莫尔过去一直从赚到的钱中取出一部分，并锁起来，待到要用的时候，再找来钥匙打开锁，取出钱。所以锁定盈利、取出部分利润是该向他学习的地方，并不能因他最终的失败而弃之不学，这是他的成功之道，而非最终败因。此外，当你热情高涨、激动亢奋并且急于"翻本"的时候，你会陷入过度交易，并最终亏光。"出演"狂热的赌徒、反败为胜的勇士，也许令人兴奋、过瘾，然而因此付出的代价是非常昂贵的。此时有一个可供选择的方法，即在发生亏损、账户净资产不断下跌的时候，保持下小注，这样就能持续、有计划地降低风险。采用这种方法可以使你的交易资金趋于安全，而你的财务状况和交易情绪也可以做到安稳无忧。

我发现，你的办公桌上并没有看报价的机器。

在办公桌上放一台看报价的机器，就好比放一台老虎机，你会一整天都围着它转，为之兴奋、痴迷上瘾，从而不断决策，频繁交易。我到每天收盘后再看当天的交易报价。

在交易市场上，为何会有如此之多的交易者遭受失败？

这就像幼龟不可能全部成活长大一样：参与者众多，脱颖而出者极少。社会上的一些行业会吸引许多人来投入，这些投身其中的人会被挑选，只有优秀的人会被留下，而被淘汰者只能另谋出路，不断找寻，直到找到适合自身发展的领域。包括交易在内的所有竞争性行业都是如此，物竞天择，赢家通吃。

失败的交易者如何才能重塑自我，转变为成功的交易者？

失败的交易者在"重塑自我，向成功交易者转变"方面几乎无所作为，失败的交易者并不打算重塑自身。"重塑自我"，那是成功交易者才会做的事。

对于取得交易的成功，相比而言，交易心理和市场分析哪个更重要？

交易心理能提高分析的质量，使所做的市场分析能运用于实战。打个比方，交易心理好比是开车的司机，市场分析好比是开车的地图。

你在心理学方面下了很大的功夫，专注已久。你能不能通过和某个人交谈就辨别出此人将来可能是成功的交易者或失败的交易者？

我可以做到。成功的交易者通常无论身处哪个行业，致力哪个领域，历时多年以后总是成功的。

你认为成功的交易者具有何种性格特征？

（1）热爱交易。

（2）想要盈利。

难道不是所有的交易者都想盈利？

盈利还是亏损，每个人都从市场中得到他想要的东西。有一些人似乎喜欢亏损，他们通过金钱上的亏损来换得其他方面的盈利。

我认识一位交易员，他几乎能够捕捉每一次价格大幅上涨的启动点，基本相差无几，由此他在短短数月里将1万美元的账户做到了25万美元。接着他的性格、作风发生了改变，把赢来的一切又全部输了回去。这一由盈到亏的过程非常像钟表的循环往复。我曾和他一起做交易，当他的性格、作风发生改变时我们已经分开。在他发生改变后，当我资金翻倍时，他却一如既往地全部亏光。我把我的交易做法告诉他，甚至愿意把钱交给他管理，支付他管理费，希望他能重回交易盈利之路。但没有人能帮得了他，除了他自己。我认为他已无法改变导致亏损的交易方法，因为他并不想改变。他想在交易中获得极大的刺激和兴奋，他想当交易中的烈士，他想因交易亏损得到朋友们的同情，他想成为人们关注的焦点。另外，只要可能的话，他非常喜欢在个人财务方面与他人发生联系（诸如借钱之类），对此他会感到很舒服。我认为他在一定程度上确实得到了他想要得到的东西。

我认为，如果人们更深入地审视自己的交易模式，如果能做到平心而论的话，他们会发现，即便他们对其想要得到的东西并不理解或不想承认，但他们确实已得到了他们想要得到的东西（包括他们所有的目标）。

我的一位医生朋友告诉我这样一个故事：一位癌症患者利用她生病的情况来得到他人的关注，一般来说，就是要求身边的人关注她，她能够支配身边的人。医院和她的家人事先达成约定，对她进行一个心理测试。这个测试是这样的，医生假装告诉她有一种新研制的针剂将可以治愈她的病症。结果她不断地寻找借口逃避这种针剂的注射，到后来还完全拒绝注射。因为生病能让她享有支配他人的地位，而这种地位对她而言也许比她自己的生命还重要。人们的交易业绩可能更能反映交易盈利在他们心中的优先性和重要性，这远比他们口头声称的"优先和重视"要来得可信。

我认为大多数浮夸和搞笑的交易者，他们交易不仅是为了盈利，也是为了刺激和兴奋。提高交易盈利的最佳方法之一就是，建立明确、可视的交易盈利目标，这样就能使你的意识（conscious）和潜意识（subconscious）里都具有交易盈利的目标，能够彼此保持一致，不会心口不一。我曾和许多交易者待在一起交易，为了检验和探知交易盈利在交易者心中的优先性和重要性，我结合采用了催眠、呼吸吐纳、冥想静心、形象化、格式塔（gestalt）、按摩等方法。结果表明，这些交易者可以分为两类。

（1）把交易盈利、当一名交易员放在首位，交易得非常成功。

（2）确实没把当一名交易员放在首位，交易盈利对其而言并不重要和优先（他们的交易肯定是不成功的）。

当然，有些人的失败是因为技能的缺乏，即便他们真的很想成功。

我们与生俱来的、内心真正强烈的渴望是天赐之福。满足这种渴望所需的方法和手段，上天也会赐予我们。那些想要成功却又缺乏技能的人可以让具有技能的人来帮助他们，通过向别人学习来获得技能。

我有时会做与"市场价格即将选择的运动方向"有关的梦。虽然这些梦很少做，但神奇的是，每次做必定会应验。你是否有类似的经历？

我认识几个宣称在梦中获得市场感悟和洞见的人。我想"梦"所具有的一个功能就是对大脑意识里认为难以解决、非常棘手的信息和感觉加以解决和调和。例如，我曾对我的许多朋友说，我预计白银将持续上涨。当白银实际开始下跌时，我会忽略下跌的信号，并对我自己说，下跌是对价格上涨的短暂休整。我固执己见，不仅丢了面子，而且输了钱。我不愿承认自己犯错。大概就在同时，我经常梦见自己在一架大型、闪光的银色飞机上，飞机遭到气流冲击而开始失控下落，并不可避免地坠毁了。类似的梦做了不止一次，后来我终于清空白银期货上的多头头寸，甚至转为做空，这样的噩梦就此不再做了。

你怎样评判成功？

我不评判成功，我只庆祝成功。我认为，成功与否和你能否找到并且遵循自己内心的召唤有关（即能否做自己真正热爱的事），而与你能否获得财富无关。

***

切莫被塞柯塔谈话中的风趣幽默给"糊弄"了，在他含蓄的回答中都暗藏机锋，富含智慧。就我个人而言，令我感触最深的一段话就是："每个人都能从交易市场中得到他想要的东西。"塞柯塔初出此言时，我想他不过是抖机灵，说这种很讨巧、招人爱的话。但我很快领悟到他说这话是很认真严肃、富有深意的。刚听到这段话的时候，我的本能反应是，塞柯塔这种假设是不可信的，他认为每个交易输家都是自己想输的，而所有并未设立具体目标的交易赢家（比如像我这样的人）都能在不经意间实现内心与生俱来的强烈渴望，能够出类拔萃，挤进通向交易成功的狭窄大门。他所说的这些话确实有点晦涩难懂，虽然具有缜密逻辑思维的我通常会排斥、否定这样的观点，但塞柯塔在金融市场方面以及人类心理方面的博学多识令我非常佩服和敬重，这促使我仔细考虑他这段话可能蕴含的真谛，"每个人都能从交易市场中得到他想要的东西"是一个非常具有挑战性、吸引力和探讨空间的想法。

| 第九章 |

拉里·海特
重视风险

大学时所学的课程激发了拉里·海特对金融市场的兴趣，但他通往华尔街的路途堪比摩西前往以色列（迦南）的行程。他刚成年时的表现并未彰显出这是一个胸怀大志、追求巨大成功的小伙子。他学业生涯不顺，因此他做过一系列的零工散活，每段工作都无法持续很久。最后他做了演员以及电影编剧。虽然没有记载显示他在这行取得的重大成功，但他很喜欢这份工作。他写的某个电影剧本，一直无法实际投拍，但经常被作为备选的剧本（剧本的编剧也能收到一点钱），他开始将此作为稳定收入的来源。

某天海特听到H. L. 亨特（H. L. Hunt）在电台讲述他通过全力买入廉价的石油期权，以最小的风险发了偶尔才能有的横财，赚得了暴利。就在同一天的晚上，在一次聚会上他碰到了甲壳虫乐队（即披头士乐队）的经纪人布莱恩·爱波斯坦（Brian Epstein），两人做了简短的交谈。其后海特脑中同时产生了两个职业转换的念头（第一个来自亨特，第二个来自爱波斯坦），他暗自思忖，"推广摇滚乐、做音乐经纪人也不错，能以较少的投入，赚得较多的钱"。虽然他当上音乐经纪人，和他属下的一些歌手签订了不少唱片合约，但无人成为真正的大牌明星。虽然他再一次成就有限，没有取得突破性的成功，但他至少能以自雇、单干的模式赚到还算令人满意的收入，可以维持生计。

但当时海特真正的兴趣还是在金融市场。"你经常会听说在华尔街工作的人后来变成了电影编剧，而我也许是唯一一个转行为华尔街打工的演员和编剧。"他对我开玩笑道。海特在1968年最终决定追求他最主要的兴趣，投身金融市场。当海特被期货市场深深吸引之时，他对如何在该领域立足还知之甚少，所以他从股票经纪人开始干起。数年后，他成为专职的商品期货经纪人。

又过了十多年，海特确信他已掌握取得成功交易绩效并且长期保持所需具备的一切，于是迈出了自己干的第一步，最终组建了明特投资管理公司（Mint Investment Management Company）。他意识到，他的交易思想需要经受严格的科学测试。他招募来统计学博士彼得·马修斯（Peter Matthews），给予他公司合伙人的身份，但并没有付给他即刻可到手的工资（由于公司处于起步阶段）。一年后，他又聘用了迈克尔·德尔曼（Michael Delman），德尔曼以前是一家制造电子防御系统公司的电脑系统设计师。马修斯和德尔曼都为公司提出自己的真知灼见，但或许更为重要的是，他们的工作为海特的交易思想提供了数学上的检验和证据，证明其交易思想能真正经得起统计学上的检测。海特强调，没有马修斯和德尔曼，明特投资管理公司就不可能取得成功。

获得高比例的回报绝不是明特投资管理公司的唯一目标。明特公司的投资哲学是，在严格进行风险控制的同时，持续实现业绩最好的增长。对于"风险"和"回报"间关系的洞察力和见地，海特确实是光彩照人、无人可比。在最初的1981年4月到1988年中期的交易中，明特公司取得的平均年复合收益率超过30%。而他们盈利的持续性令人印象最为深刻：年收益率从最坏时的13%多到最好时的60%多。他们在持仓时间是6个月的交易中，最多的亏损仅有15%，而持仓时间是12个月的交易中，亏损低于1%。

明特投资管理公司的一流业绩使其管理下的资产净值快速、惊人地增长，这是意料中的事，不足为奇。1981年4月，他们开始交易时的资金是200万美元；时至今日，他们管理的资产超过8亿美元。尤为重要的是，没有证据显示其所管理资金的急剧增长会对投资绩效产生有害影响。海特认为明特投资管理公司最终能够管理20亿美元，对从事期货交易的基金而言，可谓是天文数字了。

我对海特的访谈在共进午餐时展开，那顿午餐是在堪称世界最高的纽约世贸中心顶楼吃的，我们倚窗而坐，窗外就是蓝天白云。我们达成默契，决定最后离开餐厅（可以尽情地谈），然后再去海特的办公室完成余下的访谈。

你怎么会对交易市场产生兴趣的？

我还在大学念书时，某门商业课的老师是一位极富幽默感的教授。给你举个例子，这位教授在授课的同时还担任银行的审查主任。某天查账结束后，离开银行前，他突然转向银行总裁，开玩笑似地说："我抓到你的小辫子啦！"总裁听闻后当场心脏病发作。后来，通过另一次查账、审计，发现这位银行总裁果然擅自挪用了75 000美元。某天这位教授在课堂上对所有金融工具一一点评，包括股票、债券等。点评完股票和债券，他接着说："现在我们所面对的商品期货市场，是所有市场中最为疯狂的。商品期货市场中的交易者，其交易保证金的比例只有5%，并且许多人的钱还是借来的。"全班同学听完后都哈哈大笑，只有我例外。出于某些原因的考虑，能以5%的保证金比例进行高杠杆交易，对我而言是一件非常美好的事。

你何时涉足金融市场的？

涉足金融市场是许多年以后（时间是从大学读书算起）的事了。当时我在从事摇滚乐的推广工作。某个周末在一个俱乐部分别有三部片子开拍，我管理的小组正好也在那儿工作。就在那时我认为改变职业的时机到了，我想追求自己真正的兴趣——金融市场。虽然我真正感兴趣的是期货交易，但对于如何找期货领域的工作一无所知、茫然无措，所以我决定从股票经纪人做起。

我初次面试的是一家极为保守、守旧的华尔街公司，那里的办公室让你肃然起敬，使你感觉在那里应当用肃穆、沉稳的语调来说话。面试官的语调傲慢，谈吐优雅，说的每一个字好像都是从牙缝中蹦出来的。此人住在康涅狄格州。他告诉我，"本公司只为我们的客户买进蓝筹（blue chip）。"

我没有金融学、会计学的专业背景，不了解"蓝筹"的意思，但是在一家严肃、庄严的投资公司里听到"蓝筹"一词，还是感觉有点怪怪的。所以面试之后，我查找了"蓝筹"一词的起源。我发现这个词的源头可以追溯到赌场筹码的颜色，原来在蒙特卡洛（Monte Carlo）的赌场里，最贵的筹码就是蓝色的。我不禁自言自语道："啊哈，现在我知道了，交易游戏完全就是赌博呀。"我把本杰明·格雷厄姆与大卫·多德合著的《证券分析》一把扔掉，该书被许多人奉为股票市场（基本面）分析的"圣经"，并且买了本《战胜庄家》（Beat the Dealer）。我后来一直持有这样一种观点：成功投资其实与概率有关，如果你能计算出成败的概率，那你就能找到战胜市场的方法，并且要对该方法进行交易测试。

是什么使你确信，你可以形成、掌握一套胜率占优的交易方法？

我认为还没有全部掌握和形成这样的交易方法，但是通过多年交易，我逐步认识到市场是无效的。我有一个朋友，他是位经济学家。他总是像教导小孩子那样，试图解释给我听，为什么我试图做的事情（即找到战胜市场的交易方法）是徒劳无功的，他的理由是："市场是有效的"。我注意到，每个对我说"市场是有效的"人都是经济拮据的。他的论据是：如果我能够形成一套战胜市场、能够盈利的交易系统，市场上的其他交易者同样也能做到，并且我们的交易系统彼此之间会互相抵消。

那么，他的论据错在哪里呢？

交易者能形成交易系统，但同时交易者都会犯错，原因就在于此。由于每个人都会有亏损的时候，因此有些交易者会改变他们的交易系统或是从一个交易系统跳到另一个交易系统。另有一些交易者，他们会忍不住对交易信号去做主观的预测和猜想。无论什么时候，当我参加资金管理方面的研讨会，会后晚上一帮与会者坐在一起，把酒言欢时，我总会听到相同的经历："我的交易系统运作良好，但这次交易良机却被我错失了，否则我将赚到最大的一笔盈利。"

这里蕴含真知灼见：人无法改变，人性亘古不变。这就是交易游戏能够一直玩下去的原因所在。1637年，荷兰郁金香从5 500荷兰盾崩盘后一直跌到50荷兰盾，跌幅高达99%。或许你会说："现在的交易已与那时不同，已焕然一新，那时的人们原始愚昧，那时资本主义尚处萌芽时期。今天我们已非常成熟、理智。"那好吧，请看 1929 年发生的股灾，那时空气减压阀公司的股价从 233 美元的高点下跌，一落千丈，一直跌到 31 美元，跌去 87%。或许你又会说："兴盛的 20 世纪 20 年代是疯狂的时代，但现在一切都已截然不同。"那就前进到 1961 年，有一家叫得州仪器的公司，其股价从 207 美元开跌，最终跌到 49 美元，跌幅高达 77%。如果你认为我们遗忘了成熟理智的 20 世纪 80 年代，那你必须要做的事就是看一下 80 年代白银价格的走势，白银价格从 50 美元的高峰下跌，最终跌到 5 美元，跌幅达到 90%。

关键原因在于，无论古今中外，人都是一样的，人性都是亘古不变的。如果你能用相当严格的方法来避免后见之明，你就能够对交易系统进行测试，看其过去的表现是否良好，并能对该交易系统未来的运行做出相当出色的规划。这才是我们的优势所在。

市场不可能发生改变吗？今天的期货市场与过去相比会有巨大不同吗？

市场或许会改变，但人不会变，人性不会改变。当我们仍处在交易系统的测试期，那时还没有真正开始管理资金，我的合作伙伴迈克尔·德尔曼想出一个办法，即采用持仓的时间来测试交易系统的绩效。仅按日历上的完整年度（即从 1 月到 12 月）来评估交易系统是非常武断和主观的。你真正想知道的是任意持有时间长度的获利概率。经过我们的模拟测试，彼得·马修斯确认：对于我们的交易系统，所有持仓时间是 6 个月的交易有 90% 的胜率；持仓时间是 12 个月的交易有 97% 的胜率；持仓时间是 18 个月的交易有 100% 的胜率。经过 7 年的实际交易，上述胜率实际上分别为 90%、99% 以及 100%。

接着我要告诉你，对于评估交易系统的过程在其后的有效性，我是怎样的充满信心。有一个为我们工作的人，他以前是英国军队的上校，那时他专职拆弹，工作范围遍布全球。我问他："你是怎么拆弹的？"他回答我说："拆弹并不困难。有不同种类的炸弹，马来西亚的炸弹与中东的炸弹肯定不一样。你跑过去看一下这是哪种类型的炸弹，然后就开始拆掉炸弹。"我听后对他说："那我要问你一个问题。如果你偶然碰到一颗你不知道的炸弹，你会怎么办？"他注视着我的双眼说道："你可以记下对这颗陌生炸弹的第一印象和相关描述，并且希望这不是你最后一次碰到这种类型的炸弹。"

有一天，当我走进办公室，发现这位前拆弹专家、有着钢铁般意志的人都快要落泪了，我问他怎么了。原来美联储突然改变政策，戏剧性地扭转了许多主要市场的趋势。我们基金（明特投资管理公司发行的）的单位净值从最初的 10 美元上升到将近 15 美元，经过这突发的政策改变，一夜之间从 15 美元跌到了 12 美元以下。那时这位前拆弹专家正好接了一个新客户——瑞士某大银行（这位新客户也因此遭受这次损失），我对他说："请他们（瑞士的新客户）听电话。""什么？"这位前拆弹专家听后不解地问道。我又重说了一遍（说得更慢，更加突出强调）："请—他—们—听—电—话。"

我还在做经纪人的时候，那时我的老板教导我：当你的客户亏钱时，如果你不打电话通知他，别人就会去打。说实话，我当经纪人时，碰到过与此相似的事。现在当我把亏钱的情况通过电话告知客户时，他们便会抱怨自己的经纪人，我听后会说："哦，他怎么会这样交易，对不起，让你亏损输钱了。"

于是，我通过电话和那位瑞士新客户取得了联系，在电话里我向他解释：我们的模拟测试表明，这种"政策突然改变导致市场趋势逆转"的事件极少发生，并且我有信心在 9 个月内让我们的基金净值再创新高。我对这位新客户说："实际上，我刚把借来的钱作为我自己的投资份额投入公司的基金中。""你真的这么做了？"那位新客户将信将疑地问我，我向他保证，我确实是这么做的。

接着一切进展顺利，该客户的投资本金翻倍，我们基金的净值也一飞冲天。今天该客户已是我们最大的客户之一。我是靠什么做到自信满满、淡定自若的呢？因为我对所用的交易系统了如指掌、充满信心。你也许无法知道明天将要发生的一切，但你对长期将要发生哪些事却能有很好的洞见和预判，这就是交易这行奇妙无比、令人惊异的地方。

保险业务是很好的类比对象。对于一个 60 岁的老人一年后的生存概率，你绝对无法预判。然而如果面对 10 万个 60 岁老人，一年后有多少人仍将健在，你能做出很好的估计。我们进行交易，同样也是如此：让"大数法则"为我们所用。

在某种意义上，交易者如同精算师。

我有一位因交易期货而导致破产的朋友。对于我严格遵照机械交易系统进行交易，他无法理解。某天我们在一起打网球时，他问我："拉里，你用那种方式（即遵循交易系统进行交易）进行交易，不觉得枯燥乏味吗？"我告诉他："我不是为了刺激、兴奋而交易，我交易是为了赚钱盈利。"也许听上去有点粗俗，但却是金玉良言。我与其他交易者在一块儿的时候，当别人开始交流在各类不同交易中厮杀拼抢的经历时，我却默默无语、一言不发。对我而言，我们公司所从事的所有交易都是一样的，没有类型之分。

有许多资金管理者采用趋势跟踪交易系统，但也有许多资金管理者并不采用交易系统来预判市场。明特投资管理公司与其相比有何不同？你是怎样取得高于行业平均水平的回报率的？

我们能取得这样的成绩，是因为我们有自知之明，我们知道自己的无知。无论你拥有怎样的信息优势，无论你是做什么的，你都可能犯错。我有一个朋友，他通过交易积聚的财富已超过1亿美元。他把两条基本的交易经验教授给我：首先，用于生活开支的钱永远不可投入交易，从交易的角度来看，你最多交易亏光，但不会影响你的日常生活，情况不会进一步变糟。其次，如果你知道最坏的结果可能是什么，那你在抉择和行动时就会有极大的自由。如果你无法对"回报"进行定量分析，那你可以对"风险"进行定量分析，你可以确定"最坏的结果可能是什么"，这绝对是真理。

我给你举个例子，看看这一建议有多重要。位列世界最大咖啡期货交易者之一的某位交易者邀请我去他位于伦敦的家。当我走进他的书房时，感觉仿佛走进了图书馆。他那儿几乎什么书都有，甚至有权力方面的书。他带我到一家餐馆吃晚饭，我曾经去过该餐馆，这是我所认为最好的餐馆之一。共进晚餐之时，他问我："拉里，你对咖啡豆的了解怎么才能超过我？我是世界上最大的咖啡豆交易者（指咖啡期货交易）。我知道货船开到了哪里，我认识相关部门的部长。"我回答说："你说得很对，对于咖啡豆，我一无所知。实际上，我压根儿不喝咖啡。""那你怎么进行咖啡期货的交易？"他问我。我告诉他，"我只盯住交易风险。"这顿盛大的晚宴吃了几小时，席间他五次问我做什么、怎么做，我五次都回答他：我进行风险管理。

三个月后，我听说他在咖啡期货市场上爆仓，亏损达1亿美元。他显然没有领悟我上次席间回答他的话（即"我进行风险管理"）。你想知道我话中的含义吗？那就是，对于咖啡豆，他肯定比我懂得多，但是他轻视交易风险，疏于风险管理。

所以，明特投资管理公司第一条也是最首要的交易生存法则就是，任何一笔交易中，所冒风险不要超过交易账户净资产的1%。对任何一笔交易，我都一视同仁，只冒1%的风险。将你所冒的风险控制在很小范围里并保持稳定，这点绝对至关重要。例如，我所认识的基金经理，其交易本金的一半因价格的回撤而亏掉。此时他非但没有砍掉一半的持仓以控制风险，反而继续交易，加仓买入，加仓数量与原来持仓数量相同。到头来，剩下的50%本金亏到只剩10%。交易时所承担的风险绝非儿戏，不可等闲视之，不能轻易犯错。如果你不进行风险管理，最终风险会让你吃尽苦头。

明特投资管理公司第二条交易法则就是，我们总是追随市场价格的趋势，顺势而为，并且绝不背离我们所用的交易方法。实际上，我们公司订有书面协定：没有人能够撤销我们交易系统的指令，违背交易系统发出的信号。所有交易依据交易系统进行，都遵循这一协定。这就是我们明特公司从没有糟糕交易的原因所在。其实交易或下注可分为四种：好的交易、糟糕的交易、赢钱的交易以及亏钱的交易。大多数人认为，糟糕的交易就是亏钱的交易。这是绝对错误的。在好的交易中，你同样可能亏钱。如果下注后的盈亏概率是对半开，即50%对50%，而可能获得的回报是2美元，可能承担的风险是1美元，那么即便这笔交易最终你亏钱了，还是一笔好的交易，是可以进行的交易。这里的要点在于，你的交易次数必须足够多、下注次数必须足够多（即统计样本必须足够大），这样只要交易的期望值为正，你就能最终盈利。

明特投资管理公司第三条交易法则就是，通过分散交易来降低风险。我们采用两种方法来进行分散交易。第一种方法，相比其他资金管理者，我们尽可能在全球各种市场中进行交易，交易范围极广。第二种方法，我们使用的最佳交易系统不止一套。为保持平衡，我们使用多种不同的交易系统，从短期交易系统到长期交易系统。某些交易系统就其本身而言或许称不上最优，但我们对此真的不介意，我们不仅要看该系统单独使用时的绩效如何，也要看该交易系统和其他所选系统间是否缺乏关联（即选择与其他所选系统关联性小并且单独使用时交易绩效优异的系统，只有这样才能起到通过分散交易来降低风险的作用）。

明特投资管理公司第四条交易法则就是，通过跟踪波动率来进行风险管理。当某个市场的波动率变得很大，以致对预期的回报风险比产生不利的影响时，我们就将停止该市场上的交易。

我们的交易方法中有确定交易信号可信度的指示灯，指示灯（如同交通信号灯一样）有三种颜色。指示灯显示为绿色时，我们按照交易系统发出的所有信号进行交易，此时系统运行一切良好。指示灯显示为黄色时，表示交易系统存在一定问题，我们根据系统发出的清仓信号清空"该清仓信号所指示的持仓头寸"，但不会建立新的头寸，从而降低仓位。指示灯显示为红色时，表示交易系统发出的信号可信度极低，交易系统存在严重问题，我们不仅自动清空所有持仓头寸，而且不会建立任何新的头寸，不开新仓，做到完全空仓。

例如，1986年咖啡期货合约从1.30美元涨到2.80美元，然后回落到1.00美元，我们在价格回升到1.70美元时清空所建的多头头寸，出场后就没有再进场交易，其后价格的继续攀升以及最终的崩溃都与我们无关。现在看来，也许我们可以再多赚一点利润（即不要在1.70美元根据交易信号清仓出场，而是等价格继续涨高一点再了结多头头寸，这样就能多赚一点），但是根据交易信号清仓出场，正是我们严格控制交易风险的方法之一。

所以你与其他使用趋势跟踪交易系统的资金管理者相比，一个重要区别就是你已形成了确定何时停止交易的方法？

在任何情况下或在任何交易游戏中，你都能确定任何一个玩家所具有的得天独厚的优势，即便是最弱的玩家。在期货交易中，你可以把玩家分为三种：做商品贸易的人、生产经营者（这些人以套期保值为主）、场内交易员以及一般的投机者。做商品贸易的人和生产经营者对期货市场上商品本身具有丰富全面的知识，在清仓离场方面占据优势，并有好的方法。比如，他们在期货市场上建立了一笔糟糕的头寸，遭受亏损，能够通过相关现货市场上的操作来对冲风险、降低损失。场内交易员具有速度的优势，你无法比他们快。一般投机者既不具有商品本身的知识，又没有速度上的优势，但他们具有"不必非要进行交易"的优势。一般投机者能够做到"只在胜率较高的情况下才下注，才进行交易"。这是他们非常重要的而且得天独厚的优势。

你之前讲过，你把市场不断升高的波动率作为停止交易的信号。你是采用过去多少个交易日的数据来确定波动率的？

选择的天数介于10天和100天之间。

你说10天和100天之间，你是故意含糊其辞还是表明你在10～100天内有多个不同的时间框架，有多个不同的波动率？

我们在10～100天内选择多个天数，以此设定不同的时间框架，据此计算各个波动率。

我完全理解你所用1%止损法则的原理和思路。然而我有一个疑问：如果你根据1%的止损法则止损出场，但此时你的交易系统并没有发出离场的信号（并未转换交易模式）⊖，而此后价格运动又重回原来的对你有利的方向（之前因为价格向不利于你的方向运动，才会达到1%的止损幅度），那么你又是根据什么重新进场建仓呢？当价格发生适度、合理的回撤，因为达到你的止损标准，导致你清仓离场，此后价格运动又重回原来的方向，你却因过早止损而错失其后的巨大利润，是否有这种可能呢？

如果市场价格创下新高或新低，我们重新进场做多或做空。

⊖ 比如你持有多头头寸，根据资金管理的法则，达到1%的跌幅就止损离场，但当你止损离场时，交易系统并没有发出卖出做空的信号，此时交易系统依然处于多头模式。当市场价格在下跌后又重新上涨，此时无论价格涨到多高，系统也不会发出买入做多的信号，因为系统直到此时依然处在多头模式，不会重复发出买入做多的信号。如果在你止损离场时，系统也同时发出了离场信号并转入空头模式，那么待到价格重新上涨时，系统就会发出买入做多的信号，并转入多头模式，你就可以据此进场做多。

如果市场价格在某一宽幅区间反复上下震荡，反复触及止损并反复发出重新进场的信号，你不是要反复持续地止损离场以及反复持续地重新进场吗？

会发生那种情况，不过这不足为患，只要我严格按照止损法则和重新进场的信号来操作。

你对"风险"怀有超乎寻常的强烈敬畏。在你交易生涯中，有什么亲身经历令你对风险会产生如此根深蒂固的敬畏态度？

当我初涉商品期货交易时，我注意到如果做多9月的猪腩期货，然后在7月之前做空对冲，平仓后几乎总能盈利。所以我和一帮朋友成立了一个私募基金，开始猪腩期货的交易。这一交易策略果然奏效，投入的资金翻倍。我感觉自己是个天才。

就在那时，我有一个做玉米期货的朋友。对于玉米期货，我一无所知，我只懂猪腩期货。他叫我做多交割时间靠后的玉米期货合约，同时做空交割时间靠前的玉米期货合约。因为这是相对安全的交易方式，我的多头头寸（交割时间靠后的某月合约）和空头头寸（交割时间靠前的某月合约）可以相互对冲。我真的重仓出击了。不久以后，政府发布了令人吃惊的农作物收成预测，市场对此的回应就是：我做多的玉米期货（交割时间靠后的）某月合约下落到跌停，而我做空的玉米期货（交割时间靠前的）某月合约上冲至涨停。

对此，我绝望透顶。我至今记得，那时我走出屋子，来到楼梯旁，跪倒在地，大声喊道："上帝啊，我并不介意输多少钱，只是请你保佑我，不要让我的账户出现倒欠，不要让我债台高筑。"那时我正为一家成熟的跨国公司打工，当我在楼梯旁祈求上帝保佑时，天遂人愿，一位瑞士银行家正好从楼梯上走下来。直至今日，我仍然想知道这位银行家当时究竟在想什么，究竟为什么会帮助我。

你还有其他因为没有注重市场风险，而在交易中遭受到的创伤吗？

不仅是我个人因为轻视风险而在交易中遭受创伤，我在整个交易生涯中也不断目睹、见证了其他我所知道的人因为不敬畏"风险"而遭受重创。如果你不密切注视风险，那么"风险"就会让你好好见识见识，让你吃点苦头。

我还是小孩儿的时候，得到了生平第一辆摩托车。我有一个老友，此人总爱和人打架。他告诉我："拉里，你骑摩托车的时候，绝不能与开车的人争强斗狠、互抢车道。那是鸡蛋碰石头，你注定要输的。"这番教导也可运用于交易：如果你和市场抗衡，逆市而为，你就会失败。

亨特兄弟是这方面最好的例子。曾有人问我："亨特兄弟怎么会失败？他哥俩的身家有数十亿美元，称得上富可敌国啊。"他们失败的原因在于，他们有10亿美元，但却买入价值200亿美元的白银期货合约（这里具体的金额只是为了举例说明，并非确切的数字）。如果某人只有1 000美元，却买入价值20 000美元的白银期货合约，那么他所建头寸面临的风险与亨特兄弟所建头寸面临的风险其实是一样的。

我有一个好朋友，他以微薄的本金起步，他父亲是环卫工人。他是一个很聪明的人，进行期权套利。他极为擅长期权交易，并且赚取了大量财富。我记得曾经还参观过他在英格兰购置的豪宅。

他或许是个出色的套利者，但最终却沦为糟糕的交易者，以失败告终。他形成了自己的交易系统，并用其交易赚钱。有一天他对我说："我在黄金期货上没有得到交易系统发出的做空信号，我看上去不对啊。另外，至少差不多有50%的交易信号是错误的。"他不仅没有等交易系统发出做空信号后去做空，反而在黄金期货上做多，这令他忧心如焚。果然不出意外，黄金期货市场的价格是下跌的。我告诉他"清仓离场"！但他坚持认为"市场价格会重新上涨的"。

他没有止损离场，最终连房子和其他所有的一切都输掉了。现在他租住在某条小街的一间小屋里，租金很便宜，只要100多美元，但房屋很破旧。直到今天，我依然记得他过去拥有庄园的名字"贝弗利"（Beverly）。他仍然是我最好的朋友之一，他痛失如此巨大的一栋豪宅令我感受至深、印象深刻。就是因为一次交易，那栋曾经拥有的豪宅却最终失去。颇具讽刺性的是，如果在那次交易中，他遵循交易系统来进行交易（即在系统发出做空信号后进场做空），那么他就能大赚一笔。

我再讲另一个真实的故事给你听。我有一个表弟，他在期权市场上从5 000美元做到了10万美元。有一天我问他："你是怎么做到的呢？"他回答说："这太简单了。我买入期权，如果它上涨，我就持有，但如果下跌，我要等到账面持平保本再清仓出场。"我告诉他："你看着我，我是以交易为生的，我可以告诉你，从长期来看，你的交易策略无法奏效。"他听后说道："拉里，不要担心，这一交易策略，我不会长期使用的，我赚到100万美元后就不用啦。我清楚自己在做什么。我就是永不止损。"我听后只能说："那好吧……"

在我表弟接下来的交易中，他买入美林银行的期权，只有这次，他买入之后，期权价格是下跌、下跌、再下跌。大约一个月后，我才和他见面交谈。他告诉我他欠了1万美元。我听后不由问道："等一下。你共有10万美元，买入期权花了9万美元。即便买入的期权到期后，你放弃权利的行使，期权全部失效作废，你应该还剩下1万美元。你怎么会倒欠1万美元的？"他回答我说："我最初在4.75美元（一张的价格）的价格买入美林银行的期权，共用9万美元，后来当价格跌到1美元，我计算了一下，如果我另外用2万美元以1美元一张的价格再买入美林银行的期权，则价格只要涨回2美元，我账面即可持平保本。所以我跑到银行，向银行借了1万美元。"

"敬畏风险"不仅事关交易，而且各类商业决策中也要加以考虑。我曾在某公司工作，该公司的总裁是一个很好的人，他聘用了一位期权交易员，此人绝顶聪明，但不够可靠稳定。一天这位期权交易员消失了，他在公司账户的持仓内留下了一笔亏损的头寸。这位公司总裁并不是交易员出身，他征询我对这笔头寸的处理意见："拉里，你认为我该怎么做？"我告诉他："清仓即可。"然而他却反其道而行之，继续持有这笔亏损的头寸。这笔头寸的账面亏损开始稍有变大，但随后市场价格开始回到原来的运动方向，最终这位总裁在略有小赚的时候清空了这笔头寸。

在这一事件后，我找到我的一位朋友，他也在这家公司工作，他叫鲍勃。我对他说："鲍勃，我们打算跳槽走人了。""为什么呢？"鲍勃问道。我回答他说："（打个比方）我们这位公司总裁发现自己身处雷区之中，他接着所做的事就是紧闭双眼，凭运气一路往前走，而且他认为无论何时，你身处雷区之中，正确的对策就是闭上眼睛往前走。我们就是替这样的人在打工哦。"过了一年不到的时间，这位公司总裁不得不清空在期权市场上利用 delta 中性交易策略建立起来的大量头寸（delta neutral spread position）。他不是一下子全部止损清仓，而是逐步止损清仓。等他全部清仓完毕，该公司的资产也已损失殆尽了。

除了风险控制上的错误，还有什么原因导致人们在交易中亏钱？

有时，人们不是采用统计学的方法，而是基于自己的偏见来进行交易，从而导致交易的失败。例如，《华尔街一周》(*Wall Street Week*) 的节目中辩论小组里有一位成员，年纪大约是 65 岁或 70 岁。在某天的节目里，他说起从他父亲那儿学到的经验，那就是"债券是你投资组合中的基石"。想想这番话吧！从他初次进入金融市场算起，他每隔八年才看到利率下跌一次（利率下跌时债券价格上涨）。很明显，"债券"这个交易品种对他来说，具有的意义远超现实中的赚钱盈利（含有他对他父亲教诲的言听计从以及个人的某种偏见）。

你们交易的范围很广，交易的品种很多。在所有交易中，你是否采用同一种交易方法？

我们交易只是为了盈利赚钱，而不是为了涉足许多交易市场和交易品种。我们公司销售部总监米奇·昆廷顿（Mickey Quenington）曾把我引荐给我们公司前任首席执行官 E. F. 曼恩（海特给其明特投资管理公司 50% 的股权，以换得财政上的支持）。公司这位前首席执行官是为人强悍、意志坚强的爱尔兰人，他问我："你怎么区分你所（期货）交易的黄金和可可呢？"我回答说："两者我都投入 1% 的资金，所以在我看来，两者是一样的。"他听后勃然大怒，对我咆哮道："你的意思是你看不出黄金和可可之间的区别？"我想要不是当时他和米奇关系不错，不是看在米奇的情面上，他真会把我扔出他的办公室。

我娶了一个蛮般配的英国女人，她家里人认为我有点愚钝、粗俗，对此她一直有点担心。（认为我愚钝的原因是）我曾接受《伦敦时报》(*London Times*) 记者的采访，那位记者问我伦敦可可期货市场将来的走势，我对他说："坦白地说，我看不清市场未来的走向；我只能看到风险、回报和资金。"我是那篇采访文章中最后一位被采访的人，那位记者在那篇文章的结尾处写道："海特先生不关心可可市场，他所关心的一切就是金钱。"我妻子读完这篇文章后对我说："太棒了，现在我算是永远没法回娘家了，这篇文章恰好证明我家人对你的看法自始至终是正确的。"

我认为如果你在所有的市场用同一种方法交易，你可能并不相信交易系统的"最优化"。

你说得很对。我们公司有这么一句话："你的交易系统虽然不完美，但你还是赚到那么多的钱，这确实令人难以置信。"我们不去寻找交易系统最优化的方法，不求交易系统的尽善尽美，我们要寻找最切实可靠、最持久适用、最严密确定的交易系统。其实任何人都能坐下来，依据过去的交易数据，设计出所谓"完美"的交易系统。但是这种"完美"只是针对过去的交易而言，将来用此交易系统未必能取得最佳绩效，而明特公司的交易系统并不追求过去交易数据上体现出来的完美无缺。

你认为有哪些技术指标被高估了？

超买/超卖指标。它们好像无法通过交易测试。

你认为哪种类型的指标、信号特别有指示作用？

我想到两种很有用的指标、信号，虽然我并未真正将其运用于交易。第一种信号是，如果市场并未对重要新闻做出应有的反应，那就是告诉你其中定有重大隐情，是重要的信号。例如，两伊战争（伊朗和伊拉克）爆发的消息刚在网上出现后，黄金价格仅能上涨1美元。我自言自语道："中东战争（两伊战争归属于中东战争）刚爆发，金价竭尽所能也只能上涨1美元，这应该是重大的看空信号。"其后金价果然大幅下跌。⊖第二种信号则是艾迪·塞柯塔教会我的。当市场价格创下历史新高，这就是告诉你背后定有原因。无论有多少人对你说市场价格没有理由涨得那么高或是价格创下新高的背后并没有基本面的实质改变，但唯一的事实就是价格创下了新高，这就是告诉你一定有什么发生了改变，新高的背后必有原因（而当价格创下历史新低时，也同样如此）。

⊖ 因为黄金具有保值作用，爆发战争，金价理应看涨，但该涨不涨，其中必有其他不为人知的因素。

你从艾迪·塞柯塔那还学到一些什么？

有一天塞柯塔向我阐释他的交易哲学，这可是真的哦，他说："你能用1%的资金去冒险，你能用5%的资金去冒险，你也能用10%的资金去冒险，但你要很好地意识到，你所冒的风险越大，交易绩效的上下波动也就越大。"这句话绝对正确。

我知道你的合作伙伴是你开发交易系统时不可或缺的帮手，除此之外，你是否从其他交易者那里学到有用的东西？

当然有啦。杰克·博伊德（Jack Boyd）就是其中一位，是他把我招聘进公司，担任他公司的经纪人及分析师。我读到汉迪（Handy）和哈曼（Harman）在他们年度报告中的一段话，即"白银的总储量不是30亿盎司就是70亿盎司"，于是我在关于白银市场的报告中批评道："按照汉迪和哈曼报告的说法，有些人认为的白银总储量（30亿盎司）会比另一些人认为的白银总储量（70亿盎司）少掉一半以上。"杰克非常赏识我的这篇报告，他把我招进公司，让我得到了工作。

杰克多年来一直都为他的公司提供交易建议。我认为如果你能遵从他所提出的所有建议，那么你每年都能赚钱。我终于开口问杰克他是怎么做到如此精准的。你必须想象一下，杰克是1.95米的高个儿。杰克对我说："拉里，如果你想知道市场何去何从，所有你必须做到的事就是……"此时他停了下来，把技术图表往地上一扔，人往办公桌上一跳，接着对我说道，"看地上这东西，它将告诉你！"

根据他跳上桌子的言行，我猜想他的意思是，必须站得高，才能看得远，要有长远的眼光和全面的规划。

你猜对了，因为据我所知，每笔交易只赚蝇头小利而能积聚大量财富的人不会很多。和杰克·博伊德共同工作，对我来说极为重要。从遇到他的那刻起，我就知道他的交易方法是交易的正道。换句话说，我知道，当看着报价屏幕进行交易时，要控制风险，追随趋势，这些都是必须做到的。我对这些交易准则的理解和感悟绝对清晰透彻。

最后还有什么要说的吗？

我有两条交易制胜的基本法则，这两条法则也是成功人生的法则：①如果你不敢进场下注，那你就不可能赢，因为你根本没有赢的机会；②如果你的筹码全部都输光了，你就不能再下注。

***

海特的交易哲学有两大基本要素。

第一个要素是，海特与大多数学院派人士的观点不同，他坚信市场是无效的。他对市场的这一看法意味着交易者只要发展、形成一套有利于提高交易胜率的交易方法（而且并不要求交易胜率必须很高）就能够最终盈利。

第二个要素是，要想交易制胜，必须拥有有效的交易方法，但光有交易方法是远远不够的。要想在市场交易中存活下来，成为最终的赢家，你必须重视市场上存在的风险，懂得风险控制之道。如果你不懂风险控制，那么蕴含的交易风险迟早会让你遭殃。海特按照如下四条基本准则来严格控制风险。

（1）海特的交易系统绝不会进行逆势交易，一定顺应市场趋势进行交易。海特始终遵循交易系统进行交易，绝不会有例外。

（2）每笔交易所承担的最大风险为交易账户净资产的1%，如果损失超过这一百分比就进行止损，从而控制风险。

（3）明特投资管理公司充分运用分散交易。首先，他们的交易系统真正融合汇聚了多种不同的交易系统。对交易系统进行选择时，不仅要看交易系统单独使用时绩效的好坏，还要看该交易系统和其他所选系统间"缺乏关联性的程度"，即选择与其他所选系统关联性小并且单独使用时交易绩效高的系统，只有这样才能起到分散交易的作用（如果各交易系统高度关联，则形同于一个交易系统）。其次，明特公司交易的范围、品种极广，遍布全球（总共将近有60个交易市场），穿梭于美国和其他五个国家的交易所，从事股指期货、利率期货、外汇期货、工业品期货以及农产品期货等多种交易。

（4）持续跟踪各个市场的波动率，当风险回报比已低于明确规定的水平时，他们所跟踪的市场波动率会向他们发出清仓或暂停交易的信号。

最后一点评论：拉里·海特从事过多种薪资低微的职业（例如电影编剧、演员、摇滚乐推广），最终全力投入他最具热情、最感兴趣的行当，成为基金经理，取得引人注目的巨大成功。我认为他的个人经历是艾迪·塞柯塔如下评论的极好例证："我们与生俱来的、内心真正强烈的渴望是天赐之福。满足这种渴望所需的方法和手段，上天也会赐予我们。"

| 第二部分 |

MARKET WIZARDS

以股票为主的交易者

| 第十章 |

迈克尔·斯坦哈特
与众不同的理念和方法

迈克尔·斯坦哈特对股票市场的兴趣可以追溯到受戒礼（bar mitzvah）时他父亲送他 200 股股票作为礼物。斯坦哈特是一个极其聪明的学生，他以快于常人的速度（跳级）完成了自己的学业。1960 年，他 19 岁时就从宾夕法尼亚大学沃顿商学院毕业。毕业后斯坦哈特直接投向华尔街，他在华尔街落脚谋得的第一份工作是助理研究员。在接下来的几年，他担任过财经记者和研究员、分析师。1967 年，已建立天才分析师口碑和声望的斯坦哈特和另两位合伙人建立了投资公司，该公司属于斯坦哈特、范恩（Fine）和伯科维茨（Berkowitz）共有，是斯坦哈特投资公司的前身（范恩和伯科维茨在 20 世纪 70 年代后期离开了公司）。

在成立后的 21 年里，斯坦哈特的公司取得了真正令人瞩目的出色业绩。在这段时间里，斯坦哈特公司的复合年均增长率超过 30%，剔除其中 20% 由利润提成费促成的增长，其复合年均增长率略低于 25%。而与此相对的是，标准普尔 500 指数同期的复合年均增长率只有 8.9%（分红也计算在内）。如果在 1967 年斯坦哈特公司成立的时候投入 1 000 美元，那么截至 1988 年春天，这笔本金扣除利润提成费后将增长到 93 000 美元。如果在同一时间投入 1 000 美元，买入一篮子标准普尔指数的成分股（即参考标普指数的年均收益率来模拟计算，1 000 美元当然无法涵盖标普指数所有的成分股,但可通过买入标普指数的 ETF 来实现),那么到 1988 年春天,这笔本金只能增长到 6 400 美元。斯坦哈特的业绩也具有令人羡慕的稳定性和持续性。在这 21 年里,斯坦哈特业绩发生亏损的年度只有两年,而且在计算、调整利润提成费以及向客户收取的管理费前,两年的净亏损比例都低于 2%。

斯坦哈特的出色业绩源于他综合采用的多种交易方法。他既是长期投资者,又是短期交易者;他卖空股票像买入股票一样熟练自如、得心应手。如果斯坦哈特认为是绝佳的投资时机,他会将公司大量的资金投向(股票、期货外的)其他投资工具,例如财政部发行的有价证券,在这方面他能做到不拘一格。

可以肯定的是,斯坦哈特投资公司的出色业绩绝非他一人之功,除了当初共同创建公司的合伙人,多年来公司雇用了大量的交易员和分析师,这些人都功不可没。然而斯坦哈特显然是最大的功臣,一切以他为主导,这点毋庸置疑。斯坦哈特每天都要数次复核查阅公司的投资组合、持仓品种。虽然斯坦哈特赋予公司交易员自主交易的自由,但是一旦他对某笔持仓头寸感到疑虑不安,就会严格要求建立该笔头寸的交易员对该笔头寸进行仓位调整(降低仓位)。如果斯坦哈特对某笔持仓头寸的疑虑和担忧非常强烈,他会绕过建立该笔头寸的交易员,直接执行清仓。

斯坦哈特对公司投资组合的监督和控制极为严格,对公司员工要求极严,由此他被外界视为非常苛刻的老板。多年来有许多交易员因为他的要求太多,过于严苛而跳槽走人。我非常清楚地记得,斯坦哈特的环绕型办公桌是做成船头的形状,难怪有一位写人物述评的记者送给斯坦哈特一个绰号,叫作"阿哈布船长"(Captain Ahab)。然而斯坦哈特强硬的一面和他的工作角色有关,要管理公司那帮交易员,严厉强硬是一个优点,在这点上和橄榄球队的教练非常像。

我从未见过斯坦哈特严厉的一面。访谈中的他,为人随和、轻声细语、耐心细致、极其幽默(当然,我对他的访谈都是在开盘前或收盘后的非交易时间进行的)。斯坦哈特极具幽默感。他众所周知的轶事有:冒充国内税务所的审计员给他的朋友打电话;在市场收盘前故意含糊其辞,向某经纪人透露并不存在的委托订单；当有分析师或记者打电话给他时，他会用"博士"欧文·科里（Dr. Irwin Corey）似的方式故弄玄虚，开他们的玩笑。斯坦哈特的谈话也随处洋溢着意第绪语（Yiddishism）的语言特色。比如，对于最新出现的基金产品，他用"低劣的理财产品"（proprietary dreck）来指称，这就很具有意第绪语的用语特色。

哪些是你交易哲学的要素？

"交易"一词并非我考虑买卖的出发点。我买卖的频率相对较高，从这个意义上而言，我可能是个交易者，但我的买卖该用"投资"一词，即使不比"交易"多的话，至少也是一样多。在我心中，"交易"表示要对卖出的时点做出预期。比如，我今晚做多股指期货，因为我预期明天出台的贸易数据会利多股市，我计划明天在股指走高时清空空头头寸，获利了结，这就是"交易"。我大量的操作是，更长期地持有以及买卖的理由更为复杂多样。例如，我1981年在债券市场上做多，持有多头头寸长达两年半。

好吧，不过为符合本书的写作目的和书名，我仍旧称你为交易者，是做交易的。

那你是怎么来区别"交易"和"投资"的（斯坦哈特反问道）？

我对"交易"和"投资"做两点主要的区分。首先，交易者乐意做空，就像乐意做多一样。与此相对应的是，共同基金的经理，作为投资者中的典型，他总是做多股票。如果对市场走势不确定，他可以保持70%的投资仓位，但他始终是多头。其次，交易者主要关注市场价格的走向，关注整个大市或个股是上涨还是下跌；投资者更多关注的是，选出好的上市公司，买进其股票进行投资。对于"交易者"和"投资者"的区分并不含有价值判断的成分，两者无好坏、高低之分，只与保持本书主题的集中有关，因此不管你是做交易还是在做投资，两种情况下我都把你归为"交易者"。回到我最初的问题，你怎样定义你的交易哲学？

我的方法、风格有点特别，与大多数人都有所不同。最重要的一个理念就是保持与众不同的观点。我力图形成我确信的，并且与市场普遍看法有所不同的观点。这些与众不同的观点，我会一直持有，直到这些观点不再与众不同。

你具有与众不同的观点，能否举当前市场上的一个例子加以展示？

我们持续做空基因技术公司（Genentech）已有一年半。有一段为时几个月的时期，我们在该空头头寸上亏损了许多钱。但我仍持有该空头头寸，并持续做空，因为我对该公司生产的名为 TPA 的药（该药能够静脉注射，用于抗血栓），持有与众不同的观点。我们的观点是，在今后的一年或两年里，一些更为有效的生产成本也相当低的药将会替代 TPA，将其排挤出市场，TPA 将因此沦为二流的药。整个基因技术公司的核心、重点都基于 TPA 这种药。如果我们的观点和看法是正确的，该公司股票的每股收益将是 20 美分或 30 美分，对应的股价将低于 10 美元。该股从 65 美元的高位下跌，目前股价已跌到 27 美元（1988 年 6 月）。⊖但我认为市场普遍的观点是，基因技术公司是第一流的生物技术公司，它能研制出许多产品，这些产品将使整个产业产生变革。只要我的观点、看法与市场普遍观点不同，我就将继续做空下去。

这是个完美的例子，但有一个问题，比如，你因为某个与众不同的观点而做空某只股票，但该股的股价却上涨，即朝不利于你的方向运动。如果该股的基本面没有发生变化，那么它上涨越多，对空方的吸引力似乎就越大，更可以做空。然而从资金管理的角度来看，当到达某个价位（止损位）时，这笔空头头寸必须清仓了结。两种基本的交易准则在这里似乎发生了冲撞，产生了矛盾。

在交易的世界里存在某些陈词滥调，或许是正确的，或许又是不正确的，我不会遵循这些东西。例如，有一个普遍的观点认为，你应当在股价已经见顶并开始下跌时才做空股票，因为此时导致股价下跌的问题已大白于天下，此时做空具有很高的确定性。从某种意义上说，我能理解这种观点。或许这种做空股票的方法极为安全，采用这种方法做空你可安然入睡。然而我做空从不采用这种方法。我的看法是，要想在市场中赚钱，你不得不承担风险，必须要冒险。我总是在市

⊖ 到 1988 年 11 月，基因技术公司的股价已跌到 15 美元以下，斯坦哈特仍然在做空。

场大众对该股喜爱有加，众多机构对该股热情高涨、趋之若鹜的时候做空该股。一般来说，我可能会做空太早，所以通常一开始的时候，我的空头头寸会产生亏损。如果我做空某股，但该股股价却大幅上涨，那么可以减一点仓，从而降低风险，但只要该股的基本面没有发生改变，我的观点没有发生改变，那我将继续做空。如果我错了，那就是我犯的错，错了就错了。

你是说，只要你认为你所理解的基本面没有发生改变，无论股价上涨多少，你都将坚定持有空头头寸？

说得好。当然，如果股价涨得确实令人有点害怕，令我压力巨大，那么我可能对该空头头寸做些交易以降低点压力。我会说："好吧，股价涨得好可怕，我一眼望去都是多方的人。我何不加入多方的阵营，看看是否能赚些钱。"在某种意义上，我把自己一分为二：在我内心，我确信自己具有的基本面观点；但在市场短期的热情和火爆面前，我会分身投入。所以，即使在股价大幅上涨的情况下我是做空的，但我可以暂时投身多方，做个阶段性的多头。

你在做阶段性多头的时候，是净多还是在全空和不多不空间来回变动？

我极少采用不多不空的方法，因为这种阶段性的做多是基于非常短期的观点。这部分多头头寸的仓位是20%或30%，又或者是40%。

如果你对某只股票的看法极为负面，并且做空该股，但该股所属的行业却并不必看空，有时你会做多该行业中的另一只股票，从而对冲该股的空头头寸吗？

我有时会做这样的尝试，但结果通常是不成功的。这样做可能反而让我从面对一个问题变为面对两个问题（本来只要考虑一只股票的操作，如果要做对冲，就要考虑两只股票的操作）。通常你对第二只用来对冲的股票了解会相对较少，因为你不过是用来对冲的，所以不会充分全面地了解该股。如果你觉得第一只股票可能存在很大的问题，以至于你要通过第二只股票来对冲风险，那不如直接解决第一只股票的问题，或清仓或减仓，何必还要分出一部分仓位来搞对冲呢？也就是说，你做空某只纸业股，但造纸板块的整体走势却是活跃强劲的，你是看多的，所以你做多另一只纸业股，想以此对冲。或许你做空的那只上涨了一点，你遭受了损失，而你做多的那只也上涨了一点，你获得了盈利，从而对冲了风险，可是这样的走势又有谁能预先知晓呢？有谁能打包票呢？如果你在对冲中犯错，那么两只股票都会发生亏损，所以处理一个错误即可，不要犯两个错误，不要来回吃两个耳光。

除了具有与众不同的观点，你的交易哲学里还有其他哪些要素？

没有什么特别的了。我不使用止损订单（stop-loss order）或诸如此类的交易订单；我不采用买弱或买强的任何准则；我不看价格的向上突破或向下突破；我不用技术图表。

你完全不用技术图表？

技术图表对我而言完全没用（他是采用杰克·梅森的说话方式来说这句话的）。我看的是股票。股票的技术图表是异想天开、虚幻怪诞的东西。技术图表的基本内容就像这样：如果股价再多上涨一点，哦（这里的"哦"用来表示惊奇或厌恶），真正的突破就产生啦，技术图表所表明的都是废话、空话和一派胡言。技术图表所有的一切在我看来都是一样的，毫无用处。

但是从获取信息的角度而言，使用技术图表难道不是了解一只股票过去多年交易的便捷方法吗？

像我这样密切观察股票的人，对股价水平、上升趋势、股价波动范围以及股价所有的一切都会有一定的感觉。

那就是说，你知道某只股票从 10 美元涨到了 40 美元，但它是怎么从 10 美元涨到 40 美元的？对你而言无关紧要，是这样吗？

它是怎么涨上来的和我没有关系。

你有任何确定的交易规则吗？

你给我举一个"交易规则"的例子吧（在斯坦哈特看来，并不存在什么确定的交易规则）。

关于交易规则，一个常见的例子可能是，在我进场建仓前，我要确切知

道今后出场的位置（止损及止盈的价位）。这一交易规则可能是（但并非必须是）风险控制的规则。

我没有任何有关止损或目标价位的规则。我完全不从这些角度来考虑问题。

＊＊

就在这时免提电话的铃声响起。打来电话的人告知斯坦哈特一个刚新鲜出炉的消息，此消息是关于一场不利于烟草行业的诉讼判决。来电者说："判决下来了，判处利格特集团（Liggett group）支付40万美元的罚金，但不承担刑事责任，其他所有人都安然无恙。"斯坦哈特回答说："这基本属于轻判，对被告有利。"

斯坦哈特接着对我说，"我大约一个月前做空烟草股，我的理由是，如果原告胜诉，烟草股会大幅下跌；但如果原告败诉，烟草股也不会涨很多，因为烟草公司基本上从不打输官司，又赢一场真算不上新闻。这就是我与众不同的观点。看看我将会亏损多少是一件值得关注的事，因为我最初的观点和理论就是我不会亏很多。看这儿的新闻标题《利格特集团将对吸烟者的死亡承担责任》（此时他读到电脑屏幕上显示的新闻标题），你知道吗，我无论如何都不会亏钱了，像这样的标题用语将会使某些人惊慌失措的。"

回到我们的讨论，假如基于你的基本面分析，你做空某只股票，但股价却上涨，朝不利于你的方向运动。因为你会忽略一些未曾知晓的重要因素，所以你的分析可能会出错。你到何时才能知道你的分析出错，你怎么才能知道你的分析有误？

你说的这种情况经常发生。你做多或做空某只股票后，股价的运行非你所愿。我每天都要仔细核查我的投资组合，一天要查上六遍。组合中许多股票的交易并不是我直接负责的。例如，我手下的某位员工做空时代公司（Time，Inc.）的股票，做空的原因是杂志行业的糟糕以及这个或那个原因。但该股的走势真的很强劲，从我们做空的价位算起，已上涨了10%。那么我会找到负责该股全程操作的员工，并且问他几个关键的问题：我们将在何时得到能震惊世人的消息？人们认为某公司已做好被收购的准备，消除人们这种看法的消息和事件何时会产生？

从某种意义上来说，我是对投资组合的缺失进行批评的监督者。如果投资组合存在问题，我对组合的核查频率会很高。因为只有当事情弄糟或股票走势不尽如人意时我才会找具体负责的员工进行谈话，我由此成为公司中极难相处的人物。

如果股价运动与你所做的基本面分析相背离，那么这种价格运动会使你改变想法吗？

我尝试假定交易的对家知道、掌握的东西至少和我一样多。比如我在52美元买入德士古公司（Texaco）的股票，接着股价突然跌到了50美元。无论谁在52美元卖出德士古公司的股票，他具有的观点都和我截然不同。我有必要查明和弄清他的观点。

如果你对交易对家的观点查不明、弄不清，无法做出解释怎么办？

所做出的解释可能是流于表面的，也可能是深刻透彻的，但通常你能有所收获。

我们还是用前面烟草公司的例子。股市收盘后出来的消息是利空的，但如果第二天该烟草公司的股价仅适度下跌后就翻身向上，那么你会了结持有的空头头寸吗？

我无论如何都会了结的。我在新闻出来的时候就会了结。

所以一旦相关新闻、消息兑现，就是你了结离场，交易游戏结束的时候。

说得对，这条新闻尚未兑现是我做空的唯一理由。

哦，这个回答未免太简单了吧。假定你做空烟草股，并且建立长期的空头头寸，而市场无视今天发布的利空消息，第二天的收盘价还高过今天的收盘价。你会了结长期的空头头寸吗？

这取决于我做空的理由。如果我长期做空烟草股的原因在于，烟草今后的消费量会下降，且下降的幅度会远超当前市场的预期，那么第二天股价反弹高收就与我毫无关系，我会继续持仓不动，甚至趁此机会再加点空头头寸。

只要你认为做空的主要理由依然存在，即便股价不对新闻做出相应的反应，你也不会介意，会继续持有空头头寸？

是这样的，但如果利空新闻重大可怕，但股票价格却是上涨的，那么我会力图找出并且弄懂其中的原因。有时通过发现与基本面背离的价格运动，你确实可以发现更多的基本面信息。

但你的基本面分析有没有完全出错的时候？

肯定会有完全出错的时候。

并且你会在将来某一时刻意识到你的基本面分析完全出错了，是这样吗？

是这样的，但不一定很快意识到。

***

就在这时，斯坦哈特接到个电话，他在电话交谈时前言不搭后语，而且故意含糊其辞、言语不清。事后他向我解释，这是他偶尔搞恶作剧的习惯，和来电者开玩笑。

斯坦哈特接着对我说："比如，我接到一个经纪人的电话，我们已很久没有联系。我放上一堆纸，迅速翻动，发出哗哗哗的翻纸声，然后对他说'买入3万股 ZCU 的股票（此时故意含糊不清，吐词模糊，加上哗哗的声音，不让这位经纪人听清）'。你能理解我所说的吗？"

我笑着答道："我无法理解。"

斯坦哈特解释给我听，这样做不仅正确，而且看上去合情、合理又合法，难道不是吗？那个经纪人再打电话给我，我让我的秘书告诉他，我正在厕所里，无法接听电话。他会再次打过来，这次他显得有点发狂，因为离收盘还剩五分钟了。这次我依然不在，无法接听。待到3:58，我会打回给他，然后说："你难道没有下单委托？出什么问题了？照做就是啦！"当然他会说："你说的股票名称，我刚才压根儿没听清楚。"所以我把股票名称告诉了他（他咕哝着说了另一句话），在他能说别的话之前，我就把电话一把挂断了。

你管理的基金常被贴上"对冲基金"的标签，因为和典型的共同基金相比，你们的交易操作有着很大的差别。你能详细阐述"对冲基金"的意思吗？

琼斯集团（A. W. Jones Group）建立了世界上第一只对冲基金。最初"对冲"一词有一个清晰明确的概念，基本定义如下：我们身处管理资金、代人理财的世界，但却没有能力预测股市的趋势，因为趋势的变化涉及的变量众多，个人不具备持续准确预期的能力。但我们作为资金的管理者，能够通过仔细的研究、分析，准确判断出哪些是运作良好的公司，哪些是运作不佳的公司。所以我们在预期相对良好的股票上建立多头头寸，在预期较差的股票上建立空头头寸，这样加以平衡后，我们面临的市场风险将全部消除。例如，你看好福特汽车公司，看空通用汽车公司，那么你可以做多福特汽车，并同时做空通用汽车，多空头寸的规模相等。你可能会在空头头寸上发生亏损，但如果你的最初判断是正确、出色的，即多头头寸上的盈利能够超过空头头寸上的亏损，那么你仍将获得盈利。所以，初始的"对冲"概念是完全着重、强调选股能力的。

现在还有人那么交易吗？

没有人这样交易了。现在"对冲基金"一词已有些名不符实了。现在的对冲基金都是有限合伙制的，一般合伙人通常根据基金的业绩得到回报，而不是像传统的资金管理者是按照资产管理情况来得到回报，这是两种截然相反的做法。在交易操作上，通常对冲基金的管理人比传统的基金管理者更具弹性和灵活性，这是对冲基金真正的关键要素。这种操作的弹性和灵活性体现在：对冲基金能像做多股票那样做空股票，可以参与期权、期货等市场的交易。这就是说，现在"对冲基金"一词只是大体上的概称，实际上它涵盖、涉及的范围十分广阔，其包含的内容构成一个连续统一体。

初始的"对冲基金"概念怎么会发生变化的，发生了哪些事情？

20世纪60年代，对冲基金在公司结构的灵活性方面吸引了大量年轻而又进取的企业家，因为对冲基金的形式能让这些创业者在很年轻的时候就创建属于自己的企业，当时其他企业形式是无法提供这种机会的。那时产生了许多有题材、有故事可讲的大牛股，同时也有许多高速成长的股票。

这些进入对冲基金领域的人，不是对冲理论的实践者，他们更感兴趣的是可以自己当老板，自己替自己打工，另外在买入做多股票方面也具有更多的灵活性。虽然他们在做空股票方面也有灵活性，但他们不会正儿八经地做空股票。"对冲"一词在英语里具有非常特殊的含义，不能望文生义。在大多数像这种类型的对冲基金里，你可以严肃认真地问一下："你们的对冲交易在哪里？"

所以这些对冲基金只是徒有其名，已名不符实了？

完全正确，甚至它们也不把自己称为对冲基金。因为徒有其名，所以其对这个名字感到尴尬。"对冲"一词含有做空的意思，但进行做空交易会被扣上"反美"的帽子，好像你全力支持灾祸，可以从中做空获利。所以，这些对冲基金用"私人合伙公司"一词来自称（斯坦哈特是用极具嘲讽的语调说这句话的）。

具有讽刺意味的是，现在已没有了20世纪五六十年代那种顺畅无阻、持续长久的市场趋势，对于纯粹的对冲交易的方法，现在与其运用初期相比，应该更有用武之地、更具意义。为什么纯粹的对冲交易方法现在无人采用？

因为纯粹的对冲交易的方法是限制极多的一种方法。建立一定美元的多头头寸，并同时建立与之相关的空头头寸，两者头寸规模相等，这样做的前提是你要动用大量的资金，而因为进行对冲，其中很大部分的投入资金是无效的。福特汽车公司的股票和通用汽车公司的股票会有什么不同呢？两者同属汽车业，影响两家公司的微观经济因素是相同的。如果你要做多某项美元资产（即以美元计价的有价证券等），并同时做空另一项美元资产，两者头寸规模相同，假定你的对冲操作和研判是正确的，那么在一年里，你所建多头头寸和空头头寸的价格差异能够幸运地达到10%，即你通过对冲能实现10%的盈利。

有一家和我们有所联系、位于西海岸的集团，他们对于做空股票格外精通。于是有一种想法被提了出来：因为他们在选择做空目标方面别具一格，所以他们可以在做空个股的同时，在股指期货上建立多头头寸，两者的头寸规模相等，这样就能达到多空对冲、抵消风险的目的。这是我最近听说的、最接近纯粹对冲交易的想法，不过这家集团实际并未这样操作。

你自己的基金是否符合对冲基金的初始、纯粹的概念，具体交易情况是怎样的？

我管理的基金在做空方面很积极，从这个意义上来说，我的基金符合对冲基金的概念。我们总持有一些空头头寸。我也花大量时间考虑净持仓的风险和整个市场的风险，并且根据市场情况对持仓头寸进行规划和调整。在过去 21 年里，我一直是这样做的，我们的总体仓位平均在 40% 左右。

你是指 40% 的净多头寸？

是的。与此对应的是，大多数保守的、典型的共同基金在过去 20 年里平均仓位低于 80%，对此我深表怀疑。

从平均值角度来讲，你是大约 40% 的净多头寸。你实际仓位变化涵盖的范围有多大？

我记得，某个时候我持有 15% 或 20% 的净空头寸，而在另一个时候我持有的净多头寸超过 100%。

所以你在交易操作上具有灵活性，既可以持有净多头寸，也可以持有净空头寸？

是的，我要强调一件事：我们的交易方法就是灵活地调整仓位和建仓方向，这是我们投资交易管理"工具库"中具有非凡意义的方法，有时其意义可能非常大。

你怎样确定市场的总体方向？这显然是你交易方法中最为关键的要素。

难以真正确定，我只能说市场的总体方向作为"因变量"，涉及的变量非常多，有时某些变量会比另一些变量重要，但所有变量都在不断变化之中。在确定市场总体方向时，我只要有 51% 的准确率，而不是 50% 的准确率，那就算大功告成了。

这是否意味着你主要的盈利能力来自于选择股票的能力，而不是来自"通过预测市场总体方向的变化，进而相应调整持仓净头寸"的能力？

不是你说的这样，我喜欢开点玩笑。我盈利能力上的优势只胜出别人 1%，这不是巨大的优势，巨大的优势是指长期保持 80% 的准确率或其他与此相近、类似的优势。

对于你总体出色的业绩，正确判断市场方向和正确选股，相对而言哪个更重要？

回看我过去21年的交易历程，并不存在固定的盈利模式。在某些年份，我们通过良好的选股能力取得特别好的业绩，而在另一些年份，我们因为正确把握市场的方向而做得格外好。例如在1973～1974年，股市大幅下跌，而我们的业绩大幅显著提高，因为我们那时持有的是净空头寸，通过做空而获利，而有一个时期我们在债券市场上大把赚钱。我认为有这么一个事实：这个市场没有真正固定不变的盈利模式，任何人如果认为他能将成功交易的方法公式化，从此在交易这行一劳永逸、一招制胜，那只是欺骗自己而已，因为一切都在快速变化中。只要交易成功的公式在任意长度的时期内取得成效，那么你在使用该公式取得成功的同时，你也埋下了日后失败的种子。该公式日后的失败、无效是不可避免的。

1973～1974年，是什么使你在股价相对较低的时候能够信心十足地做空，坚定持有净空头寸？

是我对经济衰退的预期。

你是基于什么才会做出这样的预期？

我认为，那一时期通胀膨胀率处于高位，这势必导致加息，而高利率又会减缓经济的增长。

你对股市1982年见底前的市场是否也持有这种负面的看法？

这次不像1973～1974年时那么强烈。我利用杠杆交易在中期国债期货上大赚了一笔。虽然人们无法预测利率上升的终点会在何时产生，但显而易见的是，除非利率下降，否则其他领域相对都无吸引力可言。当你能在长期国债上获得14%的固定收益时，如果股息保持不变的话，那时的股价还要下跌许多才会具有吸引力，否则股票不值得关注，除非你打算在股票上做空。所以利率的转向，由涨转跌是不可避免的，是唯一该发生的事，只有这样其他东西才会有价值可言。选择利率转向的时点是唯一需要考虑的事。和历史上其他大多数时期相比，这一时期有一个明确的单向指示信号：美国财政部发行的固定收益证券的市场价格从历史角度来看，此时已极具价值。

任何具有逆向交易头脑的人都会把20世纪80年代早期的利率视为潜在的、巨大的逆向交易良机。因为你知道，一旦经济开始遇到麻烦，联邦储备委员会就不得不想法阻止利率的上涨。另外当时我们已经看到，通货膨胀率重要的头部也已形成。

所以，利率何时转向的谜底已部分明了。

是的，当谜底全部揭开时，一切都不出所料，不过等到利率真正转向时再做交易，会为时过晚。

你刚才提到了逆向交易的头脑，但经过证明，进行逆向交易时，在判断市场头部上的准确率相当低。

你说的一点不错。人们认为成为逆向交易者就意味着成功。何谓逆向交易者？逆向交易者就是与大众保持对立的人。常言道"大多数人总是错误的"，所以站在大众对立面的人（即逆向交易者）一定总是正确的。但是现实生活并不是这样演绎的。当利率首次到达8%，接着到达9%、10%，有许多人充当逆向交易者一路不断买入债券，结果在债券收益率持续走高并创下历史新高的情况下，他们因为逆向买入做多而亏损累累。

做一个理论上的逆向交易者和进行实际的逆向交易有着非常重要的差别。作为一个成功的逆向交易者，你需要准确选择进场时机并且你所建头寸的规模要恰到好处。如果建仓规模太小，这样毫无意义；如果建仓规模太大，只要你在选择进场时机上稍有差池，就会亏光出场。进行逆向交易要求具有勇气，能够担当以及了解自己的心理承受能力。

我猜在这次国债交易中，价格向不利于你的方向运动了好长一阵子。

是的，确实如你所言。这段日子我极其痛苦，因为大多数的基金投资人对我的这次逆向交易都很担心，而我又是个股权投资者，他们不由会问，你对债券知道多少？亨利·考夫曼告诉全世界利率将会一飞冲天，而你是什么人物，竟敢否定权威，认为利率会下跌？我这次交易不仅和以前的交易有所不同，没有激发基金投资人的交易直觉，而且这次我建仓的头寸非常大。

你采用杠杆交易，使你的仓位超过了100%？

是的，在当时某个时候我持有的五年期国债期货合约，其头寸规模是我公司资产的3～4倍。你在股市进行融资融券交易时，保证金的缴纳要求会告诉你，你进行投机交易最多能投入多少资金，它会监督和限制你，但在国债期货市场上，初始保证金仅占合约总值的2%，即你的融资比例是98%，除了到期交割日的限制，几乎没有真正的限制。

从你开始做多国债期货到国债期货价格见底相距多长时间？

我从1981年春天开始做多。我认为国债期货的价格是在1981年9月30日见底的。

在你做多后的最初半年里市场利率上涨了多少？

我想不起来了，但利率绝对涨得我肝肠寸断，尤其考虑到我是重仓做多国债期货。

直到那次国债期货交易，之前你主要是股票交易者。那是你首次重拳出击国债期货，而你一上来就遭受重大亏损，在此期间你会有自我怀疑、丧失信心的时候吗？

整个亏损时期我都是自我怀疑的。1981年夏天是我交易生涯中最黑暗的时期。一些投资我们基金的、具有思想的聪明投资者对我这次逆向交易也真的不满了，而我对自己确实产生了怀疑。

你曾说过类似于"我可能错了"的话吗，说完后接着就去清仓或至少去减仓？

没有，从没这么干过。

你的基本交易准则之一似乎就是，只要你确信自己所做的基本面分析是正确的，你就会坚定持有头寸。但是是否会有例外，也就是说，市场走势并不能改变你基本面的观点，但与此同时你的账面亏损变得很大，从而使你不

再坚定持仓？

在某些情况下，当我做空时，我完全没有满仓持有空头头寸的充足勇气。特别是1972年在高位做空"漂亮50"（Nifty-Fifty）的时候。除了1987年10月股市崩盘的那次，1972年做空"漂亮50"是我投资生涯中最糟糕的时刻。那时有这样一种理论：只要公司能显著保持高于平均水平的长期增长，无论其股价涨得有多高，你都可以买入，因为股价会一直涨下去。许多成长股的估值乘数高得惊人，几近疯狂。当宝丽来公司（Polaroid）的股价达到60倍市盈率的时候，我们认为该股股价已严重高估，非常不合理，于是做空宝丽来。然而宝丽来的股价接下来又继续上涨，达到了70倍市盈率的水平。此时的股市已完全疯狂，脱离公司的现实情况，成为完全的虚拟交易，我们忍不住问自己："40倍的市盈率和80倍的市盈率又有什么区别呢？"那时人们是这样想的：公司长期的增长率是一个预估的数字，所以可以采用不同的长期增长率来调节各种估值乘数，可以人为调节股票的相对估值。所以只要股价能涨，能赚钱，估值高低是无所谓的。

所以，你会在那时选择清仓撤退？

有时因为亏损在不断变大，大到无法承受，所以只能这么做。

你清仓撤退后，股价最终会大幅上涨吗？如果是这样的话，证明你的撤退是正确的。还是事后显示，如果你坚决持有到底会有更好的结果？

从事后来看，对几乎所有的交易而言，如果我顶住压力，排除万难，坚定持仓到底的话，会有更好的结果。当然这属于后见之明。

你曾说过，1987年10月是你职业生涯中最糟糕的经历之一，显然有很多人与你有同样的经历和感受，与你为伴。但是令我吃惊的是，你是一位逆向交易者，你竟然会在狂热欢腾、举世看多的牛市尾声中重仓做多，这很出乎我的意料。不知是怎么一回事？

实际上，1987年春天我写了一封信给我们基金的投资人，信中陈述了我对市场保持警觉并且大幅减仓股票的原因。为阐明原因，我一直在思考市场为何能涨得那么高，并且涨幅已超过历史上的标准。我得到如下结论：当时美国股市同时发生了一些典型现象，这在历史上是独一无二的，即股票发行量的持续大幅减少，同时对于信贷采取慷慨大方、自由放任的态度。只要银行手头有钱，乐意借贷，垃圾债市场就会表现良好，并且公司的管理者把从二级市场购买自家公司的股票视为理应该做的事，我认为这是他们的显著偏见，他们认为股价能不断上涨。这就是我认为1987年大多数时候（股市直到1987年10月才发生崩盘）股票能被持续高估、继续上涨的唯一并且最为重要的原因。

因此最重要的问题是，什么将能改变这种情况？问题的答案就是"经济的衰退"。无论经济衰退在何时发生，其影响力将是可怕的、致命的，因为政府不具有灵活应对的能力，这是由于他们在经济扩张时期早已抛弃了反经济周期的财政政策。但在1987年秋天，经济不但没有走弱，反而表现更为强劲，其强劲程度促使联邦储备委员会实行紧缩的货币政策。

我没有料到的是，一些不起眼的事件在发生过程中却对市场产生了重大的影响。美联储的货币紧缩真的很重要？紧缩的货币政策大概能让股市跌100点或跌200点，但绝不会是跌500点。回看历史，当时的财政部长贝克对德国的批评会有严重影响吗？（不会的）那不过是汇率合理评估方面的意见分歧，而且仅仅是孤立的事件，不会有连锁反应。回头看，1987年10月19日股市崩盘后现实世界里又发生了什么呢？几乎什么都没有发生。所以从某种意义上来说，你不得不把股市崩盘的问题归结到股市自身的问题，即股票市场内部的问题；股市发生崩盘并不是因为市场参与者预测到金融崩溃或经济大衰退即将到来。

那你怎样解释10月19日股价会如此极端下跌，其原因究竟何在？

导致10月19日股市崩溃的原因在于，股市外部世界相对适中的改变，加上股市内部参与机构、参与群体的改变令当时股市的运作系统无法应对。股市参与机构、参与群体的改变大多发生在20世纪80年代。作为股市稳定要素的个人投资者和专营经纪人系统，他们在市场中的重要性自80年代以来已大幅降低。

你认为"投资组合保险"会加剧股市当时的下跌吗？

"投资组合保险"是新事物。一方面，市场稳定的要素降低了（即个人投资者和专营经纪人的重要性降低）；另一方面，20世纪80年代又创造出许多新事物，诸如投资组合保险、程序化交易以及全球资产配置等，这些新事物可能会对市场施加单一方向的影响。我的意思是，采用这些策略的市场参与者可能同时是多头和空头。当时股市的运作体系还没做好应对这些新事物的准备。

10月19日到来之时，你的持仓方向是什么，仓位有多重？

那天到来之时，我重仓做多，持有大量的多头头寸，仓位80%~90%，而且就在10月19日当天，我还加仓做多。

为什么要加仓做多？你到那时仍然看多？

我加仓做多，因为这完全就是逆向交易的做法。逆向交易者认为当市场大幅波动（大幅上涨或大幅下跌）时，大多数情况下可以认为这种大幅波动是大量情绪化交易、极端化操作所致，而此时正是逆向交易的时机。如果你能避免情绪化的交易（比如恐慌性的杀跌），并且反其道而行之，你可能会取得盈利。所以那天跌300点、跌400点、跌500点的时候，作为逆向交易者，我都应加仓做多。

此后你一直持有多头头寸吗？

没有，在接下来的两个月里，我减仓了。市场的巨幅下跌以及由此引起的非同一般的信心上的改变，这些都对我产生了影响。我认为这时最好离场休息一下，并且对形势重新思考一下，在那时持有现金观望要胜过持仓死扛到底。

在减仓时，你认为你做多的基本前提假设已不再有效？

我认为，对于当时破坏市场稳定性的力量，我有所低估。

1987年10月，你的亏损比例有多大？

那个月我亏损超过20%。

回看1987年10月的交易经历，你认为从当时所犯的错误中是否有所收获，吸取了教训？

有一位非常出色的投资者，我经常与他交谈。他常说："我在股市28年，我在市场上所做的一切就是不停地犯错和纠错，避免今后再犯错。"他说的是实话，对此我深信不疑。当你在市场上犯错时，你会在潜意识里形成"尽量不要再犯同样错误"的想法。我的交易方式有一大优点，那就是我同时身兼数种身份：长期投资者、短期交易者、个股挑选者、市场择时交易者、行业板块分析者。正因为这样，我要做大量的交易决策，并会犯大量的错误。与我同时入市的人和我相比的话，我更加智慧、更加精明，其中的原因就在于，我通过所犯的大量错误吸取了教训。

典型的共同基金都坚持"买入并持有"的方法。你认为这一交易策略基本上是错误的吗？

基本上是错误的，虽然"错误"一词我使用得并不多。我认为该策略限制太多。如果想分享美国经济的长期增长，看好美国股市的长期发展，愿意承受股价某些时候的下跌，这个当然很好，但是如果只要买进股票就一路持有，市场上那么多有能力的职业资金管理者不是要无事可干，白白浪费了吗？"买入并持有"是一个不完整、有缺陷的交易策略。

然而，绝大多数基金所采用的交易策略都可归类于"买入并持有"啊。

我猜是这样的，但比过去要少。越来越多的人注意市场时机的选择，这不是因为在市场择时方面越来越多的人能够胜任，能做到极好，只是因为越来越多的人开始真正认识"买入并持有"策略的缺陷。当我还是小孩子的时候，最常见的操作建议就是买入股票，然后藏进地下室，忘记买进这回事，长期持有下去。现在你不再听到这种建议和类似方法了。我们对"长期持有"已没有了信心。

你认为共同基金行业将发生哪些改变？

共同基金行业会对投资大众一时兴起的念头、想法十分敏感，会开发新的基金产品以迎合、满足投资大众当前的需求。

身处交易亏损的时期，你是如何应对的？

在交易这行，许多问题真的没有标准答案或是统一公式。没有什么东西能够准确、充分地表达出来，并且足以引导其他人向着某个确定的方向往前走。

换句话说，某个亏损时期和另一亏损时期，两者情况完全不同，因此即便对你本人而言，也没有普遍适用的真知灼见和应对方法。

完全正确。

你是怎样成为基金交易者的？

我是在20世纪60年代后期进入基金行业的，当时我只有分析师的职业背景。我是勒布·罗兹公司（Loeb Rhoades）农业设备和周期性商品行业的分析师。我的两位合伙人也是分析师出身，我们共同建立了投资公司（即斯坦哈特投资公司的前身）。随着公司业务的不断发展，交易变得更加重要，于是我开始变为交易员，为公司进行交易，那时我几乎没有交易的经验和职业背景。

如果你几乎没有什么经验，你为什么能成为交易员？

和两位合伙人相比，当分析师他们比我好，当交易员我比他们强。

即使在你交易的早年，你也是一位极其出色的交易员，但是你并没有交易经验，无法从经验中获益。你认为你是怎样做到如此出色的？

我父亲当了一辈子的赌徒。我认为交易中也有赌博的成分，虽然对此我无法精确论证。也许我的交易天赋来自我的父亲。

你在股市交易已超过20年，在此期间，你发现股市有哪些显著的变化？

现在的股市和20年前的股市相比，有更多的聪明交易者，而那时聪明玩家的数量相对较少。20年前的机构交易者，通常都是一帮来自布鲁克林区、乳臭未干的小子，语无伦次、收入卑微、莽撞冒失。那时我初涉股海，开始交易，赚钱如探囊取物，易如反掌。

我记得，有一次某位交易者需要抛售70万股宾夕法尼亚州中央运输公司（Penn Central）的股票。那时该公司的情况已适用《破产法》第11章。该股最近一次的交易价格是7美元，这位交易者也不核对屏幕上的报价，因为他怕麻烦，就以比最近一次交易价格低1美元不到的价格将70万股股票全部抛出，抛完后如释重负，而我以6.125美元全部买进。我买入后，该股股价返身向上，我在6.875美元处将70万股全部抛出，在6.875美元上的买盘够我抛出3倍的量。在该笔交易我赚了约50万美元，而我交易花费的时间总共才12秒。

这样的市场环境持续了多长时间？

这样的市场环境一直持续到1975年发生兼并潮的时候。现在股市里有许多更为聪明的交易者，有大量不可小觑的竞争对手。另外一个变化是，小散户的重要性大幅降低，人数骤减。股市已经机构化，个人通过共同基金来购买股票。而经纪公司不再向客户兜售大量的股票，转而销售大量令人生厌的共同基金以及所谓的"金融产品"，这些"金融产品"风险极大，令人生畏。

最为重要的变化可能是，这个世界变得越来越注重短期的表现，偏重短期导向。过去各类投资者现在摇身一变都成了交易者。机构现在把它们自己定义为企业，企业的目标自然是获得最高的收益率，而过去机构把它们自己定义为长期投资者。对于自己预测长期趋势的能力，人们的信心开始大幅降低。1967年，通常能看到经纪公司发布的对麦当劳每股收益的预测报告，其预测的时间可以达到2000年。因为人们那时认为公司能以稳定并且可预见的方式成长，所以他们能够预测公司长期的收益，人们相信美国，相信美国经济的稳定增长。而现在，人们不再采用那种预测长期的报告和分析长期的方法来研究股票了。

分析长期增长趋势的方法在20世纪七八十年代已很少有人采用，主要是因为投机交易盛行，大多数人都注重短期的收益。20世纪五六十年代，当时的英雄楷模是长期投资者，而现在，英雄是那些善于短期投机的聪明人。戈德史密斯（Goldsmith）就是其中一位。他常会谈起"我为固特异公司（Goodyear）做了哪些事"，他为固特异公司做了些什么呢？他在那待了七个月，自己赚得盆满钵满，然后在实行"绿票讹诈"（greenmail）后离开了公司管理层。他谈自己为固特异公司做了哪些事，是因为他内疚不安，并且想以这种方式把他自己和"资本家"的称号挂上钩。他和他的同类还要吐槽、抱怨公司的管理层，但自己对公司的经营不管不顾、狗屁不通。随着某部法律的废除，过去一些不允许做的事，现在可以做了。

你指的是哪部法律？

司法部对收购法重新做出了解释。对于什么是垄断、什么不是垄断，通过收购法的重新解释做出了界定。

对于交易的外行，你有什么最为重要的建议？

交易这行的诱惑之一就是，有时最一无所知的人也能交易得很好，也能赚到大钱。这是非常不幸的，因为它使你产生这样的印象，即你无须具有专门的知识和技术，不必具有职业的精神也能做好交易，这是一个巨大的圈套和误区。我给任何人的重要建议就是，要认识到交易是竞争异常激烈的行当，当你决定买入或卖出股票时，你的竞争对手、你的交易对家也正在全力以赴，和你做着同样的努力。在许多情况下，你交易的对家就是那些职业交易者，权衡各种不同因素后，你一般不是他们的对手，将被他们击败。

你是不是在暗示，在大多数时候，交易新手最好把他们的钱交给职业交易者、基金管理者打理呢？

"职业交易者""职业资金管理人"这些词意味着荣誉，代表着专业，我不能把这些词用在业内水平一般的职业人士身上。我的看法是，你应该有很好的理由来确认你自己能在股票投资上获得显著的优异回报。如果你通过投资长期国债能获得9%或10%的收益，通过投资中期国债能获得7%或8%的收益，如果你投资股票的收益也是这些的话，那你用什么来抵消股市增加的风险呢？也许你投资别的东西收益会更高。你必须确定将来的目标收益率有多高以及你是否有可能实现目标收益率。

不要低估交易游戏的难度。

你说的对。而且要忘掉那些陈词滥调，诸如"股市里是高风险高收益"。这不是句真话。股市风险肯定是较高的，所以你不得不相信你将获得较高的收益，只有这样你才有进入股市的目的和理由，才会参与交易的游戏，但实际上你未必能获得较高的收益。千万不要认为把钱投入某些共同基金就能获得较高的收益。

你说的难道是真的？从历史数据来看，股市的平均回报率难道不比银行利息的平均收益率高？

从表面看是对的，股市的平均回报率确实高于储蓄的平均收益率，但其中暗含统计的陷阱。平均收益率的计算和计算期的选择即起始日期的选择关系密切。例如，如果你以1968年或1972年作为计算期的起点，那么计算得出的股市平均回报率就会逊色许多，不再那么令人心动了。

成功交易的要素是什么？

既要坚信自己的看法，又要保持弹性，承认自己在何时犯过错，这两者要达到一种特定的平衡才能取得交易的成功。你需要坚信某些东西，但与此同时，你犯错的次数将会相当多。以过去丰富的交易经历及所犯的错误为师，很好地学习，就能既保持自信，又心怀谦卑。你应当注重交易的对家，要总是问自己：对方为什么想卖？对方知道哪些我所不知道的东西？最后，你对你自己和别人都必须诚实，即用智慧的眼光如实客观地看待自己和他人。根据我的判断，所有杰出的交易者都是真理的探索者。

***

斯坦哈特交易哲学中的"保持与众不同的观点"基本上属于逆向交易的方法。但你们要成为成功的逆向交易者，仅仅依靠调研市场情绪所得到的数据或是其他度量一致看多（或一致看空）者人数的方法，那是肯定不行的。要想在金融市场中成功，哪有那么简单的事。虽然市场情绪总是在顶部极度看多，在底部极度看空，但不幸的是，"市场参与者极度看多"和"市场参与者极度看空"也可以解读为"市场趋势延伸的特征"。交易的诀窍在于，不要一直当逆向交易者，而要在恰当的时候当逆向交易者。判断当逆向交易者的合适时机不能基于简单的公式。成功的逆向交易者需要能披沙拣金，甄选和把握真正的交易良机。斯坦哈特对基本面信息的敏锐，在市场择时上的精准，正是集这两点于一身，才使他能够选出并抓住真正的交易机会。

斯坦哈特的投资业绩在回报风险比方面具有高回报、低风险的特点，实现如此优异的成绩的另一关键要素就是交易的灵活性。他交易的灵活性主要表现在：他做空或做多能够同样的从容自如，当他根据自己的基本面分析，认为股市以外的其他市场有交易获利的机会时，他也愿意在股市以外的市场进行交易。"在交易上你能玩的品种越多，你的交易处境越好，做空、对冲、债券市场、期货市场以及其他交易种类和市场，只要有利可图，时机得当，力所能及，你都可以做。"

斯坦哈特如是说。

我发现许多杰出的交易者都具有这样一个特点：当他们觉察到胜算很大的交易机会时，他们愿意并且能够下重注，敢于重仓出击。在正确的时候，是否具有下重注的胆量和所需的技能，能否抓住大行情的机会加快盈利的步伐，这是区分交易者属于一流还是超一流的方法之一。斯坦哈特在1981年和1982年重仓做多国债期货就是这一特点的绝佳例证。

具有信念对于任何一个交易者而言都是一项重要的品质，但对于逆向交易者而言，具有信念是不可或缺的关键要素。斯坦哈特只要确信自己依然正确，就敢重仓持有，挺过困难期，直到最终取得盈利，这样的经历他遭遇过无数次，最终都能化险为夷（当然也有撤退清仓的时候，可参见前面访谈部分）。1981年，利率在最终达到顶部前仍然继续上涨六个月，在此期间，斯坦哈特始终持有中期国债期货的多头头寸，足见他的坚定信念。他不仅不受市场价格下跌的不利影响，而且面对基金持有人（斯坦哈特公司下属基金的投资者）对他的责难和质疑（质疑他作为一个股票交易者，为何突然转做国债期货），斯坦哈特同样坦然面对，不为所动。面对所有这一切，斯坦哈特始终持仓不动，甚至还加仓，因为他依然确信自己是正确的。如果斯坦哈特没有这种强烈的信念，也许他就不能取得如此优异的业绩，可能如今的世人也就不会知道他的大名。

另外斯坦哈特还强调，在交易这行，取得成功没有绝对的公式或固定的模式。市场一直都在改变中，成功的交易者需要适应这些改变，以变应变。斯坦哈特的观点是，试图寻找固定方法或固定模式的交易者迟早会失败，这是注定的事。

| 第十一章 |

威廉·欧奈尔
选股的艺术

对于美国的经济制度和金融体系,威廉·欧奈尔是绝对的乐天派和热情的拥趸。"在美国每年都会有巨大的机会,你要做好准备,抓住机会,并且全力以赴。你会发现小小的橡树果实能够长成参天的橡树。只要坚持不懈、勤勉刻苦,万事皆有可能做到。你自己的求胜决心是能否取得成功的重要因素。"欧奈尔如是说。

欧奈尔本人的经历就是他上述所言的最好明证,堪称美国式成功的典范。欧奈尔生于俄克拉何马州,在得克萨斯州长大,然后取得了两方面的成功——成为赚大钱的投资者(交易者)和非常成功的商人。

1958年欧奈尔进入Hayden. Stone公司,担任股票经纪人,从此开启了金融生涯。在那里他首次开始股市的研究,他投资策略中的关键要素(比如其中的"CANSLIM"选股模式)就是通过这些研究得来的。实践证明,欧奈尔的交易理念和方法非常有效。1962~1963年,在三次连续的、非同一般的交易中,即做空考维特(Korvette)、做多克莱斯勒汽车公司(Chrysler)和做多兴泰克药厂(Syntex),欧奈尔采用利滚利的方法,通过一系列多空交易将初始本金5 000美元做到了20万美元。

1964年,欧奈尔用其盈利所得购买了纽约证券交易所的会员席位,并且创建了威廉·欧奈尔公司，该公司集研究机构和经纪公司于一体。他的公司为客户提供全面的、利用计算机进行处理的股市信息，是该领域里的佼佼者。时至今日，该公司是美国国内最受推崇的证券研究公司之一。威廉·欧奈尔公司服务的主要机构客户已超过500家，并且还有28 000名个人用户订阅公司的服务产品，即"每日技术图表"。公司数据库中的数据涵盖7 500只有价证券，每一证券品种都有120种不同的统计数值。

1983年欧奈尔创办了《投资者日报》(Investor's Daily)，这是他最为大胆的尝试和努力，因为这意味着他将与《华尔街日报》展开竞争。他办报所用的资金都是他的自有资金，他也知道通过办报的盈利来收回投入的本金需要许多年。1984年报纸创办初期的发行量低于3万，与《华尔街日报》200万的发行量相比，有着天壤之别，因此当时有许多人对欧奈尔的办报之举持怀疑态度。到了1988年的中期，《投资者日报》的订户数已扩大到11万户以上，并且发行量的上升速度处在加速之中。如果订户数达到20万户，该报就能达到盈亏平衡点，即可以通过办报的盈利将投入的本金全部收回，估计这一天已为时不远。欧奈尔相信《投资者日报》最终的读者人数能达到80万（包括订阅和零售）。他始终不懈的信心是源于《投资者日报》的财经栏目拥有其他报刊没有的统计信息和数据，诸如每股收益（EPS）排名、相对强弱指数以及成交量变化的百分比，这些衡量指标在访谈中都有谈及。

欧奈尔的著作《笑傲股市》⊖（How to Make Money in Stock）在1988年由McGraw-Hill公司出版发行，该书汇集了欧奈尔的交易方法和理念。欧奈尔在书中为读者提供了清晰、简要、出色并且极为具体的交易建议。此书是该年度最畅销的投资类书籍。

欧奈尔作为股票投资方面的行家里手，他股票交易的业绩并未受到办报以及其他商业领域尝试的妨碍。在过去十年里，在股票投资方面，欧奈尔的年均收益率超过40%。他捕捉到的一些超级大牛股有：20世纪70年代的加拿大石油公司（Canadian Oils）和70年代晚期到80年代早期的Pic 'n' Save and Price公司。

⊖ 该书中文版已由机械工业出版社出版。

也许欧奈尔最负盛名的市场预言就是刊登在《华尔街日报》上两整版的广告，在广告中欧奈尔预言大牛市即将到来。两次预言发布的时机恰到好处，准确预言了1978年3月开始的牛市以及1982年2月开始的牛市。

威廉·欧奈尔和他的公司都是朴实无华、不加修饰的。我极少看到像威廉·欧奈尔公司这样拥挤的办公环境。欧奈尔本人在公司也不享有任何特权，作为公司的首席执行官，他和另两名同事共用一个办公室。欧奈尔给我的印象是擅长言谈、充满自信、富有主见，并且极为看好美国的发展和未来。

平心而论，我认为你投资股票的方法完全称得上是个人原创的方法，你最初是在哪里形成了你的交易理念？

那要回溯到1959年，当时我对股市中做得较好的人都一一进行了研究。那时德雷福斯基金（Dreyfus Fund）还是规模很小的基金，最初只管理着1 500万美元。在基金管理人杰克·德雷福斯的领导下，该基金所取得的收益率是其竞争对手收益率的两倍。所以，我找来该基金创立说明书以及基金季度业绩报表的副本，在个股的技术走势图上准确标明该基金买入每一只股票的位置。该基金买入的股票超过100只，当我遍览这些个股的走势图后，我得到了第一个真正的发现：该基金买入的每一只个股都是在创下股价新高时买入的。

所以，我在怎样取得出色业绩方面学会的第一件事就是，不要在股价接近低点的时候买入股票。当股价脱离宽阔的底部整理区域，并且开始创出相对之前底部区域而言的新高，此刻才是买入股票的时候。要尝试发现并捕捉股价大幅显著运动（趋势性运动）开始的时刻，这样你就不会在股价盘整筑底、上下震荡，做无方向运动（非趋势性运动）时过早介入，从而也就不会浪费6个月或9个月的时间来坐等该股大幅上涨。

我对过去几年的大牛股进行了研究并试图找出这些股票在大幅上涨之前的共性。我不会把自己局限在一些预设的、先入为主的观念里，比如市盈率（P/E）等。我是基于股市现实情况、真实表现，通过检验大量变量，从而形成我的选股模式。

你能否详述这一挑选牛股的模式？

所有时候的牛股在其股价巨大涨升前的发展早期都具有七大主要特征，我取各特征的头一个字母组成"首字母缩拼词"（acronym），即"CANSLIM"，以此来命名该模式，可便于记忆。

该模式名称中的字母"C"代表当前每股收益，表现最佳的个股在其股价开始主升段上涨前，当季每股收益较上一年度同期的平均增幅为70%。有如此之多的个人投资者，甚至是养老基金的管理者买入当前季度每股收益（相较上年同期）原地踏步或有所下降的普通股，我对此一直感到诧异。如果某只股票当前收益是糟糕的，其股价绝无上涨的理由。我们所做的研究表明——表现最佳的股票在其股价快速飙升前，其公司盈利会大幅提升，那么如果有人退而求其次，勉为其难地选择买入盈利平平公司的股票，那又是为什么呢？择股的第一条基本法则就是，当前季度每股收益与上年同期相比至少要有20%～50%的增长。

该模式名称中的字母"A"代表年度每股收益。经过我们的研究，表现卓越的股票在其浮现显露的早期，其公司前五年每股收益的年均复合增长率是24%。每年的每股收益都比上一年度的每股收益有所增长是最为理想的。

第一流的好股票会同时兼具当前收益出色和每股收益年均增长速度快。《投资者日报》上登载的"每股收益排名"（EPS rank）是将每只股票过去两个季度的每股收益增长百分比和其过去五年的每股收益年均增长百分比相结合，然后再将结合评估所得的数值与包含在评估范围内的每一只股票的该项数值进行比较。例如某公司股票的每股收益排名值是95，则意味着该公司当前每股收益及近五年的历史每股收益要超过其他95%的公司。

该模式名称中的字母"N"代表新生事物。新生事物可能是新产品、新服务，产业的变革，或者是管理的创新。通过研究发现，95%伟大成功的企业都具有上述新生事物中的一项或数项。股价创下新高也可视为一种"新"。在我们的交流讨论会上发现：98%的投资者不愿买入已创新高的股票。然而这是股票市场最大的悖论之一：看似股价已太高的股票通常会涨得更高，而看似股价还极低的股票常常会跌得更低。

该模式名称中的字母"S"代表已发行流通的股份。我们研究范围内表现最佳的股票，其中95%的股票在其股价表现优异的时候，流通盘都小于2 500万。这些股票流通盘的平均值为1 180万，中位数仅为460万。许多机构投资人在股票购买方面做出限制，只购买大型公司的股票，这是在作茧自缚，这种购买限制会令他们在不知不觉中错失买入一些成长性极好公司的股票。

该模式名称中的字母"L"代表领涨的龙头股或是滞胀的弱势股。1953～1985年，表现最佳的500只股票的股价在真正展开主升段前，其相对强弱指数的均值为87。⊖所以，择股的另一基本法则就是挑选领涨的龙头股，即相对强弱指数高的股票，回避滞涨的弱势股。我倾向限定自己只买入相对强弱指数高于80的股票。

该模式名称中的字母"I"代表机构的认可程度。股票需求显然主要来自于机构买家。领涨的龙头股通常会得到机构资金的支持，会被机构投资者大量买入。股票虽然需要得到一些机构的认可，但并不需要机构认可度过高，因为一旦公司出现重大问题或是市场整体走坏，就会引发机构持有者的大肆抛售。这就是被大量机构广泛持有的个股走势糟糕的原因所在。当公司优异的业绩已大白于天下，以至于几乎所有的机构都已持有该股，此时再去买入该股可能为时已晚。

该模式名称中的字母"M"代表整体市场。3/4的股票将会与市场平均价格指数的主要、明显的运动方向保持一致。这就是为什么你需要学习如何按日解读股价和成交量以洞察大盘见顶的前兆。

在任何一个时间段内，整个股市中符合"CANSLIM"这一模式的个股不会超过2%。因为你仅想选出最好的股票，所以这一选股模式的选股要求和限制就要严谨审慎。如果你招募参加棒球比赛的选手，你会只选打击率为两成（0.200）的击球手组成一队，还是力图找到尽可能多的、打击率达到三成（0.300）的击球手来组成一队呢？

由于你有如此严格的选股过程，因此你交易成功的概率很高，是这样吗？

⊖ 某股的相对强弱指数用以衡量该股在过去12个月内相较其他所有股票的股价表现。例如，某股的相对强弱指数是80，则表明该股在过去一年中的走势要胜过其他80%股票的走势。

我估计这些年我所购入的股票中，2/3 的个股都是以获利告终的。然而我发现其中表现确实突出的，特别牛气冲天的个股，每十年大概只有一两只。

你的"CANSLIM"选股模式中的大多数指标，比如其中的每股收益指标，能否在股价创新高之前就帮你选出个股？为什么不在股票正在筑底的时候买入，而非要等到股价去创新高的时候再买？

因为只有股价永远不能向上突破时，你才会对股价从底部向上突破不做期望，不做等待。意思就是，如果股价将能向上突破，你必然会期望突破时刻的到来，必然不会在筑底的时候买入，一定会等到突破后再买。如果你在股价筑底阶段买，不是买得太早，就是买得太迟。如果股价脱离筑底阶段，创出阶段性的新高（相对之前筑底阶段而言的新高，并非该股历史上的新高），这时买入才恰到好处。如果你在股价筑底阶段买入，那时股价通常会在 10% 到 15% 的区间内频繁震荡，反复拉锯，你极易被清洗出场。但是如果我买在恰到好处的时候（即股价脱离底部，创出相对高点的时候），股价通常不会跌破我所设置的止损点（即买入后承担的最大损失为 7%，超过就止损离场）。

你前面说过，股票的相对强弱指数高，位于 80 或 80 以上，则该股股价表现会优异。虽然相对强弱指数高是一件好事，但是否会因为太高而适得其反、物极必反呢？换句话说，某只股票的相对强弱指数高达 99，那么该股是否已涨过了头，股价是否极易发生大幅、快速的向下调整，以此来修正超买的股价？

你必须看着技术图表来做决断。关键不在于相对强弱指数是如何的高，是否高过了头，而在于股价距离最近底部的涨幅已有多大。如果股价刚开始爆发，才脱离充分筑底的阶段，而该股的相对强弱指数又是高的，那么就可买入该股。然而，如果某股的价格相较之前筑底阶段的价格已上涨了 10% 以上，一般说来，我就不会再买入该股。

由于几乎没有一只个股能够抗衡总体的熊市，能够独善其身，因此你的"CANSLIM"选股模式中的"M"很有道理，然而这条法则知易行难。对于

牛市见顶和牛市中正常的回调，你将如何区分，这才是难点和关键所在。

市场平均价格指数构筑顶部有以下两种方式，两者必居其一。第一种构筑顶部的方式是：市场平均价格指数创新高，但市场总的成交量却未放出，仍处低位。这就是告诉你，当前市场对股票的需求依然不旺，当前股价的上涨非常脆弱，并不牢固。如果是下跌以后的回升，即便能创新高，也只是反弹而已。第二种构筑顶部的方式是：市场总的成交量在几天里突然增加，但市场平均价格指数的涨幅（以每日收盘价计算）却非常小，放量而滞胀。在后一种方式中，当市场平均价格指数开始构筑头部时，成交量可能已不能加速放大，因为成交量在价格上涨的途中已消耗殆尽，此时市场平均价格指数已无继续上涨的动力。

另有一种确定总体市场方向的方法，那就是关注市场领涨品种的表现。如果牛市中的领头羊开始转涨为跌，这是市场见顶的重要信号。另一个需要密切关注的重要因素就是美联储的贴现率。通常，美联储提高贴现率两三次，市场就会开始有麻烦了，可能会转涨为跌。

有时每天的腾落指数（advance/decline line，即涨跌趋势线）也是观测和研判交易方法、市场顶部（或底部）的有用指标。[一]腾落指数的变动通常滞后于平均价格指数的变动，当平均价格指数创出新高，而腾落指数却无法冲过之前的最高点，两者产生背离时，表明参与市场上涨的股票数量开始减少，预示市场顶部可能会到来。

如果你认为总体市场已开始进入熊市，你会建议做空吗？还是仅仅清空持有的股票？

我一般不建议别人做空，除非他是职业交易者。做空需要极高的技巧，需要慎重对待，好比刀口舐血。我在过去的九次熊市中，仅有两次熊市通过做空获得了显著的收益。

不能因为股价看上去很高就去做空。做空成功的要点并不是在股价的顶部去做空，而是在正确的时候去做空。只有当总体市场发出见顶信号才能考虑做空个

[一] 腾落指数揭示了在纽交所上市交易的股票中，每天上涨数量和每天下跌数量之差。

股。股价向上对第三个或第四个整理区域（即股价在上升途中构建的盘整区间，也就是阶段性底部）的上沿进行突破，但以失败告终，此时是最佳的做空形态，是做空最好的时机。向上突破失败后，股价会放量跌破之前价格整理区域的低点（即盘整区间的下沿）。在股价首次跌到该整理区域的下方，通常会引发股价的几次向上反抽。而跌破的整理区间，原来是上升途中的阶段性底部，但当股价向上反抽时，原来的支撑位变成了阻力位，在该整理区域会引发大量的抛盘，因为原来在此整理区域买入股票的投资者，都已套牢亏损，一旦股价反抽该区域，许多套牢者急于解套离场，只要保本打平即可，造成该区域的解套盘极多。股价的反抽可能以失败告终，而反抽失败的时候也是抛售做空的良机。

沽空后将会承担无限的风险，这是做空所独有的问题吗？

不是这样的，我从不会承担无限的风险。如果建立空头头寸后股价上涨，朝不利于我的方向运动，当账面损失首次达到6%或7%后，我将止损清仓。在你做空任何个股之前，你要设定好止损价，即当损失产生时，你将在哪个价位清仓离场。

除了对你选股至关重要的"CANSLIM"选股模式，"风险控制"在你整个交易策略中显然扮演了重要的角色。关于"风险控制"这一交易要素，请你多谈一点。

我的交易哲学是，所有的股票都是坏的（充满风险）。除非股价能够上涨，否则就不是好股票。如果股价下跌，你必须尽快止损。在股市，制胜的秘密不在于"你在所有的时候都要正确"。实际上，即使你只在一半的时间里保持正确，你也能取得成功，这其中的关键在于"你在出错的时候要尽可能少输钱"。我所买进的任何股票，即便发生亏损，我也绝不让最大亏损超过7%，这是我订立的交易规则。如果股票购入后，股价下跌超过买入价的7%。我会自觉抛出止损，决不猜测，决不犹豫。

某些买入被套的人会说："因为我被套亏损，所以不能卖出股票。"如果股价已低于买入价，此时你割肉卖出股票后的亏损就是卖出价低于你买进价的亏损，而不会再遭受新增的亏损，而死扛不放，股价继续下跌，从而"让亏损奔跑"，这是市场大多数交易者所犯的最严重的错误。市场大众没有真正理解快速止损的理念。如果你没有"亏损7%就止损"的交易规则，如果碰到像1973～1974年那样的熊市，你持仓金额的70%或80%都会亏掉。我曾亲眼看见有人在那样的熊市里因不懂止损而走向破产。如果你不愿"截断亏损"，那你就不应购买股票。你会驾驶没有刹车的汽车吗？

弗雷德·凯利（Fred C. Kelly）在他所写的《成败之因》中讲过一个故事，在我的书中也引用过这个故事。投资者在做卖出决定时最典型的犹豫拖延，通过这个故事可以看得一清二楚，这个故事是我所知道的最佳例证。故事大致是这样的：有一个人为诱捕火鸡，临时搭建了一个屋子，该屋子有一扇铰链门，门上拴一根绳子，那人就躲在远处，通过拉动绳子来使门关上。要诱使火鸡进屋，就把门打开，从屋外到屋内沿路撒下谷物，这样火鸡沿着一路上的谷物就会跑进屋内，到时拉动绳子，把门关上，就能把火鸡一网打尽。然而一旦把屋门拉上，要再次打开屋门的话，人就必须跑到门前，推开屋门，这样就会吓跑潜藏在屋外的火鸡，因此门关上后就不宜再次打开。

有一天，屋子里已跑进了12只火鸡。接着有一只火鸡跑了出去，屋里只剩下11只火鸡。此人躲在远处，看到后心中暗想，"如果我等一等，跑出去的这只火鸡会重新跑回来，我应该等到屋里有12只火鸡的时候再拉绳子。"他在等待第12只火鸡重新跑回屋的时候，又有一只火鸡跑了出去。此时他想，"如果有一只火鸡跑回屋，我就拉绳子，抓到11只火鸡，我也心满意足了。"就在他等待之际，第三只火鸡跑出屋去，最终他一无所获，空手而归。此人错就错在他死抱"最初跑出的火鸡将会跑回屋"的想法而不肯改变。股票套住而不肯割肉止损的投资者，其典型的态度正与此相仿。这样的投资者始终期望跌下去的股价会重新涨回来，这样他就能解套甚至盈利了。这个故事的启示是，在股市要通过止损来降低风险，不要看着股价下跌而坐视不管，就好比你还在计算屋内火鸡数，等着火鸡跑回来的时候，屋里的火鸡会一只一只地往外跑。

好吧，你采用"CANSLIM"的一套方法进行选股，如果犯了错，你就遵循最多亏7%的法则止损出场。那么，对于手里盈利的股票何时获利了结，

你是如何决定的呢？

首先，如果持有的股票表现良好，如你所料，你就应该尽可能持有不放。杰西·利弗莫尔说过，"大钱从来不是靠你思考得来的，而是靠你坐着得来的。"其次，你必须认识到，你永远无法精准逃顶，所以当你卖出股票后，股价却进一步走高，你为此而自责，这是荒谬可笑的。做股票的目的就是通过股票来赚取丰厚的利润，如果股价在你清仓离场后持续走高，不必烦恼难过。

对于许多人都认为很重要的指标和因素，包括市盈率、分红、分散投资以及超买/超卖指标，你在你的著作里都不屑一顾，不以为然。在这些方面，人们普遍认同的看法究竟错在哪里，你能否阐述一下？就从市盈率开始吧。

因为股票的市盈率低，就说它低估，这纯粹是胡说八道。我们通过研究发现，股票低市盈率和股价表现良好间的关联度非常之低。我们研究的股票中，有些股票开始大幅上涨时的市盈率是10倍，而另有一些股票开始大幅上涨时的市盈率却是50倍。在我们调查研究的33年里（1953～1985年），其中表现最佳的股票在其股价爆发初期的市盈率是20倍，与此相对应的是，在此期间道指成分股的平均市盈率是15倍。这些表现最佳的股票在其股价延伸上涨的末端，其平均市盈率接近45倍。这就意味着，如果你在过去不愿意买入市盈率高于大盘平均市盈率的股票，你在无意间就排除、错失了大多数表现极佳的牛股。

许多投资者的通病是，仅仅因为市盈率低，股价看上去便宜，就去买入股票。市盈率低，自有其低的理由。许多年前，我刚开始研究股市，那时我在诺思罗普公司（Northrop）股票市盈率为4倍时买进该股，眼睁睁地看着该股股价最终跌到2倍市盈率的水平，当时令我难以置信。

许多投资者的另一通病是，卖出（或做空）市盈率高企的股票。我依然记得1962年发生的一件事，那时有个投资者闯进我朋友的经纪公司，大声说道："施乐公司（Xerox）的股价已涨得太高，已经高估了，它已经达到50倍市盈率了。"此人在施乐公司股价达到（股票拆分后的）88美元时做空，但该股股价最终涨到（股票拆分前的）1 300美元。

对于分红，你是怎么看的？

分红和股价表现间没有联系。实际上，公司分红越多，其状况可能越差，因为公司把盈余的钱分给个人投资者，然后在需要资金时，就必须向银行去借，从而支付很高的贷款利息。因为即将分红而去持有股价正在下跌的股票，这种做法很幼稚。如果你在分红上获利4%，而与此同时股价却下跌了25%，那么你将净亏21%。

对于超买/超卖指标，你又怎么看？

我极少关注超买/超卖指标。我曾经雇用了一位精通这些技术指标并且在这方面很有知名度的专家。1969年股市下跌时，我力图说服投资组合的管理者清空股票，全部换成现金，这一建议恰逢其时，但这位技术指标专家却对他们说："现在卖出股票已经太晚，不能卖出了，我的技术指标告诉我，市场已经'极度超卖'了。"而当他的技术指标从"极度超卖"变为"超卖"时，市场却在此期间真正展开了加速下跌。

我最后要问你的就是"分散投资"，这项内容是最为人们普遍认同的。

"分散投资"不过是"无知"的托词和掩饰。我认为你最好集中持有一些股票，并且充分了解和弄懂它们。通过对个股的精挑细选，你在股市取得优异战绩的可能性会大大提高。另外，对于你持有的这些股票，你要非常密切、仔细地观察，对于风险控制而言，这点十分重要。

对于典型的投资者而言，同时持有多少只股票为宜？请你给个建议。

我的建议如下：资金量在5 000美元的投资者，同时持有一两只股票；资金量在10 000美元的投资者，同时持有三四只股票；资金量在25 000美元的投资者，同时持有四五只股票；资金量在50 000美元的投资者，同时持有五六只股票；资金量在100 000美元或100 000美元以上的投资者，同时持有六七只股票。

除了我们刚才谈到的内容，市场大众对于股市还有哪些重大的错觉和误解？

大多数投资者认为技术图表是魔术戏法、咒语巫术一样的东西，神乎其神，却虚幻无用。只有大约 5% ~ 10% 的投资者能搞懂技术图表，甚至许多职业玩家对于技术图表也一无所知。一个医生如果不用 X 光和心电图来诊断病情，那么他是愚蠢无知的。与此类似，投资者如果不采用技术图表，同样也是愚蠢无知的。技术图表能够提供具有价值的信息，使你充分了解当前市况，并可据此预测将来走势，这些信息通过其他途径和方法是无法轻易获得的。通过使用技术图表，你可以有条不紊地、系统全面地追踪大量不同的股票。

之前你曾谈到过，把市场总成交量作为发现市场平均价格指数见顶的线索。那么在交易个股时，你也采用个股的成交量指标吗？

个股的成交量能用来衡量个股供需双方的力量。当股价开始奔向近期新高，准备上一台阶的时候，此时的成交量应比最近几个月来的日平均成交量放大至少50%。在关键价位的放量是极具价值的提示，它预示该股已做好创新高、上台阶、继续涨的准备。

个股成交量的放大具有提示作用，反之，成交量的缩小也具有提示作用。当股价在上涨一段后步入盘整，成交量应该快速大幅萎缩。换句话讲，股价步入盘整后，市场的抛售应该变得极轻。在盘整期间，萎缩的成交量通常代表股价的整固，能为再一次上涨打好基础。

面对一系列的亏损，你会怎样应对？

如果你遭受一系列的亏损，并且不是因为你交易犯错造成的，那就表明这是整个市况不佳所致。如果你在交易中连续亏损五六次，你需要从市场中撤退出来，看看此时是否应该开始持币。

"CANSLIM"选股模式中的字母"M"强调的是，当市场处于大熊市阶段，最好置身场外，至少不应做多股票。大多共同基金受自身体制的限制，无论牛市还是熊市，其股票投资的仓位始终很重，这是否表明把钱投资于基金是一项糟糕的投资，你是这样认为的吗？

你这种说法会让我感到吃惊的，我不敢苟同。我认为，基金是绝对优良的投资标的。我相信每个人都应该拥有自己的住宅，自己的不动产投资，个人的股票账户或买入的共同基金。你只有通过这些才能获得比你工资收入还要高的丰厚收益。虽然我认为个人投资的最佳对象就是共同基金，但问题出在，大多数人并不知道怎样进行基金投资。通过基金投资取得成功的关键就是"买入基金，置于一旁，坐等赚钱，不要多想"。当你买入基金，你需要持有 15 年或更长的时间，只有这样你才能真正赚大钱。但要做到这样，你需要具有持有不动的勇气，这样才能熬过这 15 年中三个、四个或五个熊市。典型的、多元投资的成长型股票基金在牛市中的仓位最高达 75%～100%，但到了熊市，其仓位会降到 20%～30%。

所以，你对待基金和个股是完全不同的？

非常不同。对于个股，你绝对必须设好止损点，因为你不知道股价会下跌到哪里。我记得，有一次我买入一只 100 美元的股票，最终该股跌到了 1 美元。我绝没想到它会跌那么深，跌幅会如此巨大，如果我不设止损，死扛不放，会有怎样的后果啊？如果犯下这样的错误，你就万劫不复、永难翻身了。

与此相反，对于共同基金，你应一路持有，熬过熊市。因为大多数共同基金采取分散投资的方法，持有 100 只或更多的股票，这些股票基本涵盖各个行业，能反映美国经济的状况。当熊市结束、股市开始复苏，这些共同基金的业绩也会随之复苏，这是必需的。然而不幸的是，大多数人在熊市中由于恐惧而决定转向，抛出手中的基金，破坏了长期持有的规划。实际上，当表现优异、分散投资的成长型基金大幅下跌的时候，正是你大买特买的机会。

平心而论，一般投资大众可能把股票的交易方法用在了基金交易上，而把基金的交易方法用在了股票交易上，这样说确切吗？我的意思是，他们在股票交易中可能会始终持有套牢亏损的个股，但在基金交易中，当基金价格大幅下跌时他们却会迅速割肉清仓。

是的，正如你所言。情绪因素导致人们在股市中的操作大多数都是错的，都是情绪化交易。

顺着这一思路，请你谈谈投资者普遍会犯的最为严重的错误是什么。

在我的书（即《笑傲股市》）里，有一章就是专讲投资者常犯的 18 种错误。

***

下面所列投资者常犯的错误摘自欧奈尔的著作《笑傲股市》,该书1988年由McGraw-Hill公司出版发行。

(1)大多数投资者连门都永远入不了,因为他们不会使用良好的选股标准,他们不知道好股必须符合哪些标准和条件,所以他们买进的只是四流的、平淡无奇的股票。他们购进的这类股票,在市场中不会有特别良好的表现,不会是真正的领涨股。

(2)确保结局悲惨、自寻死路的良方就是"买入下跌途中的股票"。下跌途中的股票看上去确实很便宜,因为此时的股价与几个月前的股价相比已跌去很多。例如,我的某位熟人,他在1981年3月以每股19美元的价格买入国际收割机公司(International Harvester)的股票,当时买入的理由是,该股股价已大幅下跌,看上去非常便宜。这是他的首次投资,他犯了新手典型的错误。他是在接近全年最低价的时候买入该股的(即在该股下跌途中买入该股),后来证实,股价的下跌是由于公司当时陷入一系列的麻烦,并且有走向破产的可能。

(3)一个更糟糕的交易习惯就是在股价下跌途中,不断买进以摊低成本,而不是在股价上升途中加码买进。如果你在40美元买入某只股票,然后当该股股价跌到30美元时,你买入更多的股票,你买入该股的平均成本变为35美元。你不断持有并加码亏损的股票,把可以购入上涨股票的钱不断买入持续下跌的股票,这是错误的做法。这种外行的交易策略能让你亏损累累,沮丧不已,成为交易的大输家。

(4)大众爱买便宜的股票,即每股成交价格低的股票。他们错误地认为买进股票的股数越多越好,越多越明智,一般买低价股大约可买入100手或1000手,买进股数越多,他们的感觉就越良好,他们认为买进股数多很重要。你应该最好买入30股或50股的高价股,这些都是绩优公司的股票。你必须这么来思考,你是根据自己投入的美元金额来买股票，而不是根据你能买多少股数来买股票。要买价格虽高但质地最好的股票，不要买价格虽低但质地最差的股票。2元股、5元股或10元股看上去充满诱惑，令人难以抗拒，但大多数10元股或10元以下的个股，其售价低廉的原因是所代表的公司过去的业绩差，现在的问题大，目前在某些方面出了差错，低有低的道理。股票就像其他所有的商品一样，你无法以最便宜的价格买到最质优的商品。

买低价股的交易佣金等较高，在股价已有一定涨幅后才买入的话，则面临的风险也较大，因为同样跌15% ~ 20%，低价股的跌速要比大多数高价股的跌速快。职业交易者和机构投资者通常不买5 ~ 10元的股票，所以你追随和支持那些价低质差的股票，绝非明智之举，当属下下之策。正如以前讨论过的，机构的认可程度是有助和推动股价走高的重要因素之一。

（5）初次进行交易的投机者都想在市场上赚大钱，赚快钱。他们想快速赚大钱，但却没有进行必要的学习，没有做好交易的准备——没有掌握交易基本的方法和技巧。他们寻找快速致富的捷径，但却不投入任何时间、精力去真正学习他们所从事的行当——交易。

（6）主流的美国人喜欢根据内幕消息、市场传闻、题材"故事"，以及市场顾问、咨询机构的推荐来购买股票。换句话说，他们根据别人说的话，用自己辛苦赚来的钱来冒险，而不是在自己确定的能力范围内进行交易。大多数传闻都是假的。利多的内幕消息即便是真的，具有讽刺意味的是，在大多数情况下股价会不涨反跌。

（7）投资者依据分红或低市盈率来买股票，就会买入那些二流的股票。分红不像每股收益那么重要；实际上，公司分红越多，其状况可能越差，因为公司把盈余的钱以红利的形式分给投资者，然后在需要资金的时候，就必须向银行去借，从而支付很高的贷款利息。一两天的股价波动就能让投资者把分到的红利全部亏光。对于低市盈率，低有低的道理，可能因为公司过去业绩中暗含不利、较差的因素。

（8）人们喜欢买进名字耳熟能详的股票。不要因为你过去替通用汽车打过工，就把通用汽车视为非买不可的好股票。大多数表现最佳的股票，它们的名字你并不熟知，但你清楚你是否有能力对这些名字有点陌生的好股票做一点分析和研究，是否可以做到从不熟到很熟。这才是你应该做的事。

（9）大多数的投资者无法发现、辨别和确认有用的信息和用益的建议。如果他们得到一个良好的建议，大多数人无法辨别建议的好坏或者即便知道是好建议，也不会照着去做。水平一般的朋友、股票经纪人或市场咨询顾问所提供的建议只能让你遭受亏损。这些人只有他们自己先在市场中取得足够大的成功，他们所提出的建议才值得你参考，不过符合这一条件的人，通常是凤毛麟角。杰出的股票经纪人和市场咨询顾问不会多过杰出的医生、律师或棒球运动员。九个棒球运动员中只有一个球员才能签下棒球联合总会的职业合约。当然，大多数从高校毕业出来的棒球手还不够签约的资格，因为他们的水平尚不够格。

（10）超过98%的投资者不敢买正开始奔向新高的股票，对他们而言，股价看起来似乎太高了。个人的感觉和看法远不如市场来的正确，市场才是对的。

（11）大多数缺乏交易技巧的投资者在亏损尚小，在合理、可控范围的时候，仍固执地持有亏钱的股票。本来他们能以较小的代价清仓离场，但他们对持有的股票投入过多的感情，太具有人情味，他们保持等待，希望股价反弹，直到亏损变得越来越大，让他们付出沉重的代价。

（12）大多数投资者相同的一点是，一涨就抛，爱赚蝇头小利，对于套牢亏损的品种却死抱不放。这种战术与正确的做法恰好截然相反。投资者会错误地先抛出盈利的股票，而后才抛出亏损的股票。

（13）个人投资者过于担心交易税费和交易佣金。投资者的主要目标首先应该是赚取净利。过于担心交易税费使你在投资时希望能够避税，通常这会导致糟糕的投资，因小失大。在过去某段时间，投资者为了得到免征长期资本利得，持有股票时间过长，从而丢失大好利润。

与"在最初的时候做出正确的决策"以及"在必要的时候采取行动"等更为重要的方面相比，买卖股票交易佣金的多少实在是微不足道的事情（你如果能从经纪人那得到打折后的佣金率，那佣金成本就会更低，更加微不足道了）。和不动产交易相比，股票交易的佣金要低很多，并且股票的变现能力和流通性也要高于不动产。因此利用股票交易的这些特点，当情况不妙时，你能以较低的交易成本快速止损离场，从而保护自己，或是当有利可图的、持续延伸中的价格趋势展现在眼前时，你能及时参与把握。

（14）大多数人在期权上的投机太多，因为他们认为这是快速致富的捷径。当买入看涨期权时，他们把全部资金都投入短期、低价的期权，这样做是错误的。和长期期权相比，短期、低价的期权波动性更大，风险更高。短期期权的到期时间近，所以对该类期权的持有者是不利的。有许多期权投机者玩起了"裸期权"（naked option），这种玩法承担风险高，潜在收益低，所以是相对较差的交易操作。

（15）投资新手喜欢采用限价的委托订单来买卖股票，即下单委托时把买入价或卖出价固定在他们设定的价格上。他们很少采用市价委托。这种限价委托的方法是糟糕的，因为这样做，投资者会为几美分的钱、小数点上的数字劳神费心，锱铢必较，但对更为要紧的价格总体运行趋势却疏于关注，因小失大。限价委托最终导致下单者完全忽视市场的动向，一心只算小钱，结果对于手中应该及时止损以避免更大损失的股票却没有及时清仓离场，从而亏了大钱。

（16）一些投资者在进行买入或卖出决策时会碰到麻烦。换句话说，他们会左右摇摆、犹豫不决，从而无法决断。因为他们对自己正在做的事一无所知，所以交易决策时就缺乏自信。他们没有用以指导交易的交易计划和交易准则或法则，所以无法确定他们接着该做什么。

（17）大多数投资者无法客观地看待股票。他们总是怀有期望和持有偏好，并且他们依靠自己的期望和个人观点来分析股票，而不关注市场的观点,而市场的观点很多时候都是正确的。

(18)投资者通常会受一些无关紧要、并不真正重要(甚至适得其反)的事情影响,诸如股票拆分、红利提高、新闻报道以及经纪公司或投资顾问的建议。

你对华尔街发布的研究报告是怎么看的?他们中的一些人可是终其一生在研究股票和美国经济啊。

《金融世界周刊》(*Financial World*)上有一篇文章认为,顶尖的分析师通常也跑不赢标准普尔500指数的平均收益。主要的一个问题是,华尔街那些经纪公司的研究报告,其研究的公司中有80%是压根不用去研究的,是错误的分析对象。每个行业分析师不得不承担分配给他的研究任务,去完成撰写研究报告的工作任务,即便在每一轮行情中仅有一些行业板块能成为领头羊,他们也要对所有板块进行研究,撰写报告。他们没有充足的时间和精力来筛选和确定哪些研究报告是确实应该写的。华尔街研究报告的另一主要问题是,这些报告很少提出卖出或做空的建议。

作为交易时间超过25年的股票投资者,你始终能保持成功,考虑到这点,对于随机漫步理论,我想你不会非常认同。

股票市场既不有效,也不随机。股市不是有效的,因为股市中存在太多错误、糟糕的观点和看法;股市也不是随机的,因为投资者强烈的情绪力量会促成价格运动的趋势。

＊＊＊

就最普遍的意义而言,要取得交易的成功需要具备三个基本条件:有效的交易选择过程、风险控制以及确保做到前两项的交易纪律。威廉·欧奈尔是成功交易者的完美典范。他建立了选股的具体策略(即"CANSLIM"选股模式),具有严格控制风险的交易法则,并且恪守交易纪律,从而确保交易中不会偏离、违背选股的模式和风险控制的策略。本章除了阐述欧奈尔具体选股的细节,在访谈结尾处还列举了投资者常犯的错误,这部分内容对于交易者和投资者都特别有用。

| 第十二章 |

大卫·瑞安
投资股票如同探寻宝藏

  大卫·瑞安不购买低价股,但并非一直如此,他也曾买过低价股。遥想13岁那年,他清楚记得在快速翻看《华尔街日报》时找到一只股价为1美元的股票。他攥着报纸跑到他父亲面前,指着报上的这只1美元股票问:"如果搜遍我房间后,能凑足1美元,我能买上一股吗?"他父亲告诉他,这样做不好。"你必须在投资股票前先研究一下上市公司的基本面。"他父亲接着向他解释。

  几天后,当再次浏览《华尔街日报》时,瑞安看到一篇关于沃德食品公司(Ward Foods)的文章,该公司生产、销售的是块状糖果等食品。因为瑞安很喜欢吃糖果,而且吃得很多,所以该公司看起来是很好的投资标的。瑞安的父亲替他开立了交易账户,他购买10股该公司的股票。购买股票后他动员他所有的朋友都来买沃德食品公司生产的糖果,这样该公司就能赚更多的钱,他买入的股票也就能上涨,至今他还能想起当时的情景。瑞安的股票投资者生涯自此正式开启。

  瑞安对股票市场的兴趣与日俱增。在16岁那年,他订购了每周的技术图表服务,并且参加了威廉·欧奈尔和其他市场分析人士主办的投资培训班。进入大学后,瑞安又遍览所有能够找到的股票书籍。

  威廉·欧奈尔是瑞安的偶像。1982年瑞安从大学毕业后,他试图在欧奈尔的公司里谋一份工作。他告诉欧奈尔公司的接待人员，他对在欧奈尔这儿工作很感兴趣，他愿意在这里干任何工作，无论职位有多么卑微，只要能让他进入公司工作即可，他甚至愿意在那里免费打工。最终瑞安得到了聘用。进入公司后的四年里，瑞安凭借显赫骄人的投资业绩成为公司最年轻的副总裁，并且担任欧奈尔在为机构客户挑选股票方面的直接助手。

瑞安在1985年参加了全美投资锦标赛，并在那年以161%的收益率夺得股票类投资的冠军，他也由此赢得了一定的声名。这一赛事是由前斯坦福大学教授诺姆·扎德（Norm Zadeh）策划举办的。瑞安在1986年再次参加该项赛事，似乎他是为了证明1985年的夺冠并非一时的侥幸，不是靠一年的运气。最终在1986年的比赛中，瑞安几乎复制了前一年的业绩，以160%的收益率第二次摘得桂冠。1987年瑞安第三次参赛，他再次以三位数（是指百分数三位，即年收益率超过100%）的年收益率夺得冠军。如果把这三年放在一起计算的话，瑞安的复合收益率高达惊人的1 379%。

虽然我所采访的大多数交易者对交易都非常挚爱，但无人能像瑞安那样对交易有着难以自控的狂热和痴迷。对瑞安而言，选择股票的整个过程就好比一场非常棒的游戏——他称其为探宝的游戏，而且他依然无法相信他能一边拿着工资报酬一边来玩这种探宝的游戏。

我访谈过的这些交易员，他们的办公室可谓形形色色，从朴实无华到奢华考究，很明显，瑞安的办公室属于最为低端的。令我吃惊的是，这里既不宽大，也不像办公室，而是一间面积极小且充满嘈杂之声的房间。瑞安对于没有舒适优雅的办公环境看起来毫不介意。我猜想，只要给他价格走势图和看报价、下交易订单用的电脑，就是让他蜷缩在门厅的壁橱里进行交易，他可能也会心满意足的。

你最初在威廉·欧奈尔公司的工作包含市场分析吗？

不包括，但我曾经参与过，那是我才起步的阶段，我需要不断地学习。

我猜，你是利用自己的时间来学习吧？

是的，每个晚上和周末我会把一些材料带回家学习。

当时你在学习哪些东西？

我会查看技术走势图，研究公司过去的个股推荐和操作建议。我研究大牛股的历史走势，分析其价格运动的模式，这样我就能牢记股票在启动大行情前的特征和迹象。我尽可能照着欧奈尔的做法去做每一件事，亦步亦趋。欧奈尔就是我效法的榜样。

你在那时进行交易吗？

是的，我在公司工作后不久，就开立了交易账户，初始本金是20 000美元。

你那时交易得怎样？

最初交易得不错，截至1983年6月，我把交易账户做到了52 000美元，但接着我又全部输了回去，不仅是赚来的钱，还包括我初始本金的一部分。到1984年中期，我交易账户的资金跌到了16 000美元。

你知道你错在哪里吗？

对于1983年6月～1984年中期我所犯的每一笔交易错误，我都坐下来仔细研究过。我最大的交易错误就是，即便在一个相当熊的市场里，道指从1 296点跌到1 078点，但我采用的还是1982年8月～1983年6月牛市中的交易手法，仍然积极主动地进行交易，结果越做越亏。我犯的另一个错误是，买入已大幅上涨的股票。我的意思是，我买入股票时，该股股价距离其价格底部已上涨了15%～20%。你应该在某股股价较其底部上涨很少的时候买入该股。倘若追高买入的话，风险会极大。

通过分析我所犯的所有交易错误，我又使交易账户的资金由跌转升。1984年后期，我把我名下的一项不动产售出，把出售所得的钱款全部投入股票账户。

尽管1983年中期～1984年中期你的业绩糟糕，但因为当时你知道自己错在哪里，所以你还是充满信心的，是这样吗？

是的，因为我非常努力地学习，并且下决心恪守我所制定的交易纪律，所以我认为自己定会交易得很好。1985年，我参加了全美投资锦标赛，并在那年以161%的收益率夺得股票类投资的冠军，在接下来的1986年和1987年我又两度参赛，又以远超 100% 的收益率两度夺冠。我将正确的事一次次地重复做。当某只股票具有我所喜欢的全部特征，我就会买进该股。

你今年交易得怎样（指 1988 年 5 月）？

截至现在，我今年的交易不利，交易账户里的资金是减少的。我们在几个不同类型的市场中交易，股票市场的价格变动不像过去三年里那样快速。今年我在股市交易中投入的金额很少，因为我认为赚大钱的可能性很小，交易盈利的机会非常有限。

你之前曾说过，有一阵子你几乎读遍了你所能找到的关于交易和金融市场的每一本书，对于那些尚处起步阶段，但非常虔诚地想成为成功股票交易者的新手，你给他们的推荐阅读书单是什么？

威廉·欧奈尔的书是必读的，他的《笑傲股市》位于我推荐阅读书单的榜首。尼古拉斯·达瓦斯（Nicolas Darvas）的《我如何在股市赚了 200 万》⊖（*How I Made $2 000 000 in the Stock Market*）是另一本必读之书，许多人会嘲笑这个书名，但此书读来确实趣味盎然、令人获益无穷。我还要推荐一本书，那就是埃德温·李费佛的《股票作手回忆录》，书中主人公的原型就是杰西·利弗莫尔。杰西·利弗莫尔自己也写过一本书，书名是《股票大作手操盘术》（*How to Trade in Stocks*），该书很薄，但极好。

还有哪些书籍可以推荐？

在挑选个股方面有一本好书，那就是理查德·勒夫（Richard Love）的《超级强势股》（*Super Performance Stock*）。该书对一些持续强势的超级大牛股做了深入、广泛的研究和分析。在择股方面另外还有一本好书，那就是克米特·齐格（Kermit Zieg）和苏珊娜 H 齐格（Susannah H. Zieg）合著的《成长股概貌》（*Profile of a Growth Stock*）。我还要推荐马丁·茨威格的《赢在华尔街》（*Winning on Wall Street*）和史丹·温斯坦（Stan Weinstein）的《多空操作秘笈》（*Stan Weinstein's Secrets For Profiting in Bull and Bear Markets*），后一本书中包含做空交易的部分，

⊖ 该书中文版已由机械工业出版社出版。

这部分内容相当好。最后，我想推荐艾略特波浪理论方面的书籍，我认为弗罗斯特（Frost）和普莱切特（Prechter，即小罗伯特 R. 普莱切特）合著的《艾略特波浪理论》㊀（*Elliott Wave Principle*）以及英国人贝克曼（Beckman）写的《超强择时交易》（*Super Timing*）是这方面正确、有效的书籍。

上述所有的书都非常好，能让你获益匪浅，但你从市场本身能学到更多的东西。我每买入一只股票，都会写下买入的理由（这时他抽出一个活页夹，里面夹着更新后的技术图表），这样做能帮助我牢记牛股的特征。也许更为重要的是，一旦交易失败，之前写下的买入理由能帮助我总结失败的经验教训，让我从所犯的错误中学习。

通过坚持做交易日志，你学到哪些东西？

我学到如下这些东西：不要买入涨幅已大的股票，要采用欧奈尔的择股标准，尽可能恪守交易纪律；你建立和遵守的交易纪律越多，在市场中将会做得越好；你听到、收到的内幕消息、市场传言越多，输掉的钱可能也会越多。

坚持做交易日志是你成功交易的重要组成部分吗？

一点不错，绝对是的。

对于你的选股过程，你能否做一个阐述？

我首先会查看股价走势图，然后选出、记下技术上走势强劲的个股。换句话讲，对于我想进一步密切关注的股票，我都会选出、记下。

你们公司追踪近 7 000 只股票，但你不可能定期查看 7 000 张价格走势图啊。

我不会通览 7 000 只股票的价格走势图，但我可能在一周的时间里浏览近 4 000 只股票的走势图。所以，对于大部分股票的价格走势、数据信息，我都是了然于胸的，心里都有数。对于交易价格在 10 美元以下的 1 500 ~ 2 000 只股票，我压根儿不会看，这条准则我始终牢记不忘。

"避免买入股价在 10 美元以下的股票"是择股的好准则吗？

㊀ 该书中文版已由机械工业出版社出版。

是的，因为股价始终那么低，一定有低的原因。

这么一来，大量场外交易（OTC）的股票就要被剔除在外了，因为它们的股价大都低于 10 美元，是这样吗？

是这样的，许多盘子较小的场外交易股会被剔除在外，因为这些股的股价都在 10 美元以下。

但是有的时候，对于某些股票而言，其无人关注之际正是买入它们的绝好良机啊，难道不是这样吗？

有时确实如此。但是大多数无人关注的股票会年复一年地趴底不动。等它们涨至 15～20 美元时，我才会去关注，这时才可证明这些冷门股已由弱转强，由冷转热。

你通过查看价格走势图选出、记下你所感兴趣的股票，那么其后你又是根据什么来做进一步筛选的？

我会看公司过去五年的每股收益增长率以及最近两个季度的每股收益，并且将最近两个季度的每股收益与上一年度的每股收益进行比较。用季度的每股收益去比较，可以使你及时察觉公司的每股收益增长率是否有加速的迹象。例如，公司过去五年的每股收益增长率是 30%，这看上去非常不错，令人印象深刻，但如果最近两个季度它的每股收益增长率仅有 10% 和 15%，这就是警示你的一个信号，表明该公司高速、强劲增长的时期已经过去。当然，过去五年的每股收益增长率和最近两个季度的每股收益，这两个指标都已结合在"每股收益排名"里。

对于每股收益的排名值，你的选择标准是什么？

尽可能要高，至少在 80 以上，最好在 90 以上。实际上，我所购买的许多股票，其每股收益的排名值都是 99。

就我的经验而言，市场的作用常会介入其中。我对每股收益及每股收益排名等感到惊奇的一件事就是，比如某股的每股收益开始逐步增长，往极好的方向发展，但在此之前，该股的股价已经大幅上涨，即市场的作用已介入其中，股价已提前做出反应。

你所说的是许多人所想的。许多人会说："现在买入该股已经太晚啦，该股每股收益之好已人尽皆知啦（股价已充分做出了反应）。"然而通过分析数百只超级大牛股，我们发现，在许多情况下，许多牛股的每股收益之好确实已众所周知，其股价可能也已经有所反应，但其股价还会继续上涨一段时间（甚至会上涨很长的一段时间，只要其每股收益能够保持优良、保持持续增长），不会马上"见光死"。

尽管某股的每股收益非常好，但在何种情况下该股的股价会不做出上涨的反应，始终横走不涨？

当整个市场疲弱、走熊的时候，即使某股的每股收益再好，其股价也会受大盘拖累，无法上涨，会走平甚至下跌。但股市一旦走牛、趋强，大盘对个股上涨的压力就会逐步消除，这些每股收益良好的个股就会大幅上涨，迭创新高，其股价就会做出正确的反应。

如果整个股市是走牛的、良好的，那么这些每股收益良好的个股会怎样表现？在这样的大市里，有什么因素能使这类个股停止上涨？

在大盘走牛的情况下，人们预期的改变会使每股收益良好的个股停止上涨，即人们认为这类股票的每股收益将不会像过去那样持续、强劲地增长。当人们有如此预期时，这类每股收益良好的个股在大市良好的情况下也会停止上涨。

除了把每股收益和收益增长遇阻、放缓作为评判股票的标准，你还采用什么方法来筛选股票？

相对强弱指数是非常重要的择股指标。

对于相对强弱指数，你的选择标准是什么？

相对强弱指数至少要高于80，最好是在90以上。

凭我的直觉，我差不多会认为……

相对强弱指数已经太高了，无法进一步走高了。

**是你说的这样，当然不是必定如此。不过就我看来，每一只股票在其股价见顶之时，其相对强弱指数一定是高的，这是显而易见的事。那么如果你

只挑选、买入相对强弱指数高的股票，有时你就会买在股价的高位，买入后可能会被套，你是怎样避免这种情况发生的？

我通常能避免这种情况的发生，因为我选股的第一步就是通过技术走势图来进行筛选：相较底部价格，涨幅已经巨大的股票，我通常会排除，以免买在高位。相对强弱指数最高（或接近最高）的股票经常会在几个月内继续跑赢大盘。例如微软公司的股价在 50 美元时，其相对强弱指数已达 97，已接近最高，但其股价最终还是涨到了 161 美元。

你的意思是，相对强弱指数越高越好？

是的，相对强弱指数是 99 的股票和相对强弱指数是 95 的股票，我会选前者而非后者。然而某股的相对强弱指数一旦从高处开始回落，我通常会抛掉该股。

由此可见，你不仅关注相对强弱指数本身数值的高低，而且也关注相对强弱指数变动的趋势。

你说得很对。如果相对强弱指数开始跌破上升趋势，即使此时相对强弱指数仍在 80 以上（从数值上看，还算良好），对此我仍会异常警惕，保持高度的警觉。

参照技术走势图初选股票后，你是先根据每股收益排名，然后根据相对强弱指数来做进一步筛选，我这样排序对吗？

我可能把相对强弱指数排在每股收益排名之前。因为在某股的财报公布前，在投资者知道其每股收益良好以前，该股的股价会提前做出表现，从而使相对强弱指数率先上涨，所以我也要先根据相对强弱指数进行筛选。

筛选股票时，你也采用"行业/板块的相对强弱指数"吗？

是的，我用的。《投资者日报》上会列出各行业/板块的相对强弱指数，其数值从 0 到 200。我通常会选排名在前 50 名的行业/板块。

在经过个股相对强弱指数、每股收益排名和行业/板块相对强弱指数的三重筛选后，你的选股过程还将继续吗？你下一个筛选步骤是什么？

我会查看已选出股票的流通盘大小，接着我会选流通盘小于 3 000 万股的个股，最好流通盘是在 500 万~1 000 万股。流通盘在 3 000 万股以上的股票，其股价运动的速度会变得缓慢、艰难，犹如年老体弱者的步伐，而这类股票经过多次拆分，导致流通盘变得很大。股市中供需关系的法则是，流通盘越大，股票供应越多，那么就需要用更多的钱来推高股价。

选股时，你还会参看哪些东西？

我会看机构投资者的持股情况，因为机构投资者所拥有的资金是推高股价的真正力量，但我不会选机构认可度过高的股票，不会选被机构大量持有的股票（具体原因可参见第十一章）。如果某股流通盘的 1% ~ 20% 在共同基金的手中，这是合我心意的理想情况。

在选股过程中，还有其他重要的参考因素吗？

有的。那就是所选出的股票，其代表的上市公司要有吸引大众的新东西。例如，锐步公司（Reebok）热门畅销的鞋子，康柏公司（Compaq）奇妙的便携式电脑，微软公司推出的能引领整个软件行业的产品（比如 Windows 操作系统、Office 软件等）。

按你这种做法，在一段时间里，大多数拿不出新东西的公司不都要剔除出去了吗？

是的。最好不要买通用电气的股票，因为通常他们不会有真正炙手可热的产品或继续推出新的品牌。偶尔也有例外的情况，比如对于通用汽车的股票，你就可以买入，虽然该公司在过去五年里确实是在原地踏步，但有迹象显示，该公司正在尝试改变他们的处境，估计会有新的面貌。

对于通用汽车而言的"新"，你是指他们当前的产品正在向高档、奢华转变吗？

是这样的。但是在大多数情况下，你将会在属于新兴行业的成长型公司中找到新的东西。

我猜想，如果你遍览 7 000 只股票，会有相当多的股票符合你的选股标准。

因为选出的股票必须严格满足我所有的选股条件，所以平均来算的话，可能只有 70 只股票能符合我的选股标准。接着我会对选出的 70 只股票再做淘汰，最终砍到 7 只股票。

从 70 只股票砍到 7 只股票？

我最终选定的 7 只股票，不仅完全符合我的选股标准，具有我想要的特征，而且它们在我买入之前都具有非常完美的底部形态。我也会参看股价过去的表现情况。例如，某股在我买入之前是否已经翻倍。许多我买入的股票，在我买入之前股价已经翻了两三倍。

实际上，你喜欢在股价已经翻倍时买入，而不是在股价位于漫长底部区域的时候买入，我说的对吗？

你说的很对，因为股价的翻倍表明股票背后一定有不同寻常的事情发生，如果是利多的东西，那么股价的翻倍只不过是股价上涨的起步阶段，股价可能会继续翻倍。总而言之，我会寻找在市场中最强势的股票，这种"强势"同时体现在每股收益和技术图表上。

因为你的选股过程极为严格，所以你选中牛股的概率一定很高吧？

选中牛股的概率并不高，只是五五开吧，错对各一半，因为我止损速度非常快。我能承受的最大损失是 7%。通常我清空亏损股票的速度非常快。我通过少数在一年内股价翻两三倍的股票来赚钱，在这些股票上赚的大钱能完全弥补所有止损的小亏，而且补亏后还能有赚。

你持有股票的时间通常有多久？

大牛股的话，通常我大约会持有 6 ~ 12 个月；如果不像大牛股那样强势的股票，我大约持有 3 个月；让我亏损的股票，我持有的时间不会超过两周。

对于买入的股票，你会设定获利了结的目标价吗？

我不会设定目标价。在股价上升的途中，我会一路持有，直到股价停止上涨，开始构筑上升途中的整理平台（盘整区间），当股价无力向上突破反而向下突破整理平台，此时就是我清仓卖出的时候。

你认为人们只应使用市价委托吗？

在股价走势平缓、沉闷的市场，股价会来回拉锯，此时你也可以使用限价委托。但是如果你确实认为股票的大行情要来了，而且这是你开始买入股票的唯一理由，那就不要为八分之一个点讨价还价、左思右想了，不要采用限价委托，而要用市价委托，立刻买入股票。同样，在股价即将大幅下跌时，你也要用市价委托，赶紧卖出股票逃命。

我在使用市价委托上是有经验教训的。1982年，那时我想买入Textone公司的股票，在我下单买入的时候，该股的市价是15美元，我采用限价委托的方式，报14.75美元的买入价（如果采用市价委托的话，就马上能以15美元的市价成交），结果当天没有成交。第二天，该股涨到16.5美元，我不想以16.5美元的价格买入，因为我在心理上难以接受，它比前一交易日的15美元要高出1.5个点，当时我要是采用市价委托的话，就能以15美元买入了。后来我就没有买入该股，而该股最终涨到了45美元。

"在股价创新高时买入"是你交易所用方法之一。如果某股符合你基本面筛选的条件，你在该股股价创新高前买入岂不更好，买入价岂不更低？

在某些情况下，确实如你所言。但我会在股票最具赚钱机会的时候买入，在股价创新高时买入，盈利的可能性最大。如果你想在上升途中的整理平台（盘整区间），所谓阶段性底部买入，还出现这样的问题：当股价离开整理平台的下沿，重新向整理平台的上沿进发，意图突破，但先前在整理平台上沿买入股票的人，已套住几个月，正等着解套，当股价涨到整理平台上沿，他们中的一些人乐于打平出场、解套走人，于是在整理平台的上沿会遭到解套盘的大肆抛压，股价在上涨途中会遭受重重阻力。在股价创新高时买入就不会有这个问题。

所以当股价创出新高时，该股上涨的空间就会被打开，其上涨的空间最为广阔，是这样吗？

确实如此，因为你在某股股价创出新高后再买入，在你买入以前无人是亏损、套牢的，没有人一逮到机会就想解套出场。场内没有解套盘，都是盈利盘，该股的持有者都是盈利的，都是开心的，持股心态非常稳定、良好。

但股价创新高后买入的做法也有不利的一面：如果你等股价突破创出新高

时再买入，许多时候市场价格在突破创新高后会出现回拉，价格会重回突破前的整理区域。这样的来回拉锯（whipsaw）会使股价突破时买入而回拉时又止损卖出的交易者吃正反耳光，遭受双重损失，你怎样避免这种情况的产生？

我通过成交量的分析来避免这种情况的产生。如果在股价创新高的那天成交量成倍放大，就表明有许多人对该股感兴趣并且在买入，这样带量突破创新高往往不会出现价格回拉，价格不会反复拉锯，这种突破创新高是有效的。

所以，你通过成交量的分析可以让自己不会陷入价格的来回拉锯中，分析成交量是你过滤虚假突破信号的重要过程。

是这样的。如果股价直奔新高，而与此同时，成交量只放大了 10%，那么我会保持谨慎、警戒的。

你是在股价突破创新高的首日就买入，还是等股价创新高后进入盘整阶段，待其整固几天后再买入？

股价一创新高，我就马上跟进买入。

如果你在股价突破创新高时买入，而其后股价又回拉到突破前的盘整区域，当股价回落到哪个位置，你能确定之前的价格突破是假突破？比如，假定某股突破创新高前的盘整区域是 16 ～ 20 美元，然后股价向上突破该区域并创下 21 美元的新高，你在创新高时买入。如果两天后股价又跌回 19 美元，你会怎么做？

如果股价在突破创新高后又重回之前的盘整区域，我会减去至少 50% 的仓位，这是我的交易法则。

你的意思是股价一旦低于"突破前盘整区域的上沿"，你就马上减仓，还是股价要跌破"突破前盘整区域的上沿"并至少要达到一定的幅度，然后你再减仓？如何判断股价是否一定会重回盘整区域（也许价格会跌到或略微跌破"突破前盘整区域的上沿"，然后又返身向上，这样的话不算重回盘整区域吧）？

只要价格重新进入突破前的盘整区域，只要跌破突破前盘整区域的上沿，那就算重回突破前的盘整区域。在某些情况下，价格回拉到突破前盘整区域的上沿，其后价格并不跌破，而是返身向上，就算不上"重新进入突破前的盘整区域"，这种情况是很好的，我会继续持股不动。但是另一种情况就有所不同，用你前面的那个例子，突破前盘整区域的上沿是 20 美元，如果价格重新跌回到 19 美元，我会减去至少 50% 的仓位，因为有迹象表明，该股已无法继续上涨。如果股价重新进入突破前盘整区域，其后价格常常会一路跌到突破前盘整区域的下沿。还是用你前面的那个例子，如果股价创出 21 美元的新高后，又跌回 19 美元，通常价格会继续下跌，会一路跌到盘整区域的下沿 16 美元。所以你止损要迅速，在 19 美元就要砍去一半仓位。

从技术分析的角度来看，价格重回突破前的盘整区域是看空的信号、指标吗？

这是看空的信号、指标。此外，买入某只股票的第一天你就应该获利。实际上，你买入某只股票的第一天就能获利是一个最好的信号、指标，表明你将在这笔交易中赚钱。

《投资者日报》上列有相较"过去 50 个交易日的平均成交量"，成交量增幅最为巨大的（量比最大的）股票，对于这一信息，你是否加以利用？

我是利用的。这些信息有助于辨认、识别即将启动的股票，对我很有用。

对于你已经挑选出来的股票，你会采用这些信息加以验证吗？

会的。对于选出的我有兴趣买入的股票，我每周都会进行检查，检查以后，我有时会等到这些股票跻身《投资者日报》所列"成交量大幅放大的股票"后再进行买入。我把这些信息作为择时买入的依据。

你把成交量分析作为交易的工具，对此你能否详细阐述一下？

当某只股票从上涨开始转入盘整，这时我希望看到它的成交量也随之缩减，此时成交量呈现递减趋势是应该的。此后当它的成交量开始再度放出，这通常意味着该股即将结束盘整，大幅上涨的准备已经做好。

所以当股票处于盘整阶段，其成交量减少是一件好事。但如果股票处于高位盘整阶段，其成交量仍然很大，未见缩减，股价是否有构筑头部的可能，

此时你会产生这种想法吗？

我会产生这种想法，因为某股处于高位盘整阶段，其成交量依然很大，表明有许多人正在卖出该股。当股价突破时，我希望看到成交量的放大，但当股票处于盘整阶段，股价在进行整固的时候，我希望看到成交量的减少。

还有哪些成交量的信号可作为交易的参考？

当大盘或个股在筑底的时候，股指或股价拒绝做进一步的下跌，出现止跌迹象，同时伴有成交量的放大，这是我希望看到的。例如，当道指从 2 200 点跌到 2 100 点时，其后的一个交易日盘中曾跌到过 2 085 点的低点，但当天收盘却是高收（高于前一交易的收盘价 2 100 点），同时当天的成交量也放大，这说明大盘下档支撑强劲，筑底即将完成，因为这一市场现象表明，有许多买家在进场抄底。

听完你的讲述，我觉得你在选股时所用的筛选方法基本就是欧奈尔的"CANSLIM"选股法。你是以他的方法为基础，然后再加入你自己的元素，是这样吗？

是你说的这样，我确实加入了自己的东西，比如我认为，大多数超级大牛股最初买入的价格水平最好在 30 倍市盈率以下，但欧奈尔认为市盈率无关紧要。我的观点是，如果你买入低市盈率的股票（同时符合其他选股条件，将来可能成为大牛股的），你成功盈利的概率将会高很多。

但是我猜想，你不会买入市盈率太低的股票，是这样吗？

我所说的低市盈率股票，其市盈率高低是有一定范围的，其下限就是标准普尔 500 指数的平均市盈率（即该指数所有成分股的平均市盈率），而其上限是标准普尔 500 指数平均市盈率的两倍。所以，如果标准普尔 500 指数的平均市盈率是 15 倍，那么我所称的低市盈率股票，即你应该买的股票，其市盈率应该是 15 ~ 30 倍。一旦你所买股票的市盈率开始远远高过"标准普尔 500 指数平均市盈率的两倍"，那么买入时机的选择必须更为精准，因为买入市盈率较高的股票，你将犯的错误必定会多一些，承担的风险会更大一些。

所以，你会避免买入高市盈率的股票？

是的，我多数时候都是这样做的。如果你能找到一只每股收益具有强劲增长趋势，而其市盈率又和整体市场的平均市盈率（可选用标准普尔500指数的平均市盈率）基本吻合相符的个股，那么在这种情况下，你最终盈利的可能性将是最高的。

如果你避免买入高市盈率的股票，那么就会使你错过生物医药板块的整体上涨（因为生物医药股的市盈率都是很高的），难道不是这样吗？

你所说的和我前面所讲的略有不同，因为你所说的是"整个行业/板块的市盈率"高，而我前面所讲的是"个股的市盈率"高。

你的意思是，对于新兴行业（比如生物医药行业）中的个股，其市盈率高可作为特例处理？

是的，对于新兴行业中的个股，不必严格、完全地遵循低市盈率买入的法则，对于其市盈率的高低不必过于纠结。

20世纪60～80年代的市场，其基本的市场行为都是相同的吧，没有发生变化吧？

是的，都是一样的。同样类型的股价行为多次重演，所有一切都未改变。从20世纪60年代的超级大牛股中任选一只出来，再从80年代表现最好的股票中任选一只出来，将两者并列比较，你会发现，它们几乎具有完全相同的特征。

对于做空个股，你有什么看法？

在做空个股方面，我需要投入更多的时间来学习，还须积累更多的经验。然而，我认为如果你要挑选做空的对象，只要和我们之前所谈的选股条件、择股标准背道而驰，反其道而行之即可。比如你选做空对象时，不要选各项条件良好的个股，你应该寻找近五年里每股收益增长糟糕的、近两个季度每股收益增速放缓的个股，并且所选股票的相对强弱指数低、其股价已跌破上升趋势并且开始直奔新低。

如果我们步入一个漫长的熊市，想要在熊市里取得出色的业绩，做空就会变得至关重要了，你是这样认为的吗？

是的，做空对于在熊市里取得优异业绩确实很有帮助。但威廉·欧奈尔会告诉你，卖出做空个股要比买入做多个股难上 3 倍。欧奈尔曾言，他在过去的九次熊市里，只有两次熊市是靠做空个股而显著盈利的。他认为，身处熊市，你所能做的就是离场观望，守住现金。

怎样才能及时确认熊市的到来，而不会为时过晚？你是怎样做的？

通过观察我手中个股的表现来确认熊市。如果牛市里的领头羊，龙头股开始倒下，由涨转跌，这是熊市将要形成的信号。如果我持有的股票中，有五六只股票相继下跌并导致我止损离场，那么对我而言，熊市的警告标志已经显现。

你还通过哪些信号来确认熊市将至？

我通过道指和腾落指数发生的背离来确认熊市即将到来（腾落指数揭示了在纽交所上市交易的股票中，每天上涨数量和每天下跌数量之差），涨跌比率见顶的时间要比道指见顶的时间早几个月。

1987 年股市崩盘时也有你所说的这种现象吗？

有的。涨跌比率在 1987 年第一季度就已构筑头部，而股票市场（以道指为风向标）在 1987 年的 8 月冲上巅峰，开始筑顶（直到当年 10 月开始崩盘下跌）。这种背离表明市场的指数开始虚涨，大多数股票没有跟随指数上涨，所以是大盘开始走弱的征兆。

你在 1987 年发现、确认市场顶部就是因为这种背离现象吗？

并不是根据这一点，因为发生背离现象时许多个股的表现仍然非常良好。确认市场确实见顶的最大依据是：道指从 2 746 点的高点下跌，其后产生的反弹非常微弱，反弹时的成交量非常小，而反弹结束后市场又遭重挫，又重归跌势，下跌了 90 点。就在那一刻，我认为清仓离场的时刻已到。

你决定清仓离场是因为反弹成交量小的缘故？

是的，当时参与反弹的个股非常稀少，而在那次反弹中，涨跌趋势线没有像以前几次反弹时那样走高。另外，在 1987 年 8 月后期，美联储三年以来首次提高贴现率，对股市造成利空。我认为那次反弹的微弱表现挫伤了市场的信心。

你在交易这行的时间不算长，在将来很长的一段日子，要做到年年成功盈利，你有信心吗？

我有信心做到。因为我已建立一套明确、清晰的交易准则，这是我以后各年交易成功的基础。另外，"永远不会停止学习"也是我人生规划的一部分，它是我继续保持交易成功的关键。

你比一般的股票投资者要成功得多，其中的原因是什么？

因为我在做自己喜欢做的事，并且能发现其中的魅力。每天工作八九个小时后，回到家我会花更多的时间来分析、研究市场。每周六我都会收到大量的技术图表，周日我会花上三四个小时来浏览这些图表。我认为，如果你在做自己喜欢做的事，你将来取得的成功将会更大。

许多股票投资者把自己空余的时间都用来研究、分析市场，但收效甚微、成绩平平，甚至出现亏损。原因何在呢？

原因可能在于，他们没有建立规则严明的选股系统。他们读完某篇荐股文章后可能会说，"这看上去像只好股票，我要买进。"或者他们会听从股票经纪人的建议而买进某只股票。

对于交易新手，你有何建议？

我能给任何人提供的唯一至关重要的建议就是，从你自己所犯的错误中学习。这是成为成功交易者的唯一途径。

还有什么要总结的？

寻找下一只大牛股，即"根据大牛股所应具备的所有特征，力图找到将会产生大行情的股票"，这是趣味盎然、乐趣无穷的事，也是股市中最为主要的事。我现在感受的乐趣和我过去只能交易 500 股时的乐趣毫无差别。你能在个股启动大行情前就把它挖掘出来，那种满足感从来就是一样的，哪怕当年的钱只够买500 股。

你的这番话使股票交易听起来就像一场游戏。

就是一场游戏啊。对我而言，股票交易如同探寻宝藏（此时，他拍拍放在旁边的每周股票走势图册），宝藏就在这些图册中，这里面会有大牛股，我将试图把它们找出来。

***

关于"如何在股市赚钱"的传统智慧就是低买高卖，这个建议有点滑稽可笑（此话有时会沦为陈词滥调，变成一句说了等于没说的废话）。对于这种说法，大卫·瑞安并不同意。他的交易哲学可以归纳为：买得虽高，但能卖得更高。实际上，瑞安通常不会考虑买入股价低于 10 美元的股票。

瑞安能取得成功的根本原因在于，交易中使用正确的交易方法和准则，严格恪守交易纪律。正如瑞安清楚表明的，仅凭交易方法并不一定能取得巨大的成功。瑞安绝大多数的交易方法是直接学自威廉·欧奈尔的著作及其相关培训，对此他毫不讳言，欣然承认。但是如果没有全面深入、勤奋刻苦的学习，瑞安也无法非常有效地运用欧奈尔的交易理念和方法。

如果交易者违反了自己的交易准则，势必导致交易的亏损，瑞安也不会例外。1983 年中期～1984 年中期，那是瑞安交易业绩极为糟糕的时期。在这一时期，他被之前的交易成功冲昏了头脑，屡次违反自己主要的交易准则，即绝不买入短期涨幅过大的股票（这里的"涨幅过大"是指买入时的股价已远高于距离最为接近的价格底部，即股价短期涨幅已非常大）。1983～1984 年的交易经历令瑞安印象深刻，永世难忘，他不会再犯那样的错误，不会再次违反自己的交易准则。

坚持做交易日志是瑞安交易方法中的基本要素。每次买入股票，瑞安都会对交易日志进行更新，写下建仓的理由。此后无论在何时减仓或加仓，他都会写下新的交易日志，注明减仓或加仓的理由以及对该笔交易的最新评述。这种方法能帮助瑞安牢记能够盈利的牛股具有哪些主要特征。可能更为重要的是，通过回顾过往的交易操作，瑞安可以鉴往知今，避免重蹈覆辙。

瑞安基本的交易方法与威廉·欧奈尔相似，都是买入具有价值的、基本面良好并且走势强劲的股票。瑞安认为应该集中关注最好的股票，应该集中交易这些股票，而不要通过所谓投资组合来进行过于分散的交易（虽然有"不要把鸡蛋放在一个篮子里"的说法，但交易的品种不宜过多，否则无暇、无力全部顾及，反而不利于分散风险）。瑞安有一个重要的发现，该发现对其他许多交易者或有启发和帮助，那就是瑞安做得最好的、赚大钱的交易都是建仓后的初期就能验证交易研判、决策的正确（这些交易在建仓后不会触及、跌破止损价）。所以瑞安在需要止损的时候，绝不会优柔寡断，一定是当机立断。任何一笔交易他所能承受的最大风险是，当前市价较买入建仓的价格下跌7%，一旦超过，立刻止损。"严格止损"是许多成功交易者所用交易方法中所共有的基本要素。

| 第十三章 |

马丁·舒华兹
交易比赛的冠军

  交易收盘后，我在马丁·舒华兹的办公室里和他进行了访谈。我发现他在谈论交易话题时非常坚持己见，情绪反应强烈。如果交谈中的话题触及他的痛处（例如谈到程序化交易的时候），这种强烈的情绪反应有时会演变成愤怒。实际上，舒华兹认为这种愤怒在交易时是有用的，可以化愤怒为力量，对此他毫不讳言。因为这种愤怒中含有舒华兹的交易哲学，他认为交易市场就是竞技场，其他交易者都是自己的敌手，所以不要随波逐流、人云亦云。

  舒华兹对每日交易相关工作的全身心投入也令我印象深刻。我到达他办公室时，他正在进行市场分析，而在访谈的时候，他依然在做着计算、分析。那晚访谈结束，我离开的时候他的分析工作仍未结束。虽然他看上去已十分疲惫，但他一定会在那晚完成当天所有的分析工作，对此我毫无疑问。在过去的九年里，舒华兹会严格遵循日常交易工作的标准流程，能做到九年如一日。

  在跻身极为成功的职业交易者行列之前，舒华兹在交易上曾有十年输钱的历史。在其早年，他是一位收入颇丰的证券分析师，但正如他自己所言，因为在交易中的亏损，他总是会遭遇（或接近）破产。最终他逐步改变了交易的方法，在改变交易方法的过程中，他从屡败屡战的交易者变为令人称奇的常胜将军。自

1979年他转行成为全职交易者以来，他不仅每年的收益百分比非常高，而且用每月月底的账户净资产进行比较，账户净资产的下降幅度不会超过3%。

舒华兹在家里的办公室进行独立交易。他没有一个员工，对此他十分自豪。这种独自一人的交易有一个坏处，那就是无论你有多么成功，公众对你还是一无所知，你始终还是无名之辈。然而，舒华兹通过屡次在全美投资锦标赛上夺冠赢得了声名。这一赛事是由前斯坦福大学教授诺姆·扎德策划举办的。舒华兹在这项比赛中的出色成绩简直令人称奇。他参加了10次交易时间为4个月的比赛（初始本金为40万美元），9次夺冠，他一人在比赛中赚到的钱比其他竞争对手的盈利总和还要多。他在9次夺冠的比赛中，其非年化的平均收益率是210%，还有剩下的一次交易时间为4个月的比赛，他基本打平。他只参加过一次交易时间为一年的比赛，在这次比赛中的收益率是781%。舒华兹以反复参赛夺冠的方式，向世人宣告他是最好的交易者。就风险收益比而言，他可能确实是最好的交易者，做到了高收益、低风险。

请你从早年岁月开始讲起吧。

你希望我从多早开始讲起呢？

只要你觉得合适、有必要，无论从哪里讲起都可以。

好吧，坦白地说，很有必要从我的童年开始讲起。我可以躺在沙发上讲吗？我成长于纽黑文（New Haven），家境一般。我工作非常努力。当我七八岁时，我出门时带了一把雪铲，回家时带回卖出雪铲所得的10美元，在一场暴风雪后，我把雪铲给卖了。

即使到现在，我仍然每天工作近12个小时。我不工作就难受，这就是你坐在这儿，我还在不停做事的原因。我要计算大量的数字比率和摆动指标，我自己制作走势图。我的交易态度是，我总是要比我的竞争对手准备得更好、更充分。我的准备就是通过每晚的工作来完成的。

当我逐渐长大以后，我认识到接受教育是我实现人生目标的手段，可能因为我的家庭对教育也非常看重。我学习努力，念高中时我就是一个高才生。

接着我被阿姆赫斯特学院（Amherst College）录取，那是我一生中最棒、印象最深刻的时光之一。在进行新生介绍时，校方对我们说："环顾左右，你们要意识到，你们中的一半将会拔尖，而剩下的另一半将会垫底。"能被该校录取的学生，高中时班里的成绩排名都在前5%，都是尖子生。我第一次艰难地意识到，在那里念书我将无法一枝独秀，有许多人可能会超过我。

那是我人生中的第一次奋斗，甚至因为弄不懂"微积分"中的概念，我不得不去请家庭教师。但当我最终搞懂"微积分"概念的时候，一切都豁然开朗，一通百通。大学念书时，我真正体验到学习的乐趣，在那里我读书非常刻苦。在那以前，学习只是我实现人生目标的一种手段和途径，而在大学念书时，我认为学习本身就是乐趣无穷的。阿姆赫斯特学院对我一生影响深远。

1967年从该学院毕业后，我被哥伦比亚商学院录取，去那里读研究生。就在那时，政府终止了研究生兵役的缓征。我在哥伦比亚商学院过得并不开心，对越南战争又毫无兴趣，正好美国海军陆战队在招后备部队的预备役军官，我就此加入。

对于海军陆战队，你会情不自禁地有些痴迷，那是一个非同一般的组织。海军陆战队会把每个人推向转折点，让你别无选择，然后按照他们自己的模式将每个人重塑。然而我对该组织充满巨大的敬意，因为回看海军陆战队的历史，他们的训练过程始终如一、坚持不变。作为预备役少尉，我要管46个人，所以我必须具有很好的管理技能和军人素养。在海军陆战队你会感到压力巨大。如果你不符合条件，达不到标准，那你就要走人，就要被淘汰。我认为海军陆战队成员的淘汰率接近50%。

那时我是匡恩提科（Quantico，美国弗吉尼亚西北一城市）候补军官学校中唯一的预备役军官。那里有199名正规部队的士兵，都被派往了越南战场。当征募我去越南战场的时候，我决定退伍回家。我也是该军官学校唯一的犹太人，他们对犹太人不是特别友好。有一次，副排长把"大卫之星"（the star of David）画在我的前额，作为我的标记。我很想把他打得屁滚尿流，我估计他确实不知道"大卫之星"所具有的历史含义，即纳粹曾强迫犹太人带黄色的大卫之星徽章，这个标记有"殉教"的含义。我知道他只是开开玩笑，想让我释放点压力。洗尽我额头的"大卫之星"标记确实是必须而且很费劲的事，这很麻烦（此时他不禁笑道）。总而言之，在那段时间我面对困难，锲而不舍，坚持不懈，并且最终成功克服困难。我认为这确实是了不起的成就，这种自豪感、满足感与日俱增，它会使你忘掉当时经历的苦痛和悲伤。

海军陆战队严格的训练铸就我强大的自信心，我相信自己可以实现比之前预期更高的目标。正如阿姆赫斯特学院使我的头脑得到强化，海军陆战队使我的体格变得强壮。这两段经历使我确信：只要足够努力，我几乎能做成任何事。这种确信也是我成功交易的基础。这并不是说马上就能看到成效，因为这不是即刻显效的事，这是日积月累、厚积薄发的事。

离开海军陆战队后，我回到哥伦比亚商学院继续读研究生。拿到工商管理硕士（MBA）学位后，我做过一些枯燥乏味的兼职工作。我第一份正式工作是库恩·雷波公司（Kuhn Loeb）的证券分析师。我主要负责分析医疗保健业和零售业，我在那里工作了两年。我发现，在华尔街，跳槽是提高工资收入的最好途径。想招你过去的公司，他们所开出的工资水平是你现在工作的公司永远不想上达到的工资水平。

1972年我跳槽去了XYZ公司，我想隐去公司名字和其他一些细节，其中原因到后面你就会逐步清楚的。这是我人生和职业生涯中最为艰难的时期之一。XYZ公司共有30位分析师，通常被分为三组。因为研究部主管并不想参与具体的研究工作，因此每个组都由一名高级分析师负责，由他审核组内分析师的工作。XYZ公司的政策是，公司分析师的研究报告在公开发布前，必须经过该分析师所属小组其他成员的传阅和指正。

那时我撰写了一份医疗行业的分析报告，看空医疗行业的股票，认为该行业目前的高收益率不能持久，终将回归到公用事业类的收益率。作为工作惯例的一部分，我这份研究报告的草稿被组内其他分析师传阅，组内有一位分析师某晚从加利福尼亚坐飞机回家，他在机上喝得酩酊大醉，并把我的研究报告透露给某位客户，他甚至把研究报告的副本也寄给那个客户，而此时我这份研究报告还未公开发布，是仅供公司内部人员传阅的。他有什么权力擅自与人分享我的工作成果？在这份报告发布前，医疗行业的股票已开始直线下跌，因为那位提前看到报告的客户早已在市场上散布这份负面、看空报告的内容，弄得人人皆知（而他可以做空该类股票获利）。

这是一段苦涩的经历。我必须向纽约证券交易所证明自己的清白，证明自己没有提前泄露消息，这一过程耗时6个小时。XYZ公司的律师对我说："我们会作为你的代表力挺你的，一旦公司的利益和你的个人利益产生分歧，我们会通知你。"

在那时，你知道接下来会发生哪些事吗？

我并不知道事态会如何发展，但我认为，对于我所做的一切，我只要如实相告，一切就会安然无恙。最后我被证明完全无罪，交易所的结论使我恢复了清白，挺起了腰杆。因为交易所的官员综合各种证词、证物，已充分掌握了犯罪证据，那位泄露我研究报告的分析师最终只能坦白认罪。对我而言，这是一段糟糕、苦涩的经历，我非常失望、不快。我关上办公室的门，停止一切工作。在那一刻，我获得成功的欲望、动力和潜能都丧失殆尽了。

你在那个时候做了些什么？

我还是写分析报告，但只是应付工作，心思已不在其中了。前面所讲的那段令人消沉丧气的经历只是我无心写报告的原因之一，除此以外还有一个原因。1973年早期，那时我对技术分析的兴趣开始越来越浓。我认为市场正在构筑顶部，因为涨跌趋势线在多个月以前就形成了大顶，即先于大盘见顶。我认为大盘和我所持有的股票将会下跌，然而那时候的人们仍然想知道他们持有的公司股票以多少售价卖出了多少产品，哪怕这些产品都是些没有名气的小商品，而对于大盘和个股即将见顶下跌却视而不见。我没有精神和兴趣去写些看多的分析报告，因为大盘和个股一旦开跌，"公司以多少售价卖出了多少产品"又有谁会来关注？关注了又有何用？当时我持有的都是成长股，当时的股价已达40倍或50倍市盈率。这样高的价格其实都是荒谬可笑的！

你对撰写看空的分析报告也灰心丧气了吗？另外，那次你看空医疗行业的分析报告被提前泄露后发生了什么事？

那时在华尔街没有人撰写看空的分析报告。我被允许写看空医疗行业的分析报告，但我认为公司并不打算发布。当我看空医疗行业的分析报告被提前泄露时，公司方面不得不冲到印刷工人那里，企图追回已印好但尚未发出的分析报告，从而保全自己的利益。

在那以后你最终怎样了？

在后来的熊市里我失去了工作，并且失业近四个月。那段时期很有意思，因为我在逆境中学到的东西反而是最多的。那时我有 2 万美元，这在当时是一笔数目很大的钱，我打算用来交易。此时我发现一个真正的狂人（其实是个蠢人），他编写用于商品期货交易的电脑程序。当时他必须去租借早期的计算机来运行程序，因为早期的计算机都是庞然大物，个人无法购置。搁到今天，你可以在任意个人电脑上运行程序，更为便捷迅速。他使用不同的移动平均线以及诸如此类的指标。我把部分钱交由他管理，最后委托他管理的钱亏得所剩无几，与此同时我通过他赚钱的美梦也破灭了。

丧失部分资产后，我认为我必须重新去工作，但应聘的遭遇令我十分震惊。虽然我是诚实、坦白的，但我的名声因此前的分析报告泄露事件而遭败坏，面试官常会问我："难道你就是撰写那份报告的人？"虽然我完全恪守职业操守，并且纽交所也认定我是完全清白的，但这都无济于事。招聘者抱着"宁可信其有，不可信其无"的态度，不想招进过去有所争议的人，以免引来不必要的麻烦，即使那次报告泄漏事件压根儿不是我的错。

我的一位朋友帮我谋得了爱德华兹 & 汉利公司（Edwards & Hanly）的一份工作，让我担任该公司的证券分析师，虽然该公司服务的对象基本都是散户，但它拥有一群真正的明星分析师。我在那里遇到了鲍勃·佐伊尔诺（Bob Zoellner），他是该公司的经营合伙人。他是极为杰出的交易员。1974 年当公司在运营方面出现亏损时，他几乎是单枪匹马，凭一己之力，通过做空股票来让公司资本账户达到盈利，从而使公司渡过难关，顺利运转。他在 1976 年建立了自己的对冲基金，并且继续取得了非同凡响的成功。

作为一个证券分析师，我对人情世故、世间百态都嗅觉灵敏，这给我带来很大的好处。当我注意到，过去从不外出就餐的研究部主管开始经常外出用餐时，我就做好跳槽的准备，开始面试新的工作。所以，当爱德华兹 & 汉利公司在1975 年秋天走向破产时，我紧接着就得到了 Loeb Rhoades 公司的新工作，因为这份新工作早在我安排之中。

1976 年，我遇到了我的未婚妻，她对我的影响非常深远。她使我意识到，我的人生不是一场彩排，而是正式的演出，不可儿戏，我应该鼓舞振作，不能演砸。虽然我当时的收入稳定而且丰厚，但我仍然会接近破产的境地，因为我在交易市场上始终亏钱。

我们在 1978 年 3 月结婚，那时我在赫顿公司（E. F. Hutton）工作。结婚后，因公出差对我而言变得越来越艰难。当你 25 岁时，因公出差可以借机跑遍全国各个城市，拜访大学时的故友，这是令人非常兴奋的事，但当你三十几岁时，同样这些事，你会感到索然无味、乏善可陈。当我为公务必须出差时，我妻子真的会很生气，会把我推出门。

这种因公出差，拜会客户，我称其为"跳踢踏舞"，对此我深恶痛绝，它让我感觉自己就像行尸走肉。我到各地去拜访基金经理，我会把我对股票的观点提供给基金经理，他们得到这些观点后会付给我们公司咨询费。最典型的因公出差，你会在休斯敦会见五个客户，然后飞往圣安东尼奥，在那儿吃好晚饭，其后在当天晚上飞去达拉斯，准备在达拉斯吃第二天的早餐。对于这样的因公出差，我已非常反感厌倦。

我一方面想组建自己的家庭，但另一方面我觉得自己的财力无力承担家庭的开销。我一直拒绝结婚，因为我担心结婚以及婚后的家庭生活会用光我的钱。但在那时，我不知道我对"失败"是否有种"自我实现"的倾向。人们总想知道如何应对失败，因为失败是由他们亲手酿成的。但这却演变成负面、消极的因果循环，通过亲手制造失败，然后去着手处理失败，沉湎于一次次的失败而不能自拔，似乎乐在其中，那就是当时的我。

1978年中期，我做证券分析师已有八年，这一职业已变得让我难以忍受。我想我必须做出一点改变。我总是想为自己工作，不要有什么客户，无须回答任何人的问题。对我而言，那就是我的终极目标，对这一目标我已思考酝酿多年，我不禁自问："我已做好成功的准备，那么我有什么理由做不好呢？"那时我认为，我获取成功的时刻已经到来。

当经纪公司想聘用你的时候，他们会满足你所有的条件，会给你一切。一旦你进入了公司，他们对你就不管不顾、视若无睹了。所以当赫顿公司非常需要我加入的时候，我就开出条件，要求在我的办公室里放一台看报价的机器。在赫顿公司工作的最后一年，我开始关上自己办公室的门，这样我在办公室里就可以尽情查看市场行情。那时我每天都要和鲍勃·佐伊尔诺通上几次话，他教我分析市场动向的方法。例如，当利好消息出台，市场不涨反跌，表明市场非常脆弱，市况欠佳，而当利空消息出台，市场不跌反涨，表明市场非常强劲，市况良好。

在那一年，我开始连续订阅各种不同的市场通讯。我视自己为博采众家之长的合成者。我不需要创建全新的交易方法，但我的交易方法中会融入别人各不相同的交易方法和模式。

那时我发现了泰瑞·劳德瑞（Terry Laundry），他住在楠塔基特（Nantucket），他拥有一套非正统的技术分析方法，其称之为"神奇的T理论"（又称魔术T预测）。他是麻省理工学院（MIT）工程专业毕业的，具有数学方面的知识背景，这点吸引了我的注意。他的基本理论就是，市场上涨和下跌所用的时间是相等的，两者在时间上是对称的，只是涨幅和跌幅并不相等。

就我的经验而言，市场下跌要比上涨快很多，这样两者的时间就会不同，这和"神奇的T理论"岂不矛盾？

并不矛盾。市场在其下跌前会有一个构筑顶部的过程，我称其为"测顶阶段"（M-top）。在"神奇的T理论"中，并不是从价格见顶的时候开始计算下跌时间，而是从震荡指标（oscillator）见顶的时候开始算（震荡指标一般先于价格见顶，而一般我们都是从价格见顶的时候开始计算下跌时间），实际上这一区别就是他理论和方法的基石。这一理论蕴含多种不同的宝藏，我学习之后，获益极多。

为便于我查考和记住这一理论，请告诉我，劳德瑞所写的书叫什么名字。

他没有写任何书。他只是通过各种市场通讯、文章来宣扬他的理论。另外他还有几本小册子，都是与他理论相关的。我在《巴伦周刊》（*Barron*）上的一篇文章提到了劳德瑞、"神奇的 T 理论"以及他的小册子，此后有许多人来问他要小册子。他这个人有点古怪，他对索要小册子的人说："我的小册子没有可送人的副本。"他应该把他的小册子印刷出版，然后售出赚钱。

我形成和综合了许多指标，通过使用这些指标来确定市场中低风险的进场点。我注重数理统计和确定概率。虽然有时市场要在三种（而非两种）标准背离发生的情况下才会发生转向，但只要两种标准背离发生，市场发生转向的可能性有 98%，我就会在一周的任何一天进场交易，而且如果我错了，我就会进行风险控制，在损失达到 X 美元时止损离场，风险控制是最为重要的。

总之，我在那时订阅了所有的市场通讯，集百家之长，融会贯通，形成了自己的交易方法，并且拼命交易。截至 1979 年中期，我将 5 000 美元的账户一路做到了 14 万美元，所用时间仅为两年。

你从输家变为赢家，是在什么时候？

当我能将交易盈利和自我需求（比如自我期许、自我肯定等需求）完全分开，对自己犯的错能够承认的时候，我就从输家变为了赢家。在转变之前，对我来说，承认犯错比交易输钱更令我不快。转变之前，我总是试图做到心想事成，一切都如我所料。这个交易决策是我思考后做出的，所以就不可能出错，这就是我转变之前的思路。当我转变之后，成了赢家，这时我会这么说："这个交易决策是我思考后做出的，但是如果我错了，那我就尽快离场，因为我要保住老本，以进行下一笔交易。"凭借这样的生存哲学，研判正确的话，盈利总是唾手可得；研判错误的话，止损认错、遭受小亏也毫不痛苦，因为交易时认错出场对我而言是很正常的事，是不足挂齿的小事！

你过去曾采用基本面分析，现在你已完全转用技术分析了吗？

一点不错，是这样的。有些人说，"我从未见过富有的、采用技术分析的交易者。"我一直觉得这些人非常可笑。他们这种说法，我喜欢哦！这些人对于技术分析的看法是多么傲慢自负而且荒谬愚蠢。我使用基本面分析近九年，所赚到的财富和采用技术分析的交易者赚到的财富是一样多的。

但那时你作为一名证券分析师，仍然是要做基本面分析的，是这样吗？

是的，但只是为拿工资。那时我妻子对我说："走你自己的路，到外面去闯一闯。你已经34岁了，你不是一直都想为自己打工吗？万一失败，最坏的结果不过是重返职场，再当分析师，重走过去的老路。"

我总是把自己想象得很勇敢、很大胆和很强悍，但当机会来临的时候，我会变得胆小如鼠。那时我有14万美元，其中3万美元用于缴纳税费，9.25万美元用于购买证券交易所的交易席位，取得会员的资格。当我作为市场上的"庄家"开始进行场内交易的时候，扣除以上两项支出，还剩下大约2万美元。于是我向我的岳父、岳母借了5万美元，这样我就有7万美元可用于交易。

进行场内交易的头两天，我是亏损的。因为我对佐伊尔诺极为推崇，所以遵从他的意见，买入梅萨石油公司（Mesa Petroleum）的看涨期权，虽然当时价格已明显低估，但我建仓后的头两天价格还是下跌的。在第二天的时候，我曾从交易所内打电话给佐伊尔诺，我问他："你确信你的看法是正确的吗？"我当时总共持有10份期权，两天下来我亏了1 800美元，快把我跌死了。按理说，1 800美元并不是大数目，但当时我如此大惊小怪的原因是，我没把从岳父、岳母那借来的钱算入我的资金总额，所以这样一来，我误以为亏损已近10%，因此大惊失色。到了第三天，梅萨石油公司的期权价格开始转跌为涨，并且自此以后，我一直保持盈利，交易非常成功。

过了四个月后，我赚了10万美元。到了第二年，我赚了60万美元。自1981年以后，我所赚的钱从没有低于七位数。我清楚记得，我在1979年曾对一位好朋友说："我认为，没有一个人能通过期权交易在一个月内赚4万美元。"但是现在，我在一天内就能通过期权交易赚4万美元，我做到这一点绝不成问题。

场内交易你做得如此成功，为什么你后来会离开场内，转做场外交易？

那些年中午时间非常漫长，我习惯去场外的办公室吃午饭。当我在桌旁边吃三明治的时候，我同时能制作技术图表，并且能寻求不同的看法。我逐渐意识到，与待在场内交易期权相比，坐在场外的办公桌旁，看着报价的机器，我能获知更多的东西，场外的世界比场内更精彩、丰富。在场内，那些专营经纪人对于他们想持续使用的报价机器会做上记号，因为他们是付过租金的。而我在场内不是付了租金的专营经纪人，所以我必须满场跑，找到我想用的报价机，看我想看的报价。我觉得场外交易就要舒服许多。

大约一年半以后，我已赚了许多钱，对我而言，场内交易的规模不够大。有交易规模更大的领域，那就是场外交易。我转到场外交易，还有一个原因，那就是 1981 年税法做出一个改变，这一改变使期货的交易税金比股票和期权的交易税金要划算、有利许多。于是我转到场外交易，并做起了期货。

我进行期货交易时，不会试图"这一年做两个品种，下一年做四个品种，再下一年做八个品种……"我在 1987 年期货交易的所赚没有大幅超过我在 1982 年期货交易的所赚，原因在于，我用盈余资金投资不动产和提高生活品质，投入期货交易的资金因此减少。

我曾在 20 世纪 70 年代破产过一次，我不想再次破产。我的交易哲学是，如果你每个月都能赚钱，那么一切都将安然无恙，万事大吉。所以，你不用成为世界上最富有的人。无论采用何种方法，你都绝不会成为世界上最富有的人。是不是世界首富又有什么要紧的？对我毫无影响。我对期货交易的业绩非常自豪，因为我从 4 万美元起步，一路做到了 2 000 万美元。与此同时，按每月月底账户净资产计算，我账户净资产的下降幅度从没有超过 3%。

在你交易期货的时期，你还继续交易股票吗？

我还继续交易股票的，但交易股票时的心态已有所不同。我交易股票时，交易周期与期货相比会更长一点。我持有 10 万股股票的压力和我持有 100 张标普指数期指合约的压力相比，不可同日而语，后者要远大于前者。

你是否觉得做空个股也像做多个股那样容易？

我不觉得，我发现做空个股更为困难。

导致做空困难的原因是"证券提价交易规则"吗？

对我而言并不是这个原因，我觉得做空标准普尔500指数的股指期货更为舒服，因为做空期指成功后回报更大，更为划算。另外，我对专营经纪人系统制度深恶痛绝，专营经纪人总是彻头彻尾地骗人。我对专营经纪人的看法可以讲给你听：我一生中从未见这样的人，缺乏才能，并且就其具有的技能而言，他们赚到的薪资明显过高，不相匹配。人们觉得写专营经纪人的书是他们所能找到的最非同凡响的有利资源。在一般的市场上，专营经纪人似乎总能精准地确定他们的风险。如果专家知道某股的买入价应在比2万美元低1/8美元的地方，他们能在那个价位精准买进股票，而且他们也知道在比某价位低1/8美元的地方他们可以顺利清仓出局。这帮专营经纪人似乎神机妙算，无所不知，所以他们在市场上是最安全的，一切都在其掌握中。我总是对我的朋友们说，"把你们的女儿嫁给专营经纪人的儿子吧。"

对于大多数现有的机构，我无法忍受。我和它们格格不入，对它们怀有逆反的心理。我认为，只要交易时保持独立主见，坚持自己的远见卓识并且恪守资金管理的纪律，那么对机构怀有这样的心理和态度，对我成为更好的、更具进取精神的交易者是有帮助作用的。

1987年10月19日股市发生崩盘，在崩盘那周你有怎样的经历？

在崩盘之前，我已进场做多。我想，如果时光倒转，从头再来，我还是会做同样的事，我并不后悔。为什么这么说呢？因为在10月16日，市场下跌了108点，这是美国证券交易史上最大的单日跌幅。我认为这已是沽售的高潮、下跌的终极，此时反而是买入做多的机会。唯一存在的问题是，10月16日是周五，通常周五下跌的话，下周一会跟着跌（至少开盘时会续跌），但我还是在周五建仓做多了。

如果在那个周末财政部长詹姆斯·贝克（James Baker）没有口头恫吓、指责德国政府的利率政策，我想10月19日周一股市虽然会续跌，但不会跌得惨不忍睹，跌幅不会如此巨大。贝克是如此强硬好斗，一旦我在新闻里听到贝克的名字，我就觉得自己已经完蛋。

所以，在那个周末你就知道自己遇上了麻烦，是这样吗？

是这样的。另外，我的朋友马丁·茨威格在10月16日周五晚上参加了《华尔街一周》的电视节目，谈到可能发生的经济萧条。我在第二天（周六）打电话给马丁·茨威格，在电话交谈中，他认为股市还有再跌500点的风险。他果然言中了，当然他没料到这500点是在一天内（10月19日）跌完的。

那时马丁·茨威格如此看空股市的原因是什么？

我认为，他使用的货币指标发出了十分负面、利空的信号。我记得，债券价格在那个时候发生快速的下跌。

那么，到了周一又发生哪些事？你在何时止损离场的？

在周一那天，标普指数股指期货的最高价是269，我在267.5清空持有的多头头寸。对此我颇感自豪，因为对亏损头寸痛下杀手，止损离场并非易事。我全部清仓，一了百了。那天开盘前我共持有40张标普期指的多单，全部止损离场后共计亏损315 000美元。

在交易中，在发生亏损的头寸上继续不断加码是自寻死路、自我毁灭的最佳途径之一。如果10月19日我那样做了，我在当天会输掉500万美元。虽然止损我也会痛苦，也会流血，但我遵守了风险控制的纪律，能够忍辱负重，痛下杀手，当止损位跌破后就清仓离场，对此我还是感到无比光荣的。

这是我在海军陆战队所受培训对交易有所帮助的又一例证。在海军陆战队时，他们教导我，在我受到攻击的时候，永远不要坐着等死，不要不作为。海军陆战队军官指南中所列军事战术和策略，其中有一条就是要么前进，要么后撤。如果你被人暴打，不要坐着等着挨揍。即使打不过，撤退逃跑也是进攻的另一种形式，因为只有这样你才可以不吃眼前亏，保存实力以待卷土重来。交易同样也是如此。交易中最重要的事就是保存足够的实力，等待反扑的时机。我在1987年10月19日止损离场，其后的交易，我做得确实很好，做到了反败为胜。实际上，1987年是我盈利最为丰厚的一年。

你在10月19日极为出色地清空了多头头寸。你在那天考虑过清仓后反

手做空吗？

我考虑过做空，但我对自己说，"此刻不是担心自己能否赚钱的时候，此刻是担心自己赚到手的钱能否保住的时候。"无论何时，每当身处艰难岁月、危机时刻，我总是力图防守、防守、再防守。要保住已赚到的钱，要守住已拥有的财富，对于这点，我深信不疑。

股市崩盘那天，我清空大部分的头寸，并且着手保护属于我家庭的财产。那天下午1:30，当时道指下跌了275点，我来到某家银行，打开我的贵重物品保险箱，取出我所存放的黄金。半小时以后，我又去了另一家银行开始填单提现。我开始买入国库券，准备迎接最坏的时刻。那时我对所发生的一切都看不清、搞不懂。

你如此忧心忡忡，是担心银行会破产？

没有理由不担心啊。其后，我曾听负责银行运营的人士透露，"当时如果所有发生的事都让公众知道，公众的心脏会因惊吓而停止跳动的。银行向经纪公司提出的任何催付要求都不能实现。在崩盘那周的周四，我们处于全面崩溃之中。"由此可见，我当时的谨慎小心、防患于未然对其他人而言还是值得借鉴的，是很好的做法。

我对经济萧条的恐惧源自我父亲的影响，我父亲是1929年大学毕业的（正赶上股市崩盘和其后的经济大萧条）。如果你和那时毕业的大学生交谈，你会觉得大萧条的十年对他们而言就是人生中的蹉跎岁月。在那一时期，整个美国一无所获，停滞不前。我父亲在大萧条时期的经历令我印象深刻，因为我对大萧条时的境况感到非常害怕。我从不试图让我的盈利按几何级数增长，我认为其中的一个原因就是"对经济萧条的恐惧"，我希望及时兑现利润、落袋为安，不愿冒更大的风险。如果有一天，经济崩溃，陷入萧条，当我看着还睡在儿童床上的儿子，我认为，我不希望我儿子来问我："爸爸，你以前能做到的事，为什么现在做不到了？"

10月19日止损离场后，你何时再次进场交易？

就在那周的周三（即10月21日），我重新进场交易。这次交易非常有趣，因为那天刚开始交易的时候，我只做空了一两张标准普尔500指数的股指期货的合约。每张标普期指合约的价值为500美元乘以当时标普期指的点数，即标普期指的1点在期指合约中价值500美元，期指价格变动的最小单位是0.05点（相当于25美元，即0.05点乘以500美元），期指合约的价值完全随期指点数而动。我建仓规模小的原因是，我不知道今后会发生什么，将会有怎样的阻碍。凭我过去的经验，我知道这一时期存在某种交易机会，但历史的交易规律经常会被改写，所以我不敢下大注来捕捉机会。我的看法是，不要用你的全部身家来冒险，冒险不能危及家庭的财产安全。在那时我不需要赚更多的钱，我要守住已赚的钱，然后再稳当赚钱。周三的时候，标普期指的价格涨到（只是崩盘后的反弹）了我认为应该做空的位置。周三收盘后，我共做空12张标普期指的合约，这对我而言是很小的头寸规模。

周三晚上，拥趸众多的波浪理论大师鲍勃·普莱切特在其热线中推出看空市场的观点，对市场持负面看法。周四早上，期指市场的上行似乎受到很巨大的压力，普莱切特的看空评论只是部分原因，最主要的原因是，某基金经理试图清空持有的多头头寸，该基金是规模最大的基金之一，其持有多头头寸的规模非常庞大。据称，该基金在这一时期清空多头头寸后亏损了8亿美元。

周四（10月22日）早上我打电话到交易标普期指的交易池，这时刚好快开盘，我的场内经纪人在电话里对我说："12月合约开盘了，报价是230、220、210，现在正好到200。"我在电话里对他喊道："给我冲销平仓！"就这样，我做空12张期指合约就赚了25万美元！这是我一生中最难忘的交易。

你怎么看程序化交易（参见附录A中的定义）？它们是1987年股市崩盘的元凶吗？

我痛恨这种交易。市场本来有自身的规律，会自然地潮涨潮落、阴晴圆缺，但程序化交易将这种自然规律破坏。采用程序化交易的公司（具有代客理财性质的公司）具有推动或打压市场的巨大力量，这种力量非同一般，而用自己账户交易的人完全成为帮凶，元凶就是程序化交易者。我这不是多疑，不是胡乱揣测或私人恩怨，因为我能调整自身，适应程序化交易的冲击，并且我交易也取得了成功，1987年我可是盈利的，但我对程序化交易还是深恶痛绝。

有些人认为，对程序化交易的所有批评都是胡说八道、一堆废话。

嗯，说这种话的人都是白痴。

不是哦，他们中的某些人可是绝顶聪明的人啊。

你说的不对，他们都是白痴。你从这些白痴中随意挑一个出来，我都能证实给他看，程序化交易就是股市崩盘的罪魁祸首。

你怎么来证实？

有一些事，我希望市场监管者要进行调查：现在的市场，其当天收盘价会接近当天最高价或最低价，这种情况发生的频率比过去要高得多。以过去两年为例，当天收盘价与当天最高价或最低价的距离在2%以内的情况，其发生的概率高达20%。从数学角度来讲，以这样的时间长度（2年），以这样的偏离程度（2%），这种情况发生的概率不可能达到20%。

你谈起程序化交易时，好像这种交易是不道德的。与用在期货交易相比，在股市运用程序化交易有什么不道德的地方？

因为采用程序化交易的交易员涉嫌内幕交易，在背后搞见不得人的小动作。你一定听说过"中国墙"（Chinese Wall），即投资银行的"职能分离制度"，在这种制度下，投资银行的套利交易员不能和其他部门的职员在同一楼层工作，以防彼此交谈时泄露相关信息。所以，我希望美国证券交易委员会（SEC）给我解释一下，他们怎么能允许"采用程序化交易"的交易员与交易自家公司账户的自营交易员并肩而坐，一起交易。

你这个例子是"泄露消息、提前行动"的情况，你把基本的问题给弄混了。我换一种更直接的问法，我想得到解答的问题是：我买进股票，同时做空股指期货或者我做空股票，同时做多股指期货，因为现货市场和期货市场的价格水平出现差异，这有什么不道德的？

在你所说的这种情况中，我认为进行这种操作的交易员提前一天知道他们公司要在股票和债券之间进行切换，即卖出股票、买入债券或买进股票、卖出债券。我举一个例子，新泽西州的一家投资公司打算卖出 20 亿美元的股票，然后将卖出所得的钱款买进债券，该公司交易员提前一天知道这个信息。由于交易员知道他们的公司第二天要抛售价值 20 亿美元的股票，金额巨大，势必造成股市的下跌，所以他们就提前一天，在下午的 4:00 ~ 4:15 做空数千张股指期货合约。这种做法极为低劣，简直臭不可闻。

你给出的这个例子其实有三种可能：①这是一起内幕交易；②这是"泄露消息、提前行动"的情况；③这是光明正大的交易，并没有消息的泄露。但这三种可能都与程序化交易无关。让我给你举一个例子吧。比方说，某家采用程序化交易的交易公司，当股价水平较股指期货的价格水平已过高或过低时，他们所用的计算机程序会发出信号，接着他们同时交易股票和期指，并且不用客户委托的资金，不涉及代客理财业务，只用自有资金进行交易……

还是让我先给你举一个例子吧。如果这些经纪公司要从委托客户身上抽走八成，那么他们用自有资金交易所赚的 50% 也应该被别人抽走。这些公司具有各种优势，并且因为它们交易成本低，比如它们交易时不用付交易佣金给自己，所以它们的交易业绩能领先于客户自行交易的业绩。

我想继续试图厘清这个问题。打个比方，有某家投资公司，它不存在泄露消息和提前行动的情况，它也没有代客理财的业务，只用自有资金进行交易，这家公司想通过套利来盈利，如果这就是它的交易方法，为什么这种方法就比你的方法差？

因为交易是无声的游戏，一切都不言自明。任何人如果想卖出一篮子股票，从而获得比国库券收益高 80 个基点的收益，那此人就是个白痴！当初我不做证券分析师，就是为了远离与此相同的白痴。有谁会想赚比国库券收益高 80 个基点的收益？经纪公司却以获取这种超高收益为幌子，因为要获取这个超高收益，需要进行大量的交易，这样就可以制造更大的交易量，经纪公司便可趁机谋利。在当前的华尔街，采用这种做法的公司在增加，其产生的影响力已变得极为巨大。

即便某些公司并不用客户委托的资金来交易，只要它采用程序化交易的方法就是错误的，你所说的是这个意思吗？

我可是证券分析师出身，研究分析股票，然后买入有价值的股票，这些都是我的本行。买卖股票的同时再做多做空股指期货，进进出出，这样有何价值？没有达到任何有用的目的。

他们在买进卖出，你不也在买进卖出？你和他们的区别在哪里？

我在交易中不采用期现对冲的手法，不进行套利，力图赚到无限的利润。

凭什么说你的交易方法就比套利的交易方法好？

我认为采用程序化交易进行套利是法律赋予这些机构的权利，它们也具有相应的能力，可以进行这类交易。但是我却因此遭到了辱骂，骂得很难听，令人难以置信。面对一帮在经纪公司工作的小屁孩，我大声叫道："你们这帮狗娘养的，不正直，没道德可言！你们知道像你们这样交易下去会发生什么事吗？你们将毁掉整个交易市场，会终止交易的游戏。"之前他们爆粗口骂我，当他们不能再进行机构专享的程序化交易，他们跑来对我说："你开心了吧？你称心如意了吧！"我对他们说："不，我还没有称心如意，一切尚未结束，后面的苦日子够你们受的。"我不会把我的推论告诉他们，即后面的苦日子究竟是怎样的。我可以告诉你，这帮人不再是年薪30万美元以上，他们会知道自己真正的身价；他们会四处碰壁，连年薪5万美元的工作都无法找到。这就叫打回原形，从辉煌灿烂的终点重回一无所有的起点。

谈到了打回原形、盛衰循环，我们似乎转到了另一个话题，那就继续下去吧。你最富戏剧性、最激动人心的交易是哪一次？

1982年11月是最令我悲伤难过、肝肠寸断的。在我赚了许多笔小钱后，于一天之内亏掉了60万美元。

发生了什么事？

那天是选举日，共和党在国会选举中取得出人意料的好成绩。标准普尔500指数的股指期货市场上涨了43点，这是历史上最大单日上涨点数之一。那时我却持有空头头寸，我就像一个傻瓜、弱智。市场价格上涨到500点，封住涨停板，我在交易时间还剩不到一个小时的时候，在涨停板处加仓做空标普期指。

我妻子那时和我一起交易，那天她正好外出。第二天，她加入了交易，每隔十分钟，她就会喊："减仓，减仓。"我在加仓做空后持续遭到亏损，最后只能止损清仓。

无论何时，当你遭受亏损打击时，从感情上来说，你总是难过痛苦的。大多数交易者试图立刻翻本，他们会试图加码，想更快翻本。无论何时，当你试图立刻翻本，通常你将注定失败。投资、交易、赌博都是如此。我曾到拉斯维加斯玩掷骰子，从输钱的经历领悟到，自己口袋里总要留一点钱，不要压上全部身家去翻本，并且绝不要向任何人借钱，因为你所能做的最糟糕的事情就是在亏钱、失利的赌局中继续投钱。如果你能完全摒弃"输钱后加码翻本"的前提，那么你就能从完全不同的视角来看待赌局或交易的进展，会有完全不同的看法。

在遭受具有毁灭性的亏损后，我总是降低交易规模，力图不要将亏损扩大，账面不要继续出现赤字。巨亏以后，不是考虑能赚多少钱的时候，而是要找回操作的节奏和交易的信心。遭受亏损后，我会把总的头寸规模缩减到正常头寸规模的 1/5 或 1/10。这样做很有效。我在 1982 年 11 月 4 日虽然亏损了 60 万美元，但整个 1982 年 11 月我只亏损了 5.7 万美元。

对于 1982 年选举日（11 月 4 日）遭受的亏损，你认为还有什么交易错误是罪魁祸首，你能把它找出来吗？

当标普期指的价格已到达涨停，因为我是做空的，所以对我是不利的，但我在此时还在涨停板逆市加仓做空，这显然是错误的，并且此时现货市场（即标准普尔 500 指数）的点位要比标普期指高出近 200 点（现货市场的价格对期货市场的价格有牵引作用），所以此时加仓做空，愚蠢至极。

当你回看这段往事，你是否会问："我为什么会这么干？"

我会犯下这么大的交易错误，原因在于之前几个月我交易得很好，盈利颇丰，俨然已是交易的高手、巨人。我在大胜之后总会遭遇大败。大胜之后，我疏忽大意，有点轻飘飘了。

现在你在交易上是否仍然会犯错？我所说的错，是指违背你认为行之有效的交易准则的交易，而不是指发生亏损的交易。

交易总是会犯错的。就在最近，我就犯了一个错，一个相当大的错。我做空标普期指的同时，也做空长期国债期货。那时我对国债期货的交易感到忧虑，因为长期国债期货的价格已位于其移动平均线之上，但国库券期货的价格却没有跟上，还位于其移动平均线之下。我有一条交易准则，那就是当长期国债期货和国库券期货在"价格和移动平均线的关系"方面产生差异，即两者中有一个品种的价格高于其移动平均线，而与此同时另一品种的价格低于其移动平均线，这时就不要建仓，要等两者保持一致时再建仓，因为两者保持一致时，表示两者的价格运动可以相互确认，而只有在此时利率才会产生极快的变动，才会有盈利的良机。按照我这条交易准则，那时我应清空长期国债期货上的空头头寸，转为空仓，但实际上我违反了交易准则，我清空长期国债期货上的空头头寸后，另外建立了多头头寸，为这个错误，我付出昂贵的代价，损失惨重。我长期国债期货最初的空头头寸，止损离场后的损失只有2万美元，但我其后建立的多头头寸，到建仓后的下一个交易日，已使我的亏损达到了六位数，这是年度最大的亏损。

作为交易员，最大的好处是，你总能做出大量出色的交易，取得无数次的盈利。但是无论你有多么成功，无论盈利的次数有多少，你总会遭遇许多次的亏损，犯下许多次的错误，对于这一点，你必须清楚。在大多数行业中，大多数人总是忙于掩饰自己的错误，但作为交易者，你必须直面你的错误，你无法掩饰，因为你交易业绩的数字不会撒谎，你的交易错误都体现在其中。

在刚才的访谈中，你时不时会间接提到你的交易准则，你能把这些交易准则列出来吗？

（此时舒华兹拿起一张清单，照纸宣读并即兴发挥）我总是先查看我的技术图表，看其中的移动平均线，然后再建仓。我会看价格是在移动平均线之上还是在移动平均线之下。这一交易工具的研判效果比我其他任何工具的研判效果都要好。我不会逆移动平均线而动，如果逆移动平均线而动，那就是自己找死，自我毁灭。

当大盘已跌破最近的低点（指大盘指数的低点），持有股票的股价是否还高于该股最近的最低价？如果大盘已创新低，而该股还未创新低，则表明该股远强于大盘，其走势比大盘走势要良好。这类背离现象是我交易时始终寻找的，这里面有交易的良机。

我在建仓前总会问自己："我确实想建仓吗，确实想持有该头寸吗？"

在交易获利成功后，我会休息一天，以此犒劳、奖励自己。我在某一时期发现，我维持交易连续大胜的时间很难超过两周。曾经有一个阶段，我能在 12 天里连续交易盈利，但最终筋疲力尽，对交易感到疲惫不堪。因此，在一轮大幅盈利后，我会力图把交易规模降低，而不是"赢后加码"。就我的交易而言，大赚之后必会遭遇大亏。

下一条交易准则对我而言是个难题，因为我总会试图违反。这条交易准则就是，在价格下跌后试图逢低抄底，这种行为是最大的赌博，一旦失利，将付出昂贵的代价。当然在有些时候，只要你抄底的理由充分，暂时违反这条准则也是可以的。例如，就在今天，当标准普尔 500 指数的股指期货大幅下跌时，我就进场做多。在两周以前，我就已记下"248.45"这个价位，作为进场做多标普期指的最佳建仓点。今天的最低价是 248.50，所以我在今天最低价附近进场做多，待到收盘时已大赚了一笔。因为我两周前已有交易计划，机会出现时，我能执行计划，所以能够成功盈利，取得成效。但这种做法未必一直有效，这是很冒险的做法，但我采用"金字塔式的建仓方法"，并且总体建仓规模不会很大，并且我知道自己该冒多大的险，一旦超出承受范围，就会止损离场。

我的下一条交易准则就是，在建仓前，你总要知道自己愿意承担多大的风险，最多愿意亏多少钱。一定要知道"认输离场的点"，并且要遵循、恪守。我有承受亏损痛苦的临界点，一旦亏损让我产生的痛苦达到了临界点，即亏损超过我愿意承担的范围，我会马上止损离场。

当长期国债期货和国库券期货在"价格和移动平均线的关系"方面产生差异，即两者中有一个品种的价格高于其移动平均线，而与此同时另一品种的价格低于其移动平均线，这时不要建仓，要等两者保持一致时再建仓。

最后我要说的，也就是我交易准则清单上的最后一行，那就是工作、工作、再工作。

这张交易准则的清单还能增加哪些内容？

交易中最为重要的事就是资金管理、资金管理、资金管理。任何成功的交易者都会对你这样说。

在"让利润奔跑（持盈）"方面我不断进行改进和提高，在这方面我还无法做好，所以在"持盈"上我一直在下功夫。也许到我临终时，在"持盈"方面，我仍然无法做好，还在继续做着努力。

在"持盈"方面你无法做好，是在哪里出了错？

因为我喜欢及早兑现利润，提取现金。一边听音乐，一边听收银机的数钱声，这样的感觉很爽。但是我会冒着下跌400点的风险，在1 000点的上升行情中赚了200点就获利了结，这种做法太具讽刺性了，我怎能这样交易？这是完全错误的做法。

在风险方面，你有止损的方法，有事先的计划。但在盈利方面，你是否有类似的交易纪律和交易准则，你做过这方面的尝试吗？

是的，我尝试过，但无法做到尽善尽美。我在这方面也取得了不同程度的成功，但我最大的弊病还是在"持盈"方面，我的努力尚未成功。

为什么你在这方面会有困难？

我害怕灾难性的巨变，我认为这是唯一的原因。我和费尔兹（W.C. Fields）一样，我有几个银行账户，有几个贵重物品保险箱，我在分散保管方面做得非常好。我的思路就是"狡兔三窟"，如果一个银行出现问题，提现遇到麻烦，那么其他银行账户中的钱还能顺利提现。

你认为还有其他的交易准则吗？

还有的。如果你对某笔持仓头寸整夜都感到焦虑不安，特别是周末的时候，并且在市场交易中，该笔头寸能够清仓离场的价格要好于你的预想，通常你最好继续持有该笔头寸，不要因为焦虑不安而急于离场。例如，另有一天，我做空标普期指，其后我感到焦虑不安，因为当时债券市场在当晚交易时段表现非常强劲。到了第二天早上，期指市场却完全没有反应，没有任何变化，并未随之上涨，我如释重负，因为我能打平离场，清仓后没有遭受任何损失。这是一个错误的决定，因为当天晚些时候，标普期指的价格出现大幅下跌。我原来持有的是空头头寸，本可大赚一笔。当你最害怕的事并没有发生，此时你或许应该加仓，而不是清仓或减仓。

你账户净资产的最大下降幅度是多少？

我从资金管理的角度来评估账户净资产的跌幅。从我成为全职交易者的那天算起，按照每月底的账户净资产进行比较，我账户净资产的最大下降幅度是3%，这就是我最糟糕的纪录。在我两个小孩分别出生时，我因为担心在心理助产的辅导课上能否应答正确和表现良好，因而有所分心，从而导致两个月的最差纪录。

我的交易哲学是，每一个月度都要力图做到盈利，我甚至想每一个交易日都力图做到盈利。在这方面，我有非同一般的表现，在我交易的所有月份中，超过90%的月份都是盈利的。我特别引以为豪的一点是，在每年的4月份以前，我几乎没有发生亏损的月份。我目前所赚的钱还没达到我能力的上限，正是因为账户资金会存在峰谷间的落差，不是一路向上，但我更为关注的是如何控制账户资金回落所产生的落差，如何控制交易的风险。

你每年都是先清空上一年的交易成绩，然后从零开始计算的吗？

是的，这是我的交易哲学。每年的1月1日，我是一无所有的，一切由零开始，逐步往上做。

你在每年1月份的交易规模相对较小吗？

这个不一定。但每年1月份我最为全神贯注。

你在每年1月份止损会更快吗？

不是这么说的，我止损一向很快。止损快或许是我交易成功的关键。你总会有机会把止损造成的亏损弥补回来，但如果你想打平离场，你对交易的想法就会不同了，你会死抱不放甚至亏后加码，这是错误的想法。

止损离场后，你再看市场行情会更为透彻清晰吗？

止损后再看市场行情会非常透彻清晰。因为当你持有亏损的头寸，你所感到的压力会使你陷入精神紧张，所以此时你是无法看清行情的。

回到管理他人资金、代客理财的话题，我想知道你管理他人资金、进行代客理财的原因和动机。你多年来通过自有资金进行交易已经赚到很多钱，再这样做不是自找麻烦吗？

对于用自有资金进行交易，我有点厌倦了，没有新鲜感了，而代客理财是全新的挑战。另外，1987年10月股市崩盘后，我意识到市场下跌的风险是无法充分估量的，而借助外来的资金，即吸纳客户委托理财的资金，使我能取得杠杆交易的效果，但风险又不会同步放大，可谓一举两得，以此获得的高收益可以抗衡市场日后下跌所产生的巨大风险。

你打算管理多少资金？

我不想有具体的金额限定，但我只想开一两个资金大池子。如果我公开发行，并由机构承销的话，一定可以募到大量的钱。但我不会那样做，我不希望委托理财的客户太多，不想与太多的投资人发生业务关系。

做代客理财牵涉的人越多，将来令你头痛的事可能也就越多。例如，我遇到一位大型基金的经理，他问我："你有多少员工？"我告诉他"一个都没有"。他告诉我，他有70个员工。当他想清盘走人的时候，将会困难重重，因为有那么多员工的生计都掌握在他手中，都要靠他提供的工作来谋生。这样大的压力，我不想有。

你在这里一个人交易，看起来非常孤立无援，你喜欢一个人独自交易？

历经多年，我对一个人独自交易已完全能接受，完全能适应。我过去经常去位于闹市的办公室进行交易，因为我许多朋友都在那儿。但是随着时间的推移，我那些朋友几乎都不在那儿了，所以那里对我的吸引力也显著降低了，我没兴趣再去了。现在，我每天会和六个朋友通电话，我会把我的交易方法通过电话教给他们中的一些人，而他们都有自己的交易方法。

把一些人培训成交易员，然后让他们为你工作，这样的尝试你曾经做过吗？

我曾雇用过四个人，但没人能坚持做下去。交易让他们感到害怕，令他们战战兢兢。我试图在他们身上复制我自己的成功，但徒劳无功。我能把自己全部的交易方法都传授给他们，但是仅仅学习交易知识是不够的，这只是成功要素中的一部分。他们通过学习可以掌握交易的知识，但交易中所要具有的勇气和精神是永远教不会的，也是永远学不来的。

为什么大多数交易者最终会输钱？

因为他们宁可输钱，也不愿意认错。作为一个交易者，持有的头寸发生亏损，最为合理的做法是什么？这些最终失败的交易者会说"等到保本打平的时候，我会清仓离场"。为什么打平离场对他们而言如此重要？因为打平保本就不算犯错，这样就能捍卫自尊，保住颜面。"让自尊心见鬼去吧，赚钱才是最重要的"，我能说出这种话的时刻就是我成为成功交易者的时刻。

对于向你寻求建议的人，你有什么想说的？

对于这些人，我总是鼓励那些为自己进行交易、以交易为生的人。我会对他们说："你们将会取得的成功将远超你们原来的预期和梦想，因为我就是最好的例子，这样的成功，我已取得。"这种全职交易、以交易为生的好处是，我有我想要的自由，这种自由既是财务上的自由，又是身心上的自由。我能在任何时候出去度假。去西安普敦的海滩玩上半年，再在纽约住上半年。这种多姿多彩的生活方式，我喜欢。我所有的孩子都会认为，他们的父亲是在家里工作的。

如果一个普通人，资质平平，但他想要成为较好的交易者，你会给出的最佳建议是什么？

要学会接受亏损。要想赚钱，最重要的一件事就是不要让亏损扩大并失控。另外，直到你的资金规模扩大两三倍，你才能加大交易头寸的规模。大多数人所犯的错误是，只要开始赚钱就立刻加大下注的规模。这种错误的做法是输光离场的"捷径"。

※※※

  马丁·舒华兹的经历可以鼓舞和激励那些刚开始尝试交易就遭受失败的人。马丁·舒华兹在长达十年的时间里始终不成功，尽管他那时的工资一直很高，但交易始终亏损，使他几度在破产的边缘挣扎。然而，舒华兹最终能扭转乾坤、转败为胜，成为世界上最好的交易者之一。

  他是怎样做到的呢？有两大关键因素。第一，他找到了适合自己，能为己所用的一套交易方法。在交易失败的岁月中，舒华兹一直使用基本面分析来指导他的交易。直到他专注于技术分析，完全采用技术分析来进行交易，他才开始走向成功。说这些的目的并不是说技术分析要优于基本面分析，而是表明技术分析是适合马丁·舒华兹的方法。本书中访问的某些交易者，例如吉姆·罗杰斯，他就是非常成功地运用基本面分析来进行交易的，并且罗杰斯完全排斥技术分析。由此得出的重要启示是，每个交易者必须找到适合他自己的最佳方法。

  舒华兹取得交易成功的第二个因素就是交易态度的改变。正如他自己所述，当"通过交易来盈利"的渴望超过"通过交易来证明自己观点正确"的渴望，他的交易才开始走向成功。

  风险控制是舒华兹交易方法的基本要素之一，其账户净资产的下降幅度之低让人难以置信，如此优异的表现也是他出色的风控能力的证明。在任何一笔交易中，他都知道自己最多愿意亏多少，一定知道自己"认输离场的点"。毫无疑问，在遭受较大亏损之后，以他这种交易方法，必定会快速降低持仓和交易头寸规模。然而持续盈利一段时间后，他同样也要快速降低持仓和交易头寸规模，这种大亏或连赢后的做法，对他取得交易成功至关重要。当遭受大亏，有可能产生连锁效应时，快速降低持仓和交易头寸规模的原因是显而易见的。然而在一系列盈利之后也要采取同样的操作就有一些费解，值得进一步详细阐述。正如舒华兹自己所解释的那样，他在大赢之后必定迎来大亏，我猜大多数交易者可能都是这样。一系列的盈利会令交易者得意忘形、沾沾自喜，而志得意满就会使交易者在交易时疏忽大意，从而乐极生悲，交易失利。

大多数交易者所述交易成功的法则基本相似，而他们所述交易成功的原因也大同小异。所以，如果有顶尖交易者能够提供独一无二且充满真知灼见的交易法则，对广大交易者而言，总是一件乐事。舒华兹在访谈中就提供了。我对舒华兹提出的一条交易准则、操作建议颇为着迷，很感兴趣，那就是，当你对持有的头寸感到焦虑不安，因为基本面上的最新进展不利于该笔头寸或技术上价格发生突破，但突破方向与该笔头寸的建仓方向相反，即不利于该笔头寸，你的害怕完全是有理由的。然而，令你害怕的事却没有发生，市场轻易地放过了你，此时你不应如释重负，趁机清仓逃命，因为这种市场现象暗藏深意，即此时市场上有一股潜藏的力量，这股力量的建仓方向与你这笔头寸的建仓方向是一致的，所以此时你不应清仓或减仓，应该持仓不动或是加仓。

| 第三部分 |

MARKET WIZARDS

所有品种都有涉足的交易者

| 第十四章 |

吉姆·罗杰斯
具有价值时买，市场狂热时卖

1968年，吉姆·罗杰斯怀揣微不足道的600美元进入股市，开始了股票交易。1973年，他和索罗斯合伙组建了量子基金（Quantum Fund）。量子基金是世界上业绩最好的对冲基金之一。1980年，罗杰斯宣布退休，当时他积累的财富并不多。罗杰斯所称的"退休"，是指他从此以后只管理自己的个人账户和投资组合，管理好自己的投资组合必须进行不断的研究，也要做大量的分析工作。另外退休后，他还回哥伦比亚商学院的研究生部（Columbia University Graduate School of Business）教授投资学的课程。

罗杰斯是当代最精明、机敏的投资人之一，他的大名，我早已如雷贯耳。另外，他在电视上的财经访谈节目以及财经报纸、杂志上进行评论时，似乎特别强调"常识"的重要性，其头脑异常清醒。基于这两个原因，我极想采访罗杰斯。因为我并不认识罗杰斯，所以我写了一封信给他，信中提出了采访的请求，并且阐明我采访的都是杰出的交易者，采访后会结集成书。另外，我把自己以前所写的期货方面的一本书也随信送给他，并在书上题写了伏尔泰的名言："常识其实并不寻常。"我对这句话十分欣赏。我想罗杰斯对这句话肯定会赞赏的。

几天后罗杰斯打电话给我，感谢我送给他的书，而且表示他愿意参加访谈活动,但接着他提醒我说:"然而我可能不是你想采访的那类人。我通常持有头寸的时间会长达数年。另外,我可能是世界上最糟糕的交易者之一。在完全正确的时间进场交易,我永远做不到,在交易中我无法精确择时。"我在给他的信中曾提到过"我感兴趣的是杰出的交易者,而不是杰出的投资者",他的那番话就是针对"交易者"和"投资者"的区别来说的。

我所用的"交易者"一词是指"主要关注股市走向、市场涨跌的人",而"投资者"一词所指的人"关注择股,希望凭借个股来提高跑赢整个大市的概率"。换一种说法,投资者总是买进做多股票,而交易者可能会做多,也可能会做空。我把自己对这两个词的用法解释给罗杰斯,并且向他强调,他确实是我希望采访的类型。

我来到罗杰斯家里进行访谈,他的家外表富丽堂皇,内设朴实无华,属于联体住宅型的装饰装潢,对豪华的外表进行折中。那是一个春天的下午,但给人的感觉却好似秋季,当时的环境和氛围使人仿佛置身于英国的庄园,而不是纽约的家宅。如果我只去过纽约一次,而且就是"午后与罗杰斯在他布满古董的起居室中促膝长谈,共赏哈德逊河美景"的那一次,我会错下定论,会误将纽约视为非常宁静、祥和的居住场所。和我打过招呼后,罗杰斯立刻说:"我仍然认为你找错人了。"他再一次强调,"我认为我并不是交易者"。在正式访谈开始前,他说了以下这段话,这段话可作为"罗杰斯认为他自己不是交易者"的注解和例证。

正如我在电话里和你讲的那样,我从不把自己当作交易者。记得1982年我打算买入德国股票时,我对德国的股票经纪人说:"你替我买入股票X、Y和Z。"我不认识这位经纪人,他也不知道我是谁,他听后问我:"买进后接着怎样操作?"我说:"你买好股票,然后和我确认一下就可以了。"他又问:"你要我寄相关的研究报告吗?"我说:"不用寄了。"他接着问:"你要我寄相关报道吗?上面有对这些股票的看法和观点。"我说:"也不用寄了,甚至你连这些股票的价格都不要讲给我听,因为你讲了,我就知道这些股票已经翻了两三倍,这样就会诱使我卖出。这些德国股票,我打算至少持有三年,因为你们德国股市将迎来最大的牛市，从你算起，将有两三代人能享受这场牛市的盛宴。"不用说，这位股票经纪人听了我的话，顿时呆若木鸡；他认为我是一个疯子，我在痴人说梦。

我认为，当时买进德国股票的行为不属于"交易"，不是交易者的行为，因为我预期德国股市将爆发大行情，所以才建仓德国股票。顺便说一句，那次买进德国股票，我做对了。我在1982年年底买进这些德国股票，在1985年后期及1986年早期将这些股票悉数抛出。

1982年你如此看多德国股市，是凭什么？

德国这轮牛市其实在1982年8月已经启动。更为重要的是，1982年距离1961年德国股市创出历史高点已有21年，在此期间德国股市再无像样的大牛市。德国股市自1962年发生崩盘后一直在低位做横向整理，而在此期间，德国经济却欣欣向荣。所以，那时德国股市的投资价值是明摆着的。

无论我何时买入或何时卖出某些东西（比如股票），我总是力图做到首先要确保我不会亏钱。如果买卖的这样东西确实有极好的价值，那么即便我判断出错，我由此输掉的钱可能也不会太多。

那么基于你这种理论，你提前十年买入德国股票也是可以的啊，为什么到1982年再买？

完全可以依据同样的理由在1971年就买入德国股票，然后看着德国股市原地踏步，盘整近十年，而与此同时美国股市却正处在大牛市中，所以1971年虽然具有同样的买入理由，但不是买入的良机，因为1982年的时候才有牛市的"催化剂"存在，促使牛市的产生。你总是需要"催化剂"来促成大行情的产生、大事件的爆发。1982年就有"催化剂"的存在，那就是当时即将到来的德国大选。当时我认为德国社会党（Socialists）会在这次大选中落败，而当时的反对党基督教民主党（Christian Democrats）将会在选举中获胜，而该党具有推动、刺激投资的纲领和规划，上台后必将促使股市上涨。

我当时最根本的观点是，如果在野多年，偏向保守的基督教民主党在这次大选中获胜，重新上台执政，他们必将进行重大的变革。另外据我所知，在1982年大选前许多德国公司已缩减和收回资本设备、固定资产设备、基础设备等的投资，停止进一步的资本扩张，以等待保守力量的胜利，也就是等待基督教民主党的上台执政。所以，一旦代表保守力量的基督教民主党在大选中获胜，上台执政，那么一直压抑着的投资意向和力量就会真正爆发出来，从而促成股市的真正大涨。

当时德国大选时，两党获胜的可能性是否都是50%，彼此难分伯仲？

我不记得了。

我的意思是，就选票方面而言，两党最终的得票数估计差不多。

我猜是你说的这样，因为代表保守力量的基督教民主党取得大选胜利的那天，股市才开始爆发上涨行情，两者发生在同一天，股市并未提前反应。

如果基督教民主党在那次大选中落败，那又会怎样？

即便他们落败，我认为我也不会输很多钱，理由前面我已讲过，即德国股市当时已有极好的投资价值，即使我判断和预期出错，我也不会亏很多。当时我的预期就是，大行情即将到来，这轮牛市将持续两年、三年或四年。

听完你这番话，感觉你在交易时信心十足。

是这样的，交易时我总是充满自信，交易时我没有迷惑困扰。任何人都能学会的一条投资法则，也是最好的投资法则之一，就是投资时要学会无所事事，绝对的无所事事，直到确实该做某些事的时候再动手去做。大多数人总是不断地买进卖出，博取短线差价，赚取蝇头小利，当然我并不是说我比他们要高，并不是贬低他们；这些人总是要做点事，总是要忙进忙出。当这些人通过买进卖出赚到一笔大钱，他们会说："小子，我够聪明吧，我账户的资金已经翻了3倍。"接着他们会把盈利的股票抛出，用抛出所得的钱再次冲锋陷阵，买进别的股票。他们无法做到持仓不动，坐看手中盈利的股票开始新一轮的上涨，他们做不到持盈，只会反复不断地交易。

你会等到万事皆备，所有一切都对你有利的时候再动手交易吗？"我认为市场或许将要上涨，所以我要动手买入"，你会说这样的话吗，这类话你曾说过吗？

你所讲的这类话是通往救济院最快的捷径，是亏钱最好的方法。我会等到钱已放在墙角，然后再走过，俯身拾起，与此同时，此前此后，我什么都不用做。在市场中亏了钱的人会说："我刚输了钱，我必须有所作为，通过交易来翻本。"错了，不应该这样做。亏钱后，你应该静等交易机会的出现，不要急于翻本。

尽可能少交易，不要忙进忙出。

是的，这就是我从不把自己当作交易者的原因。我认为，我是等待机会出现的人，我所等待的机会，用俗话来说，就是"瓮中捉鳖"（shooting fish in a barrel）的时机。

你所有的交易决策都是根据基本面分析做出的吗？

基本上是的。但有时商品研究局（Commodity Research Bureau，CRB）发布的价格走势图会让我发现行情的"催化剂"。有时，价格走势图上显示的价格高点或价格低点的图形会令人难以置信，你从技术图表上可以察觉市场的疯狂。当我发现市场已陷入疯狂，或狂热或恐惧，我总会好好看一看、想一想，看看我是否应该反其道而行之，即"在众人贪婪时恐慌，在众人恐慌时贪婪"。

你能举一个例子吗？任何你能想到的例子。

可以。两年前，当大豆期货价格直线上涨到9.60美元后，我开始做空大豆期货。对于做空的原因，我至今仍记忆犹新，因为在我做空大豆期货的当晚，我和一群交易员共进晚餐，席间一位交易员大谈他做多大豆期货的所有理由。我听后对他说："看多大豆期货的观点为什么是错误的，我确实无法告诉你；我所知道的一切就是大豆期货市场的上涨已进入疯狂状态，我因为市场的狂热而做空。"

你会与市场的狂热（或恐惧）背道而驰，那么具体进场的时间，你是怎样选择的？

等到市场价格开始出现跳空缺口，我再进场。

在等待期间，你会等价格运动终止并反转的信号吗，比如技术分析中的"反转日"？

不会等其他信号，有关"反转日"的东西，我一无所知。

我想起另一个市场疯狂的经典案例。1979 年后期～1980 年早期，黄金期货市场经历了加速上涨，涨幅迅猛令人难以置信。那时你做空黄金期货了吧？

　　是的，我在黄金期货价格达到 675 美元时开始做空。

　　这时做空太早了啊，差了近 200 美元？

　　我早和你说过，我不是一个好的交易者，我不善于精准择时。我几乎总是建仓过早，但那次做空黄金期货比价格见顶只早了四天左右。

　　我不是说你在进场时间上有太大的偏离，而是建仓价格上的问题，过早做空，其后价格继续上涨会令人心惊肉跳。当你碰到类似的情况，即你进场建仓过早，其后你是否会重新思考最初的决策，是否会对自己的操作进行反思？

　　会的，当黄金期货价格涨到 676 美元时，我就开始反思了（此时他不禁大笑起来）。

　　但是反思后，你还是会继续持有所建的头寸，是这样吗？

　　是这样的，在做空黄金期货的例子中，当时价格已疯狂上涨，市场已陷入狂热混乱的状态。这种疯狂上涨，这种混乱状态都是无法持续的。黄金期货市场的下跌即将到来，最后一段的上涨（指 675 美元涨到 875 美元）只是回光返照，见顶的日子已为时不远。

　　是市场价格最后快速冲顶所留下的"指纹"让你察觉市场即将下跌的蛛丝马迹，还是"黄金期货的价格本就上涨过头，严重高估"让你做出市场即将下跌的判断？

　　两者兼而有之。当时黄金期货的价格已经高估，上涨过头，但更为主要的是市场价格最后快速冲顶所留下的"指纹"让我察觉市场的疯狂。你用的"指纹"一词，我很喜欢，它代表独有的特征。每次你与市场的狂热背道而驰，反其道而行之，只要你能坚持到底，你将会是正确的，最后的胜利必将属于你。

　　所以当你看到市场陷入极度的恐慌，你也会自动反其道而行之，是这样吗？

市场悲伤恐慌或欣喜狂热的现象都是提醒我要密切关注市场动态的"催化剂"，但这并不是说，我看到这种现象后就马上要去做什么，只是加强我的观察而已。比如，对于1980年早期的黄金期货市场，我是持看空观点的。沃尔克（Volcker）就任美联储主席才几个月，他就表示美联储将采取抑制通货膨胀的措施。对他所说的话我深信不疑，并且知道这意味着什么。在那时我也看空原油期货，我知道，如果原油期货价格下跌，黄金期货价格也会下跌。

原油期货价格和黄金期货价格同时下跌，是因为两者价格确实存在联动，还是因为两者价格的联动是全世界的普遍共识？

在那个时候（1980年早期），原油期货和黄金期货的价格联动是世人的普遍共识。

但是，对于两者价格的联动关系，你相信吗？是确实存在的吗？

我认为两者价格并不存在联动关系。

但是，我在那时一直觉得原油期货价格和黄金期货价格是相互一致、彼此联动的，这又是为什么呢？

你当时的感觉并没有错，当时是一个极端看空、全面看空的时期，每一个品种的价格都会下跌，原油期货价格和黄金期货价格当然会一起下跌。

你的意思是，有时候你做交易所依据的某种价格关系，你自己也吃不透，也不是真正明白，只是世人的普遍共识才让你相信该种价格关系的存在，是这样吗？

因世人共识而使我相信的情况极少。我总是喜欢通过独立思考来得出事实、真相，不会人云亦云。我做空黄金期货的主要原因是，美联储主席沃尔克当时的讲话表明，他就任后最主要的任务就是治理、抑制通胀，所以利空金价。原油期货的即将开跌只是黄金期货下跌的"催化剂"而已，并非主要原因。

实际上，当美联储在1979年10月将其政策从"控制利率"转为"控制货币供应量的增长"，这就是起决定作用的一步。因为1979年10月以后黄金期货的价格又上涨了几个月，显然当时黄金期货市场还没意识到或不相信美

联储会采取抑制通货膨胀的措施。像这样的情况，是否表明当时的市场已极度疯狂，以致根本没有注意基本面情况的变化？

说得一点不错。有时一些重大的事情发生，市场却视而不见，依然我行我素，这确实令我很吃惊。如今我经历这类情况多了，使我认识到这种情况背后的原因：我理解和预见的东西，并非所有人都能理解和预见。许多人不断买入或不断卖出的唯一原因就是，市场上其他的人都在买入或卖出，所以追随他人买入或卖出就成了他们该做的一件事。

市场对某些重要的新闻、消息没有做出反应，不能仅凭这点就断言这些新闻、消息毫不重要。

市场没有反应反而更好。如果市场在重要消息出台后依然我行我素，往错误的方向越走越远，特别是在市场疯狂迸发的时候，此时你赚钱的机会即将出现，你要进场逆市场疯狂而行，等到市场自我纠偏时就可以赚钱。

你能想到更近一点的例子吗？

可以的，那就是1987年10月股市发生的崩盘。顺便说一句，10月19日，也就是股市崩盘的那天，正巧是我的生日。1986年年底和1987年年初，我曾做出预测：股市还会有一次大的上涨，但这是最后一波上涨，其后我们将迎来大熊市，而这次熊市是1937年以来最大的一次。但对于我生日那天会发生股市崩盘，我却并未料到。这是我最好的生日礼物，让我惊喜万分。

10月19日股市的下跌如此巨大、迅猛，你料到了吗？

1987年1月约翰·特雷恩（John Train）曾采访过我，我告诉他："在将来的某一天股市（道指）将会在一天内下跌300点，目前正在形成过程中。"他听完后呆呆地看着我，好像我是精神病患者。我预期道指大概会涨到3 000点，跌300点也仅是10%的跌幅，而道指在1929年曾在一天内跌去12%。如果和1929年一天跌12%相比，一天跌10%并不是很大的跌幅。此前市场已发生过一天内跌3%、一天内跌4%以及一天内跌5%的情况。所以我对特雷恩说："为什么道指不能在一天内跌去300点？"但那时我完全没有想到，10月19日那天，道指一天就跌去了 508 点。

你预测股市将会崩盘时，为何选 1937 年的股市来做参照，来做对比？

因为在 1937 年，道指在六个月中下跌了 49%。而我试图表明的是，我预测的股市崩盘将是巨大的、快速的、可怕的，可以和 1937 年的股市大跌相提并论，而不能拿 1973 年到 1974 年的股市下跌来类比，因为那次股市跌去了 50%，但用了两年的时间，下跌不够快速和可怕。

那你为什么不用 1929～1930 年的股市大跌来类比，而要用 1937 年股市的大跌来类比呢？

因为 1929～1930 年的股市大跌后迎来了经济大萧条，而我们这次将要迎来的熊市（1987 年）源于金融市场的崩溃，而不是整个经济的崩溃，我确信这次我们不会迎来经济大萧条。我对金融市场的崩溃与整个经济的崩溃有所区分。

为什么你预期金融市场会发生崩溃？

这是大势所趋。当时全球流动性泛滥。全球各个股票市场都处于历史高位。当时股市一夜暴富的故事到处流传，比如"踏出校门三年都不到的小子，一年就赚了 50 万美元"。不过这些故事都是假的。无论在什么时候，当市场中纷传暴富的故事，似乎人人都能赚大钱，此时股市离见顶也就不远了。当时的股市正是如此，所以我在 1987 年夏天就进场建仓，迎接即将到来的股市崩溃。

你是做空股票还是买入看跌期权？

我是做空股票以及卖出看涨期权，而不会买入看跌期权。买入期权是通往救济院的又一捷径，是亏钱的又一良方。有些人曾为美国证券交易委员会做过一项调查，结果发现，所有期权合约中有 90% 的合约过期后都是没有履约价值的，即买入期权者不会行使权利，买入时所支付的期权费会白白亏掉。我认为，买入期权者中有 90% 是亏钱的，那就意味着卖出期权者中有 90% 是赚钱的。如果我想利用期权来做空，那么我会卖出看涨期权。

你是在什么时候清空头寸、获利了结的？

就在 10 月 19 日所在的那周。如果你还记得的话，那时每一个人都认为，美国的金融体系已经完蛋。

当时市场的疯狂是否已从一个极端走向了另一个极端,即从上涨时的极度狂热转为下跌时的极度悲观,而这是你快速清仓的原因吗?

正是由于这个原因,我才快速清仓了结。10月19日那周的股市可以载入教科书,作为市场疯狂表现的典型案例,既有狂热看涨,又有悲观恐惧。在这种市场情形下,如果你还有可供交易的资金,你必须进场,并且与市场的疯狂背道而驰。或许那时会是世界末日,整个金融市场彻底毁灭,多头空头一起消灭,我当时也可能输光出场。但是如果市场的疯狂达到如此极端的程度,其中95%的时候你可以进场逆向操作并且终将赚钱。

1987年10月~1988年1月,我没有持有任何空头头寸。没有任何空头头寸是我一生中很少发生的情况。无论看多还是看空,我总是力图同时持有多头头寸和空头头寸,但两者比重有所不同,万一我出错,这样可以对冲部分风险。即便在市况最好的时候,也总会有人犯错弄糟,而在市况最差的时候,也总会有人做得很好。

你这话的意思是,在股市崩盘后你已找不到可以做空的股票了?

我认为,如果我当时的判断是正确的,并且世界末日也不会来临,那么所有的一切都将上涨,包括那些已完全崩盘的股票。在1988年1月后,我开始重新持有一些空头头寸,即便其中的一笔做空交易遭受了亏损。因为此时我所建的空头头寸是有充分建仓理由的,是有保障的,胜算较大,建完仓我感觉非常轻松,所以我乐于在此时重新做空。

许多人将1987年股市的崩盘归咎于程序化交易,你认为这是在寻找替罪羊,推卸自身责任吗?

这些人绝对是在寻找替罪羊,把股市崩盘归咎于程序化交易的人根本不懂股市。政客和那些亏钱的人总是在寻找替罪羊,借此来推卸自身的责任。在1929年的时候,他们将那时的股市崩盘归咎于做空和应付的保证金。他们对于股市下跌总能找出一大堆很好的理由。但这帮人应该关注的是,为什么1987年10月19

日股市崩盘当天，一眼望去，市场上全是卖出、做空的人，而买入、做多的人几乎一个也看不到。

在 10 月 19 日（周一）之前的那个周末我变得非常看空，其中的原因我至今还记得很清楚。美联储主席艾伦·格林斯潘（Alan Greenspan）在之前的一周宣称贸易差额的情况变得非常好，所有一切都在可控范围内。他刚说完这话才过了两天，贸易差额的数据就公布了，这是全球历史上最糟糕的数据。看到这数据，我脱口而出，"格林斯潘要么是个傻子，要么就是个撒谎者。他对将来的动向一无所知，毫无主见"。接着，到了 10 月 19 日（周一）之前的那个周末，财政部长贝克向全世界宣称，因为德国方面不愿按照贝克的要求采取宽松的货币政策和财政政策，美国将通过放任美元贬值来让德国付出高昂的代价。20 世纪 30 年代的贸易战似乎又要重演。

预感危机即将到来的恐慌情绪已将我笼罩，但幸好此时我已经持有空头头寸！因为新加坡市场早于我们开盘，所以我在周日（10 月 18 日）晚上打电话去新加坡，通知经纪人开盘后就在相关品种上加仓做空。所以到了 10 月 19 日，几乎所有的人都纷涌抛售，抛售、做空的理由非常充分，买入做多者几乎是踪迹难寻。当时几乎没有人愿意买入，因为根本找不到买入的理由。即便是多头，在那时也吓得魂飞魄散，在周一那天也是看空的，不敢进场做多。

你是说，股市的崩盘是由格林斯潘和贝克造成的？

股市崩盘有许多原因：格林斯潘、贝克、流动性趋紧、贸易差额持续恶化，并且就在六周之前，股市就曾突然飙升到 2 700 点，显露冲顶迹象。回看之前的情况你会发现，1987 年，当标准普尔指数和道琼斯指数都在上涨的时候，其他市场（比如纳斯达克指数等）都有一定的跌幅。1986 年 12 月，我开始做空金融股，整个 1987 年我都继续做空金融股。即便在标普指数和道指上涨创新高的时候（指 10 月 19 日崩盘之前），我做空金融股都没遭受过亏损。

对于市场的疯狂出现错误的判断，以假当真，从而导致亏损，这样的情况你遇到过吗？

遇到过。在我交易的早年，有一个极为深刻的教训，它让我对熊市有了真正的认识。那是在1970年1月，那时我在期权上还是进行买入操作的。当时我看跌市场，所以我把我所有的钱都用来买进看跌期权，虽然当时我的钱并不是很多。1970年5月，市场筑顶完成，开始下跌，在市场触底的那天我卖出持有的看跌期权，获利了结。我投入交易的资金翻了足足3倍。那时我觉得自己真是个天才！我自言自语道："我将是下一个伯纳德·巴鲁克。"⊖

在这次盈利后，我的交易计划是，等市场反弹到一定的高位，我就通过股指期货来做空，而不采用买进看跌期权的方式来做空，因为做空期指的赚钱速度较快。当确信市场的反弹已经到位，我就孤注一掷，倾囊而出，全力做空期指。两个月后我全部亏光出场，这是意料之中的事，因为我对自己正在进行的操作并不清楚，懵懂无知。

我曾做空过不少个股，曼姆莱克斯公司（Memorex）的股票是其中之一。当其股价在48美元时，我进场做空。在那时我无力做到持仓不动，心理方面、情绪方面的因素只是次要原因，更为重要的原因是，我不具备持仓不动的财力。当该股股价上涨到72美元，我已无力追加保证金，只能清仓离场。曼姆莱克斯公司的股票最终涨到了96美元左右，其后直线下跌，一路跌到了2美元。

从该股最终跌到2美元来看，我在48美元做空该股是完全正确的，是一点不错的，是准确无误的。但我最终全部亏光出场。你交易预测得正确，市场是不会管的，市场是现实冷酷的，也是疯狂、不可理喻的。这次交易经历使我对市场的疯狂有所了解。

你从这两次特别的交易中学到了什么？

我从中懂得了市场会涨过头，其上涨的高度能出乎你的意料；市场也会跌过头，其下跌的深度也会超出你的预想。我倾向于认为，如果我知道某个信息，那么所有的人都能知道这一信息。我通过读报来获取信息，我没有任何内幕消息。我现在知道的就是，我所了解和掌握的东西，别人可能会无法了解和掌握。因为

⊖ 伯纳德·巴鲁克是美国金融家、投机大师，曾任美国总统伍德罗·威尔逊和富兰克林·罗斯福的经济顾问。——译者注

大多数人目光短浅，不具有看六个月、看一年或者看两年的远见卓识。做空曼姆莱克斯的交易经历告诉我，股市是疯狂的、不可理喻的，任何事都可能发生，因为市场上有许多对市场动向和运行一无所知、一窍不通的人，就是他们造成了市场的疯狂和无理性。

你预期会有一个非常显著、前所未有的熊市，是这样吗？

是这样的，我预期股市最终会向下击穿1987年10月创下的低点。

严重的经济衰退也会出现，这是你的预期吗？

就当前而言（1988年4月），我依然认为，迎来的将是金融市场的崩溃，而不是整个经济的崩溃。然而一旦政客把事情弄糟，火上浇油，就可能演变为整个经济的崩溃。

金融市场发生崩溃，而整体经济居然没有陷入严重衰退，我们有过这种经历吗？

当然有过，而且有过许多次。1937年那次就是如此，之前我用1937年股市重挫来类比这次下跌也正是这个原因。我预期整个经济不会崩溃，主要是因为正如我之前的预测，美元正持续走弱，因此美国许多行业可以由此获益，比如钢铁、农业、纺织以及采矿业，这样就会对美国整体经济有所帮助。

所以即便股市向下击穿1987年10月创下的低点，经济仍会保持良好，不会陷入衰退，你是这样认为的吗？

一点不错，除非政客把事情弄糟。

政客会怎样把事情弄糟？

他们会提高税收，提高关税，实行贸易保护主义，这些都会坏事。这帮政客还能干出许多糟糕的事情。他们将会"成事不足，败事有余"，我对此深信不疑，因为他们一贯如此。目前我预期我们将迎来金融机构的崩溃。但是如果这帮政客雪上加霜，把事情弄得更糟，我们也会迎来经济的崩溃。

什么将会触发金融机构的崩溃？

贸易差额的数据开始再次恶化，这终将促成又一次的"美元危机"，从而导致金融机构的崩溃。

依你看，造成贸易逆差的主要原因是什么？

基本上是财政预算赤字造成了贸易逆差。除非你率先消除财政预算赤字，否则你将无法消除贸易逆差。

鉴于赤字问题的严重性，此时能够采取哪些措施？

当今世界最基本的问题是，美国人的消费支出要大于其储蓄结余。政府需要尽其所能鼓励储蓄和投资，要免征储蓄方面的税，免征资本利得税，对股利避免双重征税；对个人退休金账户（individual retirement accounts，IRAs）、基奥计划（Keogh plan）以及401K计划，恢复更具吸引力的激励措施。与此同时，政府需要尽其所能抑制消费支出，要改变税制结构，以充分利用增值税的功用，税制改变后，要让消费方面所征的税多于储蓄和投资方面所征的税；大幅削减政府支出，要做到这一点，有许多不会严重损害经济的方法可供采用。我们存在许多问题，但如果这些问题都是我们强加给自己的，属于自找的，那么这些问题的危害性基本上就不那么严重。如果我们不能忍辱负重，挺过难关，那么20世纪30年代的大萧条、经济的崩溃就会向我们走来。

你在回答中说，有许多相对不会造成很大痛苦、不会严重损害经济的方法可以用来"大幅"削减政府支出。你能够提供具体方法的例子吗？

我就给你举两个例子，其实我能给你举一打例子出来。美国政府每年支出50亿美元来支撑国内的糖价，所以在美国，糖的批发价是每磅22美分，而在国际市场，糖的批发价是每磅8美分。每年50亿美元啊！如果政府对每一个糖类生产者、加工者说，"只要你们退出糖类生产、加工领域，在你们今后的日子里，每年给你们10万美元，并且给你们一间（产权为居住者自有的）公寓房和一辆保时捷汽车"，我们每年能省下数十亿美元，并且对全体美国人也很好，我们可以更便宜地买到糖。

我们每年的贸易逆差是多少，你知道吗？每年1 500亿美元。你知道驻扎在欧洲的美军，每年的开支是多少吗？也是1 500亿美元。我们是在43年前做出向欧洲派遣驻军的决定的，43年前哦！今天驻欧美军中的大多数人当时还没出生呢。这帮驻欧的美军士兵，成天无所事事，干坐着，喝啤酒，长肥膘，泡美女。美国审计总署（General Accounting Office，GAO）的报告里说，我们驻欧美军所拥有的子弹甚至打不了30天的仗，压根不够用。然而为了让这帮士兵驻扎在欧洲，我们每年要花费1 500亿美元。我认为，如果我们每年不再投入1 500亿美元的军费，把驻欧美军全部召回，欧洲能够自己保护自己（驻欧美军少得可怜的子弹又能保护谁啊），并且这样做还会自动刺激军火出口。你知道欧洲军队的枪是从哪里买的吗？是从我们这里买的，因为欧洲的国防军工行业不是很强。

但你说的这些做法是绝不可能实行的，甚至没有一个政客会谈到你所说的这些解决方法。

这个我懂。只要当前华盛顿的那帮蠢人还在掌权，我前面所说的方法就不可能实行。这些政客会把事情弄得更糟，对于必须要做的事情，他们不会去做。得到更多的选票并且赢得下一次选举才是他们唯一关心的事。这种糟糕的局面将会持续下去，直至火烧眉毛，政府才会迫于压力，开始着手解决我们的问题。那么这将是场灾祸和不幸。

如果政客坐视不管，无所作为，我们最终将面临极高的通货膨胀或是严重的经济衰退，是否两者必选其一呢？

是会这么极端的，两种恶果我们必尝其一。我猜想的情况将会发生，当然我只是预测，我不必在此时就做决策，我猜想的情况是，将来的某一天经济衰退将会爆发，目前正在形成过程中。起初政客将会说："我们忍辱负重，一定能咬牙挺过难关。经济衰退对我们其实是好事，可以帮助我们清理金融体系和经济系统。"人们听后会在短时间内接受经济衰退的现实，认可政客的说法。接着对经济和公众的伤害就会开始，政客们将会放弃原来的做法，将会通过通货膨胀来摆脱经济困境。而通过通货膨胀来摆脱经济困境只有一种方法可用，那就是开动印钞机，大量地印钞票。

按照你这种预期，我们一开始面对的是经济衰退，而最终将面临极高的

通货膨胀？

是的，但我们也能先面对极高的通货膨胀，然后再通货紧缩、经济衰退。另外，确实很可能发生的一种情况就是，我们最终将采取外汇管制。所幸的是，我不必立马做出今后两三年的投资决策，我可以静观事态的变化。

你是指哪种类型的外汇管制？

我所指的外汇管制是指限制资本的自由流动。如果你想到欧洲去，你最多带1 000美元。如果得不到政府有关部门的批准，超过规定部分的钱你就无法带出国门。

如果实行外汇管制，会对美元的相对价值产生哪些影响？

美元会彻底崩溃，外汇管制会让美元越来越弱。这帮政客会实行十分严格的外汇管制，这只会让情况越来越糟。

你所说的"彻底崩溃"，是指美元会变得像阿根廷比索那样？

美元为什么不会变得像阿根廷比索那样？美元彻底崩溃为什么不会发生呢？是有可能发生的，记得南北战争时有一种说法："对我而言，绿油油的美钞一文不值。"

你谈到美元崩溃，似乎这是必然发生的事。

1983年，我们是世界上最大的债权国。到了1985年，我们变成了债务国，这是自1914年以来的第一次。到了1987年年底，我们的外债总额要超过格兰德河（Rio Grande）以南所有国家（包括巴西、墨西哥、秘鲁、阿根廷及其他格兰德河以南的国家）的外债总额。

我用自己的话把你所讲的一系列关联事件改述如下：政客将不会采取任何有意义的措施来改变预算赤字的情况，持续的预算赤字必定会让贸易逆差的情况一直保持下去或是越变越差，接下来必定会轮到美元，美元迟早会受到巨大的压力。我这么说，可以吗？

确实如此。我不做多美元，正是这个原因。

按照这样的预想，债券市场将会怎样？

当美元贬值达到某一程度时，海外资金会因美元的持续走弱而不再流入美国，那就意味着到时我们只能向美国公众举债了。但我们的储蓄利率只有3%～4%，要向美国公众举债，利率必须很高。如果美联储试图通过印更多的钱来避免高利率，那么美元将彻底崩溃，美联储将完全丧失控制局势的能力。在这种情况下，你将面临恶性通货膨胀以及25%～30%的利率。无论是向公众举债，还是多印钞票，我们都将面临高利率。如果政客决定以经济衰退为代价，忍辱负重，闯过难关，那么利率开始的时候会较低。但这些政客最终会放弃原来的做法，开始印钱，所以利率会逐步由低走高。

因为高利率在所难免，所以债券市场迟早会崩溃式下跌。

一点不错。迟早，我们会步英国的后尘，再现长期债券市场的崩溃。但"迟早"的确切时间我并不知道，可能是三年后，也可能是十年后。

你所说的英国长期债券市场的崩溃，其下跌幅度是多少？

大约70%。

在你对未来的设想和预期中，通货紧缩和通货膨胀哪个会率先出现？

货币供应、财政预算赤字、贸易逆差、通胀数据、金融市场以及政府政策，我就是通过上述这些内容分析美国以及其他主要国家。分析这些内容就像是玩大型的、三维的拼图游戏。如果你玩立体拼图游戏的话，你最终要把所有拼板都拼合在一起，拼出游戏要求的图案才算取得游戏的成功。但"投资分析时的拼图游戏"不是你把所有拼板摊在大桌上，然后一块块拼合起来的那种拼图游戏。在投资分析中，要求你拼出来的图案总是不断在变，每天都有一些拼板会被拿走，另外又有一些拼板会被加入。

我们谈到了设想和预期的话题，那就请你谈谈你对黄金的长期观点吧。

1934年，黄金价格是每盎司35美元，而且在1935～1980年，黄金产量每年递减。黄金产量持续递减的原因是勘探和开采黄金缺乏动机、缺少激励。而在这45年里，黄金的消耗量却持续走高，特别是在20世纪六七十年代我们进行电子化革命的时候，黄金消耗量更是大增。黄金需求越来越旺，而与此同时，黄金供应却在下降。所以无论怎样，在 70 年代金价都会大涨，黄金市场会出现超级大牛市。因为供求关系的原因，即使那时的通货膨胀率为零，黄金在 70 年代也会有大牛市。

到了 80 年代，情况完全发生了改变。黄金已从当初的 35 美元涨到了 875 美元，价格的疯涨是最大的推动力，促使人们争相涌入黄金行业。黄金产量自 80 年代以来年年上升。根据已公布的矿产勘探和开采的项目，预计黄金产量将每年上升，并且这种上升状态至少会保持到 1995 年。与此同时，在黄金提炼方面的技术有了重大的进步。简而言之，现在可供使用的黄金比过去要多得多，这种趋势会至少延续到 90 年代中期。

我一直拥有一些黄金，将其作为一种保险、稳健的投资手段，但我认为黄金在 70 年代具有巨大的抗通胀优势，可以对冲通货膨胀，但到了 90 年代，因为供求关系已经发生改变，所以黄金抗通胀的优势不会像 70 年代那么巨大。然而我并不知道黄金在 20 世纪 90 年代抗通胀的优势会有多大，幸亏我不必现在就做投资判断。

从你所述黄金目前的供求关系来看，显然供大于求，对金价上涨而言是负面的。如果把当前黄金的情况和另一种情况放在一起，另一种情况就是你所说的"美元将彻底崩溃"，两者叠加是否会改变黄金自身的供求关系，也就是说美元崩溃会对金价产生影响吗？

肯定会有影响，黄金将继续保持自身的购买力。金价或许会涨，或许会跌，但黄金市场将不会是最好的交易市场，即黄金将不会是最好的投资标的。

换句话说，黄金抗通胀的优势已是昨日往事，过眼云烟了。

将军总会有军人生涯的最后一仗，基金经理总会有投资生涯中最后一次牛市投资。有人认为黄金总是具有巨大的保值能力，这种想法是荒谬可笑的。从历史上来看，黄金曾多次丧失购买力，有时购买力丧失的时间会长达数十年。

关于黄金，我还要补充一件事，记得我前面曾讲过，在投资分析的立体拼图游戏中，每天都有一些拼板会被拿走，另外又有一些拼板会被加入，所以不要忘记南非局势的变化，它也是拼图游戏中不断变化的一块拼板。南非局势的变化致使金价的走势更为复杂。我认为南非政府已把自己逼到死角，所以南非问题最终会大爆发。如果明天南非就爆发革命，南非黑人接管了政权，那么南非的白人将会大肆抛售他们持有的全部黄金，金价因此就会大幅下跌。

如果南非真爆发革命的话，我认为金价将会急剧上涨，因为那里金矿的生产会因革命爆发而受到不利影响，从而导致黄金产量的减少，并因此引发恐慌。

当南非的革命在进行的时候，金价确实会上涨，但其后金价就会下跌。这种下跌会让所有人都彻底困惑。他们会问："为什么金价会下跌？"因为革命成功后的陶醉喜悦也会带来混乱和动荡，会乐极生悲，所以要等金价回跌下来后再买，不要追高买入。

对股票市场、债券市场、外汇市场以及黄金市场的长期看法你都已谈过，那么对于石油市场的长期走势，你有没有考虑过？

我有考虑过。当经济衰退来临之时，我确信会有这么一天的，石油价格将会下跌。你可以把我现在所说的话都记在纸上，说这些话时我毫无顾虑，诚实坦荡。油价肯定会跌到 12 美元以下。油价将跌到 11 美元还是将跌到 7 美元，或将跌到 3 美元，这个我不知道。⊖

鉴于你所谈的大体设想和预期，即股市会下跌，美元会走弱，其他市场也不会好，那么对于普通人而言，投资什么能使自身的资产不会遭受损失呢？

买入欧洲及远东国家的货币，买进国库券，买入农用土地。

你最初是怎样对交易产生兴趣的？

是对"投资"产生兴趣。我初入华尔街纯属误打误撞。1964 年，我刚修完大学的学业，接着就去读研究生。我碰到一个熟人，他正好在华尔街的一家公司工作，我通过他得到了一份在华尔街的暑期工。当时我对华尔街一无所知，我不知道股票和债券的差别，我甚至不知道股票和债券还会有差别。当时我所知道的一切就是，华尔街是纽约某个地方，在 1929 年有过悲惨往事。

那个暑期过后，我去牛津大学读研究生，时间是 1964 ~ 1966 年。据我所知，

⊖ 在做这次访谈的时候，油价大约是 16 美元。

所有在牛津的美国人都对政治感兴趣，而我对阅读《金融时报》(Financial Times)更感兴趣。

在牛津念书时，你进行交易吗？

非常少，那时我是一个散户，我用于投资的钱都来自我在牛津大学得到的奖学金。只要我有资格拿到奖学金，我会在年初得到奖学金的钱，然后就把这笔钱用于投资。

奖学金不是你全部的资金来源吧。

（罗杰斯听后哈哈大笑）如果读研究生的两年里，有任意一年亏掉许多钱……

这么说来，你一上来马上就赚到了钱？

是的，一开始我就马上赚钱了。1964～1965年股市正值牛市。我在1966年夏天结束学业离开牛津，而熊市在那时已经开启，但我已经了结离场。我非常幸运。如果我于1965～1967年在牛津念书，那就会碰上这场熊市，我可能会输光出场。

离开牛津后，你又去了哪里，又发生了哪些事？

其后我在军队待了几年，由于那时我没钱，所以不能到市场进行投资。我在1968年离开了军队，然后去华尔街工作。那时我尽我所能，投资每一样我能够投资的东西。我的首任妻子那时一直对我说："我们需要一台电视机。"我回答她说："我们要电视机干吗？把买电视机的钱投入市场，进行投资，以后投资赚到的钱能买十台电视机。"她又说："我们需要一套沙发。"我又回答她说："如果我们把买沙发的钱投入市场，进行投资，只要一会儿时间，赚到的钱能够我们买十套沙发。"

那时你在华尔街找到什么工作？

初级证券分析师。

你分析哪些行业的股票？

机床行业和广告代理行业的股票。

你分析范围内的股票，你自己投资吗？

我什么都投资的，包括我分析范围内的股票。

那时的投资成功吗？

我是在 1968 年 8 月 1 日进场投资的，那时市场正处在头部阶段。但我遭受亏损后仍然剩了一点钱，到了 1970 年 1 月，我判断市场将进入熊市。我不清楚我是怎样判断出的。正如我之前和你谈到过的，我用我当时所有的钱买进了看跌期权。到了 1970 年 5 月，我投进去的钱翻了 3 倍。到了当年 7 月，我开始做空股票，到了 9 月我亏光离场。这最初的两年意义非同一般，在这两年里，我经历了从天才到傻瓜的过程。

所以到 1970 年 9 月，你的账户已输光归零。接着又发生了哪些事？

我极尽勤俭节约之能事，把省下的每一分钱都重新投入市场。有没有电视机或沙发，对我而言都无所谓。我的妻子离我而去。那时我已具有企业家一样的精神。正如那些创办大型连锁零售店的人那样，他们会把所赚的钱全部再投入连锁店，我也会把赚来的钱全部投回市场，用于投资。

那时你只交易股票吗？

债券、股票、外汇、商品期货，我什么都做。

这些不同的市场，你是何时开始介入的？

所有这些市场，几乎都是在我最早交易的时候涉足的，进入债市和股市是最早的，进入外汇市场也相当早。当我在牛津念书时，我尽可能把英镑都换成美元，因为我知道总有一天英镑相较美元而言，将会贬值。我认为英镑贬值的那天终将到来。我离开牛津后，又过了一年，英镑贬值的那天确实到来了。不过我做出判断的时间、进场的时间又一次过早了。即便如此，我在外汇方面的意识还是非常强的。

20 世纪 60 年代晚期，我开始买入黄金现货，就此涉足商品市场的交易。在我职业生涯的早年，记得我去面试一份工作。那位面试官问我："你读《华尔街日报》的哪些内容？"我回答说："我首先阅读的是大宗商品的版面。"面试官听后显得很吃惊，因为他的阅读顺序和我完全一样。那时我做的商品交易还是现货交易，其后做的商品交易才是商品期货交易。于是他同意录用我，当我拒绝这份工作时，他气得差点把我掐死。这次面试发生在1970年，当时我已在商品市场交易了。

回看1970年9月你的账户输光归零，你从中汲取了哪些对你最终成功有所帮助的东西？

我早期的失利教会我许多东西。自那以后，我几乎不再犯错，虽然这样的话我并不想说，显得有点自夸。因为我从失利中懂得了，除非你对你所做的事非常了解，否则就不要去做；不要盲目进场建仓，要耐心等待交易的机会出现，到那时你的建仓理念是正确的，建仓的价格也是合适的，那么即便你判断出错，你也不会亏许多钱，也不会对你形成很大的伤害。

自那以后你有过亏损的年份吗？

没有过。

量子基金是怎样建立的？

乔治·索罗斯是基金的主要合伙人，而我是一般合伙人，比他要低一级。基金建立时就是三个人，我、索罗斯，还有一个秘书。

你是怎么认识乔治·索罗斯的？

我在爱霍德·布雷彻尔公司（Arnhold and S. Bleichroeder）是索罗斯的下属，是为他工作的。因为新出台的"经纪公司条例"禁止我们从交易盈利中提成，所以我们在1973年离开了这家公司。当时我们可以继续留下去，但我们将不能管理客户的资金，所以我们不得不离开。幸运的是，我们离开后建立了自己的公司。

量子基金从事哪些交易？据我所知，量子基金和通常的基金在交易运作上有所不同。

我们投资股票、债券、外汇、商品期货以及所有投资标的，不但做多，而且做空，交易的市场遍布全球。

在做交易决策时，你和索罗斯都是各自独立进行的？

不是的，我们在做交易决策时分工合作，他当交易员，我做分析师。

也就是说，由你分析得出一个交易想法，比如做空美元，然后再由索罗

斯来选择具体交易操作的时间，是这样吗？

是的，在某种程度上是这样的。

如果你俩对于市场行情的研判出现了分歧，那怎么办？

如果我俩的观点产生了分歧，通常我们就不进行相关的交易。

所以只有你们观点一致时，才会进行相关的交易，是这样吗？

这并没有硬性的规定。有时我们观点并不一致，但由于我们中的一人强烈坚持，相关交易还是会做的。但这种情况很少发生，因为我们的看法通常是一致的，并且当"我们的观点有分歧但仍然进行"的交易产生问题、遭受亏损时，那么很清楚，该笔交易的决策不是正确的，就是错误的，不是他错，就是我错。当我们思考该笔交易并得出对错的判断，我们就会达成一致。因为在投资上追求与他人一致会酿成大祸，所以我不喜欢用"一致"这个词，但最终，我和索罗斯几乎总能在观点上达成一致。

当你交易杠杆产品时，比如商品期货、外汇期货，你是怎样确定持仓的配置的？

我们会将杠杆运用到极致，直到没钱追加保证金为止。当我们想买进某个交易品种，但账户中的钱都已用尽时，我们会查看持仓组合，任何在那时表现最弱，对我们吸引力最小的持仓品种都会被清空，然后用清仓后得到的钱买入想买的品种。例如，如果你想做多玉米期货，你账上的钱都用完了，你要么放弃做多玉米期货，要么清空另一持仓品种。这一过程很像变形虫（amoeba）的生长过程。你知道变形虫是怎么生长的吧？它们从细胞表面的任意一个地方摄入食物，接着造成细胞内压力增大，它们就会从细胞表面的任意一个地方进行排泄。持仓组合的进出、调整和变形虫的摄入与排泄如出一辙，大同小异。

你绝对不会从单一持仓品种的角度来衡量整个交易的风险，是这样吗？所以如果在某个市场上，你持有的某个品种发生亏损，不得不降低持仓组合的总仓位，你很可能在另一个市场上，对另一持仓品种进行减仓？

说得对。发生这种情况时，我们总是对持仓组合中当时表现最弱、对我们吸引力最小的持仓品种进行减仓。

即使在当前，量子基金听上去还是非同寻常的，不是传统意义的基金。我猜想，当时量子基金所采用的投资策略可能是独一无二的。

我们当时采用的投资策略肯定是独此一家。我不知道还有谁能在所有的市场上进行交易。所谓"所有的市场"，我是指遍布全世界的外汇市场、商品期货市场、债券市场以及股票市场，在所有这些市场上我们既做多，也做空。我现在退休了，但所有这些市场我依然都交易。人们不禁问我："你是退休了吗？我们有大量的员工，尚且不能在所有的市场进行交易，而你一个人却能做到，你所谓的退休究竟是何意啊？你能做空全世界的股票！"

在你说退休的时候，我认为太滑稽搞笑了，这点我必须承认。

现在我虽然退休了，但在投资方面，我比任何人都要积极主动，在所有的交易品种中寻找机会，我比过去要更忙，因此有人问我："你怎样跟踪所有的交易品种？"

对此我有同样的疑问。

我认为，不懂马来西亚棕榈油的行情动向，你就不能投资美国的钢铁业。正如我之前所讲的，投资分析就像玩"大型的、三维的拼图游戏"，而且要求你拼出来的图案总是不断在变，每天都有一些拼板会被拿走，另外又有一些拼板会被加入，而"马来西亚棕榈油的行情动向"和"投资美国钢铁业"就是所有拼板中的两块，两者看似不相关，实则有联系（牵涉美国和马来西亚之间的贸易关系）。每一块拼板都是牵一发而动全身。

你怎么能挤出这么多的时间来关注所有这些市场？仅是看行情、查资料就是非常费力劳神的苦差事。

在这方面，我现在已不像过去那样积极主动。在过去的许多年里，我花费大量的时间，把所有市场的交易资料、数据都记在我的脑子里。我对许多市场都做过大量的分析和研判。当我退休后在哥伦比亚商学院教书时，我对许多市场的交易历史都谙熟于心，因此在课堂上能如数家珍，我的学生对此总是感到十分吃惊。对于商品期货、债券以及股票方面的大量书籍，我都反复仔细研读，因此我才能知晓许多市场过去的情况。举一个例子，我知道棉花期货市场在1861年爆发过大牛市，当时棉花期货的价格从1美分涨到了1.05美元。

市场属于何种市况，是多头市场、空头市场还是盘整市道，你是怎样察觉和确定的？

首先，我通过长期的价格走势图找出历史上价格变化异常的年份。比如，当我看着1961年棉花期货大牛市的走势图，我会问我自己："是什么导致价格的上涨？为什么会产生大牛市？"接着我就会对自己提出的问题进行思考并找出问题的答案。通过这一过程，你会学到大量的东西，受益非凡。

我在哥伦比亚商学院给研究生上的一门课被学生称为"牛市和熊市"，这门课要求每一个学生了解和弄懂历史上的市场大行情，不管是哪个市场，也不管是上涨行情还是下跌行情。我给学生上这门课时，要求他们告诉我，知道哪些东西后可以预见大行情的到来，即大行情的启动需要具备哪些条件。当橡胶期货的价格还躺在2美分的时候，每个人都会问："橡胶期货的价格怎样才会上涨？"然而最终橡胶期货的价格不但上涨，而且翻了12倍。某些学生能够事先看出它的上涨。我总是会问这些人："当时你看到了什么，使你预见橡胶期货大幅上涨的到来？"我会彻底了解他们看涨的原因。他们会说："因为可能爆发战争，所以我认为橡胶期货的价格将会走高。"但我会紧追不放，让这些学生告诉我，他们根据什么做出即将开战的判断。我上的这门课能让学生从历史的角度审视市场，涉及的市场种类也更为广泛，并且教他们怎样做市场分析。

我历经且研究过数百次，甚至可能是上千次的牛市和熊市。在所有交易品种的牛市中，无论是IBM的股价，还是燕麦的价格，多头总能找到价格继续上涨、不断上涨的理由。我记得在牛市中我听到这样的话能有数百次之多，比如"供应将会不足""这次将有所不同""石油的售价将达到每桶100美元""石油不是商品"（说到这儿，罗杰斯不禁发笑），以及"黄金与其他所有商品都有所不同"。最后一种说法真是活见鬼了，就是放上5 000年，黄金和其他所有商品也没有什么区别。从历史走势来看，黄金价格在某段时期会牛气冲天，非常强势，而在其他时期里可能会跌上数年。金价的走势并无神秘可言。当然黄金具有保值功能，但小麦、玉米、铜以及所有商品都有一定的保值功能，只不过某些商品的价值和保值能力比另一些商品的价值和保值能力更高，但它们全都是商品。这些商品过去始终存在，将来仍会一直存在。

"这次将有所不同"是一句自我安慰的话，我认为其最近的例子就是1987年的股市。

说得对，1987年的股市又要出现所谓的"股票紧缺"。1968年，华尔街某家大型出版公司出版了一本重要的学术论著，在这本书中解释了股票紧缺形成的原因以及牛市必将持续数年的原因，但此书出版之际正是股市见顶之时。到了1987年，又能到处听到类似的论调："因为所有的股票都有人在买入，所有的人都在买入股票，所以股票会紧缺，股价将上涨。"（这时罗杰斯开始发笑，并且笑声持续变大，大笑不止）我向你保证，将来到了熊市末端，市场上会有这样的论调："市场资金紧缺，股票会大量过剩。"所以每一次牛市和熊市都不会有所不同。

***

当我编辑本章内容的时候，正好读到《时代周刊》（*Times Magazine*）上的一篇文章（1988年8月8日出版，第29页），内容是关于日本股市令人难以置信的超级大牛市。访谈中正好谈到"这次将会有所不同"的话题，而日本股市那时出现的情况正是这一话题最好的事例，也许有人难以找到这一话题最新、最好的例证，所以我就把这篇文章的相关内容进行概括、转述，具体内容如下。

当时日本股市的爆发式上涨令西方的财经专家十分忧虑，这些专家担心日本股市的泡沫终将破灭。一旦日本股市泡沫破灭，投资日本股市的投资者就会遭受严重亏损，而亏损的投资者因资金上的需求会被迫从其他国家的股市撤回资金，从而造成连锁反应，导致其他股市的重挫。当时日本股市的股价水平相较上市公司的盈利水平而言，已是非常之高，至少按照美国的估值标准已是高得出奇，堪称天文数字。当时纽约证券交易所全部交易股票的平均市盈率大约是15倍，而东京证券交易所全部交易股票的平均市盈率总是前者的4倍。当时日本电信电话公司（Nippon Telegraph and Telephone，NTT）的股价水平是158倍市盈率。那时量子基金掌门人乔治·索罗斯发出警告："日本当局已允许投机泡沫的扩大，在过去任何时候，像这样巨大的市场泡沫都无法有序消减，泡沫终将以破灭告终。"

在东京股票市场中，对股市泡沫的忧虑被视为无稽之谈，饱受非议。日本方面将高市盈率的原因归结于两个方面。一方面的原因是，日本的会计准则允许上市公司做低盈利，从而可以合理避税，所以上市公司财报显示的每股收益比实际的收益水平要低。另一方面的原因是，上市公司的"交叉持股"推高了股价，因为许多日本的上市公司都大量持有其他上市公司的股票，而这部分股票和按惯例进行交易的股票有所不同，它们通常会被锁定，极少进行交易，这样就会减少所持有股票的流通量，股票供应减少，股价因此上涨。

多次不同的市场疯狂彼此之间是否有很大的相似处？

是的，其发展循环的过程是一样的。当市场处于很低的位置时，发展到某一时刻会有一些先知先觉的买家进场，因为此时的市场价格是低估的。于是在这些买家的推动下，市场开始上涨，有更多的人基于基本面的利多因素或走势图上的看涨形态而进场买入。接着上涨又进入下一阶段，此时人们买入是因为追随市场的趋势，"买入"变成当时市场参与者应当要做的一件事。在这个阶段，我的母亲会打电话给我，她会对我说："给我买入XYZ股票。"我问她："为什么要买这只股票呢？"她回答说："这只股票已经翻3倍啦。"最终市场进入最不可思议的阶段，因为人们认为市场将会永远涨下去，所以大家都疯狂买入，此时的市场价格已无任何理性可言，已远远高于内在价值，彻底违背了经济学上的逻辑。

市场下跌时的整个过程与此相仿。市场涨过了头，达到非常高的位置，价格已严重高估，接着就开始下跌。更多的人会根据基本面的利空因素或走势图上的看跌形态陆续加入抛售的大军。当经济出现恶化，越来越多的人会进行抛售。到了下一阶段，人们卖出是因为追随市场的趋势，"卖出"变成当时市场参与者应当要做的一件事。当每一个人都认为市场将一直跌下去，直到跌光为止，此时市场就进入疯狂阶段，市场陷入极度的悲观恐慌，此时市场价格会跌过头，会被严重低估。待到此时你可以动手买入。但此时买入，你要作为一笔长期投资，赚大钱通常要等上几年，要让市场在大跌后有个逐步筑底的过程。

谈到非常极端的牛市，我最近读到一篇报道，澳大利亚政府将其25年前在东京购买的1.5英亩土地售出，售后所得是4.5亿美元，而当时买入时只花了25万美元。日本出现的情况就是今日的"郁金香狂热"⊖吗？

我敢保证，日本股市终将出现大幅下跌，可能在今后一两年里。在接下来美国股市的熊市中我们许多的股票将会下跌80%～90%。在日本即将到来的熊市中，下跌80%～90%的股票数量将远远多过我们。

对于普通的美国交易者，用什么方法可以借机获利？

做空日本的股票，做空日经指数的股指期货，做空看涨期权，做多看跌期权。在美国股市，也有许多日本的上市公司，你可以做空它们的股票。在新加坡市场和大阪市场上有日经指数的期指品种，你可以做空日经指数的股指期货，大多数美国的股票经纪人可以为你代劳。至少有五家日本大型公司的期权在芝加哥期权交易所（Chicago Board Options Exchange）挂牌交易，你可以在那里进行期权交易。虽然我认为日本股市的崩溃即将到来，但是做空日本股市你必须非常小心，因为日本人可以在任何时候改变过去你所用的交易规则。

我不知道你是否还记得1980～1981年的科威特股市。在科威特股市，你可以采用远期支票（postdated check）来购买他们的股票。你可以用一张远期支票买入价值1 000万美元的科威特股票，你也可以采用远期支票的方式买入价值1亿美元的科威特股票。这些都不成问题，每个人都能办到。到最后，有一位办理过

⊖ 1634～1636年，郁金香的投机狂潮席卷整个荷兰，郁金香球茎的价格在大幅上涨后最终崩溃，这一事件至今仍广为人知，是市场疯狂的经典案例。

境通行证的职员能拥有价值100亿美元的科威特股票！他是怎么做到的？全部是靠远期支票来做到的。

虽然那时科威特股市是市场狂热看涨非常明确、清晰的例子，但我并没有做空该股市。我考虑了很久（这时他猛咬了一下手指头）。我不做空科威特股市的原因是，当该国股市崩溃后，科威特人会通过建立新的交易规则让你无法拿钱走人。果然，科威特股市最终崩溃。如果我做空该国股市的话，科威特人会责备我，会把股市崩溃的责任推到我身上，会把下跌的原因归咎于我的做空。去年10月美国股市崩盘后我就饱受指责，人们说我之前所做的市场预测（即预测大熊市将会到来）导致了股市的崩盘。因为我说过石油价格将会下跌，所以某些人就把油价大幅下跌的责任也推到我身上。我希望我对价格真能有那么大的影响力或有决定的权力，可惜事实并非如此。

回到日本股市，我做空日本股市的一些股票，将来还会做空更多的股票。但无论我在日本股市上进行何种操作，不管是做多还是做空，我都不会等到价格运动接近末端时再动手交易，我会提前一步，因为日本人将会采取保护自身利益的措施，而且无论日本人怎样进行自我保护，对我吉姆·罗杰斯而言，总会是好事，我能够转祸为福。对于这一点，我敢打包票。

如果日本人采取措施，修改相关规则，你可能无法取出钱，无法拿钱走人，是这样吗？

是这样的，日本人能冻结外汇。他们能把外汇分成不同的三级，采取不同的结算规则和管制措施。他们会怎么做，只有天知道了。

难道你通过美国市场，比如芝加哥期权交易所，来做空日本股市也不安全，也不会受到保护？

假如他们在交易中设置两种结算货币，那么交易的另一方就会无法履行义务。

清算机构、结算银行要对此负责。

是的。但是它们这样做，我很高兴。从长期看，这是对我最好的消息，对我是有利的。然而，无论我做什么，我都将谨慎小心。如果日本股市从30 000点跌到24 000点或20 000点，那很好，一切如我所料，但是如果日本股市最终会跌到12 000点，那么你在最后一跌前最好考虑先行离场。如果你持仓时间已很长，你可以获利了结，但其后将会很痛苦。

你后来离开量子基金，是因为什么？

在我余生，我不想一直干同样的事。对于我的职业生涯，我总是希望多姿多彩，而不要单一重复。1968年我来到纽约的时候，我是一个来自亚拉巴马州的穷小子。到了1979年，那时在我看来，全世界所有的钱似乎都跑进我口袋里了。另外，我们基金的规模变得很大。基金创建时，我们只有3个人，到了1979年我们的基金已有15个人。这些员工想知道他们何时能度假、何时能加薪以及其他诸如此类的事情。我对这样的事都不感兴趣，不想过问，我只对投资有兴趣。我不希望基金规模变得更大。

到了1979年9月，我认为1979年将是我在量子基金的最后一年。但是到了那年10月，当时股市出现大跌，在这次股市重挫中我们却安然无恙、一帆风顺。这令我非常开心，所以我决定在量子基金再多待一年。后来我是在1980年离开的。

1980年是你"退休"生涯的开始？

是的，1980年我怀揣现钞开始退休。

你从退休那刻起变成了独立的个人交易者，是这样吗？

相较"独立的个人交易者"，实际上我喜欢被称为"不受雇用的人"。

好吧，但你在哥伦比亚商学院教书啊。

这份工作不是正式受聘的工作。我在1983年开始教书，那是一份属于兼职的工作，只有去那里教书，我才能有机会学打壁球。

我认为，你去教书是因为你喜欢。

对于教书，我是后来才逐渐变得十分喜欢。但一开始的时候，我甚至都不想去教书，我只想去学打壁球。

你不是在开玩笑吧，你去教书难道是为了打壁球？

说这话，我是非常认真严肃的。哥伦比亚商学院的人到我这儿来，他们的院长一直缠着我，请我去那儿教书。我对院长说："我认为人们不应去商学院念书。"我一直认为，对于大多数人而言，去商学院念书就是在浪费时间。至今我仍然是这样认为的，但是我退休后想去学的一件事就是打壁球。所以我和商学院的院长做了"一笔交易"，我每学期免费教授一门课程，作为回报，哥伦比亚商学院的体育馆终身对我开放。院长听后一口答应了。当时我认为自己做了笔好买卖，占了便宜，但现在看来，院长要比我更精明，因为时至今日，我仍然在那儿教书。

你仍然还在教书，之所以这样，我认为，对于教书，你确实是乐在其中。

哦，是的，教书确实是其乐无穷。另外，哥伦比亚商学院确实是非常棒的地方。

你教授哪些课程？

证券分析、投资分析以及我们之前谈到过的"牛市和熊市"那门课。

你的交易经历非常丰富，其中令你印象特别深刻的交易有哪些？

这样的交易有许多。此前我和你谈过的1987年10月19日我生日当天股市发生崩盘，这是我的生日礼物，也是我印象最为深刻的一次。还有一次是1982年8月。整个1981年和1982年，我把自己净资产的极大部分都投入债券市场。1982年8月，债券市场开始暴涨。

这些都是盈利的交易经历，有没有亏钱并且印象极深的交易经历？

1971年8月是非常刺激且令我印象深刻的时候。当时我们做多日本股市，做空美国股市，而尼克松总统在周日晚上宣布美元脱离金本位制（the gold standard）。发生这事的时候，我甚至都不知道。那时我正骑着我的摩托车在外游历，并且在尼克松宣布后的周一，我早上并没有看报纸，所以对这事一无所知。在尼克松宣布后的那周，日本股市下跌了20%，而美国股市是上涨的。我们同时在两个市场上亏损累累。

那时你必须立刻清仓吗？

在那种情况下，你无法清仓。在日本股市你能把股票卖给谁呢？在美国股市又有谁会把股票卖给你呢？如果你补进空头头寸，只会火上浇油，把事情弄得更糟。在那种情况下，对于你最初的交易判断是对还是错，你必须要弄清楚。如果基本面已发生了根本、重大的改变，而且这种改变所产生的作用是永久的，并非一时的，那表明你最初的基本面研判已经不再正确，此时"最初产生的亏损就是最好、最小的亏损"，对于最初产生的亏损必须立刻止损。但是如果基本面发生非根本、非重大的改变，其产生的作用是一时的或可逆的，你最初的基本面研判还是正确的，那你就什么都不要做，只要持仓不动，坐看市场疯狂，等待市场的疯狂发生转向，从不利于你到有利于你。

你那时是保持持仓不动吗？

是的，我持仓不动。

所以，面对当时巨大的账面亏损，你能紧咬牙关，坚持持仓，渡过难关，是这样吗？

对我而言，没有"账面亏损"一说。"账面亏损"就是实实在在的亏损，但只要我最初的交易判断依然正确，我就能咬牙挺过。

请问你做过怎样的分析才使你持仓不动时具有如此之强的信心？

当时我们的分析是，这不会是世界末日，我们不会彻底完蛋。美国这一动作只是短期的行动步骤，将无法解决我们国家长期面临的问题，后续还会有措施出台，好戏还在后面。

到最后，你坚定持有的头寸安然无恙吗？结果是盈还是亏？

最后的结果非常令人满意。尼克松宣布美元脱离金本位制，只是"布雷顿森林协定"（Bretton Woods Agreement）解体过程中的一个步骤，并且美元会由此贬值。其后美国股市的上涨只是当时熊市中的反弹而已，所以我最初做空美国股市是完全正确的，我持有的空头头寸最终获利。

所以，你认为其后美国股市的上涨只是表面现象，缺乏根基，只是熊市中的反弹，并不改下跌的趋势，因此你持有空头头寸不动。

说得很对。

我认为，有一条一般准则：当政府实行阻碍市场趋势的措施，比如原来市场趋势是下跌的，政府采取阻止下跌的措施，你应当在政府行动后，价格反弹时卖出或做空，是这样吗？

确实如此。"投资总要逆央行措施而行"，这条应该写下来，作为一条公理。比如当央行出手支持某种货币，你就要反其道而行之。

公众对于交易市场的价格行为，最错误的认识是什么？

他们最大的错误在于，认为市场总是对的。实际上，市场几乎总是错的。我所说的是正确、属实的，我可以向你保证。

公众的认识还有其他谬误吗？

他们喜欢遵循传统的智慧、普遍的看法。永远不要遵循市场中传统的智慧和普遍的看法。你必须学会与市场背道而驰，不要随波逐流；你必须学会独立思考，保持主见；你要能够看到"皇帝其实什么衣服都没穿"，绝不人云亦云。大多数人都无法做到这些。大多数人想追随趋势。有"与趋势为友"的说法，也就是所谓的传统智慧和普遍看法。这句话可能对于芝加哥期货、期权交易所里的交易者会有几分钟的成效。但是对于其他大多数人而言，只有极少的人能采用"随大流，跟趋势"的方法来致富。你采用追随趋势的方法可以做到一时盈利，但要做到持续不断地盈利，是非常困难的。

但是实际上，你整个的交易方法就包含"追随趋势，持仓数年"的做法，这和你前面所讲的"不要追随趋势，不要与趋势为友"岂不相互矛盾？

并不矛盾。此趋势非彼趋势，两者截然不同。"追随趋势，持仓数年"中的"趋势"，是指经济趋势（即基本面上的趋势），对于这种趋势，你必须及早发现供求关系的改变，在改变之初就尽早买入（或卖出），而且只有在改变后的经济趋势能够持续数年的情况下才能买入（或卖出）。而"趋势跟踪"中"趋势"的含义是，因为股价能涨，所以我买进，或者因为股价要跌，所以我卖出或做空，也就是价格走势上的涨跌趋势（即技术分析中所讲的趋势）。

你交易时遵循的交易准则有哪些？

我要寻找市场疯狂的时刻，找到后看看此时自己是否应该进场，反其道而行之。我不会等到万事皆备、所有一切都对我有利的时候再动手交易，再逆势而为，那时为时已晚。另外要牢记，世界总是在不断变化的。对于所发生的变化要洞若观火、一清二楚，在发生变化时买入或卖出。你要乐于买入或卖出任何交易品种，只要能盈利，你就应该不拘一格。许多人会说，"我永远不会买那种股票""我绝不买公用事业类的股票"或"我永远不做商品期货"，这些都是错误的。你应该保持弹性，具有灵活性，对任何投资品种的动向都保持关注和警觉，一旦有机会就要把握。

如果让你给普通投资者提出忠告，你会说些什么？

我会对普通投资者说：对于你不了解的事，一定要等了解后才能去做。如果你连续两年盈利 50%，而在第三年却亏掉了 50%，这种情况比你把钱一直放在货币市场基金里还要糟糕。你可以把钱先放入货币市场基金，然后耐心等待交易时机的出现，你知道只有在这样的时机进场，才具有高胜算，才是正确的交易，接着当交易机会出现时，你从货币市场基金中取出钱，进场交易，在交易获利后，你把钱放回货币市场基金，然后再次等待新的交易机会。如果你采用这种交易方法，在所有市场参与者中，你将能脱颖而出、遥遥领先。

你在持仓的主要头寸上是否会犯错？也就是说，在你几乎百发百中的投资中是否也失过手、犯过错，还是你所有的投资都经过精挑细选，因此一定会成功？不知是前者还是后者？

我不想我的话说起来好像我不会犯错，不知道输钱是怎么回事，因为我对亏损这档事比大多数人都要了解，因为我也曾犯过错，输过钱，但是我已很长时间没有犯大错了。你应该还记得，我不经常交易。我好像不是一个月做三次交易决策，我是一年做三次或五次交易决策，即一年只交易三次或五次，建仓以后我会一直持仓不动（罗杰斯所说的一次交易是指做一个交易决策，从最初建仓到最后全部清仓就算作一次交易，其间围绕最初建仓头寸所进行的加仓或减仓并不计入交易的次数）。

你一般多久做一次交易？

进行一次买入或卖出和做一次交易是有区别的。我举一个例子，我在1981年买进债券，其后我对买入的该笔债券不断买进卖出，加仓减仓，但我始终持有该笔头寸，虽然其间有多次买卖，但只能算作一次交易。再举一个例子，1984年年底我做空美元。自1984年年底至今，我对于该笔空头头寸曾多次加仓和减仓，但至今我仍然持有该笔空头头寸，所以只能算作一次交易，并且在该次交易中有许多次的加仓和减仓。

能像你这样长期成功的投资者或交易者极为稀少，你是凭借什么做到出类拔萃的？

我不以游戏的心态进行投资或交易，仅此而已。

我能懂你的意思。但是你所能搜集的基本面信息，你所能做的基本面分析，很少有人能效法，而且你对投资中所有变量所做的评估能始终保持正确，这一点也很少有人能做到。

直到你自认已经正确理解和掌握相关的一切东西，已做好全部的准备，胜券在握时才能行动，否则就什么事都别做。例如，直到你看到美国农产品价格达到低点，你才动手买进，因为此时无论世界上发生什么事，你的买入决策都不会出错，除非全世界人民都不吃东西了。因为你知道当前美国的农业竞争激烈，许多勉强维持、能力不强的农民都被淘汰，整个行业极具竞争力，农产品价格必将上涨，所以当你看到美国农产品价格在下跌、下跌、再下跌，那么你就买进。你也许买早了或是买迟了。以我为例的话，我总是会过早买入。但是那又怎么样？买入过早就是整笔交易中最糟糕的一笔，其后价格必将涨上去，终将获利，到那时谁会介意买入的早晚呢？

有哪些交易品种、投资对象是在你选择范围之外的，也就是被你排除在外的？

对于交易品种、投资对象的选择，我不设界限，兼容并包。我在投资时极具灵活性。对于所有的交易品种和投资对象，我能以开放的心态对待并能介入参与。投机新加坡元或是做空马来西亚棕榈油和买入通用汽车的股票，三者对我而言是一样的，我不会因"投机"或"做空"而感到内疚自责。

如果你对外汇市场有一个设想，对股票市场有一个设想，对债券市场也有一个设想，但这三种设想无法融为一体，相互冲突，你会怎么做？

那我就什么都不做。这是常有的事。直到所有的设想互不矛盾，融为一体，我才会进行相关投资。

对于技术图表的解读，你的观点是什么？

采用技术分析并且十分富有的交易者，我从没遇到过。当然，通过"提供技术分析服务"来赚钱的人不包括在内，这些人是能致富的。

你自己采用技术图表吗？

采用，我每周都会看技术图表。我通过这些图表来了解行情的动态，知道市场的情况。通过查看各种走势图，我可以对世界各交易市场的行情动态有全面、大量的了解。

看着价格走势图，然后说："这种价格形态，我过去曾经看到过，它表明市场正在筑顶。"但是像这种话，你不会说的吧？

我看技术图表，只是了解过去的价格表现，不做任何预测。

你看技术图表不是为了知道将来的事？

我看技术图表是为了知道已发生的事。如果你不知道过去发生的事，那么将来发生的事，你又何以知晓？技术图表会告诉我，这是一个失控的牛市，价格的上涨如同脱缰的野马。图表会提供给我事实，也就是价格走势的形态，但仅此而已，只是了解市场已经发生的情况。你之前用过一个词，是"反转"吧？这种词我不会说，我不会说"这里发生了反转"，我甚至不知道何为"反转"。

"反转"不过就是……

你不用告诉我什么是"反转"，这样会让我头脑混乱。对于"反转"之类的东西，我一无所知，而且也不想知道。

如今以市场趋势为导向的交易者所管理的资金日益庞大，所以现在市场的价格行为相较过去已有所不同了吧？

并没有什么不同。以市场趋势为导向并不一定要使用电脑，但总要采用一套交易系统。我可以向你保证：在过去一百年里，你随便挑十年出来，任意十年里都会有某种交易系统的产生，都有用于交易的新公式（除了没有使用电脑，但不使用电脑照样能使用交易系统和新的公式）。

所以当前的市场和 20 世纪 70 年代的市场、60 年代的市场以及 50 年代的市场基本都是相同的。

是的，而且和 19 世纪的市场也是一样的。推动市场上涨与下跌的力量和因素始终都是一样的。市场供求关系的规律从未发生改变。

你当前还有什么目标吗？

我想寻找新的冒险（就像骑着摩托周游世界）。我想越来越远离交易市场，彻底终止投资。但要做到这一点，存在两个问题。第一个问题是，投资是极好的消遣娱乐，我难以割舍。在我 22 岁的时候，投资已成为我无法放弃的消遣娱乐。我总是想读到和知道所有市场的动态，并对未来发展做出研判。第二个问题是，如果我终止投资，我账户里的资金怎么办？如果我委托 XYZ 公司那位友善的经纪人来管理我的资金，那么不出五年，我就将破产，等到那时我又要重操旧业，再次开始投资赚钱。

最后你还有什么要说的吗？

良好的投资确实只和常识有关。但令人诧异的是，具有常识的人是如此之少。大多数人的设想预期完全相同，决策所据的事实依据也完全相同，但他们对于市场的情况和动态却视若无睹，缺乏相关的常识，这样的人实在是太多了。这些人中，有 90% 的人会同时关注同一件事，但是用你的话来讲，优秀的投资者或优秀的交易者却能看到大多数人看不到的东西。那种摒弃传统智慧、超越普遍看法的能力并不是很常见，具有这种能力绝非轻而易举的事。

＊＊＊

吉姆·罗杰斯这套独特的方法很难完全模仿并超越，但他的许多交易准则是适用于所有交易者的，和所有交易者都有很大的关联。他的基本方法和理念如下所示。

（1）**在资产价格（比如股票价格）具有价值时买入**。如果你在资产价格具有价值时买入，那么即便你买入的时机有误，你也不会输很多钱。

（2）**等待行情"催化剂"的出现**。正在筑底中的市场，其筑底的时间会非常漫长，可能长期在底部徘徊。要避免在市场筑底盘整的时期买入股票，要避免向死气沉沉的萧条市场投入资金，一定要等行情"催化剂"出现，在其改变市场方向、催发行情后再进场建仓。

（3）**在市场疯狂时卖出**。这条讲起来容易做起来难，实际应用绝非易事。我用自己的语句把罗杰斯所用方法的大意阐述如下：等待市场出现疯狂，待到市场狂热看多或悲观恐惧时，看看市场是否是错误的，如果你做的基本面分析是有效的，你确信自己的判断是正确的，那你就可以与市场的疯狂反向而行，即市场狂热看多时，你做空；市场悲观恐惧时，你做多。另外，你进场建仓后要坚定持有。最棘手、最要注意的就是后面两点，即"确信自己的判断是正确的"和"建仓后坚定持有"。来自世界各交易市场的统计数据、行情信息、报告资料，数量庞大，分析费力，做分析犹如在玩"立体的拼图游戏"，但罗杰斯具有高超的分析技巧和直觉、远见，并且能做出准确的长期预测，其精准度之高令人称奇。但极少有交易者能做到像罗杰斯这样。如果不具备准确分析、判断和预测的能力，那么"坚定持仓"的长处反而会变成致命的缺点。另外，即便你能非常精准地预测长期的经济趋势，但要做到坚定持仓不动仍然会有问题，特别当市场非常疯狂的时候，在你建仓之后，市场价格的运动方向依然未变，即与你建仓的方向相反，此时你会遭受亏损，如果要做到持仓不动，经济上需要有足够的财力支持，心理上需要有强大的承受力。

例如访谈中所讲到的例子，罗杰斯在 675 美元处做空黄金期货，然后在价格飙涨到 875 美元的四天里仍然持有空头头寸不动，其后黄金期货展开长期下跌，罗杰斯在此期间依然持仓不动，不为小钱所动，最终清仓后他赚到了很大的利润。我认为许多交易者是做不到的，无法像罗杰斯这样坚定持仓。即使你具有钢铁般的意志，这种意志足以复制罗杰斯这样的战绩，但是在高杠杆并且有保证金要求的期货市场，你可能并不具备不断追加保证金，逆市持仓而不被爆仓的资金实力，又或者你选择做空的精准程度还达不到罗杰斯的水准，因此仅有钢铁般的持仓意志是远远不够的。或许这一特殊方法应该贴上"小心，危险！"的警示标签。缺乏交易技能的市场参与者如果尝试用上述这种方法进行交易，都会酿成大祸，导致大亏。

（4）**对于交易品种和交易时机要精挑细选，严格甄选**。要等待适合交易的机会出现，捕捉正确的交易时机，找到适合的交易品种，绝不要为交易而交易。要学会持币等待，等到交易胜算确实很高的时候，再进场建仓。

（5）**保持弹性，具有灵活性**。对某一交易市场或某种交易类型怀有偏见，会对你形成限制，使你失去交易盈利的机会。某位交易者说"我绝不去做空"，那么这位交易者和既愿意做多又愿意做空的交易者相比，明显处于劣势，因为他会丧失做空盈利的机会。一位具有开放心态的交易者，他愿意审视及涉足更为广阔的交易领域，参与多种市场的交易，那么该交易者和某些只愿在一个市场进行交易的人相比，他的优势很明显，因为他交易盈利的机会会更多。

（6）**绝不要遵循传统的智慧和普遍的看法**。这条一定要牢记在心。当道指已经从1 000点涨到了2 600点，市场上每个人都确信"股票供不应求，股价还会再涨"，此时你千万不要遵循普遍的看法，千万不要再买进股票了。

（7）**对于发生亏损的头寸，要知道何时应当清仓离场，何时应当持有到底**。如果市场价格向不利于你的方向运动，而你认为你最初的分析、判断出现了错误，那么在这种情况下，正如罗杰斯所讲的，"最初产生的亏损就是最好、最小的亏损"，对于最初产生的亏损必须立刻止损。然而如果市场价格向不利于你的方向运动，但你确信你最初的分析、判断是正确无误的，是市场出了错，那么你就继续持仓不动，坐看市场的疯狂，等待市场的转向。对于后一种情况，即遭受亏损继续持仓不动的情况，要做一个提醒：只有完全知晓、理解交易所含风险的市场参与者才能采用这种做法。

|第十五章|

马克·温斯坦
高胜算交易者

  马克·温斯坦做过短期的房产经纪人，自那以后他就成了全职交易者。他刚开始交易时非常幼稚天真，几乎是在往外撒钱，输得一塌糊涂。历经早期的失败后，温斯坦从市场退出，开始研究市场、学习交易，其后他又赚到了一笔交易本金。自那以后，除了有一次损失惨重的交易经历，温斯坦已变为成功的交易者。他重点交易的品种非常广泛，包括股票、股票期权、股指期货、外汇以及商品期货。虽然温斯坦不愿透露具体的交易细节，但显而易见的是，他在上述所有交易领域的盈利都相当可观。

  我和温斯坦共同的朋友为我们的见面、访谈牵线搭桥。虽然温斯坦对这个访谈项目很感兴趣，但是他不愿对无数不知名的读者讲述他个人的历史。他曾在某一天打电话跟我说："好吧，我愿意接受访谈，我们安排访谈的时间吧。"然而第二天他就又打电话给我，他在电话里说："我改变主意了。我的情况不想公之于众，我不想弄得人尽皆知。"这种答应又反悔的模式重复了好几次，每次做出决定前都要经过漫长、详尽的电话交谈，而交谈的内容就是"进行访谈的优点和缺点"。最后我恼羞成怒，在电话里对他说："马克，我们在电话里谈论访谈优缺点的这些时间已够我们进行三次访谈了。"这是关于访谈事宜，我们进行的最后一次电话交谈。两个月后，受到某些极具才华的交易者也同意参与访谈的影响，温斯坦决定接受我的采访。

  一个夏天的晚上，温斯坦在我的办公室与我相见，接受我的采访。由于我办公室所在的写字楼傍晚 5:00 就把中央空调给关了，所以我俩只好跑到楼层拐角处的休息厅，那里虽然也有点热，但空气较畅通，不会令人发闷。我们边吃晚餐边做访谈，晚餐是三明治和汽水。在之前的电话交流中，我已知道温斯坦在任何交谈中都喜欢天马行空，会从一个话题引出其他许多话题，其实他大脑思考问题时就是这样，会从一个主题发散到其他五个主题，这些主题间存在各种不同的联系。我担心这么一来，将来编辑本书的工作量将会异常庞大，所以我向温斯坦强调，回答具体问题时需要保持集中，不要离题太远。我可以说，访谈时温斯坦已格外注意我提出的建议，尽量保持回答的切题、集中。尽管如此，本次访谈还是持续了五小时，访谈的文字记录长达 200 页。

你最初为什么会涉足交易？

  那还要从 1972 年说起，当时我是房产经纪人，我有一个朋友，他是商品期货经纪人。过去我和他一块去上学。

是你这位朋友让你对交易市场产生了兴趣？

  要我对市场产生兴趣并不用费很大的劲，因为我父亲的爱好就是赌博，他精于赌术，对于输赢概率的计算非常擅长，我过去常看他在赌桌上玩掷骰子。从某种意义上来说，我能成为交易员是有先天遗传的因素。此外，交易让我着迷的原因还有，我在大学进修了数学和其他理工科的知识，以及我的这位朋友是商品期货经纪人，并且他对运用电脑开发交易策略很感兴趣。

对于第一次交易，你是否还记得？

  我记得非常清楚。我开立了商品期货的交易账户，初始本金是 8 400 美元。经纪公司谷物期货的分析师建议我做多玉米期货，我听从他的建议开始了第一次交易。三天后我输掉了 7 800 美元。

你这位当经纪人的朋友建议你听从分析师的推荐？是这样吗？

是的，而且他也听从了。当时我没有意识到，我做多玉米期货时，市场已上涨了一段时间，已陷入超买状态。这并不是最坏的价格回撤，我只是进场建仓的时间太晚。我无力追加保证金，所以价格回撤时，我无法继续持仓下去。另外，那时我内心正在自责，不想在交易上投入更多的钱。

你那位朋友让你听从分析师的建议来建仓，在我看来，他让你完全违反了资金管理的原则，这点很清楚。

这是企图快速致富，轻松走捷径的一种表现。

那时你对期货市场了解吗？

绝对一无所知。如果我快速翻看技术图表的书籍，在我看来，书里的那些图表就像电视信号测试图的大汇总。

那时你知道交易所蕴含的风险吗？

当时我知道自己交易盈利的机会很小，因为那时我对交易一无所知。

难道在开始交易以前，你不应先学习一点东西？

我没有学，当时我急于改变现状，学习交易已来不及了。我不喜欢当房产经纪人，所以铤而走险，投身交易。

那时你投入交易的钱是你储蓄的绝大部分吗？

当时我把所有的钱都投入了交易。

在第一次交易几乎亏光后，你何时才有足够的钱重返交易市场？

为能重新交易，我大概用了六七个月才攒好足够的钱。我一周工作七天，作为房产经纪人，我把我手头的公寓房尽可能租出去，也卖出了一部分公寓房。那时我存下的钱达到了 24 000 美元左右。我留下 4 000 美元作为生活费，把余下的 20 000 美元投入交易，重新开立了交易账户。

在重返交易前的过渡期，你是否尽力学习了一些东西？

在那段时间我进行了学习。我研究黄金市场，学习怎样绘制技术图表，逐步熟知超买、超卖的概念。我通过学习得出结论：如果我在极为超卖的市场中做多，并且留有足够多的钱来追缴两次保证金，那么除非经济方面发生巨变，否则我就能立于不败之地。这就是我的交易方法。

但是，如果你在趋势市场中采用这种方法，你可能会完蛋的。

在趋势市场中，我这种方法在那时候还是有效的。我猜其中原因可能是"一无所知有时也是福"。

你重新交易后的业绩如何？

重返交易市场后的几年，我交易的业绩很好，赚了一小笔钱。但那时的成功主要还是靠运气。

不可能全靠运气吧，那时你靠做对哪些事才取得交易盈利的？

根据我现在对交易的了解，那时我在交易方面做对的事非常少。当时能够盈利是因为我碰上了好的市场，市场大势帮了我的忙。与现在相比，那时候商品期货的交易更为遵循技术图表上的价格形态。那时懂技术分析的人很少，所以市场更加有条理，更加有章可循。当时技术分析非常有效，而我恰在那时尽我所能学习技术分析的有关知识，所以我时来运转，这也是我那时做对的一件事。

你有控制交易风险的方法吗？

没有，直到今天我仍然没有。靠我的神经系统和本能反应来控制风险。如果我感觉某笔持仓头寸出了错，对该笔头寸，我就会清仓。有时建仓两天后就会清仓，有时建仓两小时后就会清仓。

那时你整天都在交易吗？

是的，那时我交易起来没日没夜。我身边的朋友都一个个离我而去，不再联系。我一人独坐在公寓套间内，屋内所有的墙上都贴着价格走势图。在离我而去的朋友看来，我可能就像一个疯子。

所以，这确实是全天候的努力。

这何止是努力，简直是痴迷！我与"交易"共眠，做梦还会想到"交易"，有时我通宵达旦，一整晚就是在想下一个交易日我该如何交易。如果我可以不用睡眠的话，我愿一天 24 小时都花在交易上。那时我如此痴迷的动机并不是赚钱，我是被交易的游戏牢牢吸引，这种游戏的吸引力就在于，对市场参与者而言，力图弄清、搞懂市场就是一种挑战。

你做梦都会想到交易，那么有时你一觉醒来的时候，是否会有这样的感觉，比如感觉黄金市场将会进一步走高，或是其他诸如此类的感觉？

不会有这种感觉，我醒来时产生的感觉不会与市场的走向有关，这种感觉只是我白天交易工作的延续，白天我在有意识的状态下，进行交易方面的工作，有许多未完成的工作我会带入梦境，然后在无意识的状态下，完成交易的探索工作。

交易起步时，你是否定有盈利目标？

有一句话叫作"最大的美国梦就是赚到100万美元"，特别是在那个时候，这句话尤为正确。不过在去欧洲度假和旅游前，我确实从未有过金钱、物质上的梦想和目标。

你何时去欧洲度假、旅游的？那时距离你开始交易有几年了？

我是在20世纪70年代中期去欧洲旅游、度假的。那时我从事交易已有三四年了。

你因欧洲之行定下了"赚到100万美元"的盈利目标？

是的，那时我意识到，因为我已赚到足够多的钱，所以我才能消遣娱乐，旅游度假，考虑自己想买的东西。对于用交易盈利来进行这些消费，那时我是充满信心的。我认为接下来理所当然的一步就是让我所赚到的钱进一步增值。那时我在法国南部看到一座城堡，是我想要的那种。那座城堡四周有护城河，对此我印象格外深刻。"在城堡中生活"的想法对我很有吸引力。这座城堡当时的市场售价只有350 000美元，我估计每年将花费大约50 000美元进行维护保养。

听上去，买下这座城堡以及后续支出所要花的钱并不多啊。

这座城堡现在可能值500万美元。当我回到美国时，我立刻想通过交易盈利来买下这座城堡。这是一个天大的错误。

这我就不懂了。当时你是有钱买下城堡的，你不必通过交易赚钱再来买啊。

虽然那时我有买下城堡的钱，但我仍然会考虑花费多不多、支出值不值的问题。据我所知，在交易这行，有些人交易账户中有1 700万美元，但是他们不会去买新车。

所以，你没有从账户中取出已有的钱来买下城堡。

我没有取出已有的钱，并且决定赚到买城堡的钱将是我的交易目标。

换句话说，你打算盈利350 000美元，然后买下城堡。

正如你所言。

接下来怎样？

在接下来的交易中，我重仓做多大豆期货。在交易的第一天，收盘后我账面盈利25%。我计划在该周末清仓离场。此时我犯了一个最大的错误，那就是我为离场设定了具体目标（设定止赢点本没有错，错在设定的依据）。

离场目标不是分析市场后得出的，而是根据你想在这次交易中赚到350 000美元来确定的。因为你力图实现具体的赚钱目标，所以你交易起来会有所不同，是这样吗？

是这样的。为实现具体的赚钱目标，我会忽视风险，并且仓位过重。我在交易时会放弃任何理性的分析和判断。我被物质上的欲望支配和驱使。在接下来的交易日（即第二个交易日），起初大豆期货的价格再次上涨，但在稍后的时间里，价格突然暴跌，并封死跌停。

价格跌停时，你持有的多头头寸是否已无法离场？

是的，我已无法离场。在接下来的交易日（即第三个交易日），我来到经纪公司的办公室，市场一开盘就封死跌停。我等了整整一天，希望跌停板能够打开，但最终没有打开跌停。

我认为，如果跌停打开，你能够离场的话，你一定会清仓离场的。

如果跌停板能打开，市场能恢复交易，我愿以任意成交价全部清仓。

那时的情绪和感受，你还记得吗？

当时我陷入震惊之中，六神无主，已毫无决策能力。我夜不能寐，祈求市场在下一个交易日跌停板能稍微打开一会儿，能让我清仓离场，那时我几乎已到了这种地步。到了建仓后的第三个交易日（即第四个交易日，建仓是第一个交易日），我在开盘前的一个半小时打电话去经纪公司的办公室，那的人告诉我："今天看来没有任何希望，还会继续封死跌停。"我无法面对经纪公司办公室里的人，这样一来，我就不必为去办公室而烦恼了，因为又是全天跌停的话，我就不必去办公室了。我可以肯定，对于我那时的情况，办公室里的人一定欢欣鼓舞、兴奋不已。

他们为什么会欢欣鼓舞、兴奋不已？

因为办公室里有这样一帮职业交易者，当我过去交易赚钱的时候，他们在同样的交易中却永远赚不到钱。当我这次遭遇困境的时候，他们无法赚钱的痛苦减轻了，因为这似乎表明，在过去那些年里，他们交易持仓与我截然不同是有道理的，虽然我过去一直是正确的、赚钱的，但我会有失利的一天，他们似乎早就料到。这些人都是毫无同情心的。当时真正难过的人只有一个，那就是我的经纪人。坦白地讲，他可能怕我输光销户，令他丢失客户，所以才会难过。

那帮交易者取笑你了吗？

他们当面安慰我，背后取笑我。我走进办公室，看到行情，然后精神崩溃，这是他们最希望看到的。这就是我不去办公室的原因。

你陷入困境，那帮交易者十分喜欢，欢欣鼓舞，因为你的失利可以掩盖他们作为交易者的无能和不够格，是这个原因吗？

还不止这个原因。我认为，在交易这行，有许多人喜欢幸灾乐祸，喜欢看别人输钱。

你不去办公室的话，那你白天干什么呢？

我向其他经纪公司进行了查询，试图得到行情报价。

为何不给你的经纪人打电话？他可以告诉你行情啊！

我有点不好意思，感到难堪，并且不想被人嘲笑。

你自己的经纪人也取笑你了？

我想他不会嘲笑我，他不是那种人。但那时我对所有人都变得多疑和充满敌意，因为我那时面对这样的行情无能为力、无事可干。我跑到另一家经纪公司，该公司是我开户所在经纪公司的竞争对手，我对他们的谷物分析师说："我想找人拉我一把，助我一臂之力。"这位分析师向我伸出了援手，他告诉我说："你会没事的，因为大豆的基本面仍然良好，需求旺盛，如果市场继续下跌的话，会有巨大的需求力量显现，做多力量会变得很强。"当然，我建仓后的第四个交易日（即第五个交易日，建仓是第一个交易日），市场还是封死跌停的。

这样天天跌停，你每天要亏掉多少钱？

每天要亏 12.5 万美元。那时美国人年平均工资只有 15 000 美元。我并非出身豪门，因此对于这方面的亏损我没法不想。

你能结合你交易账户的规模来看每日损失的大小吗？

在那次交易前，我交易账户中有接近 150 万美元，所以那次交易每天的亏损就相当于该次交易前的账户净资产每天亏损近 10%。

我深受打击。我感觉自己就像战壕中的伤兵，眼睁睁地看着自己流血不止而死。市场连续第五天（即第六个交易日）跌停，我的亏损已超过 60 万美元。我记得，在建仓后的第五天（即第六个交易日），我和偶然结识的一位女孩坐在公园的椅子上，我拉住她的手，头靠在她膝盖上，大声哭叫起来。那时我确实已陷入精神错乱的状态，我考虑完全退出交易这行。之前所有的人都告诉我，我那些年所赚到的钱全部是靠运气，以前我不信，但到那时，我开始相信了。我担心如果我继续从事交易，我会全部亏光，然后就要被迫重做自己不喜欢的工作。

经济上巨大的损失和你感觉从成功变为失败，哪个对你打击较大？

输掉的钱、封死跌停的情况以及我无能为力的现实，这些对我打击最大。我当时确切的想法是，我一直认为"非美国人"才会去做空，只有"非美国人"才会无法清仓离场，而我是一个美国人啊。

当时你无法清仓离场，所以你感觉被欺骗了？

我确实感觉被骗了。直到今天，我仍然认为，限制价格运动、设置涨跌板是有问题的，是错误的。

你的意思是，设立价格涨跌幅限制的初衷是保护公众，但实际效果却适得其反，它使人们无法清空亏损的头寸离场，是这样吗？

是这样的，我认为市场应该完全自由交易，任由价格自由波动，不必设任何涨跌幅的限制。

有一种说法，在股市设置涨跌停板可以减少大幅波动。难道在股市设置涨跌停板是"免小难、遭大祸"的措施？

说得很对，设置涨跌停板就是因小失大的做法。现在，普通投资者会误认为，如果他想离场，他至少可以在某个价位清仓。想象一下，如果某人打电话给他的经纪人，然后发现他甚至连清仓离场都不可以，这是怎样的景象啊。

换句话说，对中小投资者而言，那些主张设置涨跌停板并且对设置的合理性加以解释的人，他们会把事情越弄越糟，反而会伤害中小投资者。

设置涨跌停板是极为愚蠢的做法。提议制定的法规总是保护老牌机构投资者的利益，而不会保护中小投资者的利益。

由你之前的讲述可知，在那次做多大豆期货前，你在市场上总是做多的，一直是多头，我说的对吗？

是的。在那次交易前我从不做空的。我认为做空不是美国人做的事。那次做多大豆期货后，我意识到，交易这行是资本主义发展到极致的产物，一切只与钱有关，你在市场上做多和做空是没有高低优劣之分的。对于那次交易，我所能想到的一切就是，有人通过做空赚到了钱，而我做多却输掉了钱。和美国人该不该做空其实没有任何关系。

那次交易对你情绪上的影响持续了多长时间？

影响持续了几个月。那段时间里我不想再交易商品期货。我把贴在我公寓墙上的技术图表全部撕下，把屋子里凡是与商品期货有关的东西统统销毁。

你再次开始交易是在何时？

是在几个月以后。我开始交易在美国证券交易所（AMEX）上市的股票，但我认为股票盈利的速度慢得惊人。我怀念商品期货市场的杠杆交易，我认为股票交易的盈利速度太慢，我无法持续做下去。

就在那个时候，我偶遇我的一位朋友，他是一位杰出的期权交易者。我把自己的交易经历告诉了他，他建议我和他一起交易。我去他办公室的第一周，他叫我在期权到期日前买进特利丹公司（Teledyne）的看涨期权，因为他相信其价格还将上涨。我听从他的建议，但其后该看涨期权的价格开始大幅下跌。

那么你亏损了多少？

大约亏损了 40 000 美元。我对我这位朋友简直恨之入骨，但是他对于交易结果从未向我做出承诺，所以我只好把愤恨藏在心里，不想表露出来。我非常难过，所以离开他的交易办公室，此后两天都没有再去。在我没去的两天里，他试图与我联系，但是他来的电话，我都拒绝接听。

给你出了个馊点子，他感到难过吗？

两天后，我重新回到他的交易办公室，他告诉我，他用另一个交易账户建立了相反的头寸，即卖出特利丹公司的看涨期权，而该账户才是属于我的，而买进该看涨期权的账户并不是我的。所以，我实际上并没有输钱。

这听起来像一个恶作剧，而且非常出人意料。

这并不是一个恶作剧。他这样做的意图是，让我懂得不要盲目相信任何人，即便是他说的话，也不能盲从。他通过这种方式让我懂得，对于一个成功的交易者而言，独立思考、保持自立是非常重要的。

自那以后，你交易得怎样？

我交易得非常好。我这位朋友是杰出、非凡的期权交易者。他对交易市场无所不知，我从他身上学到许多东西。

你交易期权是用他教授你的方法？

是的，但结合我自己的技术分析。

你这位朋友难道不用技术分析？

他不用的。他不相信技术分析。他是分析即时盘面、紧跟行情的交易者。

你是百分之百采用技术分析的交易者，而且你已经取得非凡的成功，你

那位朋友会因你的成功而改变对技术分析的看法吗？

对于技术分析的看法，他根本不会改变。他认为技术分析仅是对我有用，并且我赚钱真正的原因并不是靠技术分析，而是靠我交易的经验。在我们分开数年以后，有一天他来到我的办公室，看我进行交易。他和我拥抱时就像一位父亲，他对我说"你终于成功了"。我告诉他，我不仅积累了大量的交易经验，而且对于技术分析无所不知、掌握全面，并且自己创建技术指标和技术分析的方法，我认为这些是我取得成功的原因。他听完对我说："技术分析，你永远不会放弃吗？你的成功和技术分析无关。你积累的交易经验是你取得交易成功的原因。"

你和你这位做期权交易的朋友之前曾经一起合作交易，后来为什么会分道扬镳？

我们的交易方法、风格存在矛盾，相互冲突。他是一位愿意偶尔遭受巨大亏损的交易者，有时愿意冒较大的风险，因为他认为自己能以巨大的盈利来弥补遭受的巨亏，从长期来看，赢亏相抵后他还能处在遥遥领先的地位。然而，我对他这种交易方式感到不舒服，感到忧虑。我喜欢交易的方式是，交易赚取的盈利小，但与此同时力图没有亏损的交易。我在交易中不喜欢承担高风险，这点也与他不同。另外，我使用的是纯粹的技术分析方法，而他是分析即时盘面、紧跟行情的交易者。我在1980年和他分开，开始自己单干，几年后我们又聚在一起，合作交易。

据我所知，你曾经参加过期权交易的比赛，能否为我讲讲？

两位芝加哥期权交易所的场内交易员是该项比赛最初的组织者。共有47位交易者参赛，比赛采用"赢家通吃"的方式，即每人要缴纳5 000美元作为最后奖金的来源，最终的赢家拿走所有的奖金。每个参赛的交易者要在大赛指定的一家清算公司开立初始本金为10万美元的交易账户。

比赛的时间有多长？

为时三个月。

你比赛的成绩如何？

我把 10 万美元的本金做到 90 万美元以上，没有用盈利进行连续投机（pyramiding）⊖。

那是相当优异、非凡的比赛成绩啊。

是的，不过比赛期间整个市场很好，这也是取得非凡成绩的原因之一。

你在 1980 年自己跑出来单干，其后你做过哪些交易？

所有的交易品种我都做。我持续交易股票期权。当股指期货在 20 世纪 80 年代初推出，股指期货市场就开始成为我的主战场。我也交易商品期货。实际上，在近两年，我的交易重心又发生改变，重新转回商品期货市场，商品期货交易几乎占我全部交易的 90%。

20 世纪 70 年代你在大豆期货上遭受重挫，几近崩溃，自此以后，你的首次大豆期货交易，你还记得吗？

自那次以后，我在很长的一段时间里都不做大豆期货交易。但当我发现自己交易商品期货时已能轻而易举地盈利，我内心深处就下了决心，打算赢回当年在大豆期货上输掉的钱。对于那次亏损、重挫，我永世难忘。

听起来，你是要报当年的一箭之仇？

是的，确实如此。每次我看商品期货技术图表的书籍，当翻到有大豆期货图表的那页，我的目光仅在大豆期货价格走势图的边缘一扫，不愿正视，就快速将这一页翻过。在做任何交易以前，我都会在场外对相关市场进行多年的观察和分析。对于大豆期货也是如此。当大豆期货的价格跌到 4.75 美元，根据我的多年观察，我认为价格已接近低点，但我还不想做多，我会等到自己确信必胜无疑、不会亏损的时候再动手做多。所谓"君子报仇，十年不晚"，我会像西西里人那样，老婆十年前被害，并不马上动手报仇，为等报仇良机，可以等上十年。当我通过技术分析的方法确定市场真的已经见底，我便会快速进场做多。

你在什么价位做多大豆期货？

⊖ 这里的"pyramiding"是指将交易盈利继续投入交易，充当保证金，提高交易的杠杆，而不是指金字塔式的建仓方法。

大约在 6.18 美元（大豆期货价格是在 1988 年快到的时候涨到 6.18 美元，那时发生的旱灾导致大豆期货价格暴涨）。

你是在什么价位清仓离场的？

我在 7.25 美元清掉部分仓位，在 9.92 美元将余下的仓位全部清掉（大豆期货后来最高涨到 10.46 美元）。

这次交易，你赚了多少钱？

这么说吧，我把以前交易大豆期货亏掉的钱补回来很多。

听你说这话的语气和方式，这次交易对你而言是极大的安慰。

是这样的，它使我压抑不快的心情完全得到宣泄，不良消极的情绪全部得以净化。通过这次交易，对于我交易之初遭受亏损的原因，我也认识到了。

是什么原因呢？

因为我缺乏交易经验。我认为，任何人都不会因为运气差而亏光离场，一定还有其他原因，比如因为交易时出现错误，或是因为没有交易经验。交易的失败总是包含各种主观原因，客观因素并非主因。

之前你曾讲过，你和前任交易搭档分开的原因之一就是，你在交易中喜欢承担极小的风险，而你自己的交易方法正好与之相符，你那位交易搭档则恰好相反。那么自 1980 年以来，你账户净资产的最大跌幅是多少，最多跌百分之几？

我很少发生亏损，所以这方面的数字我确实没有跟踪记录。

好吧，那就这么来问吧：在你交易最糟糕的月份，其交易业绩是怎样的？

没有一个月是亏损的，我月月盈利。

自 1980 年以来，你每个月都能赚钱？

是的，当然是这样。如果我不是非常谨慎小心，不想冒更大的风险，我还能赚到更多的钱，但是为了获得更大的利润而去冒很大的风险并不是我的交易方式。

你亏损最严重的一周，你还记得吗？

在这段时间里（自 1980 年以来），没有一周是亏损的，我周周盈利，但其中有一些交易日是亏损的。

你的回答简直令人难以相信。你为何能确定周周盈利，发生过的"周亏损"你不会完全遗忘掉吗？

我如此确定的原因是，发生过的亏损我全都记得。比如，在过去两年里，我有三个交易日是亏损的。自 1980 年以来，我所做的数千笔交易中，只有 17 笔交易是亏损的。报价机器在我清仓离场时出现障碍导致了其中 9 笔亏损。

大多数交易者如果能有 50% 的胜率，他们已经很开心了，胜率如果达到 75%，那就很出色了，而根据你所说的话，你的胜率已接近 99%，这确实令人难以置信。

你可以向李·斯蒂文斯（Leigh Stevens）求证、核实。在过去几年里，我的数百笔交易都告诉过他（李·斯蒂文斯是我和温斯坦的共同朋友，就是他把我介绍给温斯坦的）。

***

好吧，读者们，我知道你们一定会说，温斯坦所言"没有一周是亏损的，我周周盈利，但其中有一些交易日是亏损的"是在胡说。坦白地讲，我承认温斯坦的话听上去确实有违常理，有点不可信。查他账户的交易记录可以验证他所言的真伪，但我不能这么做，因为温斯坦的合伙人要求对合伙公司的所有交易活动都严格保密，该合伙公司属于私人交易公司，交易活动可以不对外公开。实际上，该公司的一些合伙人对于这次访谈坚决反对，力劝温斯坦不要参加，并且他们的劝阻差点成功。温斯坦愿意或者能够公开交易记录的账户只有一个，就是他参加期权交易大赛所开立的账户，该账户可以不受合伙人要求保密的限制。我看了该账户的交易记录，证实温斯坦此前所说完全属实，他在这次比赛中，用三个月的时间，通过交易使 10 万美元的本金翻了 9 倍多，在此期间他交易的胜率是 100%，没有一笔交易是亏损的。

看了这个账户的交易记录，我仍然不满足，继而向李·斯蒂文斯打听。斯蒂文斯认识温斯坦多年，并且有很多时间是看着温斯坦进行交易的。我认识斯蒂文斯已有三年，他是一个诚实、低调、头脑冷静的人，这样描述他，我很有把握。斯蒂文斯亲眼看见的交易大约有100笔，还有几百笔交易是温斯坦在建仓后即刻通过电话告诉他的，对于这些交易，斯蒂文斯都可以证实，他记得这些交易中只有一笔交易是亏损的。即使温斯坦和斯蒂文斯的记忆都有误（我只是照直说，并不是出于婉转，也不是有所欺瞒），也就是说，即使温斯坦的实际胜率低于他自己所说的，但我仍然相信，他交易的赢输之比高得惊人。

　　温斯坦是怎样做到交易高胜率的呢？他对这个问题的回答转述如下：如果能恰如其分地看待这些观点，我认为其中某些深层次的阐述对我们是很有帮助的。温斯坦使用他自己研发的电脑交易系统，该系统所采用的技术和方法都是最新和最尖端的，而且是符合他自身要求和特点的。该交易系统通过不断监控系统所设计的技术指标来度量市场上涨或下跌动能的变化。对于这些技术指标，温斯坦不采用标准的、常用的指标参数，而是采用他自己设定的参数，并且常常根据市场情况的变化来改变指标参数的设置。他结合使用透彻的实时盘面分析和全面的技术图表分析，他所用技术分析的方法包罗万象，包括市场循环周期、斐波那契（Fibonacci）数列的回撤位置以及艾略特波浪理论的分析等。最后，再加入最具决定性的关键要素：他在选择交易时机时具有一种神奇的直觉。只有当万事皆备，所有因素都对自己有利，感觉确实万无一失、机不可失的时候他才会进场交易。有许多交易，他认为胜算是很高，但根据直觉，他对这些交易缺乏绝对的信心，那么他会放弃这些交易。因为温斯坦一生都致力于市场的研究和即时盘面的透彻分析，加上天生的市场直觉、交易时机的严格选择，所以温斯坦确实能做到所有交易建仓20分钟后，所建头寸至少账面能盈利，哪怕只是微薄的盈利。温斯坦要确保每笔交易保本或盈利（即没有亏损的交易），以上这些都是必不可少的要素。

　　温斯坦通常会很快获利了结，他喜欢赚快钱，在几小时内，甚至几分钟内就会获利清仓。对于这一做法，前面所讲的内容可帮助你理解。即使做中长线交易，温斯坦通常了结一些获利的速度也是很快的，这样做是为确保某笔交易结果的净盈利。他也转换交易的市场，从一个市场获利后，他可能会迅速转到另一个市场，捕捉新的获利机会。他总是寻找有可能获利，并且所担风险最小的交易。最后，温斯坦得到交易所内部通信网络的支持，这经常使他在买卖竞价中能处于有利的位置。

温斯坦的谈话从书面记录来看，像是在自吹自擂，但文字给人的感觉和语气给人的感觉是完全相反的，他谈话、讲述时的语气更多的是天真率直，而非自我吹嘘。当温斯坦谈起交易时，他的言谈中充满了这样的话语，"市场显然在进一步下跌""这个市场供过于求，所以价格如此疲软"。由这些只言片语可知，交易对于我们其他人而言有多么困难，温斯坦显然全无概念，一无所知。

你在交易中具有长期取得高胜率的能力，对于这种能力，你能否详细阐述一下？

我之所以具有这种能力是因为我是真的敬畏市场。我认为越是杰出的交易者，对市场越是敬畏。我对市场的敬畏促使我在交易时机的选择上精益求精，力求精准。当我适时、精准地进行交易时，我对交易时机的把握就像台球选手把球准确打进网袋一样。如果我的直觉告诉我，此时并非交易良机，那我就不会交易。我依靠个人的交易经验和我的神经系统来选择交易的时机。如果我的头脑里萌生清仓离场的想法，那么这个想法一定是我根据我的交易知识和以往的交易经验，对市场当前表现进行研判后才产生的。也就是说，神经系统所产生的信号是和交易经验、知识有关的，而不是凭空产生的。

因为我会耐心等待合适、准确的交易时机，所以我发生亏损的交易很少。大多数人不愿等待市场发出的交易信号，不愿适时而动。当天仍然漆黑一片的时候，他们还会走进森林，而我则会等到天亮，然后再走进森林。虽然猎豹是世界上奔跑速度最快的动物，以这样的速度，它们能够捕获平原上任何一种动物，但是猎豹还是会等待捕食的时机，只有到万无一失的时候，它们才会出击，它们可以在灌木丛中潜伏上一周，等待合适的捕食时机。猎豹会等待幼小羚羊的出现，仅仅是幼小还不够，最好外加有病或是腿瘸。只有当万无一失、必胜无疑的时候，猎豹才会出击。也就是说，当有病或腿瘸的幼小羚羊出现时，这才是出击的最好时机，此时的胜算最高。在我看来，能够耐心等待交易良机，在胜算高的情况下才交易，这些是交易达到职业水准的象征。

当我在家交易时，我常会看我家花园里的麻雀。我用面包来喂它们，把面包放在花园的地上。这些麻雀不断飞过来飞过去，但每次只叼一小块面包，叼好就马上飞走。麻雀叼一百次所能得到的面包量，鸽子只要一次就能完成，但这就是鸽子之所以为鸽子的原因。你很难用枪猎杀麻雀，因为麻雀叼食的速度太快了，你刚一举枪，它就叼好飞走了。这就是我做日内交易的方式。例如，我在一个交易日中会有几次确定标普期指将产生日内的上升波段，我会做几波日内行情。我不会试图抄底，即不会试图在最低点做多，而且我会在价格见顶之前就获利了结，即不会在最高点做空。我只赚取当中一段的利润，因为当中一段的上涨动能最足。就我而言，交易就如麻雀叼食。

猎豹是你用来类比长线交易者的，而麻雀是你用来类比日内交易者的，两者的共同点在于，这两种动物都会等待万无一失、必胜无疑的时机，我这样转述你的话，不知是否正确？

完全正确。

你怎样选择交易的时机？

我采用各种不同的技术分析方法：价格走势图、艾略特波浪理论、江恩理论、斐波那契数列、市场循环周期、市场情绪指标、移动平均线以及各种摆动指标。我通过这些工具来选择交易的时机。人们认为技术分析不可信，那是因为他们可能只选择个人喜欢的，用起来得心应手的某一种技术分析方法，可问题在于，某一种技术分析方法不可能永远有效。对于何时应该采用另一种技术分析方法，你必须要清楚。也就是说，在不同的时候，要适时采用不同的技术分析方法。不能仅凭个人喜好，只采用一种技术分析方法。

那么，你具体是怎样做的？

靠我的交易经验和交易直觉。我采用各种不同的技术分析方法，然后根据我的直觉对技术分析的结果进行解读。对于采用相同交易方法的机械交易系统，我并不相信。我本人就是"交易系统"，我会适时、不断改变"输入"，从而得到相同的"输出"，也就是相同的交易盈利！

在决定进场交易时，要考虑许多因素，你觉得最为重要的因素是什么？

我总是寻找动能正在丧失的市场，然后反向而行，即上涨动能正在逐步丧失的市场，我就做空；下跌动能正在逐步丧失的市场，我就做多。

你同时交易股票和商品期货，你认为两者是否不同？

绝对有所不同。相较商品期货市场而言，股票市场极少出现幅度巨大、特征明显、对参与者极具意义的趋势行情。

这是什么原因呢？

这是因为股票市场上的机构和专营经纪人想卖出股票时，不会卖在某一价格水平，他们会在市场上涨时逐步卖出；同样，当他们想买进股票时，会在市场下跌时逐步买进。这就导致股价的变动如同波浪，起伏不定，来回震荡。据我所知，这也是许多商品期货的交易高手每次进入股市而遭受亏损的原因。

你是商品期货的交易高手，但你在股市也能始终盈利，你在股市的操作有何与众不同之处？

在市场价格变动前，我不会试图猜测价格的走向；我要让市场告诉我，它将往哪里走，是上涨还是下跌。市场价格的表现将会告诉我一切。另外，在股市有许多技术分析的方法和指标，比如背离、涨跌比率、市场情绪指标、看跌期权/看涨期权比等。在股票市场将要有所动作前，你几乎总能通过技术指标提前得到相应的信号。

你在股市所采用的技术分析方法和你在期市所采用的技术分析方法，两者有所不同吗？

我在股市紧盯的是个股，每一只股票都有各自的性格特征。比如，在市场主要底部形成前，IBM和通用汽车的股价会率先见底反弹，而在市场主要头部形成前，IBM和通用汽车的反弹行情会率先结束，重新步入下跌。还有一个例子，真正良好的股价回升要由公用事业类股来领涨市场，例外的情况我从未见过。因为预期降息，所以公用事业类股会显著上涨，而利率一旦下调，就会利多股市，基金经理就会快速进场。我在股指期货上也交易得极好，因为在交易股指期货前，我股票和期权方面的交易经验极为丰富，这对交易期指很有帮助。

你认为公众对于交易市场最错误的想法是什么？

把交易当赌博，把市场当赌场，这是公众对于市场最错误的想法。据我所知，一些场内交易员能够20年持续盈利，你不能把这叫作赌博。

公众另一个十分错误的想法就是，希望市场对新闻、消息做出相应的反应。例如，当约翰·肯尼迪总统遇刺，股市获知消息后，起初快速、大幅下挫，但接着就快速反弹，并且创出新高。这种市场表现令许多人疑惑不解。那些听到总统遇刺消息就卖出股票的投资者责备机构将股市推高，令他们遭受损失。但是这些人没能认识到，从当时的基本面和技术面来看，股市早已做好上涨的准备，处于上涨的趋势。一条新闻，哪怕是重大的新闻（比如总统遇刺身亡），都不会改变股市原有的运行方向，不会让股市转涨为跌的。

新闻媒体为市场下跌寻找理由的报道，我认为其中也含有对市场错误的看法。这些报道常说，投资者的获利了结导致市场的下跌，我认为，如果每个投资者总能获利了结，那就太好了。但是实际情况是，大多数人在市场中总是输钱的，市场下跌是因为他们的亏损离场，而不是因为他们的获利了结。据我所知，有些受过教育的投资者，总喜欢看电视新闻，当市场下跌时，看报道说"投资者的获利了结导致市场的下跌"，别人都在盈利，而自己却在输钱，所以他们想知道自己输钱的原因。新闻媒体归结市场下跌原因的报道，应把"少数人获利了结"和"许多人亏损离场"同时列入。

交易时，你的生存之道是什么？

（1）永远要做好自己的交易功课。

（2）不要骄傲自大。当你骄傲自大时，你会抛弃对风险的控制。最优秀的交易者一定是最谦逊的。

（3）知道自己的能力范围，明白自己的局限所在。每一个人总有自己的能力圈，即便是最好的交易者，也不是无所不能的。

（4）要做自己的主人。保持独立思考，要与乌合之众的想法相反，因为这帮人一定是市场上的输家。要耐心等待交易良机的出现，在机会出现前不要动手交易。知道何时离场与知道何时进场同样重要。

（5）交易策略必须具有弹性，根据市场情况的改变而改变，要灵活机动、以变应变。大多数人所犯的错误是，他们始终采用同一种交易策略，不懂审时度势，不会顺应时势，不能适时而变。这些人失利后会说，"市场的表现又出乎我的意料。"为何会这样呢？市场和人生其实是一样的，都在不断变化中，所以我们要审时度势，以变应变。

（6）在盈利的时候，不要过于沾沾自喜。世上最难的事就是保持持续盈利。因为一旦你初尝胜果，实现了第一个目标，那么你订立的第二个目标通常总是和第一个目标相同，那就是赚更多的钱。结果，获取第二个目标对许多人而言，有害而无益。究竟要从交易中得到什么，交易结果和交易过程哪个更重要，他们对此开始产生疑问，并逐步偏离交易的正道，把赚钱的目标置于正确的交易操作之上，一切只看交易的结果，从而忽视正确的交易操作和交易过程，由此走上自我毁灭之路，最终会以亏损收场。

对于交易新手，你最后还有什么忠告？

你必须学会怎么面对失败，这比学会怎样取得胜利更为重要。如果你始终以未来赢家自居，那么一旦遭遇亏损，你就会对市场产生恨意，不去自我反思，不去寻找亏损的原因，反而会去责怪市场或是寻找其他客观因素。

止损一定要快。我用自己的话转述《股票作手回忆录》里的一段话，大多数交易者持有亏损头寸的时间过长，因为他们希望亏损不会变大而会变小，甚至能保本。而他们持有盈利头寸的时间过短，因为他们害怕赚到手的利润会跑掉。正确的做法正好与之相反：交易者要害怕亏损的变大，要希望盈利的变大，要做到止损和持盈。

***

  物质上的目标对温斯坦的交易产生干扰的那段时期就是他交易受挫最严重的时候。在其他人的访谈中也曾涉及这一话题，这个问题具有普遍性。通过具体的物质目标来考虑一笔交易可能的盈利或可能的亏损，而不是通过分析市场来考虑，那一定会出错。

  温斯坦交易方法的核心、基础就是，耐心等待交易良机的出现，要等到万事皆备，所有因素都对自己有利，交易胜算看上去极高的时候再进场交易。虽然温斯坦对于所选交易时机的信心以及交易时机选择的精准，我们大多数人都望尘莫及，不敢奢望，但是"等待交易良机的出现，在自己最具信心、最具把握的时候才进行交易"的理念，对于我们而言却是合理、有用的交易建议。本书访谈的一些交易者在这点上可谓英雄所见略同。

  我一直都认为，虽然市场从长期来看不是随机的，但市场超短期的波动大部分是随机的。但温斯坦的交易表现动摇了我的看法。

| 第四部分 |

MARKET WIZARDS

来自场内交易员的观点

| 第十六章 |

布莱恩·吉尔伯
从经纪人到交易者

布莱恩·吉尔伯最初的职业是交易经纪人,他在芝加哥商品期货所内进行场内交易,负责公司金融期货上的交易操作。在给机构客户提供操作建议并获得成功以后,他开始交易自己的账户。在早期的长期国债期货交易中,吉尔伯在两个不同的领域都非常杰出、优秀:一方面,他是场内最卓越、最知名的经纪人之一;另一方面,他是最大的、以交易自己账户为主的交易者。

1986年1月,吉尔伯开始直接管理客户的交易账户,其交易规模进一步扩展。除了自己进行交易,在政府发行的有价证券的现货及期货市场以及其他市场,吉尔伯还亲自管理和指导一群交易员。他是吉尔伯集团的总裁,是吉尔伯资产管理公司的总裁,也是吉尔伯证券公司的总裁。这些公司都涉及清算业务、经纪业务和资产管理业务。

吉尔伯轻松随和的个性似乎和他的职业并不相称。吉尔伯不仅自己交易,而且管理、指导他人交易,其交易和管理的资金是数百万美元,作为这样的人物,他不但没有我想象中高度紧张的神情,而且谈论工作、交易时,他好像在讲述愉快的假期生活。

虽然我们的访谈安排在交易时间,但吉尔伯对国债期货的行情似乎没有特别关注。我们的访谈是在他的私人办公室进行的,虽然离开了交易的办公桌,但他确实显得十分轻松。访谈时他曾这样评论:"待在这里,我可能会交易得更好。"这番话显然表明,吉尔伯察觉到市场此时缺乏交易机会。

在回答某个问题时,我们涉及另一位交易者,他就是托尼·萨利巴,他也是我的访谈对象。我提到最近一期的《成功杂志》将萨利巴作为封面人物。吉尔伯问我手头可有该期杂志。我从手提公文包中取出该期杂志,然后交给了吉尔伯。该期杂志有一条醒目的标题,叫作《胜利!在72小时内,他赚到了400万美元》,该标题具体要讲的是1987年10月19日股市发生崩盘,萨利巴在崩盘那周的交易经历和战绩。读到这条标题,吉尔伯不禁发笑,他开玩笑似地说:"我在那天用20分钟就赚到了400万美元,我怎么没有上杂志封面?"这并不是自我吹嘘。通过上述例子可以归纳得出:许多杰出的交易者都保持相对的低调,因此他们几乎不为公众所知。这是一个基本的事实。

你在这行是怎样起步的?

1976年大学毕业后,我背着包徒步游遍全国。在盐湖城,我看到招聘商品期货经纪人的广告,当时我对这个职业一无所知,我认为它与股票经纪人有几分相似。后来我获得了商品期货经纪人的执业资格证书,而那时我正在为某人打工。通过高强度的电话推销来招揽客户,从事不合规或非法的证券交易、证券经纪业务,这就是那人所干的事。

你起步的时候确实入错行,走上歧路了。

在我第一次去那里的时候,看到那人坐在办公室后端,买卖高度投机的低价垃圾股(penny stock),这类股票通常是在场外柜台交易的。他成天通过打电话来招揽客户,自称有一套技术图表交易系统,可以靠它投机盈利,鼓动客户交给他5 000美元或10 000美元,由他代为理财。他的电话推销是完全不可信的,是缺德的行径。

那时我为他记录和更新技术图表。我不断对自己说,"这人基本上就是一个骗子。"所以当我拿到商品期货经纪人的执业资格证书,我就离开了那里。接着我闲荡了几个月，为付房租做过一些临时工。

你做过哪些临时工？

货运火车车厢的装卸工。接着有一天我来到汤姆森-麦金农公司（Thomson Mckinnon）的办公室，对他们说："你好，我有经纪人的执业资格。"那里的人录用了我，每月给我的工资是800美元。800美元对那时的我而言，也是一笔大钱。我所做的全部工作就是跑到公司，然后进行电话营销，招揽客户。所有拉到的客户、开立的交易账户都由我代理交易。

但是，那时你对市场几乎一无所知啊。

此前我读过几本相关的书。因为我曾为第一个老板记录、更新过技术图表，所以对于技术图表，我懂得一点。

你读过哪些书？那时这方面的书并不很多啊。

罗伯特 D. 爱德华（Robert D. Edwards）和约翰·迈吉（John Magee）的《股市趋势技术分析》⊖（*Technical Analysis of Stock Trends*），此书让我获益良多。

还有哪些书可向我们推荐？

我们让交易员读的第一本书就是《股票作手回忆录》，书中主人公的原型就是杰西·利弗莫尔（20世纪初最伟大的投机者），此书我至少读过12遍。

我才开始在汤姆森-麦金农公司工作，就在此前不久，美国政府国民抵押贷款协会（Government National Mortgage Association，GNMA，也称 Ginnie Mae，音译为吉利美，以下简称"吉利美"）的抵押凭证期货诞生了。汤姆森-麦金农公司抽调人手建立专门的交易部门，从事吉利美抵押凭证期货的操作。我告诉公司管理层，我对吉利美抵押凭证期货很感兴趣，想在那方面多学一点东西。

为什么那个市场会吸引你？

因为那是一个全新的市场，和传统的金融产品相比，犹如一张白纸，更好操作，更有用武之地。我认为，如果我专注于这个市场，我的事业会稳步推进。另外，我在抵押凭证期货上进行过一些交易，首次交易是盈利的，其后各次交易都

⊖ 该书中文版已由机械工业出版社出版。

是亏损的。

抵押凭证期货太有吸引力了，我认为自己能在那里赚钱，但屡战屡败，持续亏损，但越是那样，我就越想学习相关的知识。

听起来，你在这方面的努力追求大多是自觉自愿的，被迫的成分很少。

是的，因为我在这个市场是亏钱的，所以我所做的一切都是自愿的，不是为赚钱或别的所迫。不管怎么说，在吉利美抵押凭证期货的交易经历让我学到一些东西，并且我跑遍盐湖城的每一个抵押银行，它们几乎都成了我的客户，在我这里开了户。

吉利美的抵押凭证期货，那时你自己懂吗？

最初让人开户时，我在这方面也一无所知。

那你怎么进行推销的，如何让人来开户？

我最初只能像滚雪球一般发展客户，我倾听客户问我的问题，并且通过这些问题来学习相关的知识。开始的时候，客户所提的问题，我迷惑不解；我向他们推销的金融产品，他们同样也搞不懂。

抵押凭证期货也是期货的一种，那时你至少懂得"期货"吧？

我懂期货，而且虽然对抵押凭证期货所知有限，但最初会见客户时也很少结结巴巴或语无伦次。其后我在这方面确实做得相当好。

客户所开的账户是套期保值型账户吗？

是的，全都是套期保值型账户。到1977年5月，我每月赚取的佣金有2 000美元。对那时的我而言，这笔佣金收入的金额是巨大的。

你的佣金收入全部来自吉利美抵押凭证期货市场？

在那个时点，是这样的，我的佣金收入全部来自抵押凭证期货市场。在那以前，我在其他商品期货市场也开展过经纪业务，也有佣金收入，比如小麦期货、活猪期货和猪腩期货。

你为哪些人代理交易？

我通过电话营销的方式，把一些人拉过来开户，我作为他们的经纪，代理交易。这些人认为他们不会遭受亏损，所以一旦遭受亏损，他们总是心烦意乱、非常难过。

你给他们提供交易建议吗？

我提供的交易建议相当多。

你采用图表分析吗？

不管你信不信，我是这样认为的：首先要远离汤姆森－麦金农公司的分析师，其次要远离自己的技术图表。刚出道不久的经纪人肯定会信赖、依靠本公司的分析师，只有这些新人才会这样。

你的这些客户是因为研究报告出错而遭受亏损吗？

不是这个原因，因为他们得到的研究报告是正确的，但都是放眼长期的，而他们的交易操作大多数是短线的，其眼光是盯着每日的行情变化，所以才会导致亏损。

基于长期的研究报告和短线的交易操作不相匹配了，所以导致亏损，是这样吗？

说得很对。这是大多数经纪人和其客户产生摩擦的症结所在。要求"经纪人得到新的市场信息后迅速传递给客户，让客户能及时采取行动"，这样的迅速和及时，几乎是不可能办到的。

你的意思是，即使经纪人确实具有在短期击败市场的交易能力或交易信息，他也来不及传给客户。

让客户同步受益的可能性微乎其微，因为市场信息的变化极快，转瞬即逝，要两个人来扣动扳机，即经纪人知道信息后告诉客户，由客户下达交易订单，再由经纪人执行交易订单，肯定是来不及的，是无法及时捕捉机会的。

交易时要有远见，要有更长期的规划和观点，你会给投机者这样的建议吗？

这样的建议我会给，因为这是必需的。

现在让我们谈谈场内交易吧。据我所知，在长期国债期货市场上，你曾经既是场内交易经纪人，同时自己也交易长期国债期货。我想许多人会问这

么一个问题：如果你收到一张客户下达的金额较大的做空交易订单，而与此同时你想平掉持有的多头头寸，通过做空来冲销，此时你会如何来处理？

我从不以权谋私，绝不会为个人利益而损害客户利益，而且客户金额较大的做空交易订单最多使市场价格朝不利于我的方向运动两三个刻度，对我毫无影响。此外，我还有许多客户的交易订单，这些订单常常使市场价格朝有利于我的方向运动，比如你这个例子中，我也会有客户做多的交易订单。

好吧，上面的例子比较简单，容易处理。但如果市场上有重大消息发布，你所有客户闻讯后所下的交易订单都是使市场价格朝不利于你的方向运动，让你的持仓头寸因此遭受损失，那你怎么办？因为你必须先执行所有客户的交易订单，所以你的持仓头寸就无法及时离场，而最终市场价格发生的变动会令你遭受损失并深陷其中，这样的情况你遇到过吗？

这些年来，我遇到过五六次这样的情况，由此遭受的亏损总共约50万美元。但与我赚到的钱相比，这点亏损不会让我完蛋，只是受点皮外小伤。

这就是"既做经纪人，又同时交易自己账户"的代价，是吗？

是的。

知道自己应该及时离场，但必须先执行客户的交易订单，因此无法立刻执行自己的交易订单，这种情况一定令人痛苦难受、郁闷烦恼。

通常，作为经纪人，你是非常忙碌的，你心里想："我必须做空1 000手来冲销持有的多头头寸，我怎样处理才能做到最好？"接着你就去忙着执行客户的交易订单，然后等你忙到一半，你又会自言自语道："哎，我的多头头寸还没平掉，我还是多头啊，我该做的事还没做，而且不能去做，因为我要先执行客户的交易订单。"

这就是场内交易者同时又是经纪人的固有劣势，这一劣势无法避免，是这样吗？

确实如此。对我雇用的员工，我是这么说的："如果你想当经纪人，你就不要做交易者；如果你想当交易者，你就不要做经纪人。"

但你那时既是经纪人又是交易者啊。

今时不同往日，那时我精力充沛旺盛。那时我在同一个市场上，既是最大的交易者，又是最大的经纪人。那时我每天工作的时间极长，当我回到家时，已经筋疲力尽。接着第二天起床后我又重复前一天的繁忙工作。这样日夜辛劳的情况持续了三年，这是我辉煌的人生经历，但我确实不想过这样的日子。既是出色的经纪人，同时又是杰出的交易者，这是无法做到的。虽然我做到了，但为此我可能要少活好几年。

对于场内资金量较大的交易者，大多数是只当自营交易者，还是既当自营交易者又当经纪人？

现在他们要么是经纪人，要么是自营交易者，没有既当自营交易者又当经纪人的情况。只有一条路可走，对此毋庸置疑。

鉴于目前日益提升的监管，那些在双重交易⊖中违反诚信和职业操守的人是否可能被抓？

在公开叫价（open outcry）的市场中，通过事后审计来追索发现双重交易中的违规证据是极其困难的。

举个例子吧，长期国债期货的成交价是 95.00，市场突然遭受某些利空消息的打击，某经纪人要执行客户金额庞大的交易订单，并且同时要交易自己的账户。市场价格从 95.00 直线跌到 94.00。他自己的交易订单所列报价是 94.31、94.30、94.29，所有客户的交易订单所列报价是 94.27 或更低（长期国债期货的报价中，最小变动价位为 1 点的 1/32）。显然他是在违规操作。对于这样的报价情况，他将怎样辩解或者怎么去做，才能逃脱在双重交易中违规操作的责任？

他可以把他的交易订单或者客户的交易订单交给另一个经纪人执行，或者他可以执行自己的交易订单和客户的交易订单，但在自己的交易订单上标注其他经纪人的号码，而不用他本人的号码，这样他就能逃脱违规操作的责任。

⊖ 双重交易（dual trading）是指既当经纪人，执行客户的交易订单，又同时做自营交易者，交易自己的账户。

双重交易的诱惑是否特别巨大，是否特别吸引人？

我不这么认为。做过双重交易后，我认为，双重交易对于提高市场效率是有好处的，但对个人而言，是很沉重的负担。

能否修改法规，从而禁止双重交易？

这是一个难题。市场的效率和个人的诚信哪个更重要？双重交易使市场的流动性得到大幅提高，对此我深信不疑，而在双重交易中违规操作，进行欺诈的交易者比例较小。两者相比，市场效率的提高显然更为重要，双重交易是利大于弊。此外，即使双重交易被禁，鸡鸣狗盗之辈、以权谋私之徒总能找到应对之策。对于在交易这行怎样伺机捞钱，这帮人眼光敏锐而且诡计多端。

你开始涉足长期国债期货市场是在什么时候？

1977年9月，我来到芝加哥，成为长期国债期货市场的场内经纪人。那时我只有25岁，我非常幸运。1977年11月，我去纽约拜会八家知名的公司。最后，其中的七家成为我的客户，在我那开了户。那时我占尽天时地利。

你在场内何时开始交易自己的账户？

1979年。

为了专注自己账户的交易，不当场内经纪人的打算你是否有过？

实际情况与你说的正好相反。我一上来就是当经纪人的，招揽客户并为客户提供各类服务，并且1979～1981年，我建立的客户群已非常庞大，成为那时市场中的强大力量。成为自营交易者可能是我所做的事中最为可悲的一件。我在二十几岁就已成为出色的经纪人，如果我专注于此，充分发挥已有的优势，只要做上十年，就可以不必经历所有的交易伤痛，现在同样可以功成名就。我认为交易是得不偿失、单调枯燥的游戏。

你这样说很是奇怪，因为你在交易上所获得的成功已远超大多数交易者。

我认为，如果只当经纪人的话，我现在取得的成就会更上一层楼，我刚才的话所要强调的就是这一点。做经纪人，我确实很擅长，而且和我的个性相符。

既然如此，你为什么还会自己做交易？

那时我的一些客户问我："你对市场如此精通，为什么你自己不做交易？"这就是我涉足交易的原因。对于交易自己的账户，起初我还有所抗拒，但抗拒的态度只坚持了六个月，其后我还是决定开始交易。自那以后，我的交易生涯就逐步展开了。

对于首次交易，你是否还记得？

我的首次交易是做多的，在长期国债期货上持有多头头寸。接着我进行合约间的价差交易：做多长期国债期货，同时做空吉利美的抵押凭证期货。国债期货市场的下跌超出预想，使套利失败，我之前所赚的钱全部亏光，损失超过 50 000 美元。当时我做经纪人，一个月能赚 50 000 美元，因此，我对这笔亏损的态度和看法是，我基本算是白干一个月的活，并无大碍。但遭受亏损时的感觉，我一点也不喜欢。因此，我降低持仓头寸的规模，并且比之前交易更积极、主动了一点。这次亏损的交易发生在 1979 年，当时长期国债期货处于空头市场，主要问题出在，我在市场下跌途中一路看多。

当时你为何如此看多？

我的客户一直告诉我，利率不会大幅走高。比如我在执行花旗银行（Citi-Bank）和花旗集团（Citicorp）的交易订单时发现，它们在长期国债期货下跌途中一路做多。这些有名望的客户不仅表明了看多的观点，而且用做多的实际行动支持了自己的观点。⊖

同样的情况搁到现在，你会怎么做？

现在我深知各种不同机构的特点。就以花旗银行为例，当时因为花旗银行做多，所以我就做多。搁到现在，如果花旗银行做多，我可以断定他们只是在调整资产配置或是改变持仓品种的持有时间。如今对于投资组合经理（比如基金经理等）的观点，我几乎很少关注，因为他们的观点比我的观点要更为长期。搁到那

⊖ 当利率走高时，债券价格会下跌。对于新手而言，这一基本概念有时会搞不清。利率升高，债券价格下跌的原因解释如下：如果利率升高，那就意味着所有收益率较低的金融产品对投资者的吸引力会降低。对于票面利率较低的附息债券和按面值出售、票面利率较高的附息债券，要使两者的到期收益率相等，前者的价格就必须下跌到一定的水平，也只有这样，投资者才会去购买票面利率较低的附息债券。

时，对于这一点，我并不懂。

所以，如今你不再过多关注这类观点，是这样吗？

对于这类观点，我只是顺便、凑巧听听，不会刻意关注。《巴伦周刊》上对投资组合经理的访谈文章，如今我也不再阅读。这类访谈文章对我作用不大，我认为，对于任何一个交易者而言，这类文章的作用都是不大的。

换句话说，你那次交易之所以遭受亏损，问题不是出在"听从别人的观点"，而是出在"听观点时听错了人"。

对于"听对了人"或"听错了人"，我不知道如何确定，也就是说，我不知道谁是我该听的人。我就是一个天真单纯的小孩，我只会这么说："这里有个资金规模很大的账户，它会建立大量的多头头寸，所以市场应会上涨。"

你确实没有交易策略，没有交易计划，也没有交易系统。你只是快速直接地做出交易决策，而不会多加思索。

说得不错。自那次亏损以后，随着时间的推移，我开始懂得如何赚钱。"我有一个观点，我想在市场上发表"，这样的话，我不会说。与此相对的是，我开始问这样的话："怎样才能把我全部的观点都转化成钱？"

你由此懂得了哪些东西？

对市场具有一个观点并不很重要，聆听市场的声音、观察市场的动态才更为重要。我已变成"对市场变化随时做出反应和调整"的交易者，而不是"死抱观点、固守己见"的交易者。

1980年，所罗门兄弟公司（Solomon Brothers）是我的客户之一。那时他们做空长期国债期货，但当他们做空时，市场价格却从65涨到了80。如果我听了这位大客户的话，跟着他们做空，那么就会和1979年跟从花旗银行操作一样，我所有的钱可能会再次输光。

不要听从这些客户的观点，不要跟从他们操作，你是通过什么明白的？

是1979年输钱的经历让我明白的。那次亏钱的根本原因就是盲从他人的观点，跟从他人的操作。虽然提出做多观点的人绝顶聪明，这些观点也看似完美、可信，但实际上，这些观点都是绝对错误的。市场才是正确的。

你靠什么取得交易的成功？

我懂得怎样解读盘面以及具有良好的交易直觉。那时我们是长期国债期货市场上的大玩家，资金实力雄厚，"我们"一词是指我的客户和我自己。那时我们选定的操作价位确实能令市场价格运动受阻，即我们能自行建立支撑位和阻力位。当时我们无须做很多事就能达到这一点。那时我曾连续数月盈利，几乎没有亏损的日子。

如果没有客户账户的加入，仅交易你自己的账户，你还能做到如此成功吗？

如果没有客户账户的加入，我希望自己还是能做到。这并不是顺其自然、不假人力就能自我实现的预言。如果能够实现，那很好，至于是否能够实现，我无法预知。

连续的盈利到何时终止？

从交易业绩角度来看，虽然在1985年，那时正值长期国债期货空头市场的中期，我曾苦苦挣扎，但自1986年以来，我就没有交易亏损的年份。

你交易取得成功是和解读盘面的能力有关？

是的，我仔细留心盘面的变化，并且具有良好的交易直觉。

你的回答有点模棱两可，听上去的意思好像是，你既是天生的交易好手，又并非天生的交易好手。

从某种程度上来说，确实如此。我认为，交易天赋并非必须具有，但如果具有，将对交易有所帮助。

这和交易时的第六感有关吗？

是的。要去做什么，你的直觉会告诉你。

对于那些不具有天生交易直觉，不具备交易天赋的人，交易是否是在浪费他们的时间，是在白费工夫？或者说，即便没有天赋，只要足够努力，几乎任何人都能取得交易的成功，是这样吗？

是否勤奋努力与能否取得交易成功并无关联。大约两周前，一位为我工作并且极其聪明的人说："交易就是令人泄气、沮丧的行业。我有多么努力并不重要，与我是否赚钱没有关系。"你必须要有自知之明，并且要把这种"自知"带入市场交易中。

"要有自知之明"听起来像老生常谈，你所说的"自知之明"有何含义？

我给你举一个例子，我自认为是一个好的交易者，但有一个为我工作的人，他在交易方面比我更好。我要么跑出去，绞尽脑汁，力图在交易上超过他，要么只做我自己。在交易上，让他尽其所能，而我则尽我所能，大家各展所长。

对于交易者一年的生活，我是这么看的，一年12个月中，你有4个月的交易是成功的。你因此开心不已，兴奋得难以入眠，希望第二天马上到来，你能继续投入交易。此时你正处上升势头，好运当头。一年中你有两个月的交易是失利的，在这两个月里，你情绪低落、心情糟糕，你夜不能寐，不知下一次交易良机将在何时出现，为此忧心忡忡。一年中还有6个月，你有赚有赔，赚了赔，赔了赚。这时晚上你也睡不着觉，因为对于怎样能赚到钱，你会日思夜想，想到废寝忘食。

因为你对交易不断劳神操心、思虑过多，所以一年下来你会永远无法安睡。这会耗尽你的精力，所以你需要有自知之明，这样才能舒缓、平和你的情绪。如果你不具有自知之明，那么在大胜之后，你会变得飘飘然，感觉高高在上，就如天上的风筝，而对于近在眼前的风险会浑然不知，毫无防备。于是，市场会突然把你打回原形，让你从天上跌回地面。或者与此相反，在持续亏损后，你不具有自知之明，因此无法平复自己的情绪，最终可能会跳出窗外，自寻短见。我为什么不做场内交易者？因为我有自知之明。我知道自己需要、喜欢与人打交道，而在场内交易的时候，这一点是做不到的。

场内交易听上去每天都非常紧张，是否让你在身体上倍受折磨，体力严重透支？

确实如此。在年长的场内交易员身上，你能明显察觉。在你二三十岁的时候，面对身体和精神上的双重压力，你的抗压能力是非常好的，当你变老后，你的抗压能力会大不如以前，而且为了保持良好的业绩，你不得不竭尽所能，拼命苦干。

听上去，场内交易就像职业运动，场内交易员就像职业运动员。无论你过去有多么优秀，到了一定的年龄……

是的，到了一定的年龄就要退出。场内交易员和职业运动员确实很像。

做场内交易员的，在 5 年内至少能赚 100 万美元的，每 100 个人中能有几个？

可能有 5 个或者更少。

做场内交易员的，最终输光本金的，每 100 个人中会有几个？

至少一半。

你比大多数的交易者都要成功，你交易成功的原因是什么？

自始至终的一个原因是，我是出色的倾听者。每天我大概和 25 个交易者进行交谈。大多数交易者不会听我的观点，他们只想把自己的观点告诉我。而我则与他们不同，我真诚地倾听他们的所言，并且注意他们的说话方式。例如，当市场反弹时，某个大型自营商连续三天打电话给我，询问我对当前市场的看法，我就能知道，该自营商已在反弹时做空，而且他对所建的空头头寸并不确信，所以才会不断征询我的看法。

你从中又能知道些什么呢？

如果其他每天和我交谈的交易者和这位自营商的想法、做法是一致的，那么这就告诉我，市场可能会进一步走高。

也就是说，你每天交谈的 25 个交易者，如果其中 20 个交易者对市场进一步上涨感到不安，因为他们可能已经做空，此时你觉得你应该做多？市场会进一步走高吗？

是的，我应该做多，市场将会进一步走高。在交易这行，我认识许多人，这是很有利的条件。我会倾听他们的观点，我会追随成功的交易者。当然，我会有自己的观点，并不会盲从，别人的观点不能决定我的交易行为。有时，我认为自己的观点是正确的，我就会始终坚持。我对赚钱采用何种方式并不挑剔。我观点的对或错并不重要。我能否赚到钱才是重要的。

你每天交谈的 25 个交易者，如果其中 15 个交易者是看多的，另外 10 个交易者是看空的，此时你难道不会陷入困惑？

有时我会陷入困惑，但自 1976 年以来，我一直采用这种做法。即使没人认为我在倾听和留意，我也总能暗中仔细观察每一个人，很好地解读并看透他们的行为和内心。例如，我这儿有一个交易员，近来交易连遭失利，一败涂地。我必须要做的事就是听他诉说。昨晚他告诉我，他想去做空。于是，我知道我将去做多。

只要他是失败的交易者，你就和他采取相反的行动？

是的。这位失败的交易者也曾成功、辉煌过一次。但当你交易失利的时候，你就是失败的交易者。你无法对一个交易者说："你交易失利了，你是失败的交易者，你不能再交易了。"你只能顺其自然，由他们自己去了。

对其他交易者的行为和内心进行解读，是你当前个人交易的关键环节吗？

是的，我具有弹性，适应能力强。我认识和熟知这些交易者，知道如何解读他们的行为和内心。我不想听杰克·施瓦格怎么说，因为我和他不熟。我只想和我熟知的人交谈。

你能取得交易的成功，还有其他重要因素吗？

我领悟到当你不忧虑牵挂、不急于求成时，你反而能交易好；当你特别在意、特别投入时，反而交易不好。

你所说的"特别在意、特别投入"，是指没有交易机会的时候也急切想要交易，是这个意思吗？

为什么我能在交易时间和你坐在这里长谈，原因之一就是目前市场没有很好的交易机会，不要急切想要交易，不要特别投入。这几周市况不好，不利于交易，但我们没有输掉很多钱，对此我还是颇感自豪的。

当市场没有交易机会的时候，你就潜伏等待，静候机会的到来？

不要误解我的话。对于静候交易机会方面，我并不擅长，随着我年龄的增长、经验的积累，我在这方面会做得更好。在过去数年里，我在这方面汲取了许多教训。理查德·丹尼斯离开交易所，不做场内交易员后，他曾说："退出场内交易后的第一年是我最为痛苦、艰难的一年，那一年是我付出学费最多的一年。"对此，我深有同感。

你场内交易做得很成功，那么你离开交易所，不做场内交易的动机是什么？

我认为这一行的发展已使我经纪人的技能不再有用武之地，经纪人所能提供的服务，人们已不再需要。所有人都想知道"下一个最小价格变动单位是涨还是跌""我将怎样变动仓位"。如果我作为一个经纪人具有回答这些问题的特殊技能，那么我做经纪人的工资就太低了。

你是指做场内经纪人，为客户代理交易时碰到这种情况？

做场内经纪人和场内自营商都碰到这种情况。市场的体量越来越庞大，以至于我所用的波段交易（swing trading）的方法不再管用，不再具有价值。现在对价格变动的解读要求变得越来越短线，我对价格的解读已不是接下来的 8 个最小价格变动单位，而是接下来的 1 个最小价格变动单位。

你现在进行交易为什么不能像过去那样？

现在市场的成交量已非常大，参与资金的规模也日益庞大。我在场内交易时已无法对市场的价格行为进行解读。

因为现在市场的参与者已非常众多，是这个原因吗？

说得不错。长期国债期货交易的早期，市场体量小，池子的水浅，你能觉察市场何时已陷入超买或何时已陷入超卖。对于这点，现在你已无法再做到。

你的交易业绩开始滑坡了吗？你看到不详预兆了吗？

1985 年，我的交易盈利首次低于 100 万美元，并且我知道在某些方面出现了问题。我交易业绩一直非常稳定、一致，每年都会赚更多的钱。查看 1985 年的交易业绩时，我发现成功的交易盈利较少，只有三四个百分点，而失败的交易又亏损较多。我看后第一个反应就是，我在场内交易时要变得更加积极主动。此后我发现，我持有头寸的规模因此变得过大，而风险/回报比也高得惊人，近乎疯狂。此时我开始确信，我必须做出改变，即不再从事场内交易。

但在那一时期，你确实没有在个别交易中遭受重创，只是因为运气好吗？

实际上，我那时也有亏损相当大的交易，但同时有一些盈利较好的交易，所以能相互冲抵，最终未遭重创。那时我倍加努力，我所做的一切就是力争交易不要出错，不要偏离正轨。我不想在交易上如此艰辛，此时的场内交易已令我身心俱疲、心力交瘁。

如果你做场内交易能像早年那样，你会一直留在场内吗？

如果那样的话，我会一直做场内交易的。场内的交易环境非常刺激，令人兴奋。进行场外交易时，每天你不得不自我激励，自己去寻找刺激。所以，从场内交易转为场外交易是非常艰难的转变。

场外交易更困难吗？

最终并不困难。我 1987 年和 1988 年场外交易的盈利都相当好。

你之前说过，场外交易的第一年是你交易最艰难的一年。主要问题是否在于，你仍然试图用场内交易的方法来做场外交易？

是的，这是首要原因。次要原因是，我从场内交易转为场外交易是在 1986 年，那时长期国债期货正处在疯狂失控的多头市场，因为我的交易方法不是以追随趋势为基础，所以在那年我势必亏损。

你现在所用的交易方法是否依然如故？

不是，已发生了改变，我已做了改进。逆趋势的交易，我仍然能做得很好，但是我认为，通过追随趋势也能赚到许多钱，所以在适当的时候我会追随趋势进行交易。

你是否采用交易系统？

不用。我们是"主观交易者"。我们只把技术指标和交易系统作为交易的一种工具，最终还是通过主观判断来做出交易决策。我们基于突发事件和市场波动性之间的关系研发出一套交易系统，这套系统特别有意思。我们认为，要判定市场趋势的动向，市场波动性的变化可以提供线索。通过对系统进行回测（backtest），我们发现这套系统十分有效。但我们交易时不会盲目遵循这套系统，还是根据主观判断进行交易。

交易时采用自动化的、计算机化的交易系统，就平均年收益率而言，你认为最好的交易业绩是什么？

平均年收益率大概在 40%～50%，并且与此同时账户净资产的回落不超过 10%。这就是我认为的最好业绩。

但采用交易系统进行交易，账户净资产的最大回落会超过 10%。

我们的交易操作不会直接根据交易系统，其中的原因就在于此，交易系统只是我们的工具，最终的交易决策还是靠我们的主观判断。

能和优秀交易者竞争、抗衡的交易系统有吗？

虽然在某处可能会有，但我本人一套都没见到过。

有些具有技能的交易者无法取得交易的成功。是什么因素阻碍他们取得成功？

大多数失败的交易者自尊心太强，自我意识太强，不愿认错。即使有些交易者在其交易生涯早期愿意认错，但到后来都无法做到认错，所以还是以失败告终。此外，一些交易者因为对亏损过于忧虑而导致失败。

换句话说，成功的交易是力图避免亏损，但并不害怕亏损。

这种说法很好，很贴切。我不害怕亏损。当你开始害怕亏损，你就输定了，你就完蛋了。

"具有承受亏损的能力"是成功交易者的一个特征，是这样吗？

是这样的。汤姆·鲍德温（即本书下一位访谈者）就是很好的例子。他只根据市场的情况进行交易，交易时不考虑交易规模或账户净值。我这话的意思是，他不会对他自己说："我的多头头寸有 2 000 份期货合约。天哪，仓位太重了，我必须做空冲销一点。"他绝不会这样看待交易。只有当他认为市场已上涨过头或者做多是错误的，不应该持有多头头寸，这时他才会做空，冲销持有的多头头寸。

在你的交易经历中，有没有令你印象特别深刻的，格外具有戏剧性的交易？

1986 年，日本人在长期债券市场（现货市场）上进行大量囤积，搞起了垄断，长期国债期货市场在周一早上发生了市场情绪催发的大反弹。当市场价格达到 90.00 时，我就认为市场已涨得太多，已涨过了头，而最新的市场价格已超过 91.00，所以我在 91.00 上方做空 1 100 份合约。市场价格开始回跌，我在 91.00 处成交了 1 000 手。就在我认为这笔交易稳操胜券之时，在不到 5 分钟的时间里，市场价格就发生转向，由跌转涨，一路高涨到 92.00。

我损失了 100 万美元，市场价格上涨到离涨停板仅有几个刻度的地方。这次输钱如此之多并且如此之快，对我而言，绝无仅有。因为我这次交易操作和我平常的交易操作有所不同，所以才导致这样的亏损。

这次交易操作和你平常的交易操作具体有哪些不同？

通常，我在年初的交易规模不会如此之大。一上来，我喜欢逐步加大仓位，稳步赚钱，接着会用赚到的钱进行交易。

听起来，你每年的交易都是独立的，各年间彼此各不相关，是这样吗？这是你资金管理理念的一部分吗？

是的。我在价格高点（即 92.00）的上方又加了点空头头寸，自那以后我只关心冲销平仓的问题，耐心等待离场机会。此后市场价格开始回落，于是我就止损清仓，止损离场当天，账面最终亏损 400 000 美元，鉴于之前账面曾亏损 100 万美元，所以这样的结果还不算太坏，但这次交易对我的情绪产生极大的影响。对于市场这样的表现，我目瞪口呆。市场的出人意料，在此之前也曾有过，但那时我已遗忘。自己会犯下这样的错误，我简直不能相信。

你之前所说的"日本人在市场搞起了垄断"是什么意思？

如果日本人想买某种东西，那么他们最想得到的其实是"这种东西的市场份额"。在长期债券上，美国人第一次很好地见识到了日本人买有价证券的方式，他们的买入方式就是全部买下。

日本人这样的做法推动我们长期国债期货的价格达到高点？

确实如此。

可是长期债券的收益非常低，而且也蕴含各种风险，这点是显而易见的，日本的买家对此就不担心？

我认为，日本人不是冲着债券收益率去的。他们不考虑债券收益率的高低，他们只考虑债券价格能否上涨，如果债券价格能上涨，他们就买进。每当他们买进，价格都会因此上涨，而价格上涨后，他们又会再次买进。

接着债券市场（现货和期货）又再次大幅下跌，日本人及时清仓了吗？

肯定及时清仓了。你知道在高位谁买得最多吗？那些绝望的美国交易者，因为他们在上涨的途中一路做空，而到了高位他们需要做多冲销持有的空头头寸。

那么，日本人是精明的交易者？

不是，他们只是有一套方法。他们是"炮弹一样"的交易者。当他们选定所走的路，所有的日本人都会保持一致，沿同一条路前进。我有一位朋友，他在日本的一家商店工作，他告诉我一件事。一位日本交易员买了行情显示屏上所有的长期债券品种。买入后过了大约15分钟，这位交易员打电话来问我的朋友，他幼稚地问道："基差为什么会减小？"因为这位日本的交易员发现，长期国债的现货价格已上涨，而长期国债的期货价格没有上涨很多，导致两者基差变小。我的这位朋友告诉他："你刚才买了所有可买的长期债券，导致现货价格迅速上涨，当然会导致基差变小。"由此可见，日本人对于他们交易的影响力确实并不清楚。

1987年，日本人在美国股市又做了非常相似的事，和1986年在债市所做的事（即囤积长期债券）如出一辙：他们通过垄断几乎控制整个市场，因为价格能够走高，所以就买进。

对于1987年我没有做多股票，没有做空长期国债期货，我永远不会原谅自己。这应该是1987年最好的交易机会，可惜我错过了。

长期国债期货已经涨高，股市仍然未涨，这是你1987年打算做多股票、做空长期国债期货的理由吗？ 那时你认为两个市场在价值方面已出现背离，

即两者的价格关系已经不合理了，是这样吗？

确实如此。另外，那时我们知道日本人正在买进美国股市大市值的股票。我们已经知道日本人在美国债市上的买入方法，所以他们在美国股市上的买入方法也就可以预见了。综上所述，当时做多美国股市是非常明显的交易机会。

那你 1987 年时为什么没有实际行动？

一张标准普尔股指期货合约的价值和一张长期国债期货合约的价值，两者价差的范围一般在 19 000 ～ 25 000 美元。那时我正在享受四天的休假，而仅仅在几天的时间里，由于日本人在股市大举买入，推高了股指，使两者的价差达到了 30 000 美元。

既然你当时已有交易的计划和想法，为何不在休假前就做多期指、做空长期国债期货，进行合约间价差交易呢？

我想等两者的价差突破之前的价差范围，然后再进场交易。当两者价差超过 26 000 美元时，我就会做多期指、做空长期国债期货。在我休假前，两者的价差没有超过 26 000 美元。但当两者价差达到 30 000 美元时，我又在休假，无法采取行动。

你所遵循的重要交易准则是什么？

在亏损的头寸上绝对不要加码。

普通交易者会犯哪些错误？

过度交易和祈求得到内幕消息。

交易连续发生亏损，你会如何应对？

出于本能，我会降低交易的规模，有时我会中止交易，暂做休整。我会忘记过去所有的不好，一切重新开始，从此越做越好。我认为，这是一个良好的习惯。

当你交易遭受连续亏损，整个交易状况变差，但你仍然有账面盈利的头寸时，如果决定暂停交易，这些头寸你也会清掉吗？

这部分头寸绝对会清掉，因为在这种情况下，这些账面盈利的头寸必将由好变坏，转盈为亏。

***

我认为，在我与布莱恩·吉尔伯的访谈中，"双重交易"以及"日本对美国长期国债期货的影响"是最有意思的两个部分，然而这两个话题并没有提供交易技能上的真知灼见。访谈中还有一个发现，这个发现更为实用，那就是吉尔伯提出的主要告诫之一是，不要错用经纪公司的研究报告。吉尔伯发现，经纪人及其客户都可能把经纪公司长期的研究报告用于他们短线的交易。即便研究报告本身是正确的，但是对信息的误用也会导致交易的亏损。

显然，吉尔伯取得交易成功的关键因素在于，在交易中具有灵活性，抑制太强的自尊心和过强的自我意识，能够坦然认错。谈到成功交易者的观点，他这么说："我会追随成功的交易者。当然，我会有自己的观点，并不会盲从，别人的观点不能决定我的交易行为。有时，我认为自己的观点是正确的，我就会始终坚持。我对赚钱采用何种方式并不挑剔。我观点的对错并不重要，能否赚到钱才是重要的。"

最后，吉尔伯对于交易遭受连续亏损的应对方法是被许多交易者借鉴、引用的。他建议"忘记过去所有的不好，一切重新开始，从此越做越好"。全部清仓能让交易者头脑更为清楚。如果清掉的头寸对交易者仍然具有吸引力，那么当交易者恢复信心后，总有再次进场建仓的机会。

| 第十七章 |

汤姆·鲍德温
无所畏惧的场内交易员

对于活跃的期货品种,其交易池是令人印象深刻的地方。许多场内交易者喊单时声嘶力竭、争先恐后。执行交易订单的过程是有组织管理的,而且运转过程高效,出现如此混乱的景象,令初来乍到、没有经验的人感到不可思议。长期国债期货的交易池,堪称疯狂的世界,这里的交易者超过500人,这些人都是出类拔萃、毋庸置疑的交易高手。这里交易的场地非常宽大,以至于站在交易池一边的人,对交易池另一边正在发生的事,通常会一无所知。

众所周知,汤姆·鲍德温是长期国债期货场内交易中最大的个人交易者。凭他的交易规模,他可以和场内主要的机构玩家平起平坐。单笔交易量达到2 000张合约对他而言是家常便饭。单张长期国债期货合约的价值是100 000美元,那么2 000张合约的总价值就是2亿美元,而他一天的交易量普遍超过20 000张合约,这些合约的总价值就是20亿美元。在鲍德温30岁出头的时候,他交易长期国债期货已将近6年。

当初鲍德温进入场内交易的世界听上去更像自寻死路,而非自找出路。在1982年,鲍德温辞去他在肉类包装公司产品经理的职务,并租下芝加哥商品期货交易所的一个席位,开始了场内交易生涯,在此之前他毫无交易经验。那时他的本金只有 25 000 美元。他租借交易所席位每月还要支付 2 000 美元的租金，另外每月至少要留 1 000 美元用于生活开支，这些都要从他微薄的家底中扣除。好像这些费用支出还不够，因为那时他妻子正在怀孕。

显然，鲍德温不是谨小慎微的交易者，他积极主动、敢于冒险的交易作风是其交易成功的关键要素之一。他在场内交易的起步阶段就已盈利。场内交易的第一年还未过去，他通过交易就变成了百万富翁，而且自此以后持续保持交易的成功。虽然对于自己交易盈利的内容、细节，鲍德温拒绝谈论，但我保守估计，他交易盈利大概是 3 000 万美元。实际上，他交易盈利的真实数字可能要远高于 3 000 万美元。

长期国债期货市场是全球最大的期货市场，鲍德温显然是该市场上最为成功的场内交易者，因此我认为鲍德温是我这个访谈项目重要的访谈对象，不可缺少。然而鲍德温对访谈并不热衷。虽然他过去也接受过采访，但再次接受访谈，他明显已不乐意。还好布莱恩·吉尔伯和他是好朋友，两人都仰慕对方的交易能力，彼此惺惺相惜。由于吉尔伯的慷慨相助，鲍德温同意接受访谈，否则这次访谈将会遥遥无期，难以达成。

吉尔伯提醒我，鲍德温待人不是生硬粗暴，就是和蔼亲切，吉尔伯要我对前者做好心理准备。吉尔伯告诉我一个例子，如果有人问鲍德温："最初你是怎样涉足交易的？"他生硬、简略的回答是："我来到交易所内，接着就开始交易了。"这种语句基本体现了鲍德温回答问题时的特点。

访谈那天我来到鲍德温的办公室，此时距离交易收盘才过了几分钟。又过了几分钟，鲍德温来到了办公室。由于他刚搬到新的办公室，办公室的家具、摆设还未运到，所以我俩只能坐到窗台上，然后展开我们的访谈。

访谈时，鲍德温的态度既不生硬粗暴，也不和蔼亲切，也许"疏远冷淡"是形容他的最好词语。我明显感觉到，在我提下一个问题的时候，如果我有所迟疑，鲍德温可能就会转身离去。访谈那天正是圣帕特里克节（St. Patrick's Day），对此我印象很深，因为每当有人要离开办公室的时候，都会告诉鲍德温，他会在当地酒吧等鲍德温过来相聚，共庆节日。我感觉鲍德温急于参加酒吧的聚会，所以我决定访谈的提问完全即兴发挥，这样就能加快速度。他上一个问题刚回答完，我下一个问题就如连珠炮一样提了出来，以防我提问时的迟疑会使他离去。他对问题的回答通常相当简短。我感觉自己就像一个摄影师，正在追拍一只珍禽，可能错过一步，这只鸟就会飞走。

我知道，紧接下来的问题，我可能无法马上找到。当访谈进行了大约40分钟，此时我快速翻看提问用的检索卡片，寻找主要的问题。不巧的是，我目光停留到一个我已提过的问题，虽然我力图改变提问的角度，以免重复发问，但为时已晚。鲍德温听后起身致歉，说他有事必须要走，访谈就此结束。

你最初为什么会对交易产生兴趣？

我读研究生的时候，念过商品期货方面的课程。当时我就想从事交易，但我没钱买下场内的席位，无法取得交易所会员的资格。1982年的时候，我发现自己能够租到一个席位，我的场内交易生涯就此开始。

作为场内的自营交易者，相较其他类型的交易者，你会总想进行交易吗？

会的。

你是怎样学会交易的？

学交易时，我每次只交易一手。那时我整天站在交易所内观察行情动态，并对市场行情形成自己的观点。即使有时我并未实际进行交易，只是在心中形成自己的观点，但只要我的观点正确，我就会备受鼓舞、信心大增。接着当我实际交易时，我知道自己每天在交易所站六个小时，日复一日，在大多数时候自己的交易观点都是正确的。而我过去所观察到的市场模式、交易规律会在我交易时再度出现，丝毫未变。我把过去观察、学习所得到的东西运用到实际交易，把过去只在心中形成的观点付诸实践。

你是指市场模式或交易规律会始终不变、不断重现？

两者都是这样。市场模式会一次又一次重现，而同样的一件事，市场参与者会不断重做。

不知场内交易最初几个月的情况怎样？你一上来就盈利了？

我想那时我最大的亏损不过 19 个刻度，所以我差不多一开始就是盈利的。

要想在市场上保持正确，要有足够的个人优势，而你做场内交易，此前却毫无背景和经验，不知你的个人优势来自哪里？

刻苦努力就是我最大的优势。我每天要在交易所站六个小时，观察市场行情。我会努力工作一整天，而且天天如此。

但是你没有实践经验可以依靠。

做场内交易，你不需要什么经验。你根本不需要接受任何教育。人越聪明，在交易中就越愚笨；知道得越多，对你的交易越是不利。

你做的是"剥头皮"（scalp）的交易，当你做这类交易的时候，你的盈利目标是什么？

尽我所能去盈利。在一笔交易中，我可以赚到整整一个点或只赚到一个刻度。对于能赚多少，你永远无法事先预知。你必须观察市场，熟悉市场，如果你持有的头寸是正确的，是能盈利的，那就一路持有。

话虽如此，平均而言，你交易总能净赚几个刻度吧？

是的，我重仓的品种可能平均能赚 4 个刻度。

我猜想，你持仓的时间可能非常短。

我力图做到持仓短暂。

你持仓的时间是以"分钟"计算的吗？

是的，或者可以用"秒钟"来计算。我这样做，只是因为持仓时间越短，承受的风险也就越小。"风险最小化"始终是交易要实现的目标。

你始终是"剥头皮"型的交易者？

我过去是纯粹"剥头皮"型的交易者，现在我已发展变化，既是"剥头皮"型的交易者，又是投机交易者，身兼双重身份。

就目前来说，除了"剥头皮"交易的头寸，你其他投机交易的头寸比例有多高？

投机交易的头寸比例很小，低于 10%。

那么大体而言，目前你交易所用的基本方法和你起步阶段所用的交易方法是一样的，因为你仍然以"剥头皮"交易为主。

是这样的。

你是做短线的，所以你用日内的技术图表？

我不用。我用涵盖过去六个月走势的棒状图（bar chart）。

如果你看了走势图，然后说"我基本看多"。那么你在"剥头皮"交易时也会做多？

未必如此。看了走势图，我开始有了一个观点（即看多市场的观点），但此后如果我发现有些东西能让我最初的想法、观点发生改变，那么我会做出调整。

技术图表一开始会影响你交易的倾向，即技术图表起初会发挥一定的作用，请问这是你交易盈利的关键要素吗？

是的。

你有交易失利的时期吗？或者说你能保持稳定盈利吗？

我能稳定盈利。

难道你没有亏损的月份？

有的，我有一两个月是亏损的。

亏损的两个月不是连在一起的吧？

不是连在一起的，绝不会这样。

那些刚开始场内交易的人，起步五年后，其中没有输光本金，没有黯然离去，能依然留在场内，能在交易中存活下来的人，其比例有多高？

不超过20%。这只是一条经验法则（the rule of thumb）。上限20%，我可能还说高了。

那些刚开始场内交易的人，其中能通过交易至少赚到几百万美元并且能始终拥有的人，其比例有多高？

1%吧。

换句话说，只有极小部分交易者能做到。

是的。这和其他行业是一样的。有多少人能当上通用汽车公司的总裁呢？想当的人成千上万，能当上的人只有一个。

这 1% 的人凭借什么脱颖而出，他们和另外 99% 的人有何区别？对此你可有高见？

有点个人的看法。这 1% 的人非常刻苦努力，而且百折不挠、坚持不懈。他们热爱交易。热爱交易，才能取得交易的成功，这是必需的。另外，在交易这一行，你必须完全漠视金钱，不能把钱看得太重。把钱看得太重会导致交易操作出错，你不能为钱而交易。

你的意思是，只要你认为持有的头寸是正确的，是你喜欢的，你就会坚定持有，是这样吗？你不会这么去想——"这笔交易我输了 100 万美元，这笔输掉的钱够我买一间大房子。"即你不会把盈亏的数字转换为有形的实物。

确实如此。大多数人会把盈亏的数字转换为有形的实物，这样做是错误的。

换一种说法，对于交易的盈亏，你必须无所畏惧。

完全正确。

交易赢家的特点是，对于交易的盈亏，他们比交易的输家更加无所畏惧，是这样吗？

是这样的。

对于场内交易的新人，你能否预先对他进行评判，通过观察来预知其将来的成败？

我能做到。

某位新人将是个交易输家，你从何而知，凭什么来判定？

最为重要的判定依据是，输家在交易方面付出的努力远远不够。参与市场交易的大多数人都认为，任何一笔交易的胜率都是 50%，成败的可能是五五开。他们不知道有些东西可以提高交易的胜率。他们没有全力以赴，没有全神贯注。他们没有仔细观察"影响市场的因素"。你从输家的眼中可以看到，一座高墙似乎已矗立在他们的面前，使他们无法逾越前行，而这座墙是他们自己建立的，一切都是咎由自取。

你前面所说的"影响市场的因素"，是指市场的基本面吗？

不是。要留意其他市场的动向，比如道指或黄金的动向。要观察场内交易池里的交易者。

留意其他市场的模式、形态？

是的。

换句话说，交易输家没有全神贯注，对于市场和其他交易者关注不够。他们站在场内就是试图不断地交易，但对于市场所有一切的动向却知之甚少。

确实如此，另外他们的交易费用通常会很高。他们不愿花足够长的时间站在场内观察和学习，从而掌握交易的技能。这和任何工作是一样的，如果你观察和学习的时间足够长，你就会掌握相关的技能。问题就在于，在你动手交易前，你愿花多长的时间来观察和学习，愿付出多少时间来掌握交易的技能。

对你这番话，你确实深信不疑吗？

是的，对于一个普通的人，他或许当不了赚取百万美元的交易者，但如果他能在场内站上五年，不断观察和学习，他就会有所收获，掌握交易的技能。这就像工作一样，你从事一份新工作，最初的六个月你不用承担任何正式的工作，只是观察和学习，掌握相关工作的技能，那么你感觉会舒服、轻松。

你就是这样做的？

是的，但我开始的时候还是边观察、学习，边做交易的，我是只交易"一手"的交易者。我那时确实不轻松、不舒服，但为了赚钱养家，我只好边学边做。当时我名下的资产仅有25 000美元。

你是在哪个时点确信你将成功的？

这个问题很有意思。因为在交易中快速输光离场的可能总会存在，所以在交易这行绝没有什么确信可言。我的交易观是，拿剑之人将会死于剑下。因为偶然的突发事件，市场价格朝不利于我的方向运动并且达到涨跌幅限制，而我又是重仓持有，在交易中，这种可能永远存在。另一方面，世界上任何一个交易市场，我都能参与其中并且赚钱盈利，对此我深信不疑。

你发生亏损的交易日，其比例是多少？

十天中会有一天。

随着时间的推移，这个比例会改变吗？

这个比例就是通过长期数据而得出的，所以没有改变一说。

以你看来，普通交易者，也就是大多数公众交易者，他们在交易上所犯的错误是什么？

他们所犯的错误是交易过于频繁，对于交易时机没有精挑细选。市场价格一有波动，他们就想动手交易。所以，他们不会耐心等待交易良机，而是最终染上交易的强迫症。大多数人缺乏耐心，而"具有耐心"是成功交易者的重要特征。

要等待合适的交易时机，是这样吗？

是这样的。我敢打赌，大多数人做完最初五笔交易后，相较他人的业绩，其业绩是领先的、是盈利的。这时他们会想"这太好了，市场就是我的提款机"。但接着他们忘记了自己最初赚钱的原因。他们一开始能够赚钱是因为他们能够长时间地等待，能够耐心等待交易良机的到来。最初交易的时候，他们会说"我确信这是做多的良机，因为市场过去许多次都是这样的，这种看多的形态是我观察总结出来的"，因此他们赚到了钱。但很快，他们开始每天都进行交易，不再耐心等待交易的良机。

接下来发生的事就是，他们在一些交易中发生了亏损，而且应该如何应对亏损，他们一定不知道。在这些交易中，他们一上来是赚钱的，等他们知道不对时，账面已经打平。此时他们开始犹豫："我要在什么价位离场呢？"就在他们犹豫之际，市场让他们的亏损继续扩大。当他们账面亏损的时候，他们会说，"如果我在这里做空离场，我将亏损 1 000 美元。"如果他们每周的薪资是 500 美元，那么他们就不想亏损 1 000 美元，不愿就此止损离场。之前频繁交易的时候他们从不考虑金钱的得失，而此时他们对于金钱的得失又很快考虑起来。

一旦你在交易中考虑金钱的得失，你就死定了。

是的，一般公众通常就是这样走向失败的。

面对发生亏损的头寸，你是如何处理的？是很快止损离场吗？

如果我能很快离场的话，我会很快离场。我止损方法的要点是，我很有耐心，我会等待离场良机的出现。如果我认为这是一笔失败、亏损的交易，我会等到最佳的离场时机再平仓止损。离场良机一旦来临，我就力图冲销平仓。

所以，如果你认为某笔交易是失败的，所建头寸是亏损的，继续持有非你所愿，你就会平仓离场，但你会选择离场的时机，是这样吗？

说得对，但我终会离场。

比方说，当市场是单向运行的，你因此面对止损离场的问题，那么你到什么时候会被迫止损离场，而无法继续等待离场良机？

这取决于市场价格向不利于我的方向运动了多远，即我账面的亏损已有多大。当账面亏损达到一定程度，我就会放弃等待，止损离场。这种情况一年中会有三四次。一旦发生，我就马上平仓离场。

在这种情况下，你对于何时应该放弃等待、马上止损离场通常会有一种感觉吗？

会有一种感觉，因为类似情况以前也发生过。

但一般说来，较好的做法是，如果你做多，当市场价格下跌，使你遭受一点亏损，你应力图在价格反弹一点的时候再做空冲销，止损离场；如果你做空，当市场价格上涨，使你遭受一点亏损，你应力图在价格回跌一点的时候再做多冲销，止损离场。即在这两种情况中，你不应立刻止损，不应匆忙离场，要等待离场良机的到来。

完全正确。

这种止损手法是你交易方法中的关键要素吗？

是的。在交易中不要轻易放弃，即不要一遭亏损，就立刻快速止损。一般认为，交易者要遵循"快速止损"的交易准则，许多交易者深受这样的教育，所以只要持仓头寸一出现亏损，他们就立刻止损离场，这样快速止损当然有好的地方：这些快速止损的交易者在市场上永远能够活下去，不会输光离场。但是，如果他们能有一些耐心，应该会这么说，"是的，这将是一笔失败、亏损的交易，但如果我能忍耐几分钟，我或许能在10美元做空冲销多头头寸，止损离场。如果我现在马上止损的话，当前的离场价格只有7美元。"

持有亏损头寸的痛苦会因止损离场而终止，这也是快速止损的一个目的吧？如果这些快速止损的交易者忍受这种痛苦的时间能再长一点，那么他们止损造成的损失会更小一点，情况会更好一些。这么说是否公允？

是的，这些快速止损的交易者在交易时放弃太快。在大多数情况下，如果你不快速放弃，不立刻匆忙止损，你能让止损造成的损失由大变小。打个比方，你能让"五码的损失"缩减为"两码的损失"。

自你初涉交易以来，你的交易规模显然已大幅增长，这样会使交易变得更困难吗？

会的，但你必须适应。因为市场正以微妙的方式持续发生改变，所以你需要改变自己的交易方法。

自你进入长期国债期货市场以来，你发现该市场有哪些改变？

交易的规模变得更大了。现在每个刻度通常能成交数百张合约。交易规模的变大不会使市场价格的变动同样变大，即大额做多或做空的交易订单不会使市场价格发生很大的变动，因为市场容量和承接力都同时变大了。

那么，1 000手的交易订单会使市场价格发生很大的变动吗？

这取决于下单时市场的流动性。如果你想平仓1 000手，在许多时候你是能够平仓离场的。你想大幅平仓时，市场的流动性竟会如此充裕，确实令人惊奇。

平均而言，如果你平仓1 000手，会使市场价格变动几个价位？

这取决于具体的市况和市场当时的流通性，也许是一两个刻度吧。

市场价格压根变动不多？

变动不多。

如果市场的流动性良好，那么交易规模变大究竟是否会成为交易操作的阻碍？

会的，交易规模变大会使交易操作变得更难。通常，当你建立金额较大的头寸，其他场内交易者都会知道，因为他们站在场内，对于你的交易操作都看在眼里。至少他们认为，你的一举一动，他们都知道。其他场内交易者都会出手跟风，如果他们认为你是错的，他们就会袖手旁观。交易者变得多疑、猜忌是很自然的事。

因为你是长期的交易赢家，所以其他场内交易者往往是跟随你的交易操作。

很多次交易都是这样的，但这样会使建仓和平仓变得更困难。如果我做多，他们也全部做多；如果我做空，他们也全部做空。

在这种情况下，你会如何应对？

我会选好交易的时机，必须等到对手盘的大额交易订单出现，然后再出手下单。

这是否就像下棋，要会声东击西，有时你明明做多，但你会设法让场内其他的交易者都误认为你在做空，是这样吗？

有时是这样的。但一般来说，如果声东击西的话，你交易的规模不能大，否则就无法做到。

所以说，经常发生的情况是，如果你是多头，想平掉持有的多头头寸，你会等到市场上做多订单出现，然后你再做空冲销持有的多头头寸，是这样吗？

是这样的。

在技术图表上，你关注哪些东西？

关注关键的价位，比如一周中的价格高点和价格低点，50%的回调位置以及价格盘整区间。

你通过使用技术图表来形成短期或长期的观点吗？

形成短期的观点。

你所说的"短期"是指多短？

尽可能的短。通过交易来赚钱，操作要尽可能快速，这样能使交易风险最小化。时间越长，变数越多。

在长期国债期货市场上，我发现一个现象：价格会突破一两周的价格高点或价格低点，突破幅度达到几个刻度，但接着价格就会回拉。对于价格突破时才进场的交易者而言，这样的"突破后回拉"看上去就像陷阱。这是该市场价格运行的模式吗？

是的。总是如此。

基本面分析，你采用吗？

无论在什么时候，当重要的基本面数据出台时，我都会加以利用。

基本面分析，你是间接使用吧，也就是说，你主要观察市场对最新基本面信息的反应，是这样吗？

是的。另外还有一点，你要成为利用最新信息进行交易的第一人。如果最新的基本面信息以这样或那样的方式传出，我知道我将怎么做。此外，我通常有机会率先利用最新的信息进行交易。

你想抢占先机，在众人行动前就利用最新基本面信息进行交易。通常情况下，你在这类交易中的操作是正确的吗？

是正确的。

你已经做了成千上万笔交易，你对哪一笔交易最具特别的感情？

第一笔100手的交易。这笔交易是我交易生涯的里程碑。

你交易的规模是怎样跳跃发展的？怎样从1手发展到100手的？

我从1手做起，接着可能做5手，然后从5手跳到10手，再从10手跳到20手，接着又从20手跳到50手。

所以，你可能从50手再跳到100手？那么第一笔100手的交易，具体细节你还记得吗？

是的，我记得，这笔交易的风险非常大。当时长期国债期货的价格是64.25，某位经纪人要在64.25做多100手，但是他忘了报做多合约的数量，只报了

64.25 的做多价格。所以，我在不知交易规模的情况下说"我做空"。该经纪人认为我的做法有点奇怪，于是对我说，"你要搞清楚，我做多 100 手哦。"因为他知道我的交易规模以前从未达到过 100 手，所以才会觉得奇怪。于是我说，"好吧，我就做空 100 手，你的 100 手，我来接。"我做空 100 手后，市场价格立刻跌到了 64.24。

你的首笔 100 手交易听上去就像一场挑衅，是那位经纪人挑动你出手的，是这样吗？

基本上是这样。那时我还不是很好的交易者。在做空后，我立刻获利了结，先做多 10 手来冲销，接着又做多 10 手来冲销。我试图在 64.23 做多冲销，但市场价格跌到了 64.22。因为那时我不知道 100 手的空头头寸该怎样平仓，所以我共分 10 次平仓，每次做多冲销 10 手。

但是这笔交易对你作用巨大、意义深远，是这样吗？

是的。当时我作为一个小交易者，可以自豪地宣布自己已经做了第一笔 100 手的交易。所以我在收盘后跑到楼上的办公室，把这笔交易告诉清算公司的人。

这次交易从建仓到全部平仓历时多久？

六个月。

这次交易发生的时间相当早，我估计，以你当时的资金量完全不足以交易 100 手，这样说对吗？

说得对。我在那次交易以前可能赚了 10 万美元，或许连 10 万美元也不到。

即便有 10 万美元，如果你遭受亏损，用这点资金充当保证金，你也撑不了几个价位。

是的，只够撑 1 个点⊖。我对其他人说："当时我只考虑到，这是一笔有利可图的好交易，没考虑它的风险，交易规模这样大的交易，我可能永远不会再做。"

你再次做单笔 100 手的交易距离你说这话的时候有多久？

只隔了两天。

⊖ 在长期国债期货市场中，1 个点等于 32 个最小价格变动单位，即 32 个刻度。

这类交易的风险，你就不再考虑？

我不考虑了。就像那次交易中，那位经纪人在 64.25 做多 100 手，如果我觉得这是一笔有利可图的好交易，我就会喊"我做空 100 手"。

作为交易者，你心态中是否具有这样一种要素，即交易时最好始终谨慎小心？

这种心态后来才有，来得较晚。

你是否总能谨慎小心，自我控制？是否会有大意、失控的时候？

我也有失控、大意的时候。

有比较突出的失控时期吗？

有一些。不得不说，任何输掉几百万美元的日子都是失控严重的时期。

在那些输掉几百万美元的日子里，市场价格都是单向运动的吗？

是的，市场价格朝一个方向运动，趋势性很强。因为我是市场上的庄家，所以我会与市场趋势反向而行。如果市场价格已朝某一方向运动了 50 个刻度，而我是反向操作的，那么此时我可以向你保证，我的操作已经出错，并且这笔交易可能终将亏损。

1987 年 10 月，当长期国债期货价格达到最低点时，你持有多头头寸还是空头头寸？

那时我是多头，持有多头头寸。

你何时开始做多？

市场价格比最低价高五个点的时候，我进场做多。

整整五个点！你是指 81 点？

是的，那天市场价格最低跌到 77 以下，我在 81 的时候就已进场做多，所建多头头寸达到数千张合约。另有一些交易者也是重仓做多。

就在那天，市场价格跳空大幅下跌。谁是做空者？

商业机构在不断做空。

那么对于你最初的做多决定，你有没有再次考虑？

我重新考虑过。

如果市场价格跌到76点，或许就会跌到70点，这种可能性，你考虑过吗？

我没有考虑过。那时我认为市场跌势已尽，下跌已经结束。

为什么呢？

我根据技术分析和经验做出的判断。

即使你最初的交易操作是错误的，你仍然会耐心等待离场良机，而不会马上止损，这笔交易就是一个例子，是这样吗？

确实如此。

交易系统，你使用过吗？

没有用过。如果交易系统正确无误的话，那么它们就不会存在。

采用交易系统是徒劳无用的，你是这样认为的吗？

当然这样认为。交易系统为什么能存在？

"交易系统为什么能存在"，你来告诉我啊。

因为人们对自己的交易能力没有信心。如果出售交易系统的人确实有好的交易系统，能用它赚几百万美元，那为什么要以29.95美元的价格来出售这套交易系统呢？

运气和交易有关吗？

交易和其他任何工作一样。你刻苦努力，付出时间和精力，你的运气自然就来了。我在首笔100手交易中非常幸运地成为赢家，但我为什么会有好运呢？因为之前我能一整天站在交易所内，不断观察学习，六个多月天天如此，从而形成和提升了我的市场感觉。机会一旦来临，我就不会迟疑，能立刻把握。机会和运气只留给有准备的人。

你必须先付出，然后才能得到相应的好运。

说得对。

场内交易者中，有些人并非良好的交易者，但因为在几笔大交易中碰巧选对了方向，凭借运气做出了正确的判断，从而使其交易业绩处于领先的地位，这种情况是否存在？任何人都能仅凭运气来取得交易业绩的领先吗？

不能，从长期来看，是无法做到的。有一条经验法则，那就是如果你能持续一年保持领先，那你就能真正做到领先，但仅凭运气，你很难做到这一点，因为运气都是一时的。

由于推崇某些交易者的操作，从而使你在交易中受到他们的影响，这样的交易者是否存在，这样的情况是否会出现？

这种情况是存在的，这些交易者都是我的指路明灯。

所以借鉴他人的确是你交易方法的一部分。举个例子，交易者 X 是一位出色的交易者，并且持续取得成功，好运连连，如果你想做空的时候，他也是做空的，那么你知道做空是正确的。但如果你想做空的时候，他却正在做多，你会怎么办？

我会犹豫、停顿，或许会放弃做空。

有些交易者自我意识过强，从而故步自封，不能借鉴他人的观点，因为这个原因导致无法成功，这样的情况有吗？

有的。

不能总是我行我素，不能唯我独尊，这是否也是取得交易成功的要素之一？

是的。当你成功时，你必须调整自己的状态，以适应成功的状态。如果你赚到很多钱，你会很快开始自以为是，认为自己绝不会出错。你能操作正确、取得成功是因为你能遵循过去观察、学习所得的点点滴滴，而当你自以为是后，你会忘记这个原因。一旦你认为"老子将是天下第一"，你就会遭受重挫。

是你自己的交易想法，还是其他人的交易想法，这完全不重要。唯一重要的就是交易盈利或是亏损。交易想法来自哪里不重要吗？

你说得对。交易想法来自哪里不重要。

成为杰出的交易者，是否需要有点自大？

实际上，最好的交易者没有自我意识。要成为杰出的交易者，只有在树立自信心的时候才需要有足够强烈的自我意识，才要有点"自大"。自我意识对交易形成阻碍，那是输家所为，你要力图避免，你必须戒除自傲，消除强烈的自我意识。

当你在交易中已赚到一定的盈利，可能诱使你产生这样的想法："赚这点钱就够了，能否赚更多的钱，已无所谓，也许我应该兑现利润了。"你是否会有这种想法？

这种想法，我绝不会有。在我交易起步的阶段，那时我需要赚钱养家，但我从来没有具体的赚钱目标，好比说"我要赚100万美元"。我只会说"这是笔有利可图的好交易，或许我能赚10万美元"。

看来你在很久以前就能克服这种阻碍。你在交易中没有具体的赚钱目标，那么你还有其他目标吗？

没有。

因为你喜欢这么做，认为这是笔有利可图的好交易，所以你就做了。

是的，并且我希望永远如此。

※※※

鲍德温的交易业绩好得令人难以置信，因此他是本次访谈理想的候选人，然而对于他访谈中的评述是否和我或者其他场外交易者有所关联，我确实不抱太大的期望。毕竟，一个持仓时间用"分钟"或"秒钟"计量的场内交易者，他所说的内容和持仓时间在数周或数月的交易者能有什么关联呢？

令我惊奇的是，通过这次访谈，我很有收获，并且收获的真知灼见都与场外交易有关。其中最重要的一点就是，鲍德温强调"不要从金钱角度去考虑交易"。对他来说，金钱只是交易业绩的计分工具。而与鲍德温做法相反的是，大多数交易者会先把盈亏的数字转换为有形的实物，然后再去考虑交易的盈亏和操作，此时这些交易者的错误心态是他们做出正确交易决策的唯一阻碍。

例如，假定你最初的交易计划是，在一笔交易中你能承担的最大风险是 5 000 美元，即最多能亏 5 000 美元，超过就止损。接着在某笔交易中你账面上很快亏掉了 2 000 美元。如果此时你从金钱的角度来考虑这笔交易（比如"另外的 3 000 美元够我去度一次假"），你就会平仓止损。即便你依然相信"这笔交易的操作是正确的，最初的判断是无误的"，并且此时也并未达到止损点，但是由于错误的心态，你还是会平仓止损。因为判断失误导致头寸亏损，你不想继续持有从而平仓止损，这是一码事；因为你把交易承担的风险转换为有形的东西（比如可能亏掉的钱能用来度假），从而导致心态变差，完全出于冲动而去平仓，那是另一码事。两者天差地别，截然不同。

鲍德温另一个有意思的地方就是有违传统、不同寻常的止损方式：他认为止损不要过快，不要过于仓促，而应耐心等待离场的良机，对离场的时点要进行选择。这一止损的操作建议和大多数交易者的止损主张相悖。难道"快速止损"不是取得交易成功的基本原则之一吗？然而我认为，鲍德温这一阐述与"快速止损"的准则并无矛盾。我认为他所说的意思是，当市场价格朝不利于你的方向大幅快速运动时，此时并非止损离场的良机，通常是离场的最坏时点。鲍德温的观点是，此时不要急于离场，要忍受账面亏损带来的痛苦，只要稍作忍受和等待，就能找到更为有利的平仓离场时机。当然，只有训练有素、具有纪律的交易者才能应用鲍德温的止损理念和方法，因为这些交易者具有风险控制的策略和能力。

第十八章

托尼·萨利巴
"一手"制胜[一]

1978年托尼·萨利巴进入芝加哥期权交易所，做了半年职员后，萨利巴开始自己交易，成为场内交易者。在那儿他碰到一个交易者，萨利巴曾是那个人的球童。那个人贷给萨巴利50 000美元。萨巴利用这笔钱开始了交易。在交易之初，萨巴利一帆风顺，其后便遭受重挫，几近自毁。他通过交易技巧的改变把自己从彻底失败的边缘拉了回来，并且自此之后一直保持交易的成功。

萨利巴采用的交易方法是，当捕捉到罕有的、重大的交易良机时，他就不再满足于每天为蝇头小利买进卖出，而是一路持仓，赚足行情。他充分利用仅有的几次交易良机，建立了大部分的财富。这次访谈将会讨论其中的两次交易良机，那就是特利丹公司（Teledyne）股价的暴涨和1987年股市的崩盘。

萨利巴的交易业绩令人印象深刻的地方并非他交易生涯中所取得的几次暴利，而是他取得这些巨大利润所采用的交易方法。举例来说，他严格控制风险的方法令人印象深刻，而且超乎想象。实际上，在某个时期，萨利巴实现了70个月的连续盈利，并且每月的盈利都超过10万美元。把握几次大的盈利机会，从而赚到数百万美元，相当多的交易者可以做到，但其后能够守住财富，不让盈利

[一] 对期权不熟悉的读者请先阅读附录B，这样就能理解本章期权交易的相关内容。

回吐的交易者，其人数会大幅减少。只有极少数的交易者（比如萨利巴）能够做到既能赚到偶尔才会有的暴利，又能始终稳定盈利，守住赚到手的财富。

要保持交易的成功，要求萨利巴完成的研究、分析工作，量大面广，虽然如此，他还是设法涉足多个商业、投资领域，包括投资不动产，开办软件公司和连锁餐厅。总的来说，萨利巴业余开展的商业行动和投资项目所取得的盈利只能算是中等，但这些业余活动使萨利巴的个人喜好和追求更为多样化。

在进行这次访谈的时候，萨利巴正在进行他一生中最为重要的商业活动：和法国银行进行谈判，要求他们给予自己数百万美元的贷款，以此可以创建大型的交易公司。萨利巴此举的目的是，发现并且培养新一代成功的交易员。

萨利巴是一个可爱的人，他和你刚见面五分钟，就能让你有一见如故的感觉，使你觉得自己是他的一位至交。萨利巴对他人的喜爱是真诚的，是溢于言表的。

在预定访谈日之前的那个晚上，萨利巴遭遇小的意外。芝加哥期权交易所的大楼里有家健身俱乐部，萨利巴就在那里的大理石地板上不慎滑倒。当我在预定的访谈时间赶到时，萨利巴的助手告诉我，由于意外滑倒，原定在那天上午的访谈，萨利巴无法按时赶来。我留了一个口信，让这位助手转达给萨利巴。那天稍晚一点的时候，萨利巴打给我电话，他说将在几小时后和我相见，这样就能避免我的麻烦。把访谈重新安排在几小时后，我就不会错过当晚预定的航班或者因为访谈取消而要再次赶到芝加哥。

我们的访谈在拉萨尔俱乐部的酒吧进行，那里的人非常少，不会让我们有所分心。起初，我全神贯注于访谈，以至于没有注意酒吧前端的电影大屏幕。然而，后来当我放松下来，萨利巴在回答某个问题的时候，我扫了眼大屏幕，立刻发现原来放的电影是《乖仔也疯狂》（*Risky Business*，又名"冒险事业"），这时正放到瑞贝卡·德·莫妮（Rebecca De Mornay）扮演的角色引诱汤姆·克鲁斯（Tom Cruise）扮演的主人公。

我有一个坏习惯，那就是我会把访谈安排得非常紧凑，每天要进行多场访谈。对萨利巴的采访是那天第三场访谈，所以访谈时我开始感到十分劳累。当时的我第一个念头是，"眼睛不要去看电影屏幕，现在集中精神进行访谈已非常困难。"我的第二个念头是,"如果不全神贯注于访谈,对托尼·萨利巴是相当无礼的,尤其他在摔伤后还坚持蹒跚而来,其目的就是为我创造便利,免得我重新安排访谈,所以我就更不能失礼。"我的第三个念头是,"感谢上帝,我是那个面向电影屏幕的人。"

你是怎样成为交易者的?

我上高中的时候就是一些谷物期货交易者的球童(指高尔夫球童)。上大学时,我的一位朋友问我是否想当经纪人。当时我认为,经纪人所做的事和球童所做的事大同小异。所以我说:"好的。太棒了!是在哪里当经纪人?"他回答我说:"在印第安纳波利斯(Indianapolis)。"我问他:"哪家交易所是在印第安纳波利斯?"他回答说:"那里没有交易所,但你可以通过电话来为客户服务。"对此我是有概念的,就像这样子:"你好,纽约,做多;芝加哥,做空。"当我做了经纪人后,我发现自己就是个推销员。

做了几个月后,我问办公室里的人:"在交易这行,是谁赚走了所有的钱,谁是大赢家?"他们告诉我,要赚大钱必须去做场内交易。于是我决定去芝加哥期权交易所。在交易所内,我遇到一位交易者,多年以前我是他的球童,并且他贷给我 50 000 美元。

给曾经的球童 50 000 美元,这太不寻常了,难道不是吗?

我的猜想是,他非常富有,并且因为高血压的缘故想离开场内,他拥有交易所的一个席位,买下这个席位只花了 10 000 美元。因为他自己不再做场内交易,所以他需要借用客户账户由他人来代理交易,而我将帮他做到这一点,贷给我的 50 000 美元就是代他交易的本金。

他凭什么认为你能胜任交易?

当时我是交易所极有才干的职员,对于我的声名,他有所耳闻,所以就在我身上试一试了。

你交易得怎样?

在最初的两周内,我把 50 000 美元的本金做到了 75 000 美元,我做的是波动率价差交易⊖，而且此后账户资金不断增长。

此时你是否会想"小子，交易是那么简单、轻松"？

那时我想："我神机妙算，一切如我所料！"我的意思是，当时我以为自己是天才。那时当其他经纪人清仓离场时，我就反其道而行之，他们清掉头寸，我就反而建仓，让他们获利离场吧，让我留在场内继续持仓，承受一切风险、得失。因为1978年市场的波动率极大，所以1979年春天市场的隐含波动率（implied volatility）非常高。接着市场就不涨不跌，波动减小了，波动率和期权价格（option premium，又称期权费）都大幅下跌。我在六个星期里几乎输光了一切。最初的50 000美元亏到只有15 000美元。那时我想自杀。1979年5月，DC10大型飞机坠毁，机上所有的人无一生还，不知你是否还记得？而那时正是我最糟糕的时候。

你当时的心情可以用坠机时的感受来比喻吗？

可以。那时我希望坠机时自己就在机上，愿意和机上任何一个人对换。当时我心情极糟。我想，"这也是意料中的事，我自毁一生。"

因为你亏掉了别人的钱，所以你会感到内疚，是这样吗？

是的，我会内疚，而且我感觉自己是失败者。

你交易开始阶段具有信心吗？

一开始的时候，我很有信心，因为在自己做交易以前，我为一个经纪人当助理，做了近四个月，我从他那里讨教到许多有用的东西。

交易失败后，当时你认为自己的交易生涯已经结束了吗？

是的。1979年6月，我决定最好还是另谋一份职业。我找到了里维兄弟，他们拥有一系列的零售店，而我父亲过去曾为他们打工，为他们零售店的发展做出过贡献。他们对我说："不管在什么时候，只要你想来工作，我们都会让你管理一家零售店。"我说："请你们暂且等待，再过一个月，我会给你们答复。"

⊖ 这里的"波动率价差交易"是指市场波动率如果变大，则萨利巴持有的期权头寸就将获利的交易。

因为有了后路，所以你感觉会好点？

是的。这时我会说："我账户里仍然还有15 000美元，这还不错啊。"

这是你人生的停顿时期，可以这么说吗？

确实如此。这是我交易生涯的停顿期。所以休整之后，我决定重回场内，重新投入交易，再做一次尝试。

你亏损多少？那个贷给你50 000美元，由你代为交易的人知道吗？他有说什么吗？

杰克，这是个好问题。那人每晚都打电话给我。自那以后，我也曾经贷钱给许多人，让其进行交易。他们中有三四个人，每人遭受的亏损超过了50 000美元。贷钱给我的那位是个千万富翁，他知道我亏损后的表现就好像世界末日已经来临。

账户中剩下的钱，那人有没有向你收回？

没有，他只是唉声叹气，痛心疾首。他的财富来自财产继承和其他商业盈利，而不是来自交易。他对期权交易确实知道得不多。他买下交易所的席位只是找点事做做，与交易盈利无关。他告诉我："如果你再亏5 000美元，我们的借贷关系、代理交易关系就立刻终止。"所以，我在接下来的几周里不断减仓，直至全部清仓。

在那段时间，我向场内富有交易经验的经纪人请教，寻求操作建议，学习交易经验。他们说："你必须具有交易纪律，你必须做好自己的功课。如果这两件事你能够做到，那么你就能通过交易赚钱。你也许无法通过交易致富，但你能每天赚300美元，那么到了年底你就能赚到75 000美元。交易盈利，你必须这样来看。"这番话犹如指路明灯，令我茅塞顿开。我认为这种每天赚一些，逐步蚕食的盈利方法是我应当采用的，采用这种方法，我不会面临大的风险，并且可以积小胜为大胜，从而积聚大量的财富。

那时我交易特利丹公司的股票期权，该品种的价格波动极大。所以，我转做波音公司的股票期权，该品种的价格走势属于非常窄幅的震荡整理。我在那里进行套利兼"剥头皮"的交易，力图在单笔交易中获利 1/4 个点或 1/8 个点。

那时我力图平均每天盈利 300 美元，并且严格遵循这一目标，在交易中取得了成效。这一时期的交易，使我学会严格控制自己以及恪守交易的纪律。

时至今日，"刻苦努力""做好自己的功课"以及"恪守交易纪律"仍是我赖以生存的信条。

与此同时，在清仓的过程中，我仍然剩有大量用以套利的特利丹公司期权。当市场上涨时，这部分头寸就会发生亏损。在我交易波音公司股票期权大约五个星期后的一天，特利丹公司股票期权的价格开始猛烈上涨，我不愿重蹈之前大亏的覆辙，于是冲进特利丹公司股票期权的交易池以清空持有的头寸。我仿佛听到那些指点我的场内经纪人带着他们的教导走了进来，并且我发现他们的教导很快就对我发生了作用。我用交易波音公司股票期权时学到的交易技巧来交易特利丹公司股票期权，但有所不同的是，我这次"剥头皮"交易每笔交易赚到的不是 1/8 个点或 1/4 个点，而是每笔交易赚 50 美分（1/2 个点）或 1 美元（1 个点）。

那时你交易的规模有多大？

一次我只交易一手。某些人不喜欢我，因为我坏了他们的规矩，碍了他们的事。他们希望交易订单都是 10 手或是 20 手。

换句话说，这些人视你为讨厌鬼？

确实如此。

你的"一手"交易订单怎样才能成交？

在期权交易所，经纪人执行客户交易订单时遵循"时间优先"原则，即谁先下单，就先执行谁的订单。如果你要做空 100 手，而某人只做多 1 手，但他下单正好比你早，对于你俩的交易订单，经纪人要先执行那人做空 1 手的订单，将其与你做多订单中的 1 手匹配成交，然后再执行你订单中余下的 99 手。如果经纪人想忽略 1 手的订单，他是能够做到的，但这样一来他就违反相关规定了。

你的"一手"交易订单被经纪人忽略过吗？

经纪人从未这样做过，但场内做市商这样干过。

经纪人，你是指代理客户交易，在场内执行客户订单的人吗？

是的。场内经纪人是客户交易订单的执行者，而做市商是自营商，是为自己交易的。在期权交易所，两者是分开的，彼此泾渭分明。

你是特利丹公司股票期权交易中唯一的"一手交易者"？

通常情况下，是这样的。

你是否因此遭到许多人的嘲笑？

哎，有许多人嘲笑我！这些嘲笑我的人叫我"一手交易者"的时间最久。这些人中有一个人最令我烦忧和恼怒。此人赚了数百万美元，是场内最好的一个交易员，他几乎是他那个时代的传奇人物。他从一开始就给我很大的压力，对我冷嘲热讽。他令我的生活痛苦不堪。

这些非常成功的交易者对你的责骂、抱怨，是否令你的自尊心很受伤？

哎，是的，而且这种情况持续将近一年，一年里天天如此。

面对众人的嘲笑，你可能因此把交易规模加大一点吗？

我会加大交易规模，但不是因为这个原因。我的那位资助者，就是贷给我50 000美元的人，他在我遭受亏损、身处低谷时也曾让我烦忧和恼怒，但他却是促使我加大交易规模的人。虽然他对交易知道得并不多，但是有一条极为有用的交易建议，就是他给我的。一旦我交易业绩开始好转，他就叫我加大交易规模。他说："托尼，银行家给出第一笔贷款后，如果他感觉这次贷款的对象是正确的，将来是有利可图的，那么其后的贷款金额就会逐步变大。交易同样如此，你交易情况良好，就需要加大交易规模。"

你所谈到的场内令你苦恼、烦忧的情况最终在何时结束？

1980年6月，他们开始交易看跌期权，而那位最令我烦忧和恼怒的场内头号交易员却不喜欢看跌期权，认为这些都是有害的东西，他不想交易这些东西。我抓住这次机会，真正学习看跌期权的作用、意义和交易方法，并且成为最早交易看跌期权的做市商之一。

实际上，交易看跌期权后，能开启许多全新的期权交易策略。

是这样的，这些新策略多得令人难以置信。这些人虽然在场内只交易了几年，但都有自己的一套交易策略，他们固执刻板、墨守成规。比你想象的要快，那位场内头号交易员发生了转变，他像朋友一样对待我，并且建议我俩携手合作，共同交易。我们开始研发最新的期权交易策略，我们所取得的成果都是真正原创的，并且都是复杂抽象的。

你们研制这些交易策略是通过电脑吗？

不是，所有工作我们都是手工完成的。我们列出所有"将来可能发生的情况"。

采用新策略后，你仍然需要正确预测价格运动的方向和波动率变动的方向吗？

我们只要正确判断波动率即可。我们不必盯住和预测市场价格运动的方向，因为我们采用套利的交易策略，这一策略具有很大的优势。例如，某一期权的市场价格可能被高估，因为它受到交易所会员公司的追捧。

最后，我认为在研发交易策略方面，我做了许多工作，而与此同时，那位场内头号交易员却指望靠他自己的能力来推动和战胜市场。交易时他会偏离我们制订的交易策略，甚至做出损害我的事。当他自行其道的时候，我问他："你在做什么呢？"他只回答说："我改变了交易的想法。"

最后，我只好对他说："算了吧，我们还是拆伙吧，我自己单干。"此后我的交易规模开始变大。1981年和1982年早期，利率开始飙升，我交易策略的效果非常好，我开始赚到大钱。接着在1982年的多头市场上，有一段日子，我每天能赚20万美元。我所属清算公司的人，面对我的结算清单，简直都无法相信，这些单据数量众多，堆积如山。

你所做的是哪种类型的交易？

所有类型的交易，我都做。我视自己为"模型交易者"。只要报价屏上的交易品种，与其他品种间存在联系、彼此影响，我就会寻找交易的机会。在期权上，我主要的交易策略是多头蝶式套利（buying butterfly）。（蝶式套利是指买进或卖出一份履约价格较低的期权和一份履约价格较高的期权，同时反向操作两份履约价格介于上述两者间的期权。例如，做多一份履约价格为 135 美元的 IBM 看涨期权，同时做空两份履约价格为 140 美元的 IBM 看涨期权，再同时做多一份履约价格为 145 美元的 IBM 看涨期权，这就是用看涨期权操作的多头蝶式套利。）

所谓"多头蝶式套利"，你是指做多中间履约价格的两张期权合约，还是做多履约价格较高和履约价格较低的两张期权合约（在盈亏状况显示图中，较高履约价格和较低履约价格位于"蝴蝶"的翅膀）？

做多履约价格较高和履约价格较低的两张期权合约。采用这样的交易策略，你承担的风险是有限的，如果市场不是大幅波动，期权剩余有效时间的减少对你是有利的（除非期权市场价格的运动有利于期权时间价值的提高或者标的物波动率增大提高期权时间价值，期权的时间价值会随剩余有效时间的减少而逐步降低。在价格相对平稳的市场，采取多头蝶式套利，当期权到期时，如标的物的市场价格等于中间履约价格，则交易者可以获得最大利润）。当然，我尽可能在标的物市场价格便宜的时候进行多头蝶式套利。如果我能把各种有利因素串联在一起，那么我所赚的利润将相当可观。接着我会在更远的月份建立"爆发式头寸"。

你所说的"爆发式头寸"是什么意思？

这是我自创的词语。"爆发式头寸"是一种风险有限、获利潜力无限的期权头寸，它利用价格的大幅运动或波动率的提高来盈利。例如，某一个"爆发式头寸"的组成是这样的：做多虚值（out-of-the-money）看涨期权，同时做多虚值看跌期权。

听上去，"爆发式头寸"共有的基本特点是，当市场价格运动时，delta 的增加将会对你持有的头寸有利。所以，你实际上是靠波动率来盈利的（"delta"是指如果标的物价格变动一个单位，那么对应期权的价格预期将变动多少）。

确实如此。

实际上，"爆发式头寸"和你的"多头蝶式套利"是彼此相对的，可以相互补充。

是的，我在靠前的月份进行"多头蝶式套利"，这时期权剩余有效时间的减少对我是有利的；在中间及靠后的月份建立"爆发式头寸"。随着期权剩余有效时间的减少，"爆发式头寸"的时间价值也会降低，所以我会通过"剥头皮交易"的盈利来弥补。

换句话说，如果市场价格大幅运动，你的"爆发式头寸"就能盈利，而与此同时，你"剥头皮交易"的盈利可以作为补充，即弥补"爆发式头寸"时间价值的降低。

确实如此。

你是否总用一个头寸来抵消另一个头寸？换句话说，你是否总用 delta 中性交易策略来构建头寸（当价格小幅上涨或小幅下跌时，用 delta 中性交易策略构建的头寸，其总体净值能大体保持不变）？

通常都是如此。但偶尔，我也会建立明显净多或净空的头寸。

你所做的第一笔真正的大交易是什么？

是 1984 年交易特利丹公司的股票期权。当时特利丹公司的股价大幅下跌，我买入 10 月到期的虚值看涨期权。接着该股股价开始小步回升，但一帮来自太平洋交易所（Pacific Coast Exchange）的人也在交易特利丹公司的股票期权，他们与我的建仓方向正好相反，所以他们对我的多头头寸构成压力。他们在每晚的收盘时刻做空，向下猛砸市场价格。我没有害怕、逃避，反而迎头回击，全力做多。"你们想在 1.25 美元做空，我就在 1.25 美元买入 50 份期权合约。"这种情况持续了十多个交易日。

那帮来自太平洋交易所的人为什么要做空特利丹公司的看涨期权？

当时特利丹公司的股票价格从 160 美元跌到 138 美元，接着又缓步回升到 150 美元。我猜测，那帮来自太平洋交易所的人认为该股股价已不会再涨，所以做空特利丹公司的看涨期权。5 月 9 日的 9:20 他们停止特利丹公司期权上的交易，因为有新闻即将公布。新闻通过电传打字机传来："特利丹公司宣布股票回购计划，将以每股 200 美元的价格回购公司股票。"

购回自家公司的股票？

是的。当特利丹公司的股价在 155 美元的时候，我做多看涨期权，看涨期权的履约价格是 180 美元。该股股价最终涨到 300 美元，我一夜之间赚到数百万美元。对我而言，回购新闻发布后的四五个月，是一段美好的时光。

接下来发生了什么？

"在 30 岁以前成为百万富翁，并且从此退休"是我的人生目标之一。通过这次特利丹公司股票期权的交易，我在 25 岁以前就当上了百万富翁。当时我决定在 30 岁的时候退休。1985 年 5 月 5 日是我 30 岁的生日，就在那天我离开了交易所，告别了场内交易，我向那里的每一个人告别，并且自此以后不会重返场内。

那时你盈利最多达到多少？

800 万 ~ 900 万美元。

那么接下来将做什么，当时你清楚吗？

那时我确实不知道。不过当时我想，我仍然会以某种方式进行交易，但肯定是做场外交易，不会重做场内交易。

你这段退休持续了多久？

大约四个月。

你对退休后的生活感到乏味、厌倦了？

是的。我怀念市场，怀念交易时的兴奋和刺激。

所以，在你交易起步阶段，赚钱就是交易的首要目标，但一旦你实现了这个目标，金钱就变得……

一旦我赚到了钱，赚钱就成为交易的次要目标。那时退休后，如果我有妻子和小孩，或者遇到对我一生具有特殊意义的人，也许我就不会重返市场。但交易就是我的生活，交易使我具有成就感，交易让我找到生命存在的理由。所以无论怎样，我都不会放弃交易。

据我所知，1987 年 10 月股市崩盘那周是你交易业绩最好的时期之一，请给我讲讲吧。

我预期价格将发生大幅运动，但我不知道是大幅上涨还是大幅下跌，只要价格发生大幅运动就是我进场交易的良机。所以当股市大幅下跌时，我开始建仓，所建头寸类型、所用交易策略和之前交易特利丹公司股票期权时的头寸类型、交易策略相同。

就是"多头蝶式套利"加"爆发式头寸"。

是的。

在这次交易中，你的"爆发式头寸"是什么？

在这次交易中，我的"爆发式头寸"是，买入靠前月份的虚值看跌期权，同时买入靠后月份的虚值看涨期权。为对"爆发式头寸"进行平衡，我在该头寸之前的月份进行"多头蝶式套利"，随着期权剩余有效时间的减少，这种蝶式套利将能获利。

市场价格将要发生大幅运动，你从何而知？

1987 年 9 月下旬，指数已经不断在做上下往复运动，涨跌循环更替不止，你从这一现象中就能察觉市场价格将要发生大幅单向运动，市场变盘在即。

那时你预计市场将会大幅下跌吗？

实际上，那时我认为市场将会大幅上涨。指数首先将再度向上攻击原先的高点。

你在何时改变原来看涨的想法？

在股市崩盘（1987 年 10 月 19 日，周一）前的那周，该周周三（10 月 14 日）市场开始破位下跌。该周周四（10 月 15 日）市场并未反弹，只是剧烈震荡。如果该周周五市场发生反弹，那么我还会迷惑不解，不会改变原来的想法。但该周周五（10 月 16 日），市场开始快速下跌，就在那刻，我原来的想法发生了改变，我确信市场价格将大幅下跌。

因为一周中最后一个交易日下跌，所以你才改变原来看涨的想法？

是的。周五的市场表现和接下来周一的市场表现高度相关，至少与下周一开盘时的市场表现高度相关。

接下来的周一（10月19日）市场即将迎来大幅下跌，你对于如此大的跌幅事先是否有所察觉？

你认为我完全知道周一市场将发生些什么？当时我只是认为，周一市场会顺势低开，然后大幅走低，接着产生反弹，到收盘时基本收复当天失地，与上周五收盘大体持平。我在上一个周五（10月16日）还买入虚值看涨期权以备不测，防止市场不跌反涨。

你刚才说你在周五已认为市场将要大幅下跌，那么你为何还要买入虚值看涨期权？

只是防止市场不跌反涨，作为一种保险的措施。有一位交易员曾经对我说："萨利巴，棒球比赛盗二垒（steal second）的时候，直到你的一名选手到达二垒，你的另一名选手才能离开一垒。"我交易的方法正是如此，我总有保护性的措施，以防风险，以备不测。

尽管如此，你对周一（10月19日）早上市场会发生大幅下跌还是非常确信的。1988年4月的《成功杂志》把你作为封面人物，根据封面故事里所讲，你好像早知道市场将会崩盘。该文说你在周一故意不去交易所，而是去自己的办公室，为避免下跌时交易所混乱的局面对你产生错误、负面的影响。你在交易日不去交易所，而去办公室，这确实很不寻常啊，难道不是吗？

是和平常不同，如果我交易的话，一般我是去交易所的，但那篇文章完全是在误导。他们那样写是为了杂志的销量。按他们的说法，好像我早有计划，早知道市场会崩盘，所以在周一故意不去交易所。这并非事实的真相。那天我对我清算公司持有的头寸还是很忧虑的。特别是我公司里有一个人的仓位非常重，他并没有及时平仓，我在打电话上必须投入大量的时间，我人不在交易所，但还是通过电话来处理交易事宜。我上面所说的事和杂志所写的文章相比，显然缺乏戏剧性和传奇色彩，但确实是发生过的事，而该杂志故意避而不谈。

你在周一那天也出售交易席位了，难道不是吗？你对市场的下跌肯定很确定，所以才会出售交易席位。

我在那天开盘前就开始出售了。我认为，如果我不卖的话，也有其他人会卖。无论怎样，我毕竟有七个交易席位，我只不过卖掉其中的一个。

那天你卖出交易席位，是你第一次买卖交易席位吗？我认为，买卖交易席位的市场不具有很好的流动性。

以"一天内完成整个交易过程"的方式来买卖交易席位，那是第一次，但之前我买卖过交易席位。根据我对市场的印象和感觉来买卖交易席位。但总的来看，我还是希望做多交易席位，因为对我们这一行业，我还是充满信心的。

但是以那时的情况来看，卖出交易席位似乎是笔好买卖，不是吗？

那时我想："我拥有许多交易席位，这些席位面临的风险可能高达几百万美元，我最好采取防范措施，以防席位价格的下跌。"周一早上我卖出一个交易席位，得到452 000美元，在第二天下午我又花了275 000美元买回一个交易席位。

你在那个周一一共赚了多少钱？

回答这个问题会给我招来许多麻烦，我宁可不说。

显然，你通过做多虚值看跌期权赚了大钱。到周一收盘时，你该类头寸的持仓比例有多高？

大约95%。

你大部分头寸都是它！但那时你账面的利润已非常大，难道没有诱使你获利了结？

我没有平仓的理由是，我认为我做多的虚值看跌期权的价格还没有涨够。它们全部从虚值看跌期权变成平价看跌期权。到了周一这些虚值看跌期权又变成实值（in-the-money）为30点的看跌期权，而这时该看跌期权的市场价格就是30美元。换句话说，该看跌期权此时的市场价格几乎全部由期权的内在价值组成，基本不含任何时间价值。鉴于市场的波动率如此巨大，我认为市场已经丧失理智，陷入疯狂。

所以，你认为你会持仓到下一个交易日（周二），然后就平仓？

是的，另外我会对自己的持仓头寸进行对冲，这点你知道的吧？我在周一收盘的时候进行对冲，通过做多冲销我持有的"看涨期权的空头头寸"，一共平掉数百张做空看涨期权的合约。通过对冲手段，防止过度做空，以防市场转跌为涨。

基本上，你在波动率增大的时候买入期权。

这是我所做的最正确的事。到了第二天，市场陷入迷茫，人们不知道自己更想做什么：一半人想买入看跌期权，而另一半人想买入看涨期权。

但每个人都想要波动率啊。

只有点钞机真正响起的时候，他们才会想到这点，他们不会未雨绸缪、事先防范。举个例子，假如某天太阳离地球的距离变得最近，那时每个人都需要氧化锌软膏（zinc ointment）来治疗皮肤的晒伤，可是所有人都没有事先预留，我是唯一事先预留、提前防范的人，所以到时候只有我才有氧化锌软膏。

我们再从另一方面来看，那些在1987年10月股市崩盘中葬身的交易者，他们错在哪里，为何会导致失败？

他们想当然地认为，周一将是很普通的交易日。他们开始做多，他们认为市场之前的下跌不过是上涨途中的修正，并且市场的反弹即将到来。于是他们在市场下跌途中不断买入做多；市场每跌一波，他们都会买入。

有些交易者，只是因为被崩盘吓呆了，从而导致交易的失败，有这种可能吗？

当然有，有些交易者确实吓闷了。我有一个朋友，名叫杰克，他每年能赚百万美元。在崩盘那周的周四，我跑去找他，并对他说："杰克，你在想什么呢？今天你打算进场建仓吗？"但他听而不闻，只是呆呆地站在那里。他对我一言不发。市场的暴跌把他吓坏了。他不停地翻看交易清单，只是想找点事干干，但该做些什么，他确实不知道。因此，所有的交易机会都被他错失了。

与你这位朋友相比，你对市场暴跌的反应为何迥然不同？

持仓头寸面临的风险，我这位朋友没有想到。自己将会面临的风险，我总是事先确定，所以我可以不必忧虑，一切都早有准备。每天我步入交易池的时候，所有一切都是重新开始，从头来过，所以我能充分了解市场动态，全力捕捉交易机会。

你刚才所说的"重新开始"，听起来好像你的持仓头寸每天都会平掉，但显然你是持仓过夜的，这是怎么回事？

我是持仓过夜的，我所说的"重新开始"是指我对持仓头寸总会进行对冲，事先做好防范风险的准备，所以即使持仓过夜，我也犹如空仓一样。

对于持仓头寸所面临的最大风险，你总是清楚的吗？对于最糟糕的情况，你总能事先知晓吗？

是的，我可以做到。现在市场会发生什么情况？市场是横着不动，还是爆发上涨，或是介于上述两者之间，我都会事先预判。但无论市场将会怎样，我对最糟糕的情况都会事先知晓，会做好最坏的打算，会提前进行预防。所以，我交易遭受的亏损总是可控、有限的。

许多场内交易者为何最终会输到一无所有？

这类场内交易者最大的问题在于，他们认为自己要大过市场，将自己凌驾于市场之上。他们不会敬畏市场，并且他们还忘记自己的交易纪律和"必须刻苦努力"的行为准则。这样的交易者无法在市场生存，终将亏光离场。不过话说回来，大多数场内交易者确实都很努力。

对于交易市场，公众最错误的想法是什么？

他们最错误的想法是，市场必须上涨，这样我才能赚钱。正确的想法应该是，如果采用正确的交易策略，就能在任何一种市场上赚钱。在期货、期权以及对应现货市场上，无论在何种市况下，要建立相应的交易计划，都有足够多的交易工具可供我们采用。

换句话说，公众有太强的看多倾向、牛市情结，是这样吗？

是的，这就是美国人的思路和作风：市场必须上涨。当我们处于三年牛市的时候，政府对于程序化交易视而不见、不置可否。一旦市场开始下跌，程序化交易很快成为政府关注的重点，并且他们建立了大量调查委员会，用以查明市场下跌的元凶是否为程序化交易。

对普通人而言，比如我的父母和亲戚，他们最错误的想法在于，他们认为当市场上涨时能赚钱，市场下跌时会亏钱。人们需要用更中立、客观的立场来看待市场，并且要能这么说："在这个品种上，我将略微做多；在那个品种上，我将做空，但因为做空的风险是无限的，所以在做空方面我要限制风险。"

在交易遭受亏损的时候，你会怎样处理？

为什么会输钱？要么日内交易做得糟，要么持仓过夜的头寸遭受亏损。如果某笔亏损头寸的交易操作是有问题的，那么你应当止损离场。

你所做的就是止损离场？

是的。因为以后你总有再度进场、重新盈利的机会，所以当你遭受亏损时，要么清仓离场，要么采取中立的交易策略，对发生亏损的头寸进行对冲。当你所坐的船出现裂缝，水已渗入时，你不能为了排水而在船身上再挖一个洞。这就好比交易遭受亏损后，你不能在亏损的头寸上继续加码或死抱不放。

假如你交易决策的错误导致交易发生亏损，那么你会怎么做？

那就暂停交易，休息一天。如果我已清仓完毕，停止交易，我想舒展四肢，平躺在阳光下，晒一会儿太阳，把所有费神劳心的东西都抛到九霄云外。

取得交易成功的要素是什么？

交易成功的要素就是"头脑清楚，思路清晰，全神贯注，纪律严明"。交易纪律是排在首位的：采用某种理论、方法进行交易，并且始终坚持、恪守，这就是交易纪律。但同时你必须心胸开阔，灵活机动，虚怀若谷。只有做到这样，一旦你的理论、方法经实践证明是错误的，你才能及时调整和改变。你必须能讲这样的话："我的交易方法对这种类型的市场是有效、适用的，但我们现在所处的市场并不是这种类型的市场。"

你赖以生存的交易准则是什么？

我会逐步加仓和逐步减仓，这样就能分散风险。对我而言，下清一色的大额交易订单并非头等大事，并不重要。

还有其他的吗?

要始终敬畏市场,永远不要想当然,做好自己的功课。回顾一天的交易,找出自己做对和做错的地方,这也是功课的一部分。功课的另一部分就是对未来进行预测。我希望明天会发生什么情况?如果发生的情况与我所愿正好相反,我该怎么做?如果明天我希望出现的情况没有发生,我又该怎么做?考虑所有"将来可能发生的情况"。要预期未来的情况并做出相应的规划,而不是对已发生的情况做出回应。仅对当前的市况做出回应,是远远不够的。

当你赚到最初的几百万美元时,为降低最坏情况出现的可能,你是否想把部分盈利存入银行?

没有想过。赚到最初的几百万美元后,我的交易策略不断发展、增加,而实行新的交易策略,我需要加入新的资金。接着我赚到更多的钱,我开始把钱投入其他投资领域:不动产、商铺、交易席位以及诸如此类的投资品种。接着当股市在 1987 年 10 月 19 日崩盘时——其实我不喜欢用"崩盘"这个词——我认为任何地方都没有赚大钱的投资机会,所以我就从盈利中取出几百万美元,然后买入国库券,几周后,我又用这笔钱买了一份年金保险。

因为你的交易方法注重的是控制风险、降低损失,所以当市场似乎大难临头,而你却能安然无恙、置身事外,这使你初次感到在交易中采取"安全措施"是必需的。我猜得对吗?

确实如此,如果你交易账户中有 1 000 万美元,如果金融市场崩溃,当局停止所有的交易,你能怎么办?

你是怎样设定目标的?

我一直都是从金钱层面来设定目标的,直到最近才有所改变。最初我想在 30 岁前成为百万富翁。这个目标,我在 25 岁前就实现了。接着我想一年里赚许多,并且我也做到了。最初的目标都是具体的金额数字,但如今这些数字已不再重要,现在我所做的一些事,不仅为了盈利,而且出于个人的兴趣,对我而言,都是很有意思和乐趣的事。例如,我最近打算建立一个交易公司和一个软件公司。

我也想做一些与组建家庭有关的事。

对于成功与否，你如何来评判？

我的评判标准是，如果你是你所在行业里最好的那一个，那你就是成功的，就好比布鲁斯·斯普林斯汀（Bruce Springsteen）是摇滚乐方面最好的歌手，那他就是成功的。在我们交易这行，是否是最好的那一个，过去我认为必须用赚到的美元来衡量。现在我认为，更多的是要用生活质量来衡量。许多人认为我是成功者，但我觉得自己不是成功者，我确实没有取得成功。我感觉自己已赚到很多钱，在交易领域也有所成就，而且帮助贫困人群，但我没有组建自己的家庭，在个人生活方面存在缺失。怎样评判成功与否？我不知道。我现在所知道的一切就是，世界上所有的钱也未必能买到真正的成功。成功与否，金钱并不是评判标准。

你曾经认为金钱就是评判成功与否的标准？

是的，我曾经这么认为。但老实说，钱确实很重要，因为金钱是具有影响力的。站在那里的那个人，你看到了吗？我完全不认识他。现在假定他跑过来和我们说话。如果我对他的第一印象很差，那我对他就不会很恭敬。但假如接下来你告诉我，此人有 5 000 万美元的资产，而且都是他自己赚来的，那么我对他的看法和印象将完全改观，将由差变好，这种做法也许并不公正、客观，但确实是人之常情。这就是金钱具有的力量。

交易怎样影响你的私人生活？

从商业角度而言，我能把交易做得很好，但从社会、生活角度而言，我因为交易而屡次受挫。因为忙于交易，我没有足够的时间来陪女人、朋友。有时人们喜欢坐在一起，谈天说地，除非谈话的内容与商业、交易有关（就像你我现在的访谈），否则我是不会参加的。

你总是惜时如金，是这样吗？

是的，大多数人不是这样。他们会说："难道你都没时间坐在家里看电视？"

坐在家里看电视，你有时间吗？

我会把电视打开，但我脑子里想的始终是交易。昨晚我晚餐约会后，回到家中已是午夜，我非常劳累，想立刻上床睡觉。但直到凌晨2点我还未睡下，我一直在想交易。交易已令我上瘾，我过去的情况比这还要厉害。因为我在约会时还在做与交易相关的工作，所以我的前任女友们都非常不满地批评我。现在我约会时不会再这样做，但我脑子里还是一直想着交易。

是什么让你与众不同、出类拔萃的？

我能做任何事，我愿付出一切，我不惧任何艰辛劳苦，能够努力刻苦，我认为这就是原因所在。例如，最近我在和法国银行谈判，希望携手组建一家交易公司。我不会等到新公司成立才着手行动，我已经和这帮年轻人开始并肩交易了，我要把他们培训成交易员。我不知道法国银行将会贷给我多少钱，但我需要数百万美元来建立和运作这个交易公司。对于这种类型的挑战，我非常喜爱。

***

成为我的访谈对象，并且收入本书的杰出交易者，他们多数不是一夜间取得成功的，他们能有今天的成就都非一蹴而就，认识到这点很重要。萨利巴最初交易时，曾遭受惨重损失，几乎令他产生自杀的念头。然而这些杰出交易者具有的共同特点是，具备超强的自信和坚持不懈、百折不挠的精神。尽管在交易生涯的早期遭受失败，但上述两个特点足以使他们取得最终的成功。此外，萨利巴的坚持不懈除了让他走出早期失败的阴影，重新振作起来，而且在其交易生涯的其他阶段也发挥了积极作用。例如，萨利巴在交易特利丹公司股票期权时，因为每次只交易一手，所以经常遭到场内其他交易者的嘲笑，要是换作其他人，可能会因此放弃自己的交易策略，以免遭受耻笑，但萨利巴依然故我，坚持了下来。

同样是交易特利丹公司股票期权的例子，这个例子也揭示了杰出交易者的另一个重要特点：保持严格的风险控制，即便实行时遇到困难，也一定要做到。当萨利巴在交易特利丹公司股票期权时，他被场内其他交易者叫作"一手交易者"，此时他非常可能加大交易头寸的规模，不再每次交易一手以免遭别人耻笑。但萨利巴面对众人的嘲笑，仍然坚持自己的交易纪律和交易策略，严格控制交易的风险，继续保持小的交易规模。直到他交易账户的资金增长到一定程度，使他能够加大交易头寸的规模，他才遵循风险控制的原则，逐步加大交易头寸的规模。

刻苦努力地工作以及对许多不同预想、假设进行细查，使萨利巴能对所有意外情况都有所准备，能够未雨绸缪，这也是萨利巴取得成功的关键要素。当1987年10月19日股市发生崩盘时，萨利巴通过列出和考虑所有"将来可能发生的情况"，使他不仅没有被吓坏惊呆，反而加以利用，捕捉其中的交易机会。许多人把杰出的交易者想象为"能够凭借自己超人的敏捷或近乎第六感觉的东西，不断进出市场，快速赚到大钱的人"。然而杰出交易者的现实情况没有那么富有魅力，没有如此神奇。大多数杰出的交易者把他们的成功归功于"努力刻苦地工作"和"做好所有的准备"。实际上，许多非常成功的交易者像萨利巴一样，每晚都会做好自己的"功课"，因此他们每晚没有闲暇的时间或者不会让别的事情来干扰他们做每日的市场分析。如果他们偏离了自律，没有做好"功课"和交易的准备，通常会令他们付出高昂的代价。据萨利巴自己说，由于自己因公出差，从而没有及时下单交易，因此导致最近某次交易的失利。他说："这笔交易我亏了1万美元，虽然金额不大，但所有1万美元的小额损失累加在一起，那就是很大的亏损了。"

| 第五部分 |

MARKET WIZARDS

交易心理

| 第十九章 |

范 K. 撒普博士
交易心理学

范 K. 撒普博士是研究心理学的专家。1975 年他在俄克拉何马大学健康科学中心获得心理学博士学位，其职业研究的方向是"压力对人类行为的影响"。他对成功心理学，特别是将成功心理学应用于交易市场有着浓厚的兴趣。1982 年，撒普博士建立了自己的"投资心理数据库"，他通过测试调查的方式来评估投资中的优势和劣势，来确定赢家和输家的特质。数千名投资者和投机者（包括我在内）都参加了这种测试，这种测试调查包括书面回复的评估和十分钟的电话诊察。在成功投资、成功交易方面，撒普博士共写了五本书，他投资课程的核心内容都通过这些著作提供给读者。他是《股票技术分析和期货技术分析》杂志的特约编辑，而且他也为其他财经杂志、报纸撰写了大量文章。撒普博士也是电视及广播财经节目的常客，在许多投资研讨会上能听到他的高论。

现在撒普博士在位于加利福尼亚州格伦代尔市的办公室工作，他投入全部时间为交易者进行心理咨询以及继续"成功交易"的研究和调查，通过采访和研究顶尖交易者，从而建立"成功交易"的模型。撒普基本的教学理论是：传授顶尖交易者具有的赢家特质，而不是传授具体的交易方法。通过这种方式，撒普能让尚未成功或者不怎么成功的交易者和投资者的绩效得到显著提高。最近他有一个新的项目，就是力图把他最成功的客户转变为"超级交易者"，这一项目会把教学的时间延长。通常教学的时间是由两个学期组成（两个学期间有间断），每个学期为时两天，而为了新项目的成功，教学时间延长为不间断的半年。

在我采访撒普博士后，他问我，是否愿意接受他的录音采访。他正在进行的研究项目会收录这次录音访谈的内容。我认为这样的录音访谈将有助于提高我自己的交易绩效，于是便欣然同意，而且非常期待。他对我的采访持续了四个多小时。撒普博士的提问方式是刨根问底型的，许多问题一定要打破砂锅问到底。在我最初回答一个问题后，他会继续问："别的还有吗？"并且在我补充回答后，这种问法会重复多次。当需要补充的回答，我不再能想到的时候，撒普会让我转移目光注视的方向，以便我想到需要补充回答但被我遗漏的地方。后来他向我解释，让我转移目光注视的方向是为了激活我大脑的不同部分，帮我想起遗忘的东西。我认为这次采访产生了许多个人的真知灼见（"自我实现"中的某项内容将在下一章中简要论述）。

撒普博士交易方面的基本课程含有他的五本著作和四盒磁带，对于这些课程，我想谈谈个人的印象和看法。然而，虽然为了获得本章涉及的背景知识，我粗略地看了一下书，听了一下磁带，但由于我同时要兼顾全职的工作和本书的写作，并且还要规划今后某项个人事务，所以没有足够的时间或精力来认真研究这些课程，而了解这些课程是需要你高度关注、全力投入的，不是我简单浏览就可以发表看法的。然而我能为以下事实作证：有一位交易者，他是本书访谈的对象，同时他做过撒普博士"成功交易"模型的研究对象。撒普博士所具有的睿智以及他对成功交易发表的真知灼见令这位交易者印象相当深刻。

对于心理学和交易的联系，最早你是怎样产生兴趣的？

读完硕士后，我主要的研究兴趣是"各类毒品对人类行为的影响"。在我获得心理学博士学位后，我花了大约八年时间进行相当规范的心理学研究。例如，当前全国警察仍然采用的"现场清醒度测试"（现场的酒驾测试），我协助有关部门对其进行标准化。当我从事这项工作的时候，我也明白了我期权交易输钱的原因。实际上，当时我输钱速度快并且始终输钱，以至于当我最终亏光离场时，我不得不得出这样的结论：我是天生的输家，亏损是我命中注定的。就在那个时候，我在本地一家"宗教科学派"（Religious Science）的教堂报名参加了成功学方面的课程。这门课上所教授的原理、准则之一就是：在你身上所发生的一切都是你性格、习惯、态度和思维方式的反映。在此之前我已经阅读了大量交易心理学的东西，并且我认为这些知识就是我"虚幻的信仰"，我想对这些知识进行验证。我决定通过调查测试的方式来收集数据，从而建立"投资心理数据库"。我设计了一个调查测试，通过这一测试来评估投资中的优势和劣势。我想把这一具有原创性的测试在我所在的班级进行，可是班上没人愿意参加，所以我就写信把这一调查测试的计划告诉了 R. E. 麦克马斯特（R. E. McMaster），他是一位时事通讯的编辑，我是该通讯的订阅者。麦克马斯特收到信后，把我的调查测试推向他的订户。在他的帮助下我总共收到近 1 000 份回复，并且我对交易心理学的兴趣被全面激发，决定以此为今后的职业。

通过分析测试的回复，你知晓哪些东西？是否有很令你吃惊的回复？

在这次测试中，我把成功按不同的程度进行划分，所以我能把所有回复按照"成功程度"进行分级。投资学的著作通常提出有 10 个不同的方面对于投资成功至关重要。因此我在每个方面都设计了测试的问题，从而可以对这 10 个方面进行评估。我对回复所提供的数据进行了统计分析，并且发现这 10 个方面中的每一个方面都和投资的成功密切相关。另外我认为，这 10 个方面可以分为三大类，这三大类，我分别称之为心理方面的因素、自我管理和自律方面的因素以及决策方面的因素。虽然其后我曾对测试的内容进行精简，但我仍然使用这三大类，虽然各类中的内容有所改变。另外，除了仍然使用最初的 10 个方面进行评估，我又额外增加了一个方面，那就是"直觉"。

你评估的 11 个方面都是哪些方面？

"心理方面的因素"含有五个方面，这五个方面是：个人生活周全、均衡；具备积极的态度；怀有赚钱的动机；没有人格冲突；对投资（或交易）结果负责。赚钱的动机与成功的关联并不是很显著，但我仍然将它作为测试中评估的一个方面，因为缺乏赚钱的动机与人格严重的冲突会对成功产生巨大的负面作用。

"决策方面的因素"包括三个方面，它们分别是牢固掌握市场交易中使用的技术分析方法；能够不存普遍的偏见，保持客观理性，从而制定正确合理的决策；具有独立思考的能力。顺便说一句，基于测试评估后的得分，掌握技术分析的方法、知识和成功的关联极小，几近没有。

另外，"自我管理和自律方面的因素"包含三个方面，它们分别是风险控制的能力、保持耐心的能力以及我后来加入此类的"直觉"。虽然直觉和交易成功间的任何关系，我都尚未发现，但我还是把"直觉"作为测试评估的一个方面，因为我对这一内容很感兴趣。

根据这 11 个方面的评估，你觉得交易输家的特征是什么？

失败交易者的大体特征综合了以下各方面：失败的交易者，他们内心的压力巨大，而且不具有抗压的能力，对人生的看法消极、悲观，总是预期出现最糟糕的情况。对于交易输家，在他的人格上存在严重冲突，当出错时总是责怪他人。这样的人没有指导自己行为的一套准则，而且更可能沦为随波逐流者，成为乌合之众中的一个。另外，交易输家没有规划，做事杂乱无章，并且在交易中缺乏耐心。他们总想立刻就交易，现在就交易。大多数交易输家并不是具有上述所有的特征，没有糟糕到极点。他们只是具有交易输家的部分特征。

目前，你为许多交易者提供心理咨询，你是怎么涉足这一领域的？

自从那次调查测试后，我开始经常进行调查测试。此后人们便开始向我询问他们特有的问题。"投资心理"是相当独特的研究领域，知者甚少，问者众多，这使我无暇、无力回复如此之多的询问。因此我决定，对于测试评估的 10 个方面，我在每一个方面都写一本小册子，这样做既为了自己学习总结，又可以为投资者提供帮助。后来我把第一本小册子制作成书，公开出版。就在那刻，我决定把这些内容编为五本课本，从而开展投资/交易心理方面的培训。在我编好第二本课本后，我开始接受"神经语言程序学"（neuro-linguistic programming，NLP）方面的培训。学习这门科学可以懂得怎样复制别人的成功，我把这门学科中的一些技巧融入我"投资/交易心理"的培训课程。鉴于我的培训课程、项目不断发展壮大，其后我就开始为个人提供咨询服务，这一转变顺理成章、水到渠成。

你早期研究的思想和方法，其后是否发生过改变？

当初我设计测试的内容，通过测试的回复，可以预言哪个回复者是能成功的，而哪个回复者无法成功。这是我最初的想法。现在我相信，任何人只要为交易的成功能全力以赴、全情投入，那么他就能取得成功。学习怎样取得成功才是至关重要的头等大事。

有太多的人故步自封、墨守成规，而与这些人正好相反，我的看法和方法是不断在发展、变化的。因为我是从实用角度，根据实效来评估我的看法和方法，我认为这是我能不断改变自己已有看法和已用方法的原因所在。例如，过去我认为"某些人即便全力以赴，也无法取得交易的成功"，但现在，我认为"任何人只要全力以赴，都能取得成功"，改变后的想法对我最为有用，最具实用性。持有这种新看法后，我在通过心理咨询帮助他人成为交易赢家时更具有成效。

通过咨询取得成功或者仍未成功的具体案例，你能否提供一些？

有一位来我这儿的交易者，他已经一年多无法交易了。他希望在全面咨询前，让我先帮他重新投入交易。因此，我让他在一天早晨顺路来我这里，先谈个45分钟。通过面谈，我收集了一些信息，并且基于我的个人判断和相关知识，我推测他的问题在于人格冲突。接着他接受了为时十分钟的心理训练，其后又用了两周时间来整合、巩固此前心理训练的成果，然而仅花了这点工夫，他已能重新交易。在此之前，此人为解决心理上的问题曾花了大把的钱，做了许多事，但都徒劳无功。然而，我用了十分钟的心理训练和两周的成果整固就轻而易举地解决了他的难题。

另外有一个人，我也尝试了同样的方法，但那种简单类型的心理训练对他已不奏效，而他无力支付更多的咨询费用。我认为，他存在的问题影响的不是他的投资。虽然他已40多岁，但他的行为处事仍然像一个小男孩，不能承担成年人理应担当的责任。他仍然和他的母亲住在一起，在他母亲的照料和支持下，其整个生活方式和小孩子的生活方式无异。他想进行交易的唯一理由就是能够继续维持这种小孩子般的生活方式。这种生活方式是他不愿放弃的，如果对于这种生活方式，他不能做出改变的承诺，我认为我帮不了他，他的问题，我无能为力。

另外还有一个客户，他在咨询后的两天已小有改观，因此他不愿接受后续的服务，他认为后续的服务可能已属多余，但最终他还是决定接受后续的服务。于是我又花了两天时间来听他倾诉，接着我们一起完成了简单的心理训练。在训练结束的时候，他已脱胎换骨，完全变了一个人（虽然他可能要用一周的时间来整固训练的成效）。两个月后，他打电话告诉我，咨询后他在交易中赚到的钱已超过65万美元。

如果某位交易者采用"非量化"的交易方法（比如，该交易员会这么说，"无论何时，我看到这种技术图表形态，对于市场接下来的运动方向就会有所感知，我就会根据这种感觉买入或卖出"），当此人交易失败时，是交易技能缺乏导致交易失败，还是心理问题对交易成功形成阻碍，你将如何来区分？

在接收新客户前，我需要知道他们所用的并且自认为有效的交易方法。他们认为方法有效的具体依据，我也需要确定。例如，他们所用方法是有效的，他们能使我确信吗？对于这种方法的有效性，他们自己检验过吗？他们的检验是完全的事后评估、后见之明，还是根据实际遵循的交易信号来评估交易绩效，从而对交易方法的有效性进行检验？另外我确信，要通过日内交易或短线交易赚钱，非常困难，所以不管是谁，如果想取得日内交易的成功而来找我帮忙，那么他们交易的失败，我会怀疑与心理并无关系，而是由于日内交易本身难以成功。

与此同时，我认为交易技能的匮乏，其本身就是交易心理障碍的一种。由于判断力低下、目标不明、内心的冲突等原因，才会造成某些人（交易输家）没有形成系统的交易方法或形成了方法却并未加以检验。所以，这些人需要得到帮助的地方就是克服内心的阻力和障碍，从而形成系统的交易方法。如果有人跑来告诉我，由于内心的冲突无法形成系统的交易方法，所以想寻求我的帮助，那么接纳他们为我的客户，为他们提供咨询服务，完全没有问题。

主要有哪些心理上的阻碍使大多数人无法成为成功的交易者？面对这些心理上的问题，应该如何应对？

最典型的情况是，大多数人总是带着他们自身的问题进入市场。金融市场如同大自然，它只会让参与者显现暴露自身的问题，而不会去解决这些问题。大多数人以认输离场告终，但其中只有一些人认为"他们需要用一套交易系统来进行交易，只有这样才能使交易更具成效"。那些采用交易系统的交易者，最终通常能把问题从"应对金融市场"转变为"应对自己的交易系统"。

大多数交易者的第一个主要问题是"应对风险"方面的。例如，投机交易的两条基本成功法则就是"截断亏损"和"让利润奔跑"。然而这两条法则，大多数人却无法做到。例如对你而言，赚钱不亏是最重要的（就和大多数人在玩"投资游戏"时一样），那么你在及时止损、接受小的亏损方面就可能难以做到。因此，你遭受的小亏损会演变为中等的亏损，这种中等的亏损你更难承受，更难截断。最终，中等的亏损发展成为巨大的亏损，此时你已无力支撑，你会被迫承受，被迫止损。这一大亏的恶果都源于不能承受小的亏损，不能及时止损。同样，当人们账面获利时，他们总想立刻兑现利润。他们会这么想，"我最好在盈利溜走前就马上兑现。"账面盈利变得越大，兑现利润的诱惑也就越大，而他们也就越难抗拒这种诱惑。一个普遍的事实是：在账面获利时，大多数人变成了"风险厌恶者"，宁可兑现小的利润，马上将蝇头小利确定，而不愿持盈，不愿为更大的利润明智地去冒险。然而在账面遭受亏损时，大多数人又变成"风险偏好者"，不愿及时止损，他们一厢情愿地希望亏损会变小，宁可为了必将扩大的亏损，不明智地去冒险。因此，大多数人与交易成功的要求背道而驰，他们是"截断盈利，让亏损奔跑"。

如果你视交易为一种游戏，那么"止损"和"持盈"就是游戏的规则，玩游戏而不遵循游戏规则，那就是错误的。你要是这样去想，遵循"止损"和"持盈"这两条法则就会变得很容易。在一天交易开始时，你要重温你的交易法则；在一天交易结束时，你要回顾当天的交易。如果在当天交易中你遵循了交易法则，那么即便交易亏钱，你还是要自我表扬，表扬自己遵循了交易法则。如果在当天交易中你没有遵循交易法则，那么你要在内心回顾和检讨自己的交易行为，在心中做好准备，力争在将来的交易中能做出更多正确的抉择。

第二个主要问题是"应对压力"方面的。压力有两种表现形式：忧虑和生理上的应激反应（fight-or-flight response）。大脑处理信息的能力是有限的，大脑的容量是有限的。如果你脑中满是忧虑，大脑中进行决策的容量空间都被忧虑的事所侵占，那么你就无法有效决策。

应激反应有两方面的影响，其中一方面是它会使人们的视野和关注焦点变窄。人们会重回其早期运用良好的反应方式。例如，当人们身处压力之中时，他们连普通的决策都不想做，他们会套用自己过去还是新手时的做法，他们会按照经纪人的建议去做。简而言之，身处压力之中，对于所有事，他们都想简化处理。可是简单的解决方法极少有正确的。当人们感受压力时，他们也可能成为随波逐流者。其他人的行为、做法就是追随、效法的样本，如此依葫芦画瓢确实很简单。随波逐流者无须自己做出决策，但随波逐流必将导致交易的亏损。

应激反应的第二个重要影响就是，它使人们耗费更多的精力。面对具有压力的事件，人们在一些自己能够考虑到的选择方案上会投入更多的精力。他们会秉承一贯的做法和固有的思路来应对这些具有压力的事件，只是他们应对得很艰难。按这种做法，你在交易决策上投入再多的精力，也没法帮你赚到更多的钱。适得其反的是，你可能会做出草率、非理性的交易选择，而你多余的精力也会由此耗尽。比如，你可能在发生亏损的头寸上投入大量的精力，积极抵抗，拒绝止损离场。结果你会遭受更大的亏损，所有投入的精力都付之东流。总而言之，应激反应会窄化你的选择范围，让你把更多的精力集中耗费在自己固有的并且一成不变的选择方案上，从而使你的绩效下降。

要成功应对压力须从源头做起，要形成抗压的能力。我建议，在抗压方面存在问题的人可以采用压力管理方面的措施。另外，你要明白，具有压力的事件，其产生压力的大小和有无都取决于你看待这类事件的角度和理解这类事件的方式，这才是压力的源头，明白这一点，至关重要。改变自己看问题的角度和理解问题的方式，你将能改变问题和事件的本身，从源头来消除压力。例如，交易赢家和交易输家最典型的差异就体现在对待亏损的态度上。大多数交易输家对亏损感到焦虑不安，然而成功的投机客懂得坦然面对交易的亏损是取得交易成功必不可少的组成部分，胜败乃兵家常事。由于大多数人深受美国文化的影响和熏陶，认为"只许成功，不能失败"，所以大多数投资者必须改变对亏损的看法，对亏损不再忧心忡忡，只有这样，才能取得交易的成功。

第三个主要问题是"应对冲突"方面的。我们每一个人都具有多面性，各个方面都有明确的目的、积极的意向。例如，某人可能有"赚钱盈利的一面"，有"防止失败的一面"，有"自我感觉良好的一面"，也有"顾家养家的一面"，等等。现在，如果你也想建立这些方面，你通常在潜意识里会允许这些方面发挥作用，各行其道。接下来这些方面按照各自的目的会使你持续做出各种新的行为。有时，这些新产生的行为会导致重大的冲突。这种我提出的冲突模型，是我最为有用的看法之一。我不是说人们肯定有这些方面的存在，但是如果我相信这些方面是存在的，那么对于我帮助人们解决交易方面的问题是会有帮助的。我必须让客户意识到他们具有的各个方面，然后引导这些方面协调一致，权衡各方面的得失利弊，尽量让每个方面的需求都得到满足，彼此之间不会产生冲突。如果可能办到的话，我也希望能对各个方面进行整合，使它们融为一体。

"人们具有各种不同的方面，各个方面彼此会产生冲突"的说法，我认为比较难以理解，无法形成概念，你能举一个例子加以说明吗？

我为某位场内交易员提供过心理咨询，他的父亲在交易上相当成功，但他父亲并不是他的好榜样，因为他父亲是个酒鬼。于是在这位交易员的内心就形成了"阻止像父亲一样"的机制，他身上的"一个方面"就此形成。他每年通过交易能赚 75 000 美元，但如果他想赚得更多，他身上的这个方面就会产生影响，发挥作用，以确保他不能变得太成功，即不能像他父亲那样成功。我为他做了心理咨询，使他身上的各个方面协调一致，彼此毫无冲突，其后他通过交易，在大约两个月的时间里就赚到 65 万美元。

有些人在潜意识里确实想输钱或不赚钱，因为这样可以实现其他方面的积极意向，你是这个意思吗？这种情况有多普遍？

我服务过的交易者，其中有一半的人存在这一问题，属于这一类型。我认为这种情况很普遍。

到目前为止，你列举了"对待风险糟糕的态度""压力"和"冲突"这三个阻碍交易成功的障碍。就交易心理而言，人们在交易中还有其他主要的问题吗？

第四个主要问题是，许多人是情绪化交易，即让他们的情绪来驾驭他们的交易。实际上，大多数交易问题的解决似乎都包含某种方式的情绪控制。可以帮助人们控制情绪、稳定心理状态的方法，我所知道的至少有10种。有一种简单的方法，人们可以马上采用，那就是调控身体的姿势、调节呼吸的节奏以及舒缓肌肉的紧张。你如果按照这种方法改变相关的要素，你或许会发现，你的情绪也会随之发生改变。

最后一个主要问题是"决策制定"方面的。虽然交易决策的制定有许多方法、多种视角，但大多数人在交易决策时会采用通常的决策方法。比如你打算买一辆新车，想一想，在此之前你会仔细研究哪些因素。你必须考虑车型、制造商、交易价格、销售服务、相关成本以及车子的配件等。你可能会花上一周或更长的时间来评估这些因素，然后做出购买与否的决策。大多数人会用这样的方法和方式来做交易决策，这显然是无效、错误的，因为这种做法费时太多，而交易决策是有时效性的。所以正确的解决方法是，采用交易系统，依照系统发出的信号进行交易。但大多数拥有交易系统的人，在交易系统发出信号时，他们会继续采用通常的决策方法，而不是按照交易系统的信号进行交易决策，所以他们的交易决策当然不会正确、有效。对于"决策制定耗时长、效率低"的问题，我已发现一个最好的解决方法，这种方法通过"锚定"的过程来实现快速、有效的决策。这一过程有点复杂，所以不便在此展开。

如果大多数人懂得情绪控制，学会消除负面情绪的方法，他们是否就能成为成功的交易者？你是怎么看的？

假如负面情绪就是所有交易问题产生的根源，那么确实如你所言，消除负面情绪就可取得交易的成功。但我认为，产生负面情绪的症状只是基础、起步阶段的问题。我在大多数情况下认为，帮助客户解决具体的问题，比如消除负面的情绪，并不能让他们取得交易的成功。我必须教会他们使用有效的交易方法，只有这样，他们才能取得交易的成功。然而这一教授过程需要了解交易想法背后的原因和具体的思考方式，而大多数交易者对此并不重视。

现在我把自己当作"行家模型"的制造者。我这句话的意思是，如果某些人在交易的某一方面做得很好，我能够弄清楚他们是怎么做的，然后把他们的方法技巧总结出来（相当于制造"行家模型"），接着再传授给其他人。我集中制造"成功交易的模型"和"出色投资的模型"。因为我有这些模型，所以我相信，一心想当成功交易者的人，不管是谁，我都能教授他。在我的教导下，他能成为最好的交易者之一。

出众的交易者，能在交易业绩上胜过他人，是凭借更高超的分析能力，还是凭借更良好的情绪控制能力？

是凭借更良好的情绪控制能力，但我认为两者都要特别强调，都要重点关注。

要复制他人成功的交易，需要做到哪些事？

复制成功需要复制三大基本要素，即信念、心理状态以及心理策略。最好的交易者在每次交易中都具有的信念、心理状态和心理策略，如果你都能学习、效法，并且最终拥有的话，那么他们的业绩、他们的成功，你就能复制。举一个与交易无关的例子，大多数武术（martial art）行家认为要做到徒手劈板的话，不练上几年是不行的。但我用了大约15分钟，仔细观察那些成功徒手劈板者的动作，接着我就能徒手劈开两块0.5英寸㊀厚的松木板。我甚至演示给我儿子看（那时我儿子才10岁），教他怎样去劈。这就是"成功模型"背后的力量，掌握模型的要素，就能取得成功。

大多数行家的情况是，他们不用刻意学习什么模型，就能不知不觉地具有某种能力。他们在某一方面做得很好，因为他们在这一方面所做的事都是自动自觉的，无须借助外力。例如，大多数人学习驾车时，能不知不觉地掌握驾车技术，所做的一切也都是自动自觉的，所以他们不用学习什么成功模式或借助什么外力。当你学习驾车时，甚至不用多想，一切都在不知不觉中完成。当那些"能不

㊀ 1英寸≈0.025米。

知不觉地具有某种能力"的人向其他人阐释他们所做的事，传授成功之道时，许多重要的东西会被遗漏。因此，我关注的重点就是那些遗漏的部分，我会帮学习的人们补上遗漏的部分，让他们真正掌握成功之道。

我们从第一因素"信念"谈起吧。为什么信念对取得交易成功如此重要？

我给你举一个例子，这个例子来自其他建模项目。美国军方根据全美步枪技术最好的两名神枪手的情况建立可供学习的模型。接着他们在美军新招募的士兵中开设射击培训班，通过引入成功者的模型，可以将培训时间从四天缩减到两天，而考评的合格率能从80%提高到100%。此外，军方用建立模型所得的知识，既能培训新兵，又能同时帮助顶尖射手提高自身的技能。军方搜集的"射击方面的信念"特别能揭示内情。例如有两名顶尖射手，他们射击时的信念是：

- 要在战场上存活下来，射击精准至关重要。
- 射击、捕猎很有乐趣。
- 心理上的演练和准备对于射击成功非常重要。
- 如果我射偏，一定和我的操作执行有关系。

这两名顶尖射手经常比试高低，其中一人总是获胜。你可以根据他们各自的信念来辨别两人的优劣差异。比如两人中的胜者相信，在比赛的前一晚要演练整个1 000环的比赛，实际演练非常重要，而不仅仅是心理上的演练。然而两人中的输家认为只有心理上的演练才是重要的，实际演练并不重要。另外，两人中的胜者认为，每发射中靶心的中央很重要（即便不会因此得到额外的点数）；然而两人中的输家认为，射中靶心才是唯一重要的，是不是射在靶心的中央并无所谓。仅仅因为两人信念的差异，导致其中一人的成绩要好于另一人的成绩，其中的道理你懂了吗？

现在将顶尖射手的信念和那些刚进军营、尚未受训的新兵的信念进行对比，新兵射击时的信念是：

- 枪支是罪恶的工具，它们能杀死人。
- 如果用枪射击过多，射手的耳朵就可能会震聋。
- 如果射失目标，那不是射手的错，而是枪的错，是枪没有对准目标。

我认为，仅仅比较两者的信念，顶尖射手要远胜未经培训新兵的原因，你就能开始明白。

我工作中和一些顶尖交易者打过交道，现在我对其间的某些发现做一个阐述。你或许会发现，其中讲到的一些信念，在你这本书的其他访谈中能够得到证实和确认。一般来说，我发现顶尖交易者所具有的信念是：

- 钱并不重要（正确的交易操作才是重要的）。
- 能够坦然接受交易的亏损。
- 交易就是一场游戏。
- 要取得交易的成功，心理上的演练和准备很重要。
- 交易尚未开始，他们已经赢得了胜利，早已胜券在握。

虽然远远不止这五大信念，但我认为这五项信念是最重要的。大多数人从事交易就是为了赚大把的钱，但这正是他们输钱的主要原因。因为过于看重钱，他们就很难做到"截断亏损，让利润奔跑"，无法接受小的亏损，做到及时止损，同时又急于兑现利润，怕到手的盈利飞掉。与此相反，如果你把交易当作游戏，玩游戏就要遵守游戏规则，而"止损"和"持盈"就是交易游戏的规则，这样去想的话，遵循"止损"和"持盈"这两条金科玉律就会变得很容易。

此外，因为事先经过心理上的演练，做过广泛的规划，顶尖交易者在开始交易之前就在脑海中对所有可能发生的情况做过演练，对交易的策略做过检验，对可能出现的错误早已了然于心。因此，顶尖交易者对于保持长期的盈利早就胸有成竹、胜券在握，对于今后可能遭受的小挫折，也能轻松应对。

你前面说交易赢家具有"交易尚未开始，他们已经赢得了胜利，早已胜券在握"的信念。对于已经是交易赢家的人而言，这样的信心是有益的，这

点我很容易理解，但是对于交易新手而言，这种信念的影响和作用是否会适得其反？例如，你初次接触滑雪橇，在上手的第一周，你就自信自己有能力从专家级的斜坡上滑下，但实际上你并不具有这样强大的能力。对于交易新手菜鸟而言，怎样来区分恰如其分的信心和不恰当的、盲目自大的信心？

我工作中打过交道的顶尖交易者，他们在交易生涯的起步阶段就对交易市场做过广泛的研究。他们形成了"怎样进行交易"的模型，并且不断改进和深化这个模型。在他们确信自己胜券在握之前，他们会不断进行心理上的演练和准备，对于他们想要做的事都统统盘算清楚。经过这些步骤，此时他们不但具有信心，而且具有相应的能力，能够对获得成功做出必要的承诺，而不是盲目自大。此外，我前面讲过的五大信念，这些顶尖交易者都能同时集于一身。因此，我认为恰如其分的信心和不恰当的、盲目自大的信心有三大区别。首先，集各种正确的交易信念于一身，比如我前面所讲的那些信念，才能产生恰如其分的信心。如果一个交易者除了信心，其他一无所有，那么他可能会倒大霉。其次，广泛检验、测试各种交易模型后才能产生恰如其分的信心，如果对于你的交易模型，你没有做过正确、恰当的测试，那么你的所谓信心可能就是失当的，属于无本之木。最后，为了成为成功的交易者，你必须全身心地投入，只有全力以赴，你才能产生恰如其分的信心。大多数想做交易者的人，他们并未全力以赴，他们只是自认为已经尽心尽力。苏格兰喜马拉雅山探险队有一首诗，作者是 W. N. 默里（W. N. Murray），其中有一句诗："人若全力以赴，天将遂人心愿。"

如果你确实全身心地投入交易，那么不仅能确保你不会偏离交易的正道，而且会发生一些有助于你的事，这些事似乎是冥冥中注定的。如果你为了成为成功的交易者确实做到了全力以赴，那么我现在所说的话，你可能会有几分明白，甚至我说"巨大的亏损其实对你也是有助的"，你可能也会明白其中的道理。反之，如果你在交易上没有全力以赴，那么你可能会说："撒普正在说的东西，我一点儿都听不懂。在交易上，我已尽心尽力，但那些有助于我的事情并没有发生啊。"因为你并不明白，那些看似不利的事，其实对你也有帮助，可以转祸为福。

你之前说过，"心理状态"是复制成功的第二个关键要素，你能够详述你的意思吗？

如果你要求别人列举他们交易或投资中遇到的问题，可以根据回复将这些人分为两类，一类是根本没有问题可列的人，另一类人在心理状态的控制上存在问题。那些没有问题可列的人，并不是他们没有遇到问题，而是他们把所有的问题都推向别人。当这类人自己出错时，他们会责怪市场，会责怪场内交易者或自营交易商，会责怪内幕交易，会责怪自己的经纪人，或是责怪自己的交易系统。我们具有推卸责任的天性，当出错时不是自责反省，而是责怪他人。对于这种作风，我们的社会起了推波助澜的作用。例如，近来媒体对于程序化交易大肆报道，实际上是想把人们在股市中输钱的原因归结为程序化交易的存在，而不是输家自身缺陷所致。然而，如果出错时，你责怪他人，推卸责任，不做自责反省的话，你就会重犯错误，因为别人都是外因，外因是你无法控制的。

当出错时，投资者应该采取的上上策是确定出错的原因。我这里说的"查明为什么会出错"倒不是要你为了已犯的错误进行自责，而是要你及时总结这次犯错的经验教训，一旦以后遇到类似的情况，你就能正确选择，不会重蹈覆辙。你现在及时牢记出错的原因，想象将来可能遇到的类似情况，那么以后一旦遇到类似情况，你就能轻松、正确地应对。

当人们能找出自身的问题时，他们会发现，这些问题通常和某种心理状态有关，常见的例子有：

- ▶ 我交易时太没有耐心了。
- ▶ 我在交易时会生气发火。
- ▶ 我在不该恐惧的时候恐惧。
- ▶ 我对市场将要发生的事过于乐观。

以上只是一小部分与心理状态有关的问题。一旦你能确定你在心理状态上存在的问题，你就能着手解决这些问题，因为心理状态的问题属于内因，内因是你能够控制的。通过调节身体的姿势、调整呼吸的节奏以及肌肉的紧张程度，能够控制自身的心理状态，这点我之前已经谈过。下面这个方法，你不妨一试：你可以去步行街，观察其他人走路的姿势；然后你要模仿六种左右的走路姿势，你每模仿一种，每走一次，都要留意你的心理状态是怎样随之改变的。

我并不是说"控制心理状态"就是取得交易成功的灵丹妙药，这只是获取成功的一个步骤、一个方面。当你承认获取交易的成功主要靠自己，主要靠内因时，其实你还有很长的路要走，这只是刚刚起步。你必须认识到，你要对自己取得的业绩、成果负责，具备这种认识对于取得投资或交易的成功至关重要。交易赢家知道自己要对自己的交易业绩负责，而交易输家认为自己不必对自己的交易业绩负责。

怎样才能控制心理状态，你能否举一个实例？

"控制自己的心理状态"被大多数人称为"自律"。我把步骤最简易的方法传授给别人，这样他们就能马上应用。例如有一种方法：假定你坐在桌边，然后你开始意识到，你当前的心理状态需要做出改变，改成你想要的心理状态。那么你就站起来，离开椅子，走到距离椅子四英尺①远的地方，然后望着椅子，回想你坐在椅子上的样子，回想时要留意之前的坐姿、呼吸方式和面部表情。接着你开始想象：在你想要的心理状态下，你会是什么样子，你的坐姿、呼吸方式和面部表情将是怎样的。当你想清楚后，你就重新坐回椅子，并且按照刚才想象中的样子去做。这个方法几乎在任何情况下都能奏效，因为该方法包含几个重要的原理：改变身体的姿势；从更客观的角度回想、审视自己；想象理想的状态，以此摆脱现实的困境。

之前你说过，"心理策略"是复制成功的第三大要素，现在请你详细阐述一下。你能同时举一些例子吗？

要了解策略，你必须先要了解人们是怎样思考的。人们在思考过程中都要用到视觉、听觉、触觉，对某些人而言，还会用到味觉和嗅觉，用到这五种感觉是人们思考时共有的特征。这五种感觉对于心理策略而言，犹如伟大小说作品中的

---

① 1英尺≈0.305米。

每个字母，又如经典交响曲中的每个音符，它们虽然不是基本要素，但基本要素正是通过它们而形成。实际上，心理策略是你思考过程中的一个环节。

如果要详细阐述这个复杂的话题，我认为已超出本次访谈的范围，显然不妥，所以作为替代，我给你举两个例子，通过例子来加以说明。首先想象你有一套交易系统，该系统会发出具体的交易信号。大多数信号都是可视的，比如特殊的价格走势形态或是你电脑中交易系统的某个信号。接着展开想象，你的交易系统正向你发出可视的交易信号。现在尝试如下策略：

- 看到交易信号。
- 确认这一信号是知道、熟悉的。
- 你会告诉你自己，如果遵循这一信号进行交易，可能会犯错。
- 对这一信号产生坏的感觉。

如果采用上述策略，你能正确、有效地交易吗？你会采纳交易信号，遵循交易系统进行交易吗？可能不会！如果你采用下面这套策略，又会怎样？

- 看到交易信号。
- 确认这一信号是知道、熟悉的。
- 对这一信号产生良好的感觉。

如果采用上面这套策略，你会按照交易信号进行交易吗？可能会。所以即便上述两种策略从字面上看相当类似，但从交易角度看，两者导致的结果截然不同。如果你想根据交易系统进行交易，你采用的基本策略必须像后一种策略那样，只有这样，你才能正确、有效地进行系统交易。

你研究"复制成功"的时候，有两位顶尖交易者成了你的研究对象，但他们采用截然不同的交易方法。一个人基本上是机械交易者（系统交易者），而另一人更多的是采用直觉交易的方法，属于主观交易者。对于他们的异同，你能加以比较吗？

首先，我要讲述他们的相同点，因为两人的相似处要大于不同处。这两个杰出的交易者看似完全不同，但实际上你能找到很多的相似处。你可以把这些相似处看作取得交易成功的必备要素。首先，他们都建立了"反映市场是怎样运行"的模型，并且通过广泛的研究来验证他们的模型。虽然两人建立这种模型的思想、侧重点完全不同，但建立和验证这种模型的步骤两个人都有，我认为这点很重要。其次，我之前所述"成功交易者普遍具有的信念"，这两个人也同样具有。最后，这两个交易者对于他们生活的目标以及作为交易者应有的目标都非常清楚。他们相信，自己只是市场众多参与者中的一员，是"金融市场巨大版图"中的一部分，因此要顺应市场的趋势。

下面来讲两个人的不同点。机械交易者各方面的逻辑性都非常强。通过他的设想，在他的大脑中构建了形象的模型。他的语言和思路都非常精确严谨。他对"怎样成功交易"会有自己的想法和理念，他对"经济怎样运行"也会有自己的设想和看法，他会把上述想法和设想都融入主观的模型，并且可能是这种模型的重点所在。但他认为，这样的模型是无法令人满意的，他必须将其转变为计算机的算法，而且计算机化的模型要与他的思路、他的主观模型匹配相符，这样才算满足他的要求。基于这种看法，他将他的主观模型计算机化，并且他会不断修改主观建立的模型和计算机所产生的模型，直到两者完全匹配，用他自己的话来说，"直到他们看上去都正确、恰当"。这个过程非常漫长和艰辛，我认为在此期间会对他的日常交易决策造成妨碍，我想他可能会赞同我这种看法，但从长期来看，这一漫长艰辛的过程对他有益，会有帮助。当他的主观模型和计算机化的模型完全匹配后，他就几乎可以从交易决策中脱身，因为那时所有的交易决策都可以让电脑来代劳，即完全依据计算机化的交易系统进行交易。此时交易决策对他而言，就轻松简单了。

直觉交易者正好与此相反。市场是怎样运行的，直觉交易者有自己的想法，他根据这一想法建立主观的模型，他不是根据"怎样成功交易"来构建这一模型。另外，他认为市场是不断发展变化的，与"建立计算机的算法，将模型计算机化，从而对主观模型进行检测"相比，跟上市场的变化更为重要。市场将会怎样，他会有所预期，他根据自己的预期进行交易。这种预期就是可视的交易信号，我认为，他可能将这种可视的交易信号转化为交易的感觉。这种交易的感觉实际上就是思考问题的一种模型，但是这种模型难以计算机化或者难以向外界表达，无法形成交流。因此直觉交易者认为，将交易系统计算机化是在浪费时间。请记住，直觉交易者重点关注的是，对"市场是怎样运行的"进行解读，而不是"怎样进行交易"，并且他认为市场是不断发展变化的。因此他到底是怎样交易的，他很难向别人讲清。他只是用"直觉"一词来概括自己的交易方法。同时，他做日常的交易决策很简单，只要凭自己的交易直觉即可。截然不同的是，机械交易者一定要把自己主观的东西计算机化，通过电脑里的交易系统进行验证，然后才不会担心。

你在心理咨询中，最难解决的问题是什么？

我认为只有两大问题很难解决。第一种难以解决的问题是，对交易的投入没有达到全力以赴、尽心尽力的程度。除非人们为成为优秀的交易者，愿意付出一切，竭尽所能，否则我提出的建议，要他们去做的事，他们是不会去做的。没有全力以赴的交易者，我一般不会提供服务，所以这样的人，我不会碰到许多。但偶尔也会碰到，比如在免费的公益服务中或是降低服务门槛的咨询中，我也会碰到具有这类问题的客户。之前我讲过的，那个想始终做小男孩的中年男人就是其中一例，那人进行交易就是为了力图保持小男孩的生活方式，这是很经典的例子。去见这种没有尽心尽力的交易者，为他们提供服务，对我而言就是一种错误，这类错误，我不会犯得过于频繁。

第二种难以解决的问题是，如果交易出错，交易者找不出自身的问题。这样的人会继续犯错，因为他们永远找不到出错的根源，不会从内因去总结错误教训。和前面那种人一样，这样的人，我通常不会去见，不会提供咨询服务。如果人们跑来找我，他们一定是意识到自己身上有毛病和问题。虽然每个人在某种程度上都有推卸责任、把问题归咎于外因的毛病，即便我的客户也不例外，但是如果你认为交易出错，自己没有任何责任和问题，那就不必来找我了。

在所有跑来找我咨询的人当中，最难治好的就是冲动型的赌徒。他们通常是渴望市场的表现能如他们所愿。不到亏损累累、债台高筑的地步，他们一定不想得到我的帮助。当他们找到我的时候，我会建议他们去找我也不知姓名的赌场高人或到当地某些机构寻求帮助。然而，在我的客户中有一位冲动型的交易者，现在他已加入我的"超级交易员"项目。在我的引导下，他交易时的冲动全部转化为自我提升的动力。

我相信，纠正交易中存在的问题并没有解决所有的问题，不一定能取得交易的成功。例如，教一个班级的人学习交易，有一种教法是在第一个学期教基本的交易准则，在第二个学期传授简单的交易系统，在剩下的学期里，你可以帮他们解决系统交易中所存在的问题。这个班的教学效果可能会很好。而同样是这个班级，你也可以换另一种教法：先教他们基本的交易准则，接着教系统交易所需的信念、心理状态和心理策略，最后你再传授交易系统。第二种教法比第一种教法要更为有效，对此我愿意打赌。至少我是以第二种教法来指导我的教学。

请你谈谈"超级交易员"项目的起源、所用方法和发展的方向。

这个项目的开始可以追溯到某一年的圣诞夜，那天晚上某位交易者打电话告诉我，由于我为他进行了交易心理的咨询和训练，使他在两个月的时间里赚了65万美元。从某种意义上说，我认为我为他提供的咨询和训练才刚刚起步。我对这事想得越多，浮现出来的问题也就越多，比如"如果我们把心理训练继续下去，进行到底，直至极限，那么这位交易员将会怎样？以他的能力能实现多大的成就？"建立"超级交易员"项目的想法就此产生。我马上给这位交易者打电话，提出了我的想法。他听后当然是举双手赞成。

我的客户中，现在大概有四个人已成功晋级，具备加入"超级交易员"项目的资格。我为他们继续提供心理训练和开展相关培训，培训的时间通常是半年。这一项目的宗旨是要让他们的交易绩效达到极限，充分挖掘他们的潜力。许多人对此还未做好准备，还无法加入这个项目，但我的许多客户都已做好准备，具有相应的资质，所以有足够的人来参加这个项目。估计在今后三四年里，大约会有50个顶尖交易者参与这个项目，我会与他们并肩合作，持续合作！那时究竟会有多少人参加，现在谁也不知道。顺便提一句，我发现我最好的一些客户，现在也建立了出色的模型，用以研究、学习顶尖交易者。

有时我做的梦与市场即将选择的方向有关。虽然这类梦很少做，但其准确率却高。这种情况非同寻常吗？

我想这是寻常的现象，因为一直有人告诉我类似情况，特别是顶尖交易员。例如，之前我们谈到过两位顶级交易者，一位是机械交易者，另一位是直觉交易者，他们都梦到过市场的走向，而且这些梦准确得惊人。但大多数交易者会说，这类梦发生的频率不够高，要想经常根据梦中所得来进行交易是做不到的。其实这种现象发生的频率要高于一般人所想的频率，它会以象征的形式出现，而一般人没有解析梦境的能力，所以没把这些梦也算进去。但大多数人怕麻烦，不愿解析自己的梦，所以他们会错失梦中象征性事物的预示。然而我必须承认，虽然对这方面的内容很感兴趣，但我没有做过非常广泛的调查和研究。

据我所知，有许多天才式的人物，他们的创造力和灵感就是来自梦中。迈克尔·杰克逊（Michael Jackson）宣称自己并不会写歌，他写的歌都是梦中得来，自发而成。保罗·麦卡特尼（Paul McCartney）说 *Yesterday* 这首歌在诞生之前，他在梦中就已听过。实质上，相对论是爱因斯坦梦中所得。这类有名的例子，我认为可能还有许多。归根结底，这一现象完全与"直觉"有关。别叫我解释，对于这个问题，我仍然搞不清楚。

你不再从事交易的原因，我猜想是，当你为客户进行交易心理的咨询，如果你同时做交易的话，你怕影响咨询工作的客观性。然而，假如在过去五年里，你通过研究已经掌握成功交易的所有法则，我猜想，这会对你形成诱惑，使你想再次尝试交易。对于再次交易可能引发的矛盾，你会如何应对？你长期的打算和设想是什么？

我不做交易有两个原因。第一个原因正如你所言，在为客户服务时我必须保持客观，所以自己不宜同时做交易。如果我同时做交易的话，假设我帮助的某位交易者，他持有的头寸和我持有的头寸正好相反，那么我在为他提供服务时可能不会非常客观，会带有个人感情色彩。第二个原因和第一个原因同样重要，这个原因就是，我对现在所做的事已全身心地投入，无暇再做交易。我爱帮助他人，我爱著书立说，我爱大发议论，等等。我现在所做的事，我都乐在其中。我现在每周工作60个小时。如果我想重新投身交易，我在交易上必须投入的时间和我现在工作所用的时间几乎不相上下，至少在重新交易的起步阶段是这样的，显然两者不可兼得。我爱做什么事，我自己已经知道，为什么我要选择重做交易，而放弃我自己爱做的事？从大多数运动项目的历史来看，既当教练又兼做运动员的人，往往既当不好教练，又当不好运动员。

你这个问题的前提是"我对做交易也是全情投入"，只有这样才会导致矛盾的产生。实际上我发现，帮助他人成功的事我做得越多，投入越深，我对自己做交易的兴趣越淡。现在我是在投资我自己以及投资我的企业和生意。我不断努力付出以此来提高自身的技能和知识，这方面的付出是有回报的。我为何要让这方面的付出因我重做交易而减少？或许在将来的某一时刻，我会决定，一切我能够做的事，我都要做。或者到那时，我现在所做的事会发生改变，我可能会改做别的事，或者到那时我想暂时休息一下。从现在算起三到四年间，我希望能有50名或更多的顶尖交易者与我并肩同行，加入我的"超级交易员"项目。如果届时能如我所愿，我也会重新投身交易。但就不久的将来（比三四年要短很多）而言，这一目标似乎不太可能实现，因此在此期间我也不会重做交易。

| 第二十章 |

个人的一段交易经历

在书中采访进行的过程中,我开始认识到,我在整个访谈项目上的主要动机之一就是"寻求自我发现"。虽然多年来,我都是盈利的交易者(分别两次将很小的初始本金做到很大),但对于我自己的交易,我怀有一定的挫败感。我对于市场和交易有着丰富的知识和经验,而且我也多次正确把握和参与了大行情,就以上两点而言,我认为目前我所取得的成功,其高度还远未达到我应该达到的高度。

有一次我为本书的采访而旅行在外。某天晚上我接受了范·撒普博士的采访,这次采访是范·撒普博士提出的,他问我答。其间我们详尽谈及了我的交易。而恰在接下来的一个晚上,我又和敏锐过人的艾迪·塞柯塔进行了交谈,其间我俩对于我的交易也做了深入探讨。这前后相连的两次交谈,使我认识并关注我在交易上存在的缺点,正是由于这些缺点,我无法真正发挥我自认为具有的交易潜能,使我无法达到应有的成功高度。

通过自我反省,我逐步认识到,我最大的交易错误之一就是,我可以正确把握和参与大行情,但我无法充分利用行情,无法赚足行情。相较我所认为的大行情而言,建仓规模实在太小,能赚大钱的大行情却没有下重注。错上加错的是,我会很快地了结利润，赚了一点就走。通常，行情才起步，价格才动了一点，我就获利了结，希望在价格发生回撤时再次进场建仓，但问题是，其后的价格回撤并未达到我预设的再次进场建仓的价位，所以我错过再次建仓的机会，眼睁睁地看着行情轰轰烈烈地继续展开，而我只能在场外空仓观望。我发誓这种情况绝不会在我身上再度发生，我会全力以赴，紧跟市场，尽量赚足行情，实现交易利润的最大化。

发挥我交易潜能、赚足行情的机会不必等很久。两周后（从与艾迪·塞柯塔交谈的那晚算起），我乘飞机去芝加哥，打算做其他一些访谈。在飞机上，我回想前一晚查看的价格走势图。我回想起看完走势图时我有一个明显的感觉，那就是贵金属期货的价格即将上涨，虽然外汇市场已显露进一步下跌的形态。就在那一刻，我对此时我应该进行怎样的交易已了然于胸、一清二楚。根据我的预期，我可以同时进行两种交易，即做多某种贵金属期货和做空某种外汇期货，这种交易是特别具有吸引力的。贵金属期货市场的价格和外汇期货市场的价格通常是同方向运行的，建立一多一空的头寸和完全在贵金属期货上建立多头头寸相比，前者的风险较小，可以相互对冲。于是在机上我一有空就抓紧思考，在脑中记下和产生了这次交易将要用到的走势图。

第二天早上，我已下了飞机，找来报价用的机器，它可以生成价格走势图。我坐下来看着走势图，仔细评估不同交易品种间的价格关系。首先，我看的是三种贵金属期货，即白银期货、黄金期货和铂金期货的价格关系，通过比较分析，我决定把白银期货作为我做多贵金属期货的首选，因为它的走势最强，最适合做多。接着我分析各币种间的价格关系，我觉得瑞士法郎的走势看起来最弱，是做空外汇期货的首选。做出这两个决定后，我把白银期货的价格走势图和瑞士法郎的价格走势图放在一起，比较两者在不同时间段里的价格比率。我所选时间段的范围，最长是十年，最短是一个月。

通过上述分析我得出如下结论：白银期货／瑞士法郎期货的价格比率可能即将上升，并且上升可能将持续数年。虽然那时我并不打算立刻进行这笔交易，因为当时我正在旅途之中，使我无法关注市场的走势，但这次交易机会对我的吸引力十分巨大，可谓机不可失，所以我至少要建立底仓。为正确操作，这种根据两个交易品种的价格比率进行的交易，要求所建两个头寸的美元金额相等，两者建仓方向相反。我按照当时的市场报价迅速进行计算，计算后得出：做多三张白银期货合约所用的美元金额和做空一张瑞士法郎期货合约所用的美元金额大致相等。

接着我查看白银期货/瑞士法郎期货价格比率的短期走势图，令我失望的是，从我选定交易品种的那个早上算起，两者的价格比率已朝我预期的方向大幅运动。在我选定交易品种的那个早上，如果在那天开盘时就进场建仓，当时的建仓价格对我非常有利。其后在我力图决定该如何动手交易的时候，白银期货/瑞士法郎期货的价格比率继续不断地走高，这意味着我再进场建仓会有一定的风险。我考虑后决定立刻进场建仓，以防错失交易良机。我立刻打电话，下达交易订单，建立了规模最小的头寸，即做多三张白银期货合约以及做空一张瑞士法郎期货合约。在我下达交易订单后不久，两者的价格比率似乎已经见顶，并且开始转升为降。在接下来的两天里，白银期货/瑞士法郎期货的价格比率进一步下降。这样的结果表明：从我最初产生交易想法算起，我进场建仓的时点可能是最糟糕的建仓时机。然而，白银期货/瑞士法郎期货的价格比率很快恢复了上升，数天以后，我账面盈利已经颇丰。

就在那时，我想到了我最近才意识到的问题，即我在历次大行情中都无法赚足利润。所以我决定持仓不动，做到持盈，并且在两者价格比率发生回撤时，选择合适的位置进场加仓，将持有的头寸规模翻倍。大约一周后，这种上升途中的修正、回撤到来了，于是我按照我的交易计划进场加仓。事后表明，我这次加仓的择时非常精准，我加仓后，白银期货/瑞士法郎期货的价格比率又重新上升，该笔交易又朝着有利于我的方向发展，而此时我的持仓规模已是我最初建仓规模的两倍。那时我已持有六张白银期货合约的多单以及两张瑞士法郎期货合约的空单，鉴于我账户的资金规模（那时我交易账户的资金大约有 70 000 美元），这个持仓量已是我通常持仓量的两倍。我纠正前述交易弊病（即无法做到持盈等）的努力似乎得到了回报，在接下来的两周里，这笔交易继续朝有利于我的方向发展，在建仓的当月，我交易账户的盈利就超过了30%。

现在（指账面盈利超过30%后）我陷入进退两难的困境。一方面，我新近取得的认识提示我，叫我长期持有，赚足行情；另一方面，我旧有的交易法则中有一条，那就是"如果你运气够好，在短期内迅速赚得暴利，那么你就要兑现利润，因为通常在这种情况下，你兑现离场后会有再度进场的良机，再度进场的价位对你会相当有利"。当白银期货/瑞士法郎期货的价格比率开始下降的时候，第二条交易法则，也就是我原有的那条交易法则就在我的脑海中出现了。

我粗略看了一下价格走势图，根据价格形态的提示，我至少要兑现部分利润，这才是审慎稳妥的做法。我应该做更多的分析、研究，然后再做出交易的决策。然而当时我承担了新的工作，同时又要写作本书，我没有时间和精力去关注其他方面的事（包括交易在内）。在交易决策前没有做必要的分析、研究，我就匆忙做出继续持仓不动的决断。

其后该笔交易迅速朝不利于我的方向发展，在短短一周的时间里，我快速回吐利润，之前的账面盈利大部分都被擦去。

虽然一周以前，我经过理性思考，认为即便发生利润的回吐，以我那时账面丰厚的盈利足以让我高枕无忧，但现在利润真的回吐了，盈利真被擦去了，我发现我理性思考所得出的判断是错误的，我无法承受利润的回吐，而且感到不安和忧虑。我突然担心我所有的账面盈利都会被擦掉，担忧这笔交易可能就此由盈转亏。到底是清仓离场还是按照最初的计划继续持有，那时我已全无主张。

就在我无法决断、左右为难的那个晚上，我做了一个梦。我与我的一位朋友在梦中交谈。我这位朋友是软件的研发者，专门开发期货和期权的行情分析软件，但他不是一个交易者，自己并不做交易。但在我的梦里，他已做起了交易。在梦里，我们畅谈各类交易问题，同时也谈到我在白银期货和瑞士法郎期货上已陷入进退两难的困境。

在梦中，我这位朋友对我的困境发出这样的评论："每个人都能从交易市场中得到他想要的东西。"我听后回应道："你这话好像是艾迪·塞柯塔说的。"他讲出那句话令我感到有点奇怪，因为据我所知，他根本不认识塞柯塔。更令我惊奇的是，他听后回答我说："我已经和艾迪·塞柯塔交谈过片刻了，谈过之后我就一直交易盈利。"

在他面前放着一张表格，其中有一列是记载、显示每月月底交易账户净资产的。我粗略看了一下表格，惊奇地看到该列最后一个数字超过了1 800万美元。我不由大声叫道："伯特（这位朋友的名字），你在交易市场已经赚到1 800万美元了！我希望你能做规划，取出几百万美元，放到银行或其他安全的地方。"他回答我说："不，我要把所有的钱都用于交易。"我接着说："但是你这样做未免太疯狂了，应该取出300万或400万美元，这样无论发生什么不测，你都能确保自己立于不败之地，处于领先的地位。"他回答我说："我明白自己在做什么，只要我每天在交易方面做好自己的功课，我就没有什么可担心的。"

他的回答不仅含蓄，而且相当一针见血：在交易方面，我确实没有每天都勤勉地做好自己的功课。他的观点虽然没有明说，但是十分清楚：如果在交易方面，我每天都能做好自己的功课，那么对于他不从账户盈利中取出几百万美元的做法，我就能明白，不会存在理解上的障碍，因为如果我像他一样，每天做好交易方面的功课，那么我就能相信他不会回吐全部利润，无须取出部分盈利。

接着他对我说："你说每天做交易方面的分析、研究，你没有足够的时间，你忙于新的工作和写作你的新书，从而无暇顾及交易及其他方面的事，那么我这里给你算一笔账。"接着他开始估算我所写新书的印数、销量，以及每卖出一本书我可以得到的版税以及稿费收入，接着又算出我写作此书总共花费的时间。他把黄色的便条本作为草稿纸，在上面快速进行各种计算。他用我写书所得的总收入除以我写书总共花费的时间，最后得出我写书每小时的收入是18.50美元。接着他对我说："看吧，这就是你写书能赚到的钱。"他的话外之音是我太愚蠢了，为了区区这点写书的收入，而占用交易方面的时间，损害价值数万美元的交易（实际上，估算所得的每小时18.50美元的写书收入可能也是严重高估的，但你们要记得，这是梦里发生的事，所以和实际当然会有偏差）。

在做这个梦之前，我正好在编辑马丁·舒华兹访谈中他每天勤奋做好交易功课的部分，这绝非巧合。通过这个梦，我意识到，在交易上没有捷径可走。如果你想成为优秀的交易者，你每天必须做好交易方面的功课。如果你没有足够多的时间来做交易方面的功课，那么你必须设法挤出时间来。如果偏离每天做好交易功课的正道，不能自觉做到每天研究、分析市场，那么后果将极为严重，不仅盈利的机会可能丧失，而且可能遭受交易的亏损。我潜意识所传达的信息，即我所梦到的事，似乎是对我的当头棒喝：如果你打算严肃、认真地对待交易，那么你必须重新安排你的时间，在交易方面要优先分配时间。

| 第二十一章 |

后 记
梦与交易

梦与交易的关系，这是引人入胜、令人着迷的课题。各位读者可以查看塞柯塔和撒普在访谈中的相关评述。还有一次访谈，也明显谈及梦与交易的关系。后来受访的那位交易者收回原来准许使用访谈内容的许可，不允许本书收录该次访谈。对他的决定，我有些迷惑不解，因为原来对他访谈的那章充满溢美赞颂之词。我问他："你发现书中有什么冒犯、不妥的地方，从而让你彻底取消原来的使用许可？"他回答说："绝对没有什么冒犯、不妥的内容，实际上你的访谈内容让人们觉得我几乎是一个大好人。"我后来才知道，最近出版的一本书，其中有涉及该交易者的内容，他由此惹来麻烦，受到打扰，所以这位交易者下定决心，坚决反对自己再次出现在任何书中（我这本书也不例外）。即便我提出以匿名的方式收录访谈内容，也无法改变他的决定。然而对于该次访谈涉及"梦与交易"的部分，我设法让他同意我使用，最终我得到了他的许可（相关的访谈内容如下，其中涉及的人名已做更改）。

那是在1980年，当时玉米期货的价格已达到历史高点，我当时持有的多头头寸已达到持仓限额。接下来我在某天晚上做了一个梦。在梦里我自言自语，我问自己:"杰瑞,玉米期货市场将涨到哪里?"接着我自己回答道:"会涨到4.15美元。"我又问:"现在玉米期货的价格是多少?"我回答说:"4.07美元。"最后我又问自己:"为了剩下的8美分,你竟然达到最大持仓量,去承担所有的风险?你发疯了吗?"就在那一刻我醒了过来,立刻清醒了起来。我知道第二天一开盘,对于我玉米期货上的头寸,必须尽快全部清仓。

第二天早上,市场略微高开,于是我开始做空,冲销持有的多头头寸。市场每上涨一点,我就将做空的力度加大一点。接着市场又涨得更多。当时有那么一刻(我产生了后悔的心理),我认为我的场内经纪人不会或延迟执行我的交易订单,但实际上我的场内经纪人已经全部并且及时执行了我的交易订单。

总之,几分钟后,我已全部清光了仓位。此时电话铃响了起来,打来电话的是我的朋友卡尔,他也是一位优秀的交易者,并且他也在做多玉米期货。他在电话里问:"杰瑞,你全面做空玉米期货了?"我告诉他:"是的,我的多头头寸刚才全部平仓了。"他听后大吼道:"你要干什么啊?"我问他:"卡尔,玉米期货能涨到哪里?"他回答说:"大概会涨到4.15~4.20美元。"我接着问他:"现在玉米期货的价格是多少?"我刚问完就立刻听到挂断电话的嘟嘟声。卡尔听完我的话已猛然醒悟,不想浪费时间来说再见,就立刻挂断电话,赶紧清仓离场去了。

那你清仓的价位是玉米期货市场的头部吗?

我清仓后价格又上涨了一些,在其后的某日才见顶,但我清仓的价格与其后的最高价基本接近。一旦价格开始下跌,我就不用急着减仓了,因为我已先行空仓了。

这位交易者对于他梦境的陈述,我认为特别使我着迷,因为我偶尔也有类似的经历。通常情况下,日有所思,夜有所梦。我发现当你对交易(比如进场或出场)想得太多、感想太深时,你晚上就可能会做与交易有关的梦,而梦中得到的信息应该要留意,可以加以分析和利用。当然,和其他方法、策略一样,这种方法并不是一直有效,但我认为,如果能正确、合理地运用这种方法,那么将能提高你的赢面。

按照我的解释，梦是潜意识的表现形式，有时我们对于真实、正确的市场分析会无法接受，刻意回避，会产生心理上的障碍，而通过梦境可以帮助我们突破这种心理障碍。例如我看多市场，但尚未进场做多，此时我应该理性地考虑到，等到价格回撤时再进场建仓比马上追高建仓要审慎、安全，即使对市场进行切实评估后，得出的结论是"这种价格回撤并不太可能发生，价格会继续上涨"，也要保持理性的思考，而不能追高建仓。因为从某种程度上来说，市场价格已处高位，我才想到进场建仓，这表明我的表现是不合格的，因为我并没有及早做多，抢占先机。承认这一点是令我郁闷、堵心的，这时我会产生心理上的障碍，不愿进行理性的思考，从而导致冲动追高。在这样的情况下，如果我能梦到市场将转涨为跌，那么这就是潜意识在发挥作用，它通过梦的形式让我破除心理上的障碍，从而能够理性地思考，不会盲目追高做多。

最 后 的 话

交易制胜并不存在所谓的"圣杯"（Holy Grail）。本书中的"金融怪杰"所采用的方法包罗万象，既有纯技术分析的方法，也有纯基本面分析的方法，另外还有介乎两者之间的所有方法。他们持仓的时间短到数分钟，长到几年。虽然这些交易者的交易风格千差万别，各有不同，但具有许多共同的特点，这是显而易见的，具体如下所示。

（1）所有受访者都有成为成功交易者的强烈欲望和内在驱动力。他们中的许多人为实现这一目标克服了重重艰难险阻。

（2）对于长期持续地盈利，这些受访者都充满自信。他们几乎无一例外地把自己的交易作为自有资金最好和最安全的投资方式。

（3）每一个受访的交易者都找到了适用于自己的一套方法，并且能坚持使用。"纪律"是他们提及频率最高的词，这个词对他们而言最为重要。

（4）这些顶尖交易者对待交易极为认真、严肃。除去睡眠时间，大多数顶尖交易者把大部分的时间都用于分析市场和制定交易策略。

（5）"严格的风险控制"是所有受访者的交易策略中最关键的要素。

（6）采用的交易方法虽然各不相同，但大多数受访者都强调耐心等待交易机会的重要性。

（7）交易时必须保持独立，不随波逐流，这也是受访者常常强调的一点。

（8）所有顶尖交易者都懂得"损失就是交易游戏的一部分"。

（9）所有受访者都热爱他们所从事的交易事业。

22年后的观点

时光飞逝，距离《金融怪杰》一书首次出版已过去了22年。在此期间我对金融市场和交易的观点有何改变？或者说我当初的观点是否已全然改变？碰巧此书重版的时候，我正在采访新的一组金融怪杰，并把采访的内容编成新的一本书。我刻意避免采用"新一代金融怪杰"的字样，因为我当初在做《金融怪杰》的采访时，新的一组金融怪杰中有些人在读研究生，而另一些人的年龄要比本书中任何采访对象的年龄都要大。

我正在写作一本新书（即《对冲基金奇才》），新书草稿中有一章是对采访内容的小结，我汇集这些内容，改写之后作为我的交易观点放入本章。本章是再版时新增的一章。本章中的内容都是我深思熟虑后的产物，代表我对市场真谛和成功交易的最新观点。我建议读者可以做一个有趣的试验，将本章所总结的经验、观点和本书其他各章的内容做一个比较，你们会发现：虽然22年间科学技术、全球经济、政治都发生了翻天覆地的改变，但总结得出的观点却几乎没变，如出一辙。为避免先入为主，为让我当前的观点不受过去观点的影响，在写本章内容时，我刻意不去重读最初写的《金融怪杰》一书。对于我分属不同时期、同属某一交易课题的观点，是否能够一致相符，我猜想应该是能够的，之所以这样猜想不是因为我是非常坚定不移、始终如一的人，虽然我可能是这样的人（"你所说的可能，是什么意思啊？"我听到我妻子说），而是因为市场的真谛是永恒的，是没有时限的。交易市场是人性的反映。我相信，因为人性和人的情绪反应是亘古不变的，所以当初《金融怪杰》出版时适用的交易准则也能适用于22年后的今天。这些交易准则一个世纪前就像今天这样，从今天算起，一个世纪后这些交易准则依然如此，不会改变。

1. 好的交易和坏的交易[一]

交易者有一个常见的错误，即根据交易的结果来判定交易决策的对错。如果我和你打赌，掷硬币猜正反，我愿意一赔二，如果你下注参与，可能会输掉，但对你而言，下注的决策仍然是正确的，因为从长期平均来看，你不断下注，反复参与，这样的赌局对你而言是极为有利的。同样的道理，一笔亏损的交易，其交易决策可能是正确的。一笔亏损的交易，如果其交易决策是正确的，遵循的是有利可图的交易策略，那么该笔交易虽然亏损，但对你而言，仍然是一笔好的交易，因为依照该笔交易的决策，反复操作，从长期的平均结果来看，你将是盈利的。对于单笔交易而言，不管盈亏的概率是多少，风险回报比是多少，交易者都无法事先预知盈亏的结果。有一部分好的交易是会亏钱的，交易者对此必须接受，必须坚持正确的决策，坚持做这样的交易，因为从长期的平均结果来看将会盈利。只要有利可图的交易策略按计划长期执行，单笔交易的亏损并不意味交易决策的错误。

另一方面，一笔盈利的交易，其交易决策可能是错误的、糟糕的。例如，某人如果在2000年1月初做多网络股，然后在2000年2月末清仓，从其交易结果而言，这是一笔盈利的、辉煌的交易。但是在类似情况下，反复不断地做与此相同的交易决策，从长期看必将亏损，从这个角度而言，这笔交易是坏的交易，是可怕的交易。当时市场刚好是在2000年3月初见顶，但是当时市场提前到1月初见顶也是轻而易举的事。即便某笔特定的交易是盈利的，如果该笔交易所依据的交易决策是错误的，那么在类似情况下，反复不断地采用这一交易决策，最终盈亏相抵后的交易结果必将是极其糟糕的。

交易是与概率有关的博弈。任何一种交易策略，无论其有效性怎样，在一部分时间里总会出错，总会导致交易的亏损，不会任何时候都是正确的。"盈利或亏损的交易"和"好的或坏的交易"，交易者通常会混淆两者的概念。好的交易，即交易决策正确的交易，也可能亏钱；而坏的交易，即交易决策错误的交易，也可能赚钱。好的交易，其过程和其遵循的交易决策是能够盈利的（在某一可接受

[一] 本章下面部分改编自《对冲基金奇才》，该书是本书作者当时正在撰写中的著作。

的风险水平下），虽然在任意单笔交易中可能亏钱，但重复不断操作，终将盈利；坏的交易，其过程和其遵循的交易决策是会亏钱的，虽然在任意单笔交易中可能盈利，但重复不断操作，终将亏损。比如，你玩老虎机，即便赢了一次，但这仍是坏的赌局、是对你不利的赌局，如果你不断玩下去，输钱的概率会很高。

2. 执行和决策同样重要

在交易中正确研判市场的方向，这只是成功交易的一部分，正确的执行才是关键。我最近采访了一位金融怪杰，他认为"如何执行交易观点"比"交易观点本身"还要重要。他执行交易观点时所采用的方法是，寻找回报风险比最佳的时点动手交易，如果交易时点判断出错，就进行止损。例如，当纳斯达克指数在2000年3月见顶并向下突破后，这位金融怪杰完全确信市场泡沫已经破裂。然而他并未考虑在纳斯达克市场上建立空头头寸，即便他认为市场已构筑重要的顶部，市场泡沫在这个顶部也开始破裂。他不做空的原因是，他准确认识到，在当时市场上做空是不可靠的，是充满危险的，而事实确实如他所料。虽然纳斯达克市场最终继续大幅下跌，但在2000年的夏天，纳斯达克指数的反弹幅度接近40%。这一反弹幅度足以让市场上的做空者止损平仓，认输离场。这位交易者又做出如下推断：纳斯达克指数见顶，市场泡沫破裂意味着大多数资产的价格相较过去泡沫膨胀时期的价格水平会出现缩水，从而引发经济的下行，经济下行会促发降息，利率下降则债券价格上涨。因此，同样是看空纳斯达克市场的观点，做多债券要比直接在纳斯达克市场做空更为合适、更为安全。其后债券市场果然相当平稳、顺畅地上涨，很适合做多。而与此相对的是，纳斯达克市场的下跌非常曲折多变，可谓一波三折，做空非常不易。

3. 你对市场的研判虽然正确，但未必能赚到钱

我最近采访的一位交易者，他谈话中有一点看法极具远见卓识，那就是许多交易者亏损累累并非由于他们交易时对市场的研判有误，而是由于他们对市场的研判虽然正确，但在实际操作中却出现了错误，没有把交易做好。交易者对市场的研判正确，但却在建仓、加仓、清仓等具体操作环节出错，导致整个交易的失败，从而无法通过正确的市场研判来盈利，这是交易者中相当常见的情况。要想取得交易的成功，光是研判的正确是不够的，你必须确保在研判正确的情况下能通过正确的操作来赚到钱。正确的操作常常令你感觉不佳，不合心意。例如，你想做多，当市场价格在上涨途中发生回撤后，你再进场做多，总是更令你称心满意，但有时市场的走势非常强劲，价格一路上涨，那么你就绝对不会有价格回调时再做多的机会。有一个具体的例子，2009年股市见底后回升，有些交易者想等市场显著回调，明显回拉时再进场买入股票，结果市场没有显著回调，这些人将由此错过接下来两年里完整的一轮牛市。

当交易者对市场的研判正确，他们怎样操作才能确保赚钱呢？这个问题的答案取决于具体情况，或许正确的答案不止一个。举一个例子，假定你看多市场，但是在市场回调时做多才能合你心意，追涨做多你会感觉不适。那么想等价格回撤，在低于当前市场价格的位置进场做多，就会承担踏空整个上涨行情的风险，解决这个问题的一种方法是，先不等回调，以当前市场价格建立部分头寸。如果其后市场确实发生回调，那么再在低于当前市场价格的位置逐步加仓，直到加到满仓为止；如果其后市场继续一路上扬，没有发生回调，那么至少你已建立的部分头寸可以获利。另一种可供选择的方法是，你可以在价格盘整区间进场做多，并且同时使用保护性止损点，将该止损点设在盘整区域下方具有意义的价位。解决这个问题没有唯一正确的答案。这里的要点是，当交易者对市场研判正确时，可能因为交易操作有误而错失盈利的机会，要降低这种错失的可能，交易者需要事先规划进场和出场的策略。

4. 有时候你需要离场观望

克劳德·德彪西（Claude Debussy）曾说过，"音符间的空白造就了音乐。"与此相类似，投资或交易时也要有休息、观望的时候，这点对于投资或交易的成功至关重要。我最近采访过一位基金经理，他基本上是以做多为主的股票投资者。在大盘指数基本原地踏步的12年里，该基金经理的累积总收益率（cumulative gross returns）超过800%。他是怎样做到的呢？当然，超强的选股能力是他取得优异业绩的重要因素，但并不是这个问题的全部答案，只是一部分的答案。另一部分的答案是，当市场环境不利于做多，处于熊市的时候，他就不投资股票，基本以持币为主。这位基金经理不在错误的时刻参与市场的交易，即不在空头市场买入和持有股票，因此12年里两次大熊市的巨大跌幅，大部分他都成功避开了。有时候，要取得投资或交易的成功，置身场外、离场观望和留在场内进行投资或交易一样重要。有一条至关重要的经验：如果市场没有合适的交易机会，就不要参与市场的交易，要在场外等待观望，这点很重要。

由此可以做出如下推导：这种置身场外、保持观望的能力对于投资或交易的成功至关重要，具有这种能力需要的是耐心，所以耐心对于投资或交易的成功至关重要。如果市场的情况对于你的交易方法不利或者交易机会匮乏、不够理想，此时你需要置身场外，耐心等待。

5. 风险控制是理所当然的事

许多金融怪杰都认为，风险控制甚至比交易方法还要重要。我最近采访的一位基金经理在风险控制上做到了极致：在每笔交易中，如果相较进场建仓的成本，亏损达到0.1%，他就立刻采取控制风险的措施，进行止损。一旦某笔交易账面是盈利的，他会采取更为宽松的态度，相应放宽止损的标准，允许承担较大的风险。采用这种方法基本可以确保每笔新建仓的头寸可能遭受的亏损相当有限。当持仓头寸已账面盈利，并且继续持仓能赚取更为巨大的利润时，他才愿冒月度业绩遭遇严重亏损的风险，放宽止损的标准。虽然对于大多数交易者而言，采用0.1%的止损标准可能过于极端（甚至并不可取），但是这种"对于新建仓的头寸在离建仓价位较近的地方设置止损点，而当账面盈利后逐步放宽止损标准"的方法，总体而言是一种有效的风险控制手段，对于许多交易者都是有效和适用的。

你打算控制风险，进行止损，但有时你刚清空亏损头寸，市场就发生转向，价格开始朝有利于原有头寸的方向运动。对于这种情况，你必须习以为常。这种令人沮丧的情形是进行有效风险管理所不可避免的结果。要保持账户净资产不会遭受巨大亏损，最多适度下滑，就必须接受这样的事实，即有时你刚清空亏损的头寸，市场就马上戏剧性地反转，价格开始朝有利于原有头寸的方向运动。

6. 交易规模比进场点更为重要

交易者基本上只关注进场建仓的位置。实际上，进场建仓的规模通常比建仓的价位更为重要。其中的原因在于，如果交易者建仓规模过大，一旦市场价格向不利于建仓头寸的方向运动，即便这种价格运动并不具有指导意义（可能是受市场情绪影响，并不表明交易者的研判有误），但由于仓位过重，交易者很可能无力承受，从而止损出场，放弃决策正确的好交易。交易者常犯的一个错误是，任由自己的贪婪影响自己的决策，建仓的头寸规模超过自己的承受能力。他们会这么想，为什么建仓的头寸规模只占总仓位的5%，如果扩大到总仓位的10%，那么我赚到的利润就能翻倍。但问题在于，你也有亏损的可能，你建仓的头寸规模越大，其后你的交易决策就越容易受恐惧的驱使，使你不再基于交易研判和交易经验来做决策。仓位越重，产生这种错误和危害的可能性也就越大。为使你的交易决策免受内心恐惧的影响，你必须保持足够小的交易规模。

交易规模之所以重要，还有另一方面的考虑，那就是好的交易会因糟糕的运气而产生差错，从而导致亏损。有时不可预见的事情能够毁掉好的交易。顾名思义，不可预见的事情是无法事先回避的，所以不可预见的事情所导致的交易亏损是交易者无法回避的。但是交易者所能做到的是，对于出乎意料、不可预见的不利事件对交易造成的损害，可以通过头寸规模的管理来加以控制，即降低头寸规模，可以减少这种损害。

上面讲了交易规模过大的危害，但交易规模过小也是有害处的。这些金融怪杰有一个特点：当他们察觉有很好的交易机会时（比如交易的胜算高，相较承担的风险，该交易可能得到的回报高，即交易的回报/风险比高），他们敢于重仓出击，其建立的头寸规模会大于通常所建的头寸规模。

7. 不力求百分之百的正确

市场价格朝不利于持仓头寸的方向运动，是交易者经常遇到的困境。你深知不控制的风险，不及时止损的风险，但你对自己的持仓头寸和交易研判也充满信心，担心止损认输后，市场马上发生转向。此时你进退维谷，难以抉择。你应当认识到，你不必做非有即无、全进全出的交易决策，你可以清掉部分头寸，不必全留，也不必全清。对部分头寸进行止损要比全部清仓止损容易，它让交易者对风险采取行动，而不是坐等拖延。如果部分清仓后，市场价格继续朝不利于持仓头寸的方向运动，那么你重复同样的操作，继续逐步清仓。

为什么许多交易者抗拒"部分清仓"的方法？因为这些交易者认为"部分清仓"的做法使自己陷入必错无疑的境地：如果市场发生反转，则自己清掉部分头寸的做法就是错的，而如果市场继续保持原来的方向，则自己还留下部分头寸的做法就是错的。许多交易者想一直保持完全的正确，所以他们排斥、拒绝"部分清仓"的方法。是立刻止损离场，清空亏损头寸，还是咬紧牙关，继续持仓，挺过难关，当你下次面对这样的两难选择时，切记你还有第三种选择，那就是"部分清仓"。

8. 围绕持仓头寸反复进行加、减仓交易

许多金融怪杰对于单笔交易建仓后采取动态调整的方法，而不是采取静止不动的方法，即不是采用"一次性建仓，然后保持不变，直到一次性全部清仓"。他们会根据市场的动态来调整所建头寸的规模，比如当价格运动有利于持仓头寸时，他们会了结部分头寸，兑现部分账面利润，然后等价格回调时，他们再回补清掉的头寸。围绕持仓头寸反复进行加仓和减仓，可以提高交易的绩效，并且更加容易做到持盈。有个简单的例子，假定你在 50 美元做多某只股票，对于该股，你的长期目标位是 76 美元，预计近期在 62 美元附近存在压力。基于这些推测和假设，你可以在股价上涨到 61~63 美元的区域对多头头寸进行减磅，等到股价回调时再回补清掉的头寸，重新加回到最初的仓位。这种方法可能存在的缺陷是，价格没有回调或价格回调没有达到再次进场回补的价位，在这种情况下你会部分踏空，最终盈利头寸的规模就会小一点，所赚的利润也就会少一点。但这种方法积极有利的一面是，如果能够再次进场回补，那么清掉的头寸就能以更有利的价格回补，那么该笔交易的总体盈利就会提高（这部分清掉的头寸相当于做了一次差价），可能更为重要的是，总体盈利的提高相当于持仓成本的降低，所以坚定持有盈利头寸的能力也会得到提高。围绕持仓头寸反复进行交易，这种方法到底是有益还是有害，完全因人而异，取决于交易者个人。这种操作方法并不适合所有交易者。那些适于采用这种方法的交易者认为，这种操作方法对他们非常有用。

9. 赢家具有灵活性的特征

具有灵活性、保持弹性是成功交易的基本要素，是交易赢家的特征之一。不

要固守想法,切勿死抱观点,如果市场价格的走势与你所做的交易假设和预想并不一致,一定要主动认错离场,这点很重要。我最近采访的一位基金经理,他对此有这样的阐述:真正优秀的交易者也具有瞬间改变想法的能力。他们坚守自己的观点,不随波逐流,而一旦出错或形势有变,他们又能立即改变原有的观点。他们最初会说:"这个市场将继续走高。市场一定能上涨。"改变后他们又会说:"不对哦,这个市场一定会下跌。"如果你做不到这样,那么一旦你持仓头寸被套亏损,你肯定死抱不放,不愿认错离场,最终会亏个精光。

如果研判有误或形势有变,必须改变原有观点,杰出的交易者都具有彻底改变自己观点的灵活性。他们不奢望自己总是正确的;他们能重新评估一切,从而了解原有观点为什么可能是错的。这种灵活改变的能力不仅对交易的操作层面极为重要,而且对整套交易方法也至关重要。

10. 遭遇连续亏损后最佳的补救方法

几乎所有的交易者都曾遭遇过连续亏损,在那段时期他们无法踏准市场的节拍,屡战屡败。当你遭遇连续亏损时,你绝不能加倍努力试图挽回败局、扭转形势。当你交易越做越糟时,最好的解决方法通常是全部清仓(或者通过设置止损来保护持仓头寸,设置止损位后就无须进行交易决策,一切按止损位的得失操作),然后停止交易,休息几天或休息更长的时间。清空头寸能使你重新保持客观。如果此时你留在市场,继续交易的话,你将无法保持客观。因为每一次亏损都让你的自信心进一步瓦解,所以连续的亏损能让你产生负面的情绪、消沉的意志和萎靡的精神,此时通过身体上的休息能够消除所有负面、消极的影响。当你经过休息,重新开始交易的时候,你要保持较小的交易规模;直到你重拾信心,你再扩大交易的规模。

11. 波动性和风险不是一码事

投资大众将波动性和风险等同起来,混为一谈,这是他们最大的误解之一。这种误解根深蒂固,其错误的原因有多种。一方面,通常情况下,最重要的、最严重的风险不会显示在过去的业绩记录中,因此无法通过波动率来反映风险。例如,某持仓组合是由流动性很差的头寸组成,当市场处于"风险偏好期"时,你持仓组合的波动性低，但一旦市场情绪转变，市场进入"风险厌恶期"，那么该持仓组合的风险会非常巨大。另一方面，有时因为获得快速、巨大的收益，从而使波动性变高，但这种投资或交易的理论风险是有限的。一些金融怪杰寻求高度不对称的策略，即交易中最大的风险是能很好确定和限制的，而且与此同时收益可能的上升空间是非常大的。例如买入看涨期权（或看跌期权）的策略，期权购买者潜在的损失是有限的（仅限于所支付的期权费），而潜在的利润是无限的。有利的不对称交易策略（收益大于风险）实行得越成功，由于获得的盈利大幅增加，波动性越大，大多数投资者不会把这种高波动性的特征和风险联系在一起，或者不会厌恶、排斥这种高波动性的特征。

12. 直觉，并无神秘可言

直觉就像罗德尼·丹泽菲尔德（Rodney Dangerfield）的交易技能，不用奉若神明，并无神秘可言。通常，人们会把"直觉"和"凭运气猜测"混为一谈。然而事实是，直觉是基于过往的经验，并且对于许多交易者而言，直觉正是他们交易成功的核心要素。直觉并没有魔幻般的力量，它完全是基于过往经验的、潜意识里的活动。一个具有强烈看多或看空感觉、观点的交易者，他不用知道看多或看空的具体理由，就会在潜意识里把当前市场和过去多头或空头市场的相似处联系起来，形成自己看多或看空的交易直觉。如果你发现自己的直觉正确的时候要多于错误的时候，那么请相信你的直觉。

13. 当交易一帆风顺、凡事称心如意时，你要小心谨慎

当你交易一帆风顺，一切都称你心意，符合你的乐观预期时，此时最严重的亏损就会突然接踵而至。为什么最严重的亏损可能尾随最好的交易业绩而来？一种可能的解释是，当凡事顺心如意、交易得心应手时，交易者容易被胜利冲昏头脑，被一时的成功蒙蔽双眼，从而产生骄傲自满的情绪。此时自鸣得意的交易者极有可能认为自己不会犯错，以为交易不会出错，更加不会做好最坏的打算。另一个相关因素是，当你交易业绩最佳时，交易操作顺利的时期，可能也是你敢于重仓持有，敢冒高风险的时候，所以一旦交易出错，亏损势必严重。有这么一条

交易格言：无论何时，当你持仓头寸的净值创出新高并保持在新高水平，同时你也按照交易计划在进行交易，你仍然要防止和戒除骄傲自满，应当如履薄冰，格外谨慎小心。

14. 一个推论：当你与整个市场同时陷入恐慌，此时要考虑离场观望

当市场做抛物线运动，已进入加速下跌阶段时，你与整个市场都陷入恐慌。此时兑现部分利润或全部利润，不失为明智之举，而不要坐等市场反转，因为当市场陷入极度恐慌，此时市场既毫无理性，又表现极端，所以市场的反转会遥遥无期。简而言之，如果市场大幅下跌时，你正持有多头头寸，你会被市场的抛售吓呆，此时可以先落袋为安、离场观望，减仓或全部清仓是个不错的主意。

15. 对于你在什么价位进场交易，市场并无所谓，不会因你而改变自身的运行

不要依据自己做多或做空股票及期货合约的价位来做交易的决策。你在什么价位建立头寸，市场并无所谓，市场不会因你而改变自身的运行。具有意义的、你应该考虑的问题是，如果你没有建仓，仍然置身场外，你会怎样研判市场，你会采取怎样的交易操作？交易者常见的一个错误就是，已经意识到自己在某笔交易上的研判有误，该笔交易终将以失败离场告终，但仍然心存侥幸，想等市场价格重新回到进场建仓时的价位，然后再清仓离场，也就是人们常常挂在嘴边的那句话："等到打平保本的时候，我就会清仓离场。"微小的亏损最终酿成巨大的亏损，其主要原因之一就是"把清仓离场和进场价位联系在一起"。为什么打平保本离场那么重要？这和交易者的自尊心有关。如果你能打平保本离场，你就能说："我没有错。我没有犯错。"但具有讽刺意味的是，想做到"没有错"正是大多数人在市场中亏钱的原因所在。

16. 为何设定每年的盈利目标可能适得其反，有害无益

要避免设定每年的回报目标。交易每年的盈利目标应该根据交易机会的大小来确定，而不是由交易者人为来设定。设定每年的盈利目标、回报预期的害处是，当交易盈利机会特别大的时候，交易者根据预设的盈利目标来交易，其交

易的规模就显得太小,面对良机而不愿重拳出击;当交易盈利机会匮乏时,交易者根据预设的盈利目标来交易,其交易的规模又显得太大,为完成盈利目标而盲目、勉强地交易。当盈利机会巨大的时候,预设盈利目标使你谨小慎微,畏首畏尾,从而扼杀交易赚钱的欲望,丧失重仓交易的良机。而当盈利机会匮乏时,为达到预设盈利目标的底线,你会鼓起勇气勉强去做胜率很低的交易,这样的交易你本不应该去做。如此一来,很容易导致交易的亏损,让你离预设的盈利目标越来越远。

17. 通往交易成功之路

通往交易成功之路不止一条,可谓条条大路通罗马。这些金融怪杰所用的交易方法互不相同,各有特色。在我尚在撰写的书中,有一位被访的交易者,他所用的交易方法与其他交易者所用的交易方法相比,除了相同的地方,还有一小部分几近截然相反。渴望成功的交易者必须明白:我们并非寻找破解交易成功之谜的方法,而是要寻找适合自己个性、特点的方法。所有金融怪杰的交易方法对他们自己而言,都是有效的,因为这些方法都是适合他们个性和特点的。某人之佳肴,或是他人之毒药。任意一个交易者的交易方法,对于其他交易风格迥异、个性特点不同的交易者而言,可能会是极其糟糕的交易方法。

多年以来,我收到许多询问的信件,来信者会问如下这样的问题。

> 尊敬的施瓦格先生:
> 我想打听一下,您所认识的金融怪杰中是否有人想招收学徒。我愿意当他的学徒,长时间地为他无偿打工,这样我就能从某位金融怪杰身上学到东西。

这类问题反映出询问者在寻求交易成功的路上已出现方向性的错误。你无法通过复制他人的成功方法来取得交易的成功,因为他人的方法不适合你的个性、特点,想以此来取得交易的成功,成功的机会将非常渺茫。"取得交易成功"不在于复制他人的方法,而在于找到你自己的方法。

| 附录 A |

程序化交易和投资组合保险

　　程序化交易是这些年来在公众中广为流传的一个话题。这种少有人懂的交易方法遭受如此之多的批评和指责，在金融市场的历史上是绝无仅有的。我敢大胆猜测，那些反对程序化交易的人，10个人中都不会有一个人知道"程序化交易"的定义。造成"程序化交易"定义、概念混乱的根源是，许多人把"程序化交易"一词作为一个通用的词语，这个词不仅用于初始的、真正的程序化交易，而且把各种由电脑支持的交易策略（比如"投资组合保险"）统统包含在其下。

　　程序化交易是典型的套利交易：在一个市场上做多，同时在另一个密切相关的市场上做空，两者建仓方向相反，但建仓头寸的金额相等，由于两个市场间的价格关系出现短暂的扭曲，产生套利的空间，通过套利交易来实现低风险或几近零风险的收益。采用"程序化交易"的交易者，当他们察觉股票现货市场的价格水平（股指）与对应股指期货的价格水平出现升水或贴水的情况时，他们就会买入或卖出一篮子股票，同时在股指期货市场上建立方向相反的头寸，两者建仓头寸的规模（美元金额）相等。实际上，程序化交易能使股票现货价格水平和股指期货的价格水平趋于一致。在某种程度上，每笔与程序化交易有关的股票现货卖出都可以通过股指期货上的买入来冲抵。因为做空个股的要求较高，所以大多数采用"程序化交易"的交易者开始时都是做多股票，并同时做空股指期货。认为程序化交易要对股市下跌负责的观点是非常站不住脚的。此外，因为大量经济上的数据、事实表明"相关市场间的套利活动能降低市场的波动性"（比如股票市场和期指市场间的套利交易，能使股票市场和期指市场的波动性都降低），所以市场波动性的增大和程序化交易的关系，充其量只是一种怀疑。

"投资组合保险"是指当股价下跌时，在持有股票投资组合的同时，有计划地做空股指期货，这样可以冲抵投资组合价值的缩水，从而减低投资组合持有的风险。而一旦风险得到降低，相关股指转跌为升时，则增加净多头寸。随着股指的回升，多头头寸可以逐步增加，直到加到满仓，而期指上的空头头寸也随之逐步减仓，直至清空。"投资组合保险"理论的基本前提、假设是"市场的价格平稳、顺畅地运行"。当市场价格出现突然的大幅波动，呈直线式上涨或下跌时，"投资组合保险"的实际成效就会严重偏离理论上的成效，即无法有效降低风险。这种情况在1987年10月19日股市崩盘时就曾发生过，当时市场大幅跳空下行，直接跌破"投资组合保险"所设定的自动卖出价格，从而引发排山倒海般的抛单，而这些抛单的实际成交价格要远低于理论上的成交价格。虽然"投资组合保险"可能使1987年10月19日股市暴跌的速度加快，但我们应该理性地看到，在过去更长的时间里，那时"投资组合保险"并未产生，但市场最根本的力量、最基本的因素还是导致了类似的股价暴跌。"投资组合保险"究竟是不是股市崩盘的元凶，这个问题众说纷纭，永无定论（"程序化交易"在1987年10月19日股市崩盘的那周里是否扮演了重要的角色，是否起到推波助澜的作用，对于这一点，确实无法判定。具体理由是，当时个股开盘会使程序化交易产生严重的滞后，当时市场的实时价格波动会给程序化交易造成巨大的混乱。另外，交易上的限制也会对程序化交易所采用的自动下单系统造成严重的阻碍）。

| 附录 B |

期权基础[一]

期权有两种，即看涨期权和看跌期权。买入看涨期权者享有在期权有效期内的任意时间以事先确定的价格买进一定数量标的物的权利，同时不承担义务，即买入期权者可以行使自己享有的权利，也可以放弃权利的行使。买入看跌期权者享有在期权有效期内的任意时间以履约价格卖出一定数量标的物的权利，同时也不用承担义务（注意：买入看跌期权是做空的交易，而卖出看跌期权是做多的交易）。期权的市场价格称为期权费。下面有一个例子，如果买入一张 IBM 公司履约价格为 130 美元、4 月份到期的看涨期权合约，那么买入者在该期权的有效期内，有权以每股 130 美元的价格买进 100 股 IBM 公司的股票。

买入看涨期权的人希望标的物的价格上涨，这样期权到期后就能按事先确定的履约价格来买入标的物，从而获利。买入看涨期权者，其可能遭受的最大亏损就是其买入看涨期权所支付的费用，即期权费。假定期权持有到期，如果期权的履约价格高于期权到期时标的物的市场价格，那么他可以放弃拥有的权利，此时他遭受的最大损失就是他买入看涨期权所支付的期权费。例如，当 IBM 公司履约

[一] 该附录改写自杰克·施瓦格《期货市场完全指南》(*A Complete Guide to the Futures Markets*)，该书由纽约的 John Wiley & Sons 公司在 1984 年出版。

价为130美元的看涨期权到期时，IBM公司的股票价格为125美元，那么对于期权买入者而言，此期权毫无价值，所以他就会放弃拥有的权利。如果看涨期权到期时，标的物的市场价格高于期权的履约价格，那么看涨期权就具有一定价值，因此该期权就会被执行。然而，如果看涨期权到期时，"标的物市场价格超过期权履约价格"的金额小于购入看涨期权所支付的期权费，那么该笔期权交易的最终结果仍然是亏损的。买入看涨期权的人要想实现净收益，期权到期时"标的物市场价格超过期权履约价格"的金额必须大于购入看涨期权所支付的期权费（佣金费用已调整计入）。看涨期权到期时，标的物的市场价格越高，买入看涨期权者获得的利润也将越大。

买入看跌期权的人希望标的物的价格下跌，这样期权到期后就能按事先确定的履约价格来卖出标的物，从而获利。和买入看涨期权的人一样，买入看跌期权者，其可能遭受的最大亏损就是其买入看跌期权所支付的费用，即期权费的市场价格。持有看跌期权到期时，如果"期权履约价格超过标的物市场价格"的金额大于购入看跌期权时支付的期权费（佣金费用已调整计入），那么该笔期权交易的最终结果将是盈利的。

买入看涨期权或看跌期权的人具有有限的风险和可能无限的收益，而卖出看涨期权或看跌期权的人正好与之相反。卖出期权者，通常也称期权签发者（writer），他们在收取期权购买者支付的期权费后就必须承担相应的义务，即如果在期权的有效期内期权购买者要求行使自身的权利（指美式期权），那么卖出期权者必须按照履约价格履行期权合约所规定的义务。例如，看涨期权的购买者要求执行期权合约，则看涨期权的卖出者必须在标的物市场按履约价格做空标的物（而看涨期权的买入者在标的物市场按履约价格做多相应的标的物）。

卖出看涨期权的人希望标的物市场能保持温和的下跌状态，这样他才能从中获利。只有在这样的市场中，通过卖出看涨期权赚取期权费才是最具吸引力的交易机会。然而如果交易者预期标的物市场的价格会大幅下跌，那么通常情况下，他最好是在标的物市场直接做空或者买入看跌期权，因为买入看跌期权的风险有限，而可能获得的收益无限。与此类似，卖出看跌期权的人希望标的物市场能保持温和的上涨状态，这样他才能从中获利。

既然根据市场情况买入看涨或看跌期权收益可能无限，同时风险有限，那么为何交易者并不总是买入期权，也会根据市场情况选择卖出看涨或看跌期权（期权的卖出即为期权的签发，与实物的卖出完全不同），对于这一点，一些交易新手会难以理解。产生这种困惑表明这些新手没有考虑到概率。虽然卖出期权者的风险从理论上讲是无限的，但现实中他们实现净收益的可能性是极大的，即根据标的物市场价格和期权履约价格的关系，期权的买入者常常自动放弃拥有的权利，从而使期权出售者未履行任何义务就收取了一笔期权费。粗略地讲，买入期权者遭受小损失的概率大，他以此来谋取概率小的大收益。而与其相反的是，卖出期权者遭受大损失的概率小，他以此来谋取概率大的小收益。在一个有效市场上，从长期来看，始终买入期权的人和始终卖出期权的人，两者相比都不会具有显著优势。

期权费由两部分组成：内在价值（intrinsic value）和时间价值（time value）。看涨期权的内在价值就是标的物当前市场价格高过期权履约价格的金额，看跌期权的内在价值就是标的物当前市场价格低于期权履约价格的金额。如果期权购买者按期权履约价格执行期权合约后，根据执行时标的物的市场价格计算，他所能实现的收益实际上就是期权费中内在价值的部分。内在价值可以作为期权的底线价格，即期权费必定大于或等于内在价值。原因何在呢？如果某期权的市场价格低于其内在价值，那么交易者可以买入期权并马上要求执行期权合约，即按期权履约价格建立头寸，然后又立刻按标的物的市场价格冲销所建的头寸，其所得收益就是内在价值，而内在价值扣除购买期权所支付的期权费和基本的交易成本（假定内在价值扣除期权费后大于基本的交易成本），余下的就是期权购买者实现的净收益，上述这样的情况是不可能发生的。所以，期权的市场价格必定大于或等于期权的内在价值。

如果看涨期权的履约价格低于标的物市场价格或看跌期权的履约价格高于标的物的市场价格，则期权的内在价值为正；反之，期权的内在价值为负。内在价值为正的期权称为实值（in-the-money）期权，内在价值为负的期权称为虚值（outthe-money）期权。如果期权的履约价格基本接近标的物的市场价格，此时期权的内在价值为零，这样的期权称为平价（at-the-money）期权。

虚值期权，顾名思义，其不具有内在价值，但是在期权到期之前，标的物的市场价格可能涨到看涨期权的履约价格之上或者可能跌到看跌期权的履约价格之下。因为在实权期权上建立头寸优于在标的物市场建立头寸，所以实值期权具有的价值要大于其内在价值。为什么在实值期权上建仓更具优势？因为如果标的物的市场价格向有利于交易者的方向运动，那么在标的物市场建仓和在对应的期权市场建仓，两者的获利程度是同等的，但买入看涨或看跌期权的最大损失是有限的，所以在实值期权上建仓更具优势。期权费中超过内在价值的部分称为时间价值。

影响期权时间价值的有三大重要因素，它们分别是：

（1）**期权履约价格和标的物市场价格间的关系**。极度虚值期权的时间价值趋近于零，原因是极度虚值期权在期权到期前，标的物市场价格接近或超过履约价格的可能性很小（即变为实值期权的可能性极小）。极度实值期权的时间价值也趋近于零，因为除去标的物价格发生对交易者极为不利的运动，在极度实值期权上建立头寸和直接在标的物市场建立头寸非常相似，在这两个市场建仓交易的盈亏程度是相等的。换言之，如果买入极度实值期权，买入期权具有的"风险有限"的优势已不是非常大，因为此时履约价格已远离标的物当前市价（除非价格发生对交易者极为不利的运动，否则此时风险本就非常小，所以风险有限的优势就不是很大了）。当期权处于平价时，其时间价值达到最大。

（2）**距离期权到期日的剩余有效时间**。在其他条件不变的情况下，剩余的有效时间越长，期权的时间价值越大。因为距离期权到期日的剩余有效时间越长，期权内在价值提高一定金额的可能性也就越高，所以期权的时间价值也就越大。

（3）**波动率的大小**。期权时间价值的变动和期权到期日前标的物市场的预计波动率（volatility）有直接关系（波动率是度量价格变化情况的一种指标和方法）。波动率越大，期权内在价值在期权到期日前提高一定金额的可能性也就越高，所以期权的时间价值也就越大。正是这个原因形成了"波动率越大，期权时间价越大；波动率越小，期权时间价值越小"的关系。换句话说，标的物市场的波动率越大，标的物价格的波动范围也就越大。

虽然标的物价格的波动率是确定期权时间价值极为重要的因素，但需要强调的是，对于市场未来的波动率，我们绝对无法事先就精准预知（与此相对的是，我们可以在任何一个时刻确切地知道期权剩余的有效时间，期权履约价格和标的物当前价格的关系）。所以，我们通常可以根据标的物过去价格波动的数据来估计未来波动率，这样得出的波动率叫作"历史波动率"（historical volatility）。还有一种叫"隐含波动率"（implied volatility），它可能会高于或低于历史波动率，它隐含于期权费（期权的市场价格）中，通过将已知数据代入期权定价模型，从而推算得出，它是估计未来波动率的另一种方法。

术语表

advance/decline line 腾落指数 腾落指数揭示了在纽约证券交易所（New York Stock Exchange）上市交易的股票中，每天上涨的总家数和每天下跌的总家数。当腾落指数和市场平均股价（比如道琼斯工业指数"Dow Jones Industrial Average，DJIA"）产生背离，有时可视为市场见顶或见底的信号。例如，道指在下跌后反弹，而且反弹创出了新高，但腾落指数却并未创出新高，这反映出市场内部的疲弱，即指数是在虚涨，可能是权重股的带动，而大部分个股并未同步跟进，此时大盘指数的创新高并不可靠，未必是上涨趋势的延续，上涨已显疲态。

arbitrage 套利 两个密切相关的市场，当两者的价格关系出现暂时的扭曲，出现套利的空间，在一个市场建立多头头寸，而在另一个市场建立空头头寸，多空头寸的资金规模相等，当两者不合理的价格关系开始矫正，套利者便能从中获利。

arbitrageurs 套利交易者 专门从事套利交易的人。两个密切相关的市场，当两者的价格关系出现暂时的扭曲，这就是套利交易者所寻找的交易机会，通过套利交易可以赚到几乎无风险的小额盈利。套利交易者不是靠正确预测价格涨跌方向来盈利的（而投机者是靠此来盈利的）。

averaging losers（averaging down） 摊平亏损 价格向不利于持仓头寸的方向运动，导致持仓头寸出现亏损，在亏损头寸上继续加仓，想摊低持仓成本的做法。

bear 空头 认为市场价格会下跌的人。

bear market 熊市 价格处于下跌趋势中的市场。

boiler room operation 采用高强度的电话推销、开展非正规或非法的金融活动 采用非法的或近乎合法的电话推销手段，通过高强度的推销攻势，向缺乏经验的投资者兜售高于正常交易价格的金融期货或商品期货的合约或者是开展经纪业务，收取高额的佣金。例如，他们所售贵金属期货（或贵金属期权）合约的价格要远远高于正规交易所的最新市价。在某些情况下，这种推销是彻头彻尾的欺骗，其兜售的期货或期权合约是完全伪造的。

breakout 突破 市场价格涨过之前的高点（跌破之前的低点），或者价格涨过或跌破之前价格盘整区域的上下沿。

bull 多头 认为市场价格会上涨的人。

bull market 牛市 价格处于上涨趋势中的市场。

call option 看涨期权 这种期权合约赋予买入期权者权利，即买入看涨期权者具有在一定时期内（即期权有效期，这里指美式期权）以事先约定的具体价格（履约价格）买入金融商品现货或金融期货合约的权利，同时不承担任何义务，可以放弃所享有的权利。

chart 价格走势图 用于描述某一市场价格运动的图。价格走势图最常见的类型是日棒状线图（daily bar chart）。单根日棒状线上标明某一交易品种每日的最高价、最低价和收盘价。

chart analysis 图表分析 通过分析价格走势图从而确定过去价格涨跌前的形态和运行模式。如果当前市场形成的价格形态和运行模式与过去某一时刻的价格形态和运行模式相似，则表明当前市场价格的未来走向可能与过去那一时刻的价格走向相同。采用图表分析的人，通常被称为图表分析者（chartist）或技术派（technicians）。

congestion 盘整 上下震荡、横向延伸的价格运动形态。

consolidation 价格整固 参见"盘整"。

contract 期货合约 在期货市场上标准化的交易合约，明确规定了标的商品（或金融资产）的数量和质量，在将来具体的某一天进行实物交割或现金结算。更详尽的解释参见本书"期货市场揭秘"一章。

contrarian 逆向交易者 采用"相反理论"进行交易的人（参见下一条"相反理论"）。

contrary opinion 相反理论 这一理论是指交易时与大多数交易者背道而驰，以此来盈利。其基本理念是，如果大多数交易者是看多的，这意味着市场上大多数参与者认为价格将进一步上涨并且都已进场做多，那么后续的做多力量就会匮乏，因此无法持续上涨，市场会转涨为跌。当市场上大多数交易者看空时，市场将会转跌为涨，理由同前。采用相反理论的人通过各类金融市场的服务（比如交易者观点的调查、市场通讯、交易顾问的服务）来获知市场参与者所持有的观点，从而反其道而行之。

cover 冲销平仓 指清掉持有的头寸（即如果持有多头头寸，那么就做空冲销；如果持有空头头寸，那么就做多冲销）。

day trade 日内交易 日内交易就是当日建仓，当日就清仓，不持仓过夜。

discretionary trader 全权委托交易者或自主交易者 该词一般是指"全权委托交易者"，即该类交易者代理客户交易，对客户账户拥有自主执行交易的权力，在交易前无须得到客户的批准。然而在具体运用时，该词通常是指"自主交易者"，即该类交易者根据自己对市场的解读和研判来做交易决策，而不是根据计算机里的交易系统所发出的信号来做交易决策，即"主观交易者"。

divergence　背离　当相关市场或指标创出新高或新低，某市场或某指标随之创出新高或新低，我们就说该市场或该指标产生了背离。一些技术分析者通过寻找背离现象来发现市场即将见顶或即将见底的信号。

diversification　分散化（交易）　同时在不同市场进行交易，以此来降低交易的风险。

downtrend　下降趋势　市场价格基本上呈下跌状态，总体趋势向下。

drawdown　下降幅度　指交易账户净资产的减少幅度。交易账户净资产的最大下降幅度是指账户净资产最大值和其后账户净资产最小值间的降幅。交易账户净资产的下降幅度小是交易者或交易系统所追求的绩效目标。

earning per share（EPS）　每股收益　公司税后利润除以该公司发行的普通股股数，所得结果就是每股收益。

Elliot wave analysis　艾略特波浪理论的分析方法　这一分析方法基于拉尔夫·纳尔逊·艾略特（Ralph Nelson Elliott）所创的理论。虽然该理论相对复杂，但其基本的理论主要基于如下概念、理念：市场价格呈现波浪式运动，一个完整价格循环是由八个浪组成，多头市场的一个完整价格循环中前五浪是上涨的（一般用第1浪、第2浪、第3浪、第4浪、第5浪来表示，其中第1、3、5浪是上升浪，第2、4浪是调整浪），后三浪是下跌的（通常用 A 浪、B 浪、C 浪表示，其中 A 浪和 C 浪是下跌浪，B 浪是反弹浪），而空头市场的完整价格循环则正好相反。另一方面，这八浪中的每一浪都可划分为三个或五个子浪，每一个子浪都是所在浪的组成部分。

equity（交易账户）净资产　这里指交易账户的美元净值（即交易账户中的自有资产减去借入的资金）

fade　逆市交易　与市场发出的信号或普遍的分析、看法反向而行。例如，价格向上突破之前的盘整区域，大多数采用技术分析的交易者会解读为进场做多或继续持有多头头寸的信号，但采用"逆市交易"的交易者会在价格向上突破后做空。

false breakout　假突破　价格突破之前高点或之前低点，但为时短暂，其后价格就发生转向，出现显著回拉，跌回盘整区域，甚至向相反方向进行突破。例如，某股股价在18～20美元来回震荡达六个月，此后突破20美元的高点，并涨到21美元，但很快就转涨为跌，甚至跌到18美元的下方。那么，"股价突破20美元，涨到21美元"就是一次假突破。

Federal Reserve Board（Fed）　美国联邦储备委员会（美联储）　美联储是联邦政府的一个机构，负责履行中央银行的职责，通过货币政策的制定和执行来调节宏观经济的运行。

Fibonacci retracement　斐波那契折返　当价格向某一方向做趋势运动，其间会发生与原趋势方向相反的折返运动。通常，在一段上升行情中，我们可以在此前价格高点和价格低点之间根据 0.382 和 0.618 的比率找到价格回调的支撑位（在此可以再次做多），而在一段下跌行情中，也可以据此找到价格反弹的压力位（在此可以再次做空）。0.382 和 0.618 这两个比率来自斐波那契数列（请参见下一条"斐波那契数列"）。

Fibonacci sequence **斐波那契数列** 斐波那契数列是这样一个数列，该数列从 1 开始，趋向无穷，该数列从第 3 项（即 2）开始，每一项都等于前两项之和。因此该数列开始的一些数字分别是 1，1，2，3，5，8，13，21，34，55，89，等等。随着该数列项数的增加，数列中前一项与后一项（即其后第一个数，例如 21 除以 34）的比率会越来越趋近于 0.618。而随着数列项数的增加，数列中的前一项除以其后第二个数（例如 21 除以 55）所得的比率会越来越趋近于 0.382。0.618 和 0.382 这两个比率常用于预测价格在之前价格波动区内（即之前价格高点和价格低点间）发生折返运动可能抵达的位置。

floor trader **场内交易员** 具有交易所会员资格，可以在场内进行自营交易的人。

front running **事先泄露、提前行动** 一种有违职业道德的行为（在某些情况下是违法的），即经纪人在执行客户交易订单前，先执行他自己的交易订单或是经纪人从公司的分析部门提前得到消息，在客户得到消息前就抢在客户前面交易。

fundamental analysis **基本面分析** 利用经济数据来预测市场价格。例如，在外汇市场上进行基本面分析，着重分析相关的通货膨胀率、利率、经济增长率和政治因素等，以此来预测汇价走势。

futures **期货** 参见本书"期货市场揭秘"一章。

Gann analysis **江恩理论的分析方法** 这一分析市场的方法基于威廉·江恩（William Gann）所创建的各种技术分析方法。江恩是 20 世纪上半叶著名的股票及期货的交易者。

gap **缺口** 没有交易发生的价格区域。例如，市场前一日的最高价是 20 美元，接下来的交易日以 22 美元开盘，开盘后就逐步走高，在 20～22 美元没有成交，从而形成向上跳空的缺口。

hedge **套期保值** 在期货市场上持有或建立一定的头寸来冲抵现货存物面临的风险或将来买入（或卖出）现货的风险，期货头寸和现货头寸建仓方向相反，头寸的资金规模相等，这种做法就是套期保值。比如一个种植玉米的农场主，他在期货市场进行套期保值交易。在玉米增产的季节，他可以在期货市场上先行做空玉米期货，期货合约的交割日期就是他预计玉米收割的时候。在这个例子中，通过套期保值交易可以有效锁定玉米将来的售价，从而控制其后玉米售价波动带来的风险。

hedger **套期保值者** 在期货市场上进行套期保值交易的人，其在期货市场上建立一定的头寸来冲抵现货价格波动带来的风险。与其相对的是期货市场上的投机者。投机者利用价格的波动来盈利，同时愿意承担价格波动带来的风险。

implied volatility　隐含波动率　隐含波动率隐含于期权的市场价格（期权费），通过将已知数据代入期权定价模型，从而推算得出，据此估计未来的波动率。

interbank market　银行间货币市场　参见本书"银行间货币市场的定义"一章。

leverage　杠杆　交易商品期货和金融期货时，交易的金额可以大于交易者实际投入的金额，这种以小博大的方式就是杠杆。杠杆是一把双刃剑，所建头寸动用的杠杆越高，其可能的盈利也就越大，同时其可能遭受的亏损也就越大。

limit position　持仓头寸限制　有许多期货品种，对于投机者的最大持仓量（即持有的期货合约数量），政府相关部门都有具体的规定。

limit price move　价格变动限制　有许多期货品种，对于其单日价格变动的最大幅度，交易所都有具体规定。价格单日的涨幅限制就是涨停板，价格单日的跌幅限制就是跌停板。假如不受任何外界干扰，市场处于完全自由的状态，在自身多空力量的相互作用下，最终多空达到平衡，但多空达到平衡的价格低于当日的跌停价或高于当日的涨停价，那么市场就会直接奔向涨停板或跌停板并封死涨跌停板，从而停止交易。对于上涨的市场，出现这种情况（即多空平衡的价格高于涨停价），就会封死、锁定涨停板（limit-up）或当日最高买入价（limit-bid）；对于下跌的市场，出现这种情况（即多空平衡的价格低于跌停价），就会封死、锁定跌停板（limit-down）或当日最低卖出价（limit-offered）。

liquid market　具有流动性的市场　这样的市场每天都有充足、大量的交易，所以大多数规模适当的做多订单和做空订单无需价格的大幅变动就能执行和成交。换句话说，在具有流动性的市场，交易者的进场和出场都相对便利。

liquidity　流动性　衡量市场资金流动情况、充裕程度的指标。

long　多头头寸　交易者下达做多订单建立的头寸，通过市场价格的上涨来获利。这个词也能指"多头"，即持有多头头寸的个人交易者或组织。

lot　一手　在期货市场，对于一张期货合约的别称。

mark to the market　以市值计价　以当前市场价格对未平仓头寸进行估值。换言之，如果持仓头寸以市值计价，则现时账面的亏损（或账面的盈利）等同于现时已发生的亏损或盈利（即以现价了结后所产生的实际亏损或盈利）。

mechanical system　机械交易系统　能够产生买卖信号（做多、做空信号）的交易系统，通常都是通过计算机建立和运行的。采用机械交易系统的交易者遵循系统发出的信号进行交易，在交易时不对市场做个人的评判。

money management　资金管理　在交易中采用的各种风险控制方法，这些方法与管理、分配交易账户资金有关。

moving average　移动平均　一种对价格

进行平滑的方法，交易者采用这种方法更易察觉、辨明市场趋势的动向。其中简单移动平均的方法就是将最近某一固定天数的价格（一般取各日的收盘价）加以移动平均。价格和某一条移动平均线的关系或两条不同移动平均线的交叉（crossover）现象都可以作为简易趋势跟踪系统的买卖信号。

naked option 裸期权 该类期权是指做空期权者（比如卖出看涨期权者）本身并未持有期权对应的标的物。

open interest 未平仓合约量 在期货市场上，未平仓合约的多头头寸和空头头寸总是相等的。未平仓合约的总数（只计多头头寸或只计空头头寸，而不是多空双方的合计）就是未平仓合约量。顾名思义，当某月的期货合约刚开始交易，其未平仓合约量是零，随着多空双方的建仓，未平仓合约量逐步增加并达到顶峰，随着多空双方的冲销平仓，未平仓合约量随之下降。合约到期时，未平仓合约量代表尚未冲销平仓，需要进行实物交割的期货合约数量。

options 期权 参见本书附录 B。

overbought/oversold indicator 超买超卖指标 技术分析的一类指标，用以界定市场价格在何时上涨（或下跌）幅度已过大，上涨（或下跌）速度已过快，因此根据指标的提示，可以采取反向的交易行动（即价格超买时，做空；价格超卖时，做多）。"超买超卖指标"通常可以和相反理论结合使用，这样就能知道市场上绝大多数交易者都已看多或已看空的时刻，从而反其道而行之。

outright position 单纯头寸（无对冲的头寸） 单纯做多交易或单纯做空交易所建立的头寸（与此相对应的是价差交易、套利交易建立的头寸。在套利交易、价差交易中，在某个市场、某个品种上建立头寸后，同时会在相关的市场、相关的品种上建立方向相反的头寸，从而进行对冲和平衡）。

pattern recognition 价格形态确认 价格预测的一种方法，通过类比价格走势图上当前的价格形态和历史上的价格形态，从而对未来的价格走势做出预测。

pit 交易池 交易所内买卖期货（或期权）合约的地方，在那里公开喊价交易。有时也叫作交易圈（ring）。

portfolio insurance 投资组合保险 参见本书附录 A。

position limit 即"持仓头寸限制" 参见"持仓头寸限制"（limit position）。

price/earnings（P/E）ratio 市盈率 公司股价除以公司年度每股收益。

program trading 程序化交易 参见本书附录 A。

put option 看跌期权 这种期权合约赋予买入期权者权利，即买入看跌期权者具有在一定时期内（即期权有效期，这里指美国式期权）以事先约定的具体价格卖出金融商品现货或金融期货合约的权利，同时不承担任何义务，可以放弃所享有的权利。

put/call ration 看跌期权/看涨期权比 即用看跌期权的成交量除以看涨期权的

成交量。"看跌期权/看涨期权比"是相反理论或超买/超卖类指标运用的实例。其基本方法是：当该值高的时候，说明买入看跌期权的人要多于买入看涨期权的人，表明市场上有太多的交易者在看空、做空，因此反而要考虑看多、做多。与此类似，当该值低的时候，说明买入看跌期权的人要少于买入看涨期权的人，表明市场上有太多的交易者在看多、做多，因此反而应该考虑看空、做空。

pyramiding　用盈利连续投机　不取出持仓头寸的盈利，而是将盈利继续投入交易，充当保证金（margin），从而提高建仓头寸的规模。这种将盈利不断投入交易的"连续投机"，提高了交易的杠杆，使可能获得的盈利增加，但承担的风险也同时放大。

reaction　回撤　价格发生与主要趋势方向相反的运动，即上涨趋势中的回调，下跌趋势中的反弹。

relative strength　相对强弱　在股票市场上，参照、对比大盘指数的走势，来评判个股价格走势的强弱。这个词通常更多是指一种超买/超卖类的指标（即相对强弱指标 RSI）。

resistance　压力位　在技术分析中，预计正在上升的市场价格涨到某价格区域后，其受到的抛压会增大，价格的上涨会因此受阻或逆转，该价格区域就是压力位。

retracement　折返　价格发生与之前趋势方向相反的运动。例如，之前市场处于上升趋势，当前价格折返的幅度已达 60%，表明价格下跌的幅度已达之前涨幅的 60%。

reversal day　反转日　市场在某一交易日的盘中创出新高（或新低），接着就发生反转，该日的收盘价低于（或高于）之前一个或数个交易日的收盘价，那么该交易日就是反转日。如果反转日伴有大的成交量以及价格波动范围巨大，那么该反转日可以视为更为重要和关键的反转信号，价格反转的可信度更加高。

ring　交易圈　交易池（pit）的同义词。

risk control　风险控制　使用止损的交易规则限制亏损的扩大。

risk/reward ratio　风险/回报比　用一笔交易可能遭受的风险除以可能获得的收益，得出的比值即是"风险/回报比"。虽然从理论上说，可以根据概率来计算盈亏的期望值，但该比值常常是根据估计的盈亏来计算的。

scalper　剥头皮交易者　场内自营交易者利用极小的价格波动，在极短时间内，通过下单速度上的优势把握买卖间的价差，赚取极小的利润，这类追求高盈利率的超短线交易就是"剥头皮交易"，这类交易也能为市场提供一定的流动性。

seat　交易所席位　交易所的会员资格（席位是会员资格的形象说法。）

sentiment indicator　人气指标（市场情绪指标）　衡量市场上多空观点孰强孰弱的指标。采用相反理论的交易者可以利用人气指标，进行逆向交易。"看跌期权/看涨期权比"（put/call ration）就是人气指标的一种。

short　空头头寸　交易者下达做空订单建

立的头寸，通过市场价格的下跌来获利。这个词也能指"空头"，即持有空头头寸的个人交易者或组织。

skid 滑点 交易时理论上的成交价格（比如估计开盘价的范围，然后取其中值）和实际成交价格间的差距。

speculator 投机者 交易金融期货或商品期货时，通过预测价格走势来盈利，并且愿意承担相应风险的交易者。

spike 价格大幅突变 价格突然向上大幅飙升，突破之前的高点，在创出新高后开始回落或者价格突然大幅重挫，跌破之前的低点，在创出新低后开始回升。这种价格的大幅突变至少代表做多或做空力量已充分宣泄，暂时已达到了顶点，所以其后价格会有回调或反弹。而有时会就此产生重要的顶部或底部，即这种飙升或重挫其实是见顶前的最后一涨或见底前的最后一跌。

spread 价差交易 在某一期货（或期权）品种上做多，同时在相关的期货（或期权）品种上做空，可以是同品种的不同月份、同一市场的不同品种或者不同市场的品种，但两者都具有关联性。有如下这些例子：做多长期国债期货6月合约，同时做空长期国债期货9月合约；做多德国马克的期货合约，同时做空瑞士法郎的期货合约；做多履约价格为130美元的IBM看涨期权，同时做空履约价格为140美元的IBM看涨期权。

stop order 停止限价订单 客户下达该类交易订单，要求价格上涨到指定价格才执行交易订单，以指定价格做多；或者要求价格下跌到指定价格才执行交易订单，以指定价格做空。换句话说，当市场价格到达客户具体指定的价格，此时该类订单就相当于市价订单（market order），因为此时市场价格与指定价格相等。虽然停止限价订单有时用来建立新的头寸，但在大多数的时候，该类交易订单常常用来止损。用于止损时，该类交易订单常常被叫作止损订单（stop-loss orders）。

support 支撑位 在技术分析中，预计正在下跌的市场价格跌到某价格区域后，做多支撑的力量会增强，价格的下跌会因此受阻或逆转，该价格区域就是支撑位。

system 交易系统 在既定的某一个市场或某一类市场，用一套具体的交易规则来产生做多和做空的信号。

systems trader 系统交易者 采用交易系统（而不是个人对市场情况的评判）来确定买卖时间的交易者。

tape reader 解读盘面者 这类交易者通过密切监测盘面的即时报价和对应的成交量，从而预测市场接下来的走向。

trading range 交易区间 指市场价格在某一时期进行横向整理的区间，在这一时期，所有交易的成交价都位于交易区间内。价格在交易区间内做上下波动，表明市场不具有方向性，价格在做无趋势运动。

technical analysis 技术分析 一种预测价格走势的方法，这种方法基于对价格运动本身的分析（有时结合成交量和未平仓合约量的分析）来预测价格走势，而不是分析市场的基本面要素（比如经济面）来预测价格走势。通常与技术分析相对的就是基本面分析。

tick　刻度　市场价格变动（上涨或下跌）的最小单位。

trend　趋势　价格朝着既定的总体方向（上涨或下跌）继续运动的趋向。

trend-following system　趋势跟踪系统　这种交易系统完全遵循最近确定的趋势方向来产生做多和做空的信号，该种交易系统基于这样一种假设：趋势一旦形成，就可能延续下去。

uptick rule　证券提价交易规则　证券提价交易规则是美国证券法中的规定，即做空某证券的建仓价格必须高于做空之前该证券的市场交易价格，否则该证券不能被做空。

uptrend　上升趋势　市场价格基本上呈上涨状态，总体趋势向上。

volatility　波动率　度量价格变动情况的指标。波动率高的市场，其价格波动剧烈。

volume　成交量　在某段时间内成交的股票手数或期货合约张数。

whipsaw　价格反复拉锯（或反复亏损、双重亏损）　这种价格形态的特点是：价格的趋势反复变化、突然改变、呈来回拉锯状。这个词通常还有另一个意思，即在不断来回起伏、突变急转市场或不具趋势的盘整市道中使用趋势跟踪系统进行交易，从而导致"反复亏损、双重亏损"（whipsaw），即根据系统信号买入后价格就转涨为跌，而根据系统信号止损离场后价格又转跌为涨，如此循环往复。在上述这样的市场，趋势跟踪系统在下跌趋势反转前可能就会发出买入（做多）的信号，而在上涨趋势反转前可能就会发出卖出（做空）的信号。

| 节　录 |

爱德华·索普
革新者

以下内容节选自杰克·施瓦格"金融怪杰"系列的最新作品。

爱德华·索普是拥有博士学位的数学家，同时也是拥有博士学位的准物理学家。在赌场取得成功后，他开始涉足金融市场，他的赌并不是传统意义上的"赌博"，而是运用概率统计的知识来战胜赌场。通常来说，赌场所有项目的赢率都是对玩家不利的，所谓"久赌必输"就是这个原因。这种从长期来看玩家收益率将会是负的赌博，反而是索普感兴趣的东西。实际上，索普是极端的风险厌恶者，因为他成长于"大萧条时代"，厌恶风险的态度就是那段经历的产物。索普的目标是，以"非赌博的方式"来进行赌博，并且能够战胜赌场。他探索并设计出一套策略，采用这套策略，使他在赌博中能取得赢率上的优势，这一在赌博中取得赢率优势的任务通常看来是不可能实现的。但令人称奇的是，索普成功研发出赌博制胜的策略，在轮盘赌（roulette）、21点（blackjack）、百家乐（baccarat）、幸运大转盘（Wheel of Fortune）等众多赌博项目上取得了相当的优势。一般认为制定这些策略是非常困难的，因为对于赌场玩家而言，想长期在赌场保持正收益几乎是不可能的，但实际上，具有讽刺意味的是，策略的制定要比策略的执行容易。在赌场取得成功是有关实际操作和实践执行的问题，光是制定和懂得策略与方法是不够的，知易而行难。在赌场中，赢钱的成功玩家会被赌场的人注意。对于赢钱不仅仅是靠运气，而是靠其他技巧的玩家（比如运用概率进行算牌），赌场很难容忍，会采取禁入、报复等各种压制手段。

索普认为金融市场是应用其研究成果更好的地方，在这里不会受到像赌场那样的压制。金融交易其实就像最大的赌博，市场就如最大的赌场，正因为这样，如果索普想出持续盈利的方法和策略，没人能把他赶走、逼跑。所以索普把研究的重点转到了股市。通过研究股市，索普发现一个问题，即权证（从某种意义上就相当于长期的期权）的市场定价出现偏差。于是索普着手研究权证和期权如何定价的问题，在研究过程中，索普经人介绍认识了希恩·卡索夫（Sheen Kassouf），后者是加利福尼亚大学欧文分校经济学院的教授，并且正在研究的课题与索普研究的课题不谋而合。索普和卡索夫合作了一段时间，1967年他们合著的《战胜市场》（Beat the Market）一书问世，该书汇集了他们的研究成果。作为该书成果的延续，索普最终研究出权证和期权的定价公式，该公式堪称是著名的布莱克－斯克尔斯（Black-Scholes）期权定价模型的前身。这个公式比《战胜市场》中公开的研究成果要更为强大，索普没有把这个公式公之于众，而是作为他个人使用的工具。多年以来索普用自有资金进行交易以及替一些同事管理资金、代理交易，都取得极大的成功。1969年索普和来自东海岸的经纪人詹姆斯·里根（James Regan）合作，成立了世界上第一只量化对冲基金（也是第一只实行市场中性策略的对冲基金），其成立公司的名字叫作普林斯顿－纽波特合伙公司（Princeton-Newport Partners）。

普林斯顿－纽波特合伙公司由两个办公区域组成，索普在加利福尼亚州的纽波特海滩，负责研究、编程以及交易指令的发布，而索普的搭档，詹姆斯·里根在新泽西州的普林斯顿，负责执行交易订单、企业管理、服从整个公司安排、灵活性的工作以及市场营销。索普将公司这样划分使他能专注于自己喜爱的事，全力进行研究工作，而不用承担公司商业运作方面的职责。这种一分为二的结构使公司在19年里运营始终良好，但也最终导致公司的消亡。

1987年12月，50名联邦探员突然搜查普林斯顿－纽波特合伙公司位于普林斯顿的办公室，目的是搜集与证券违法交易有关的文件和磁带。美国联邦检察官鲁道夫·朱利安尼（Rudolph Giuliani）以交易欺诈罪起诉普林斯顿－纽波特合伙公司，这是《反犯罪组织侵蚀合法组织法》（Racketeer Influenced and Corrupt Organizations Act，RICO）首次施用于证券公司。1988年8月，里根和普林斯顿办公室的其他四名成员被控与64宗证券违法案件有关，具体罪名可归为以下两项：在与德崇证券（Drexel Burnham Lambert）进行股票交易时，存在暗箱操作（将持有的股票转移到另一方，从而隐藏实际持有的股票数量）和操纵股价［根据索普回忆，被控"股票暗箱操作"的具体细节如下：索普事后被告知，德崇证券有一名交易员，他的名字叫作布鲁斯·纽伯格（Bruce Newberg），他也是普林斯顿－纽波特合伙公司诉讼案中的被告之一，德崇证券授予他2 500万美元的交易额度。但那时有更多的交易机会，为能充分把握交易机会，他将部分股票头寸卖给普林斯顿－纽波特合伙公司，但该交易员同时承诺每年会购回所售股票，购回的价格比当初出售的价格要"高"20%（年化后的值）。这位交易员用卖出股票所得到的钱就能把握更多的交易良机。从交易法规角度来看，这里存在的问题是，暗箱操作隐匿了真实的持仓量，即在这样的股票交易中，股票的所有权其实并未转移，属于虚假交易］。虽然这些普林斯顿－纽波特合伙公司的员工最初被判有罪，但最终成功翻案，无人遭受牢狱之灾。负责报道此案的新闻记者几乎一致认为，朱利安尼动用《反犯罪组织侵蚀合法组织法》来起诉普林斯顿－纽波特合伙公司，罪名显然过大，其真实意图是迫使里根和其他普林斯顿－纽波特合伙公司的员工提供可用于起诉迈克尔·米尔肯（Michael Milken）和德崇证券的证据。

索普对于普林斯顿办公室涉嫌违法的事一无所知，只是在联邦探员突然搜查普林斯顿办公室时才发现出了问题。那些普林斯顿办公室的被告不愿透露相关的信息，所以索普更多的是从报纸、电视、广播的报道中获知有关消息，而不是从合伙人里根那里来获知情况。索普没有被起诉，相反他在这件案子中甚至都没被约谈过。然而他的公司却受到损害，而且造成的损害无法弥补。诉讼终结后，又过了几个月，索普决定解散普林斯顿－纽波特合伙公司，由普林斯顿办公室代理交易和负责商业方面的运作。这种一分为二的公司结构给索普带来极大的便利，但最终摧毁了索普的对冲基金，虽然该基金在交易业绩上无可争议地拥有业内最好的并且独一无二的"回报风险比"纪录。

在你成长的过程中，对于人生未来的发展方向，你有过设想吗？

没有。因为我们吃过大萧条的苦，所以我父亲对商业活动、金融交易非常反感。他是一个保安，这是他唯一能找到的工作。他在第一次世界大战中是一名战士，他应征加入美国远征军。在战争中，炮弹的碎片让他多处负伤。虽然他得到了紫心勋章（Purple Heart）、银星奖章（Silver Star）和铜星奖章（Bronze Star），但是他参战归来后，基于他在战场上所看到的一切，他对战争深恶痛绝。

你认为大萧条的经历对你其后看待市场和风险的方式是否有影响？

我认为功夫不负有心人，如果你努力工作，自然会有好的收获。我希望成为大学教理工科的教授。过去发生的某些事也许是日后我转做交易的先兆。比如，在我8岁那年，工程项目管理署（Work Projects Administration，WPA）的两位工作人员站在我家门前，那时正是20世纪30年代。那是个炎热的夏天，那两个人汗流浃背、口干舌燥。我跑去商店，花5美分买了一箱冰镇饮料，然后从中取出6瓶，卖给那两个人，每瓶售价是1美分（总共收取了6美分）。实际上，1美分在那时是很值钱的，并不是微不足道的数目。到了冬天，我替人铲雪，最初我要价5美分，但是我发现需求旺盛，所以我提价到10美分，接着又涨到15美分。干这事的第一年，我才只有8岁，我赚到几美元，但到了第二年其他孩子开始加入，供给开始增加，市场发生了改变。

你作为一名数学教授，为什么会去研发"21点"的算牌、下注系统？

1958年，那是我去麻省理工学院（MIT）教书前的一年，当时我还在加利福尼亚大学洛杉矶分校（UCLA）教书。那年12月，我和我妻子去拉斯维加斯度假，是那种花费很少的度假。我不想去那儿赌博，我认为赌博是不明智的，因为赌博的赢率对你不利，而对赌场有利。数学系的一位教授，他是我当时的同事，听说我要去拉斯维加斯，于是跑来对我说："美国统计协会（American Statistical

Association）的期刊上有一篇新的文章，这篇文章会告诉你，在玩21点的时候，怎样玩才能做到基本保本。"我想，如果玩21点能够做到基本保本，那也不错，这样既能享受赌博的乐趣，又不会输很多钱，最多小亏一点。当然，我认为这种想法并非无懈可击，这种玩法并非十拿九稳，因为这篇文章所说的"基本保本，不输很多"是针对长期平均收益率而言，也就是说要玩上许多次，从长期来看的平均结果。而我去拉斯维加斯只是短暂的度假，只能玩上几把，是无法考量长期平均收益率的，所以去玩的结果（即短期收益率）只能是围绕预期赢率做随机波动，可能赢钱，可能亏钱，而预期赢率是比较不利于我的（低于50%）。我读了那篇文章，该文认为只要按照其所说的策略去玩，玩家在21点游戏中的赢率要比赌场的赢率高出0.62%，即收益率可以达到0.62%，虽然仅高出0.62%，但要比拉斯维加斯其他赌博项目好很多。

我制定了玩21点的策略表，然后走进拉斯维加的赌场。我怀揣10美元的本金在赌桌旁坐下，接着便玩了起来。庄家一路运气确实极好，与我同桌的玩家都输得一败涂地，而我的策略表发挥了很大的作用。当我刚在桌旁坐下时，同桌其他的玩家还嘲笑我的策略表，但正是靠它才让我保住本金，打平离场。

在你所写的《打败庄家》（*Beat the Dealer*）一书中，你把你所用的21点算牌、下注系统公之于众，此书出版后，极为畅销，如此一来，赌场岂不要开始亏钱了？

此书出版后所发生的情况实际是这样的：真正出色的玩家，人数可能在1 000位左右吧，他们读后能在赌场中通过玩21点赚钱。此外有更多的玩家，通过使用我书中的基本策略，他们在玩21点时能玩得长一点，不会很快输光，不会输掉许多。最后还有更多的玩家认为读完此书就可以战胜庄家，打败赌场，可他们本身是糟糕的玩家，有一些都是赌场的新手（要长期、正确地采用索普的算牌方法，并不是容易的事，有时甚至要多人分工合作才能做到，因为人脑毕竟不是电脑）。结果这些低手新人看完书蜂拥入场，加入21点的游戏，21点由此变成赌场最受欢迎、最为流行的赌博项目。此时在赌场中，有大约1 000个"21点"高手一年能赚走10万美元或20万美元，也许还有1万个水平中等的"21点"玩家,他们不会亏掉很多。但另一方面,赌场里会有100万个"21点"新人低手,这些人自认为能够赢钱,但是他们不具备赢钱的能力,并且他们会输得更多,因为他们在玩"21点"时会玩得很久,玩得越久则输得越多。结果赌场真正得利了,但赌场还是认为我的书对他们不利,于是他们开始对算牌者(card counter)宣战。他们禁止算牌者进场,并且运用各种手段对算牌者展开痛击。

你为何从"轮盘赌"、21点转到了金融市场,为何不找赌博的赢率,转而寻找交易的胜率?

人们错误地认为"玩家无法在赌博中取胜,赌场是不可战胜的",我知道这点后就开始静心思考一个问题,如果能在轮盘赌中获胜,如果能在21点中获胜,还能在哪些项目中获胜呢?我看中的下一个赌博项目就是百家乐。经过验证,我发现押当中的"和"(Tie),几乎没有获胜的可能,而押旁边的"闲"(Play)和"庄"(Bank)则会有获胜的可能。就在那时,我从麻省理工学院去往新墨西哥州州立大学,同行的还有数学系的主任、大学的领导以及各自的妻子。在旅途中我们打算去赌场,检验我们用于百家乐的决策系统。

我力图不要引人注目,但是当我们坐在百家乐赌桌旁的第一晚,我就被我的一位读者一眼认出,那位读者认出我后大声喊道:"快来看啊,那就是写《战胜庄家》的人。"赌场方面的人无意中听到,其中有一人跑出去打电话,向楼上赌场的管理者请求指示。接着此人又跑回赌桌,一边笑一边对赌桌老板(pit boss,赌场中负责监管赌桌的人,并非赌场老板)说:"让他们玩,这个写书的白痴认为在21点上能赢,在百家乐上也就能赢。我们要给他点颜色看看。"

我设定赌注的规模,这样按照我的下注策略,我们一小时大约能赚100美元,因为我知道如果超过这个盈利金额,赌场是无法容忍的。我只想证明,我们的百家乐决策系统是有效的,我们在百家乐上是能够盈利的。结果第一天晚上我每小时赢到大约100美元,并且连续盈利6个小时。赌场对我那晚的盈利并未起疑,态度依然友好,他们认为我能盈利不过是运气好而已。第二天晚上,我们再度光临这个赌场,再次做到每小时赚大约100美元,并且一直玩到赌场结束当天营业。这晚赌场的人开始变得不友好了,他们在我左右安插耳目,观察我的一举一动。他们怀疑我出老千。赌桌老板和其他一些人仔细验牌，没有发现任何问题，因为我确实没有舞弊行为。

第三天晚上，我们继续来到这个赌场。赌场的人又变得很友好，并且他们问我是否想来一杯咖啡，我表示接受。喝完咖啡后，我发现玩牌时我已无法跟踪算牌。我脑子确实感到有点不舒服。我站起身，离开赌桌，让我的同事代我玩。我一个同事的妻子是位护士，她告诉我，说我的瞳孔已经放大，看情形就像刚吸食毒品的人。我的同事不断问我关于这杯咖啡的事，他们怀疑其中有问题，并且几个小时里不断跑过来照顾我，让我能够恢复正常状态。下一晚，我们又重回这个赌场，赌场的人再次为我提供咖啡。

你们为什么要重复去一家赌场呢？别家赌场，不能去吗？

我们当时路过的这个镇，只有两家赌场有百家乐。当这家赌场的人再次要为我提供咖啡时，我拒绝了咖啡，只是向他们要了一杯白开水，作为咖啡的替代。

你为什么要白开水，而不要其他饮品？你直接说口渴就可以了，为什么你不这么说？

我认为，无论他们下什么药，投入白开水的话，我将能辨别出来。他们把一杯白开水给我，我往我的舌头上倒了一滴，那味道就好像有人把一盒小苏打全都融入这滴水，这一滴就足以让我失去知觉。于是我离开了赌场，赌场的人警告我的同事，该赌场不希望我的同事或我再去玩。这时我们还剩下一天的时间，之后我们就要回去了。所以我们在起身离开前的最后一天，去了另一家有百家乐的赌场。由于是最后一天，所以我对同事说："今天我们不妨大干一场，玩把大的，每小时赚它个 1 000 美元。"我们在另一家赌场玩了两个半小时，赚了 2 500 美元。

当我们赚到 2 500 美元时，赌场的老板带着一名保安人员向我们走来，这位保安是我见过的最为人高马大的一个，赌场老板对我说："我们希望你不要再在这里玩了。"

我听后问他："为什么不让我玩？"

他答道："不让就是不让，没有什么理由。我们只是不希望在这里看到你。"

所以，我们只能离开。

第二天，在我们返家途中，当我们驱车下山时，汽车的加速装置出现了故障，而且汽车无法停驶。在蜿蜒曲折的山路上，汽车的时速高达80公里。

这听起来完全像是电影里的情节。

确实如此（此时索普笑了起来）。当时我头脑冷静，尽一切可能调低汽车的速档，拔出车钥匙，踩刹车，采取手刹车。最后我把车停了下来。我们在车上插了一面旗子，一个乐于助人的好心人知道我们的车出了故障，于是就过来帮助我们。他打开引擎盖，仔细查看后对我们说："像这样的油门拉杆，我还是第一次看到。"汽车被人动了手脚，某些装置因此失效，并且导致油门拉杆失灵。那个热心人帮我们把车暂时修好，所以我们才能驾车回家。

我刚才问你的问题是，你为什么会从赌场转到金融交易市场？

我在21点、百家乐等赌场品种取得成功后，另外我还研发了幸运大转盘的决策系统，接着我从全局上对赌博游戏进行思考，我考虑后认为，华尔街的金融交易其实就是赌博的一种，而且是最大的赌博项目。我为何不去看看并了解一下呢？

***

访问 www.wiley.com/go/jackschwager 可以获得采访爱德华·索普、杰米·麦、迈克尔·普拉特、乔尔·格林布拉特、科尔姆·奥谢以及其他交易者的部分内容，并且可以了解杰克·施瓦格最新作品的信息。